Dietz Berlin / Theorie

Jannis Milios

Eine zufällige Begegnung in Venedig

Die Entstehung des Kapitalismus als Gesellschaftssystem

Aus dem Englischen von Britta Grell

Dietz Berlin

Bibliografische Informationen der Deutschen Nationalbibliothek.
Die Deutsche Nationalbibliothek verzeichnet diese Publikation in der Deutschen Nationalbibliografie; detaillierte bibliografische Daten sind im Internet über http://dnb.dnb.de abrufbar.

Gefördert von der Rosa-Luxemburg-Stiftung

Autorisierte Übersetzung der englischsprachigen Ausgabe. Sie ist unter dem Titel »The Origins of Capitalism as a Social System. The Prevalence of an Aleatory Encounter« erschienen, © 2018 Routledge, einem Mitglied der Taylor & Francis Group.

1. Auflage 2021

Gestaltung: Andreas Homann
Lektorat: TEXT-ARBEIT/Stephan Lahrem
Druck und Bindung: Interpress Budapest
Printed in Hungary
ISBN 978-3-320-02364-5

JANNIS (JOHN) MILIOS ist Professor für Politische Ökonomie an der Nationalen Technischen Universität Athen (Polytechnio). Er gilt als einer der führenden marxistischen Ökonomen Griechenlands und ist seit Oktober 1982 Herausgeber der Vierteljahreszeitschrift Thesen, die sich mit Fragen der Wirtschafts- und Staatstheorie befasst.

Zuletzt erschienen von ihm »Karl Marx and the Classics. An Essay on Value, Crises and the Capitalist Mode of Production« (2018, zusammen mit Dimitri Dimoulis und George Economakis) sowie als Herausgeber »150 years Karl Marx's ›Capital‹. Reflections for the 21st century« (2018).

Inhalt

»Wäre Pyrrhus nicht von einer alten Vettel Hand in Argos gefallen und Julius Caesar nicht zu Tode gemessert worden? Sie sind nicht fortzudenken. Die Zeit hat sie unauslöschlich gezeichnet, und gefesselt sind sie nun untergebracht im Raum der unbegrenzten Möglichkeiten, die sie ungenutzt gelassen haben. Aber können die denn überhaupt möglich gewesen sein angesichts dessen, dass sie niemals waren? Oder war allein das möglich, was sich auch wirklich begab? Webe, Weber des Winds.«

(JAMES JOYCE: ULYSSES)

Einleitung

Wann fing es an mit dem Kapitalismus? Selbst auf diese doch eher schlichte Frage gibt es vonseiten der Wirtschafts-, Geschichts- und Sozialwissenschaften eine Fülle von sich zum Teil widersprechenden Antworten. Ich will hier nur einige wenige Beispiele nennen. Folgt man John Maynard Keynes, dem führenden Ökonomen des 20. Jahrhunderts, dann war das antike Babylon die Wiege des Kapitalismus. Nach Babylon kamen demzufolge das antike Griechenland und Rom, die den Kapitalismus übernahmen und an die eigenen Verhältnisse anpassten. Erst viel später habe ihn das westliche Europa geerbt.[1] Bekannte Geschichtswissenschaftler wie Lujo Brentano, ein Vertreter der sogenannten Historischen Schule der Nationalökonomie, oder Patricia Crone von der Princeton University sind ähnlicher Auffassung (siehe Kapitel 6). Nach Max Weber, einem der Gründungsväter der Soziologie, der für eine spezifische theoretische Tradition steht, hängen Entstehung und die spezifische Form des *modernen* Kapitalismus eng mit der Durchsetzung des Prinzips der Askese zusammen, für die der Calvinismus im Zuge der Reformation in den westlichen Gesellschaften gesorgt habe. Fortan habe sich dort der »Geist des Kapitalismus« ausgebreitet.[2] Nach Maurice Dobb, einem angesehenen britischen Ökonomen, der an der Cambridge University lehrte und kurz nach dem Zweiten Weltkrieg eine bis heute lebendige marxistische Denkschule begründete, lassen sich die Ursprünge des Kapitalismus in der Landwirtschaft im England des späten 16. und des 17. Jahrhunderts ausmachen. Damals habe dort der entscheidende Übergang von feudalistischen hin zu kapitalistischen Produktions- und Eigentumsverhältnissen stattgefunden (siehe Kapitel 5).

Die Ansichten unter Marxisten über die Bedeutung des Agrarsektors für die Durchsetzung des Kapitalismus gehen jedoch völlig auseinander. Karl Kautsky, vermutlich der einflussreichste Marxist an der Wende vom 19. zum 20. Jahrhundert, veröffentlichte 1899 das Buch »Die Agrar-

1 John Maynard Keynes: The Collected Writings of John Maynard Keynes, Bd. XXVIII: Social, Political and Literary Writings, Cambridge 2013, S. 253f.

2 Max Weber: The Protestant Ethic and the Spirit of Capitalism, London/New York 2001; siehe auch Kapitel 6.

frage: Eine Übersicht über die Tendenzen der modernen Landwirtschaft und die Agrarpolitik der Sozialdemokratie«. Lenin hielt es für die »hervorragendste Erscheinung der neuesten ökonomischen Literatur« seit dem Erscheinen des dritten Bands des »Kapital«.[3] Kautsky behauptete in diesem Werk, Voraussetzung dafür, dass der Kapitalismus erfolgreich auf ländliche Gebiete übergreifen könne (was auf die meisten kapitalistischen Ländern nicht zutraf), sei seine vorherige Etablierung in den Städten. »Der kapitalistische Betrieb der Landwirtschaft fing da erst zu einer Zeit an, von Bedeutung zu werden, als das städtische Kapital und damit das Kreditwesen sehr entwickelt war«.[4]

Oliver Cromwell Cox wiederum, ein von der marxistischen Theorie inspirierter renommierter Sozialwissenschaftler, der an der Lincoln University of Missouri lehrte, stellte die These auf, nicht England, sondern Venedig habe »die erste kapitalistische Gesellschaft hervorgebracht« – Jahrhunderte bevor der Kapitalismus England eroberte.[5] Auch der einflussreiche Ökonom Ernest Mandel betonte die Bedeutung, die die »Akkumulation von Geldkapital durch die das europäische Wirtschaftsleben vom 11. bis 15. Jahrhundert beherrschenden italienischen Kaufleute« für das Aufkommen des Kapitalismus hatte.[6] Der berühmte französische Historiker Fernand Braudel, eine führende Figur der zweiten Generation der Annales-Schule, kam zu ähnlichen Schlussfolgerungen, was die Ursprünge des Kapitalismus angeht. Er vertrat die Ansicht, der Kapitalismus habe sich bereits im 13. Jahrhundert herausgebildet, »als Genua und Venedig« führende »Handelsmächte und Kolonialreiche waren (und die Bezeichnung *kolonial* verweist darauf, dass bereits ein fortgeschrittenes Stadium des Kapitalismus erreicht war)«.[7]

Wie lassen sich diese erheblichen Divergenzen erklären? Wie kommt es, dass selbst Anhänger derselben theoretischen Richtung, etwa des Marxismus, bei der Frage, wie und wann der Kapitalismus entstanden ist, zu ganz widersprüchlichen Antworten gelangen? Dieses Rätsel plagt mich sowohl als Sozialwissenschaftler wie auch als Marxist schon seit geraumer Zeit. Es scheint leichter zu lösen zu sein, wenn man über den Ursprung oder über die Genese des Kapitalismus wie folgt nachdenkt: Was ist da eigentlich entstanden oder zur Welt gebracht worden? Oder anders formuliert: Was macht eigentlich den Kapitalismus aus, diesen sozialen Prozess, dessen Ausprägung sich im Laufe der Geschichte nach-

3 Wladimir I. Lenin: Rezension: Karl Kautsky. Die Agrarfrage. Eine Übersicht über die Tendenzen der modernen Landwirtschaft und die Agrarpolitik, in: ders.: Werke, Bd. 4, Berlin 1955, S. 84–89, hier S. 84.

4 Karl Kautsky: Die Agrarfrage: Eine Übersicht über die Tendenzen der modernen Landwirtschaft und die Agrarpolitik der Sozialdemokratie [1899], Stuttgart 1966, S. 86; siehe auch Kapitel 4.

5 Oliver Cromwell Cox: Capitalism as a System, New York 1964, S. xi.

6 Ernest Mandel: Marxist Economic Theory, Bd. 2, London 1968, S. 103.

7 Fernand Braudel: Sozialgeschichte des 15.–18. Jahrhunderts, Bd. 3: Aufbruch zur Weltwirtschaft, München 1987, S. 118; siehe auch Kapitel 11.

verfolgen lässt? Unverkennbar handelt es sich beim Kapitalismus um eine besondere Gesellschaftsstruktur, man könnte auch sagen um ein Gesellschaftssystem, um ein historisch einzigartiges Ensemble sozialer Beziehungen, das aus marxistischer Perspektive auf spezifischen Formen der Klassenherrschaft und der Ausbeutung beruht.

Auf den ersten Blick ist Kapitalismus für Marxisten ein völlig eindeutiger Begriff: ein System der Ausbeutung von Lohnarbeit durch das Kapital. Aber auch Nicht-Marxisten wissen größtenteils etwas damit anzufangen: Sie verstehen darunter ein Wirtschaftssystem, das auf dem freien Mark basiert. Und dennoch: Was auf den ersten Blick so klar erscheint, ist es keineswegs, wenn man sich eingehender mit den zentralen Elementen des Untersuchungsgegenstands befasst und damit, wie diese zueinander in Verbindung stehen. Hinter den unterschiedlichen Analysen hinsichtlich des »Beginns« oder der »Geburt« des Kapitalismus stehen abweichende Vorstellungen davon, welche Merkmale und gesellschaftlichen Verhältnisse unabdingbare Voraussetzung dafür sind, um überhaupt von einem kapitalistischen System sprechen zu können. Marxistische (und nicht-marxistische) Sozialwissenschaftler, Ökonomen und Historiker streiten sich dabei schon immer über die besondere Rolle, die in diesem Zusammenhang das Geld, der Handel und das Finanzwesen einnehmen.

Man kann also davon ausgehen, dass mit unterschiedlichen Ansätzen zur Erklärung der Anfänge des Kapitalismus auch verschiedene Konzepte und Überlegungen einhergehen, was der Kapitalismus tatsächlich ist. Denn um nachzuvollziehen, wann und wie (das heißt durch welche Prozesse) das kapitalistische System (oder diese Struktur) entstanden ist, verstanden als ein spezifisches Gesellschaftssystem (eine spezifische Struktur), das sich eindeutig von vorangegangenen oder zeitgleich existierenden Systemen unterscheiden lässt, bedarf es einer entsprechenden Theorie. Wir können daher an dieser Stelle zweierlei festhalten: (a) Wir brauchen eine Theorie des Kapitalismus als Gesellschaftssystem, um verstehen zu können, wann und wie der Kapitalismus das erste Mal in Erscheinung getreten ist; und (b) in der großen Divergenz der Analysen über die Anfänge des Kapitalismus zeigt sich eine ebenso große Meinungsvielfalt, was den Kapitalismus als System eigentlich ausmacht.

Außerdem war das, was damals entstand, nicht wirklich vorgesehen oder geplant. *Erstens*, darauf hat Marcus Rediker (University of Pittsburgh) bereits vor fast 30 Jahren hingewiesen: »Der Kapitalismus kam in bestimmten Bereichen des Produktionsprozesses viel früher auf als in anderen«.[8] Das heißt: Die Herausbildung des Kapitalismus war zunächst ein spezifischer historischer Prozess, der anschließend eine Katalysatorfunktion bei der Ausbreitung kapitalistischer Verhältnisse auf andere

8 Marcus Rediker: The Common Seaman in the Histories of Capitalism and the Working Class, in: International Journal of Maritime History 1/1989, S. 337–357, hier S. 341.

Gebiete übernehmen sollte. Die Singularität des Entstehungsprozesses des Kapitalismus nicht anzuerkennen sei gleichbedeutend mit der Vorstellung, »Produktionsweisen erschienen wie Minerva ganz plötzlich und in ihrer endgültigen, voll ausgebildeten Form auf der historischen Bühne«.[9]

Zweitens hängt ein solch einzigartiger Prozess immer auch von Eventualitäten ab, das heißt, er ist per definitionem ein aleatorischer Prozess. Nach der marxistischen Theorie, als *der* Wissenschaft zur Erforschung gesellschaftlicher Entwicklung, lassen sich bei allen historisch bedeutsamen Zusammentreffen gegenläufige Trends und alternative Entwicklungspfade ausmachen, die in jedem einzelnen Fall die Dynamik eines bestimmten Kräfteverhältnisses der Klassen widerspiegeln. Es kommt also in der historischen Entwicklung immer wieder aufs Neue zu einer Reihe von kontingenten Ereignissen und Begegnungen, die gegen einen klar vorherbestimmten Weg und eine »Zwangsläufigkeit« von Verläufen – Kontinuitäten oder Veränderungen – sprechen. Wenn man sich wissenschaftlich mit der Geschichte befasst, dann besteht die Aufgabe gerade darin, die vielen Optionen und Eventualitäten aufzudecken sowie die *spezifischen Bedingungen* herauszuarbeiten, die letztendlich die Durchsetzung eines bestimmten Trends begünstigt haben, der sich dann später als »historisches Ereignis« materialisierte.

Die beiden oben genannten erkenntnistheoretischen Prämissen implizieren, dass die Erforschung der ersten Spuren des Kapitalismus oder auch seiner späteren Verbreitung zweierlei voraussetzt: einerseits eine Theorie des Kapitalismus als System und andererseits eine konkrete Analyse der konkreten historischen Situation, in der der Wandel hin zum Kapitalismus stattgefunden hat. Wie Georg Lukács schrieb, »ist die konkrete Analyse der konkreten Lage [...] der Gipfelpunkt der echten Theorie, der Punkt, wo die Theorie wirklich erfüllt ist«.[10]

Das vorliegende Buch ist sowohl eine wissenschaftliche Studie über die Ursprünge des Kapitalismus als auch eine theoretische Abhandlung über den Kapitalismus. Ausgangspunkt meiner Analyse ist Marx' Theorie, wie er sie im »Kapital« und in anderen Schriften seines zwischen 1857 und 1882 erschienenen Spätwerks entwickelt hat. In meiner Untersuchung der Anfänge des Kapitalismus geht es zu Beginn vor allem um die Frage, was den Kapitalismus eigentlich ausmacht und wie er sich von anderen Systemen abgrenzen lässt. In diesem Sinne beruht sie auf einer spezifischen Kapitalismustheorie bzw. reproduziert diese: Kapitalismus wird als ein System der Klassenherrschaft und Ausbeutung mit spezifischen strukturellen Merkmalen verstanden.

9 Ebd.

10 Georg Lukács: Lenin. Studie über den Zusammenhang seiner Gedanken [1924], 3. Aufl., Neuwied/Berlin 1967, S. 82.

Das vorliegende Buch besteht aus drei Teilen. Teil I konzentriert sich auf die monetäre Theorie von Wert und Kapital von Marx und bietet zugleich einen kritischen Überblick zur einschlägigen ökonomischen und geschichtswissenschaftlichen Fachliteratur marxistischer und nichtmarxistischer Provenienz. Auf dieser Grundlage befasst sich der erste Teil ebenso mit historischen Formen vorkapitalistischer geldvermehrender Produktion und Finanzierung, die häufig mit dem Kapitalismus verwechselt werden. Das Buch geht der Frage nach, inwieweit diese geldvermehrenden Produktionsformen die Entstehung des Kapitalismus begünstigt haben bzw. zeitgleich zu ihm (weiter) existierten. Teil I umfasst sieben Kapitel.

In Kapitel 1 werden die grundlegenden Eigenschaften des Kapitalismus und deren Zusammenhang erläutert, das, was ihn von allen anderen Gesellschaftssystemen unterscheidet: (a) die Verallgemeinerung der Lohnarbeit; (b) die Monetarisierung der gesamten Wirtschaft (geldvermehrendes Geld); (c) die Konzentration der Produktionsmittel und die Loslösung des Kapitalisten vom Arbeitsprozess als solchem; (d) freier Wettbewerb und die Verschmelzung einzelner Kapitalvermögen zu einem Gesamtkapital; (e) die finanzielle Existenzform des Kapitals und (f) die Herausbildung damit korrespondierender rechtlicher, politischer und ideologischer Strukturen und einer entsprechenden Staatsform.

Kapitel 2 setzt sich mit den Widersprüchen von Marx' eigener Analyse der Entstehungsgeschichte des Kapitalismus auseinander und mit den Kontroversen unter Marxisten, die sich an den beiden widersprüchlichen theoretischen Konzepten entzünden, die Marx selbst in seinen Schriften entworfen hat: einerseits die Dialektik von Produktivkräften und Produktionsverhältnissen und andererseits die sogenannte ursprüngliche Akkumulation oder anders ausgedrückt: »Zweierlei sehr verschiedne Sorten von Warenbesitzern [die Geldbesitzer und die besitzlosen Proletarier] müssen sich gegenüber und in Kontakt treten.«[11]

Gegenstand von Kapitel 3 ist Lenins Beitrag zur marxistischen Theorie, genauer: seine Ausführungen zu vorindustriellen kapitalistischen Wirtschaftsformen. Lenins Untersuchung der Entwicklung des Kapitalismus in Russland Ende des 19. Jahrhunderts hilft bei der Abwägung verschiedener Erklärungsansätze zur Entstehung des Kapitalismus insofern, als dass sie Formen der formalen Unterordnung der Arbeit unter das (Handels-)Kapital beleuchtet und diese als kapitalistische Produktionsprozesse fasst, während spätere marxistische Theoretiker dazu tendierten, sie als feudalistisch oder vorkapitalistisch zu begreifen.

In Kapitel 4 erfolgt eine kritische Betrachtung von Kautskys Untersuchung der »Agrarfrage«. Nach Kautsky hat sich der Kapitalismus nicht

11 Karl Marx: Das Kapital. Erster Band, in: ders./Friedrich Engels: Werke [MEW], Berlin 1956ff., Bd. 23, S. 741.

zuerst auf dem Land ausgebreitet, sondern in den nicht-agrarischen Bereichen der Volkswirtschaft, insbesondere im Handel und im Finanzwesen. Im Zuge der Auflösung feudaler Gesellschaftsstrukturen und der Herausbildung von kapitalistischen Gesellschaften entwickelte sich ein Agrarsektor, der von kleineren sowie mittelgroßen kommerziellen Familienbetrieben geprägt war. Nach Kautsky hat diese Form der einfachen Warenproduktion den industriellen Kapitalismus ergänzt, da sie in den Gesamtprozess der kapitalistischen Reproduktion eingebettet war: Die Familienbetriebe lieferten Agrarerzeugnisse zu relativ niedrigen Preisen, da in diese keine absolute Rente und kein Gewinn eingerechnet waren und sie lediglich für den Lebensunterhalt der bäuerlichen Familien ausreichen mussten.

In Kapitel 5 setze ich mich auf der Grundlage der in Kapitel 1 bis 4 vorgestellten Thesen und Argumente kritisch mit weiteren marxistischen Ansätzen und Untersuchungen auseinander, die nach dem Zweiten Weltkrieg entstanden sind, um den Übergang vom Feudalismus zum Kapitalismus zu erklären. Da wäre zunächst die Diskussion, die Paul Sweezy mit seiner Kritik an Maurice Dobbs Buch »Entwicklung des Kapitalismus: Vom Spätfeudalismus bis zur Gegenwart« eröffnet hat, sowie die sogenannte Brenner-Debatte. Im Anschluss daran kommen Vertreter von alternativen marxistischen Konzepten zu Wort, wie etwa Autoren, die der »Weltsystem-Schule« zuzurechnen sind, und solche, die die Bedeutung der »aleatorischen Begegnung« zwischen den Geldbesitzern und den Proletariern betonen. Es war Étienne Balibar, der 1965 zum ersten Mal dieses Konzept der »aleatorischen Begegnung« ausgearbeitet hat, später wurde es von Gilles Deleuze, Felix Guattari sowie Louis Althusser aufgegriffen und weiterentwickelt. Am Ende dieses Kapitels wird eine der vielleicht umstrittensten Fragen in der marxistischen Literatur behandelt: die Frage nach dem Charakter des Handelskapitals: Ist es produktiv oder unproduktiv? – Ein Thema, bei dem Marx selbst gelegentlich nicht eindeutig ist.

Zu Beginn von Kapitel 6 fasse ich die zentralen Thesen und Argumente der Historischen Schule der Nationalökonomie aus der Zeit von 1902 bis 1935 zum Thema Entstehungsgeschichte des Kapitalismus zusammen. Sie dienen als Grundlage für weiterreichende Reflexionen zu den monetären, »unternehmerischen« und ideologisch-kulturellen Ursprüngen des kapitalistischen Systems. Ausgangspunkt der Debatte innerhalb dieser Strömung war Werner Sombarts Abhandlung »Der moderne Kapitalismus«, die 1902 erschien. Hier war zum ersten Mal vom »Geist des Kapitalismus« als unentbehrliche Voraussetzung für die Durchsetzung des kapitalistischen Systems die Rede. Das Buch zog erhebliche Kritik auf sich. Kurz nach seiner Veröffentlichung wurde die Debatte noch dadurch weiter angeheizt, dass Max Weber das Konzept von Sombart aufgriff und neu auslegte, sodass es fortan vor allem auf einen bestimmten, angeblich durch die Reformation hervorgebrachten ideologischen Zeitgeist bezogen wurde.

Im zweiten Teil dieses Kapitels werden jüngere nicht-marxistische Ansätze zur Entstehungsgeschichte des Kapitalismus kritisch gewürdigt und herausgearbeitet, dass die meisten – ähnlich wie die Vertreter der Deutschen Historischen Schule der Nationalökonomie vor ihnen – die strukturelle Rolle der Lohnarbeit bei der Herausbildung des Kapitalismus erheblich unterschätzt haben. Am Ende gehe ich auf das Werk des renommierten Historikers Fernand Braudel ein, insbesondere auf seine nützliche Unterscheidung zwischen Marktwirtschaft und Kapitalismus, wobei hervorzuheben ist, dass auch Braudel die Punkte Klassenherrschaft und Ausbeutung zu sehr vernachlässigt hat.

Der erste Teil des Buches schließt mit Kapitel 7, dessen Ausgangspunkt der marxistische Schlüsselbegriff der Produktionsweise ist. In diesem Kapitel versuche ich, darauf und auf allen kritischen Schlussfolgerungen aus den vorangegangenen Kapiteln aufbauend, ein Bild von der historischen Figur zu entwerfen, die Marx als vorkapitalistischen Geldbesitzer beschrieben hat. An dieser Stelle werden zwei Konzepte eingeführt: (a) *die auf Sklaverei beruhende geldvermehrende Produktionsweise,* die seit der Antike existiert und sich klar von der klassischen (oder »patriarchalen«, wie Marx sie nannte) Produktionsweise der Sklavenhaltergesellschaften unterscheiden lässt, und (b) die *kontraktuelle geldvermehrende Produktionsweise,* die im Mittelalter in Abgrenzung zu Finanzgeschäften entstand, die auf Partnerschaften und Assoziationen basierten.

Der »Vertrag« zwischen dem Geldbesitzer und dem Arbeiter, der in letzterem Fall frei war von jeglicher persönlichen Knechtschaft und Leibeigenschaft, brachte eine komplexe Form der Ausbeutung mit sich. Der Arbeiter war zum einen Lohnempfänger, hatte zum anderen aber auch (begrenzten) Zugang zu den Produktionsmitteln (des »Kapitals«), entweder über eine »Gewinnbeteiligung« oder durch das Recht, auf Reisen mit Waren zu handeln. In anderen Worten: Er war kein Proletarier, obwohl ein Teil seines Einkommens aus der Lohnarbeit stammte. Taskmaster[12] bei diesen beiden vorkapitalistischen Produktionsweisen war daher der vorkapitalistische Geldbesitzer, der später dem Arbeiter, nachdem er Proletarier geworden war, »gegenüber und mit ihm in Kontakt treten« sollte und so den Kapitalismus hervorbrachte. Dies wird hauptsächlich in Teil II des Buches erörtert.

Teil II des vorliegenden Buches besteht aus drei Kapiteln. Schwerpunkt ist das Aufkommen des Kapitalismus in den Stadtstaaten auf der italieni-

12 Der Taskmaster konnte vielfältige Aufgaben und Funktionen übernehmen: Organisator, Koordinator, Auftraggeber, Zuchtmeister, Kontrolleur. Da es im Deutschen für eine solche Person keine angemessene Übersetzung gibt, wurde die englische Bezeichnung hier und im Folgenden beibehalten (Anm. d. Übers.).

schen Halbinsel, genauer gesagt in Venedig, das sich bis zum Ende des 15. Jahrhunderts als politische, wirtschaftliche und koloniale Macht im Mittelmeerraum und darüber hinaus durchgesetzt hatte und das mehr als acht Jahrhunderte lang als unabhängiger Staat existierte. Ich greife dabei nicht nur auf verschiedene historische Studien zurück, die auf Venedigs langjährige Vormachtstellung als geldvermehrende Handels- und Wirtschaftsformation verweisen. Mein Ausgangspunkt ist außerdem Marx' Beobachtung, dass »in Italien, wo die kapitalistische Produktion sich am frühsten entwickelt, [der] vogelfreie Proletarier [...] in den [...] Städten die neuen Herren [bereits] fertig« vorfand.[13] Was meine Analyse von anderen Ansätzen unterscheidet, die die frühe Herausbildung des Kapitalismus in Venedig und in anderen Stadtstaaten der italienischen Halbinsel betonen, ist meine Differenzierung von kapitalistischen und nicht-kapitalistischen Formen geldvermehrender »unternehmerischer« Aktivitäten. Am deutlichsten zeigt sie sich an der »Durchsetzung« des Lohnverhältnisses als der *zentralen Form* der Vergütung der der Herrschaft der Geldbesitzer unterworfenen Arbeiter, oder anders ausgedrückt: an der endgültigen Eingliederung persönlichen Zwangs in die wirtschaftliche Beziehung als solche.

In Kapitel 8, das sich mit der Geschichte Venedigs bis 1204 befasst, umreiße ich die wichtigsten historischen Ereignisse, die die Entwicklung von einer byzantinischen Provinz hin zu einem unabhängigen Stadtstaat, von einem Verbündeten des Byzantinischen Reichs hin zum Eroberer Konstantinopels, von einer kleinen, Handel treibenden Stadt an der Adria hin zu einer der großen Kolonialmächte des Mittelmeerraums, ermöglicht haben. Obwohl dieser gesamte Prozess mit vielfältigen historischen Kontingenzen verbunden war – Ergebnis einer Verkettung zufälliger Umstände und Ursachen –, lässt sich der außergewöhnliche Aufstieg Venedigs gleichermaßen auf die spezifischen sozialen Beziehungen bzw. die inneren Strukturen sowie den besonderen Zusammenhalt der venezianischen Gesellschaft zurückführen. Darauf beruhte die enorme Stärke des venezianischen Staates.

In Kapitel 9 analysiere ich als Voraussetzung dieses Erfolgs die historisch einzigartigen Klassenverhältnisse in der venezianischen Gesellschaft. Die entscheidende Antriebskraft des wirtschaftlichen Aufschwungs Venedigs war nicht die »Privatinitiative« einzelner raffinierter Kaufleute oder anderer risikobereiter Selfmade-Männer. Die ökonomische Erfolgsgeschichte Venedigs geht vielmehr auf den Umstand zurück, dass das städtische Patriziertum Anfang des 11. Jahrhunderts damit begann, Venedig kollektiv zu einer militärischen Seemacht auszubauen. Diese Adligen waren sowohl die Koordinatoren als auch die Protago-

13 Marx: Das Kapital I, MEW, Bd. 23, S. 506.

nisten bei einer Vielzahl von geldvermehrenden »Unternehmungen«: Handel, Piraterie, Plünderungen, Sklavenhandel und Kriege. Unter der ökonomischen, politischen und sozialen Herrschaft einer Klasse von vorkapitalistischen Kaufleuten, Schiffseignern und Leitern von staatseigenen Unternehmen blieb Venedig bis zum 14. Jahrhundert eine vorkapitalistische Wirtschafts- und Gesellschaftsformation. Die geldvermehrenden Aktivitäten der herrschenden Klasse in Venedig begründeten einen *unabgeschlossenen Prozess* der *ursprünglichen Akkumulation* im marxschen Sinne. Ein Pol des Prozesses, die venezianischen Geldbesitzer und ihr Staat, verfügte bereits über die klar definierten Merkmale einer unechten Bourgeoisie. Der andere Pol jedoch, der besitzlose Proletarier, hatte noch nicht die historische Bühne betreten, weswegen es sich auch nicht um eine echte Bourgeoisie handelte. Die lohnbeziehenden Armen partizipierten durch bestimmte Formen von „Assoziationen" – vermittelt allein durch ihr Dasein als Lohnempfänger – noch am Eigentum an Produktionsmitteln.

In Kapitel 10 untersuche ich die historischen Gegebenheiten, die in der zweiten Hälfte des 14. Jahrhunderts letztlich zu einem Überhandnahmen der kapitalistischen Produktionsweise in der venezianischen Gesellschaft führten, darunter wirtschaftliche Gegensätze, die Kriege zwischen Venedig und Genua ab dem 13. Jahrhundert, die Krisen des venezianischen Kolonialsystems und das Aufkommen der Pest. All diese Faktoren trugen Ende des 14. Jahrhunderts zur Herausbildung von riesigen staatseigenen Produktionsstätten bei, die auf der Grundlage des Verhältnisses von Kapital und Lohnarbeit funktionierten. Es war hier in diesen Manufakturen, wo die besitzlosen Proletarier das erste Mal direkt auf den kollektiven Geldbesitzer des venezianischen Stadtstaates trafen. Gleichzeitig kam es damals für die Mehrheit der Seeleute zu einer drastischen Einschränkung ihrer Einkommensmöglichkeiten jenseits des Lohnarbeitsverhältnisses. Es entstand ein Proletariat von lohnabhängigen Seeleuten. Auch in diesem Fall war es das Gegenüber- und In-Kontakt-Treten mit dem sich herausbildenden Proletariat, das aus Geldbesitzern, die staatliche Flotten charterten, und Reedern, die private Schiffe befehligten, wahre Kapitalisten machte. Immer dort, wo es an »freigesetzten Arbeitern« mangelte, griff man zu verschiedenen Formen von Zwangsarbeit, insbesondere zu den für Sklavenhaltergesellschaften typischen geldvermehrenden Produktionsweisen – als »notwendige« Manifestierung des »unternehmerischen Willens«. Schließlich kam es zu einer gewaltigen internen Staatsverschuldung, um die Kriegsführung zu finanzieren, was eine Modernisierung der Haushaltsführung und Steuerpolitik sowie auch einen beachtlichen Ausbau dessen nach sich zog, was ein kapitalistisches Finanzsystem ausmacht. Ende des 14. Jahrhunderts hatte sich Venedig endgültig in eine kapitalistische Gesellschaftsformation verwandelt und damit den Kapitalismus in Europa praktisch eingeführt.

In Teil III dieses Buches wird die Entwicklung Venedigs als kapitalistische Gesellschaft vom Ende des 14. Jahrhunderts bis zur endgültigen Unterwerfung der Republik unter Napoleon im Jahr 1797 nachgezeichnet. Es besteht aus zwei Kapiteln. Schwerpunkte von Kapitel 11 sind die wirtschaftliche Umstrukturierung und die neue veränderte geopolitische Position Venedigs nach der Ausbreitung des Kapitalismus in Westeuropa, der Expansion des Osmanischen Reichs sowie der Konsolidierung großer Territorialstaaten in Europa. Es werden in diesem Kapitel des Weiteren verschiedene geschichtswissenschaftliche Abhandlungen und marxistische Arbeiten vorgestellt, die sich mit dem besonderen Charakter der venezianischen Republik befassen. Diese blieb bis zu ihrem Ende eine kapitalistische Gesellschaftsformation, auch wenn sie ab dem 16. Jahrhundert ihre Sonderstellung als herausragende wirtschaftliche und politische Kraft in Europa verlor. Damals breiteten sich überall im Westen Europas kapitalistische Gesellschaftsverhältnisse aus und entstanden neue Wirtschafts- und Militärmächte. Ab dem späten 16. Jahrhundert fand in Venedig, das seine Vormachtstellung beim Handel durch neue Konkurrenz bedroht sah, ein umfassender Umbau der Wirtschaft statt, der auf dem raschen Wachstum des Manufaktur- und Finanzwesens beruhte. Außerdem gelang es Venedig, seine Rolle als bedeutende Kolonialmacht im Mittelmeerraum auszubauen, indem es seine Kolonialgebiete durch Eroberungen im östlichen Mittelmeer und im Ägäischen Meer erweiterte, in Dalmatien und Istrien (Stato da Màr) sowie auf dem italienischen Festland (Domini di Terraferma). Trotz des Vordringens des Osmanischen Reichs, das ab dem 16. Jahrhundert die östlichen Kolonien der venezianischen Seemacht bedrohte, behielt Venedig seine beiden kolonialen Herrschaftsgebiete, wo es über hybride Hoheitsrechte verfügte, bis zum Niedergang der Republik. Der Status schwankte zwischen dem eines Kolonialreichs und einer Konföderation von Dominions.

Am Schluss, das heißt in Kapitel 12, stehen der venezianische Staat und dessen kapitalistischen Merkmale im Fokus. In diesem Kapitel übe ich zugleich Kritik an Auffassungen, denen zufolge Venedig (und andere Stadtstaaten auf der Apenninhalbinsel) angeblich deswegen keine kapitalistischen Gesellschaften ausbilden konnten, weil ihnen eine »nationale politische Einheit« gefehlt habe. Der kapitalistische Staat »verdichtet« die allgemeine Herrschaft des Kapitals in einer sozialen Formation und stellt sie zugleich so dar, als diene sie dem »Allgemeinwohl« der Gesellschaft. Mit anderen Worten: Der kapitalistische Staat sieht sich gezwungen, jede auf seinem politischen Territorium lebende Gemeinschaft zu homogenisieren und sie zur *eingeborenen Bevölkerung* zu erklären, die sich durch gemeinsame Interessen auszeichne und von den »anderen« (den Bewohnern anderer Staaten oder Territorien) abgrenzen lasse. Das heißt, dass die Verfolgung der strategischen, vom Staat »verdichteten« Interessen der Kapitalistenklasse immer eines Kompromisses mit den subalternen Klassen bedarf. Das moderne Nation-Building und der Nationalismus haben eine wichtige Rolle bei der Homogenisierung der alteingesessenen Bevölkerungen der kapitalistischen Staaten gespielt: Die Nation stellt die historisch geformte und spezifisch kapitalistische Einheit (Kohäsion) der antagonistischen Klassen einer Gesellschaft dar, die dazu neigt, das »Innere« zu vereinheitlichen und es vom »Äußeren«, das heißt dem »Nicht-Nationalen«, abzugrenzen und zu unterscheiden. Der Prozess der Herausbildung von Nationalstaaten begann in Europa jedoch erst Jahrhunderte, nachdem der Kapitalismus bereits in vielen Gesellschaften und Teilen des Kontinents seine Herrschaft etabliert hatte. Nationalismus und nationale Identität sind Ideen und Bewegungen des späten 18. und 19. Jahrhunderts, die erst im Zuge der Französischen Revolution aufkamen.

Der venezianische Staat zeichnete sich schon im 14. Jahrhundert durch zwei Eigenschaften aus, die grundlegend sind für kapitalistische Systeme: erstens das Funktionieren von Staatsapparaten unabhängig von konkreten Personen, beruhend auf den Prinzipien der »Herrschaft des Gesetzes« und der »Gleichheit aller Bewohner vor dem Gesetz«, ungeachtet ihres jeweiligen Status (Patrizier, Bürger durch Geburt, die »Popularen«, Einwanderer, Diener und Sklaven); und zweitens die »relative Autonomie« des Staates und seiner politischen und wirtschaftlichen Funktionen oder Interventionen gegenüber allen Fraktionen der herrschenden Klasse, was es ermöglichte, die strategischen Interessen der venezianischen Bourgeoisie als »allgemeine Interessen« der Republik auszugeben. Beides war für die damaligen politischen Machthaber eine zentrale Voraussetzung, um mit den subalternen Klassen, aber auch mit den Bevölkerungen ihrer Kolonien und den sich in Venedig niedergelassenen Migranten aus anderen Teilen des Mittelmeerraums und der italienischen Halbinsel einen Konsens zu erzielen.

Venedig war also weitaus mehr als nur ein Stadtstaat. Es herrschte über ein beträchtliches Kolonialreich. Dementsprechend nutzte es Institutionen und Techniken, die dem Staat einen kollektiven und »statistischen« – das heißt unpersönlichen – Umgang mit heterogenen Bevölkerungen erlaubte. Obwohl der venezianische kapitalistische Staat kein Nationalstaat war, schaffte er es, mithilfe von verschiedenen wirtschaftlichen und sozialen Interaktionen, dem Einsatz von Zwangsmitteln, der Etablierung erfolgreicher republikanischer Repräsentationsformen sowie aufgrund der besonderen Loyalität seiner Bürger gegenüber den venezianischen Behörden die erweiterte Reproduktion kapitalistischer Ausbeutungs- und Herrschaftsverhältnisse sicherzustellen und gleichzeitig eine multikulturelle Gesellschaft zu bewahren. Unter diesem Gesichtspunkt erscheint mir das Fehlen einer nationalen, das heißt italienischen Identität (die verheerenden Kriege zwischen Venedig und Genua hatten niemals die Merkmale eines Bürgerkrieges) weniger als Ausdruck von Archaik als von einer Rückkehr in die Zukunft.

Teil I
Die Ursprünge des Kapitalismus: der theoretische Kontext

»Es ist vielmehr durch Wucher – besonders auch gegen das Grundeigentum ausgeübten – und durch Kaufmannsgewinne aufgehäuftes mobiles Vermögen – Geldvermögen, das in Kapital im eigentlichen Sinn, industrielles Kapital verwandelt wird.«

KARL MARX: GRUNDRISSE DER KRITIK DER POLITISCHEN ÖKONOMIE

1 —— Was Marx unter Kapitalismus verstand: ein synoptischer Überblick

Die Begriffe Kapital, Kapitalist und Kapitalismus wurden vor vielen Jahrhunderten geprägt. Außerhalb Westeuropas erschien das Wort Kapital *(kefalaion)* wohl zum ersten Mal in der »Ekloge«, einer Gesetzessammlung aus der Herrschaftszeit des byzantinischen Kaisers Leo III. (717–741). Später, im Jahr 820, fand sich das Wort Kapital (*al-māl*) in den Werken des muslimischen Juristen al-Shāfiʿī (727–820).[1] Fernand Braudel zufolge tauchte

> »*Kapital* (aus der lateinischen Wurzel *caput*, das Haupt abgeleitet) [...] im 12./13. Jahrhundert in der Bedeutung Fonds, Warenbestand, Geldmasse oder zinstragendes Geld auf. [...] Hier [in Italien] wird der Begriff geprägt und gezähmt, hier reift er gewissermaßen heran. 1211 erstmals aufgetaucht, kehrt er ab 1283 häufig in der Bedeutung von Kapital einer Handelsgesellschaft wieder.«[2]

Es war jedoch zweifelsohne Karl Marx, der mit seinen Analysen und Theorien den Begriff Kapital mit seiner gegenwärtigen inhaltlichen Bestimmung maßgeblich beeinflusst hat. Dies unterscheidet sich sowohl von der konventionellen Definition (»Vermögen, von dem ein Einkommen erwartet wird«) als auch von dem neoklassischen Kapital-Begriff (Kapital als »Produktionsfaktor« neben der »Arbeit« und natürlichen Ressourcen).[3] Der marxistische Historiker R.H.H. Hilton berief sich 1952 auf M.M. Postan:

> »›Das Thema des Kapitalismus‹, schrieb Professor M.M. Postan, ›verdankt seine heutige Stellung in der politischen und wissenschaftli-

1 Vgl. hierzu John H. Pryor: The Origins of the Commenda Contract, in: Speculum 1/1977, S. 5–37, hier S. 25; Abraham Udovitch: Partnership and Profits in Medieval Islam, Princeton 1970, S. 81; Jairus Banaji: Theory as History: Essays on Modes of Production and Exploitation, Leiden/Boston 2010, S. 262 und Kapitel 7.

2 Fernand Braudel: Sozialgeschichte des 15.–18. Jahrhunderts, Bd. 2: Der Handel, München 1986, S. 249.

3 Pellicani hat treffend festgestellt: »Alle Theorien, die mit dem Anspruch entwickelt wurden, die Herausbildung moderner Marktgesellschaften zu erklären, werden entweder als Alternativen zur marxistischen Erklärung betrachtet oder als Teil davon.« (Luicano Pellicani: The Genesis of Capitalism and the Origins of Modernity, New York 1994, S. 13)

> chen Diskussion dem Werk von Marx und der Marxisten‹. Viele Historiker folgen ihm hierin im Wesentlichen. Selbst E. Lipson übernimmt in seiner ›Economic History of England‹ im Großen und Ganzen Marx' Definition des Kapitalismus. Er stimmt mit ihm darin überein, dass wesentliches Merkmal des Kapitalismus der Klassengegensatz zwischen eigentumslosen Lohnempfängern und Unternehmern ist, die über Kapital verfügen, im Gegensatz zur charakteristisch mittelalterlichen Organisation von Industrie und Landwirtschaft, die auf dem Kleinproduzenten mit eigenen Produktionsmitteln beruhte.«[4]

Marx' Theorie des Kapitalismus als Gesellschaftssystem ist sicherlich komplexer und häufig ausführlicher erläutert worden als die oben zitierten Definitionen. In seinem Hauptwerk »Das Kapital« nennt er sechs grundlegende Eigenschaften des Kapitalismus, die ihn durch ihr spezifisches Zusammenspiel von allen anderen Gesellschaftssystemen unterscheiden: (a) die Verallgemeinerung der Lohnarbeit; (b) die Monetarisierung der gesamten Wirtschaft (geldvermehrendes Geld); (c) die Konzentration der Produktionsmittel und die Loslösung des Kapitalisten vom Arbeitsprozess als solchem; (d) freier Wettbewerb und die Verschmelzung einzelner Kapitalvermögen zu einem gesellschaftlichen Gesamtkapital; (e) die finanzielle Existenzform des Kapitals und (f) die Herausbildung rechtlicher, politischer und ideologischer Strukturen und einer entsprechenden Staatsform.

Es ist vor allem die Vorherrschaft des Lohnarbeitsverhältnisses, wodurch sich der Kapitalismus gegenüber älteren Gesellschaftssystemen auszeichnet. Dabei handelt es sich um die Beziehung zwischen einem Eigentümer von Produktionsmitteln (dem Kapitalisten) und einem Arbeiter, der von allen persönlichen Formen der Knechtschaft befreit ist. Allerdings ist dem Arbeiter hierbei jeglicher direkte Zugang zu den Produktionsmitteln verwehrt, außer indem er seine/ihre Arbeitskraft an den Kapitalisten mithilfe eines Lohnarbeitsvertrags verkauft. Die Arbeiterinnen und Arbeiter können nur noch produzieren, wenn sie sich dem Kommando des Kapitalisten unterwerfen, der die volle Kontrolle über den Produktionsprozess hat. *Das Lohnarbeitsverhältnis ist* daher *das erste elementare Kennzeichen des Kapitalismus.* Die Arbeitskraft wird in einer vollständig durchkapitalisierten Wirtschaft zur Ware; die Verallgemeinerung von Warenbesitz und -produktion ist das augenfälligste Merkmal des Kapitalismus: die Marktwirtschaft. Der erste Band von Marx' »Kapital« beginnt mit dem folgenden Satz:

4 Rodney Hilton: Capitalism – What's in a Name?, in: Past & Present 1/1952, S. 32–43, hier S. 32; vgl. auch ders.: Kapitalismus – Was soll das bedeuten?, in: Paul Sweezy u.a.: Der Übergang vom Feudalismus zum Kapitalismus, Frankfurt a.M. 1984, S. 195–213.

> »Der Reichtum der Gesellschaften, in welchen kapitalistische Produktionsweise herrscht, erscheint als eine ›ungeheure Warensammlung‹, die einzelne Ware als seine Elementarform.«[5]

Eine Ware ist nicht nur ein nützliches Ding (ein »Gebrauchswert«); sie ist zudem ein (nützliches) Ding, das getauscht werden kann, etwas, das einen Preis trägt und als ein preistragendes Ding produziert wird; ein Ding, dessen Wert sich auf dem Markt in Geldeinheiten ausdrückt; es ist ein Tauschwert. Der Verallgemeinerung der Warenproduktion bedeutet zugleich die Verallgemeinerung der Geldzirkulation. Die kapitalistische Produktion äußert sich als Geldzirkulation. Der Kapitalist tritt auf dem Markt als Eigentümer von Geld (G) auf, mit dem er Waren (W) kauft, die aus Produktionsmitteln (Pm) und Arbeitskraft (Ak) bestehen. Im Produktionsprozess (Pp) werden diese Waren (W) produktiv verbraucht (konsumiert), um andere Waren zu erzeugen, ein Produkt (P), dessen Wert den von (W) übersteigt. Schließlich verkauft er/sie das Produkt, um einen Geldbetrag (G') zu erhalten, der größer als (G) ist.

Eine umfassende einführende Kapital-Definition könnte daher folgendermaßen lauten: ein historisch spezifisches gesellschaftliches Verhältnis, dessen Kennzeichen a) freie Arbeit (der Arbeiter als Lohnempfänger) und (b) »Geld als Selbstzweck« oder »Geld, das mehr Geld erzeugt«, sind. Kapital erscheint als selbstverwertendes Geld, entsprechend der Formel G–W–G'.

Marx hat gezeigt, dass diese Formel der Geldzirkulation tatsächlich als Ausdruck kapitalistischer wirtschaftlicher und sozialer Verhältnisse verstanden werden kann, die den Prozess der unmittelbaren Produktion umfassen, die nun zu einer Produktion wird, die auf Tausch und Gewinn abzielt. Daraus ergibt sich eine historisch spezifische Form der Ausbeutung: die kapitalistische Ausbeutung der arbeitenden Klassen. Geld wird zur allgemeinsten Erscheinungsform von Wert und daher von Kapital. »Kapital [ist] nicht eine Sache [...], sondern ein durch Sachen vermitteltes gesellschaftliches Verhältnis zwischen Personen.«[6]

Im Kontext der kapitalistischen Wirtschafts- und Gesellschaftsverhältnisse bindet die Bewegung von Geld als Kapital den Produktions- *an* den Zirkulationsprozess: Die Warenproduktion wird zu einer Phase oder einem Moment (und für den gesamten Verwertungsprozess sogar zum *entscheidenden* Moment) des Kreislaufs des gesellschaftlichen Gesamtkapitals:

G – W [= A + Pm] ...Pp...P – G' [= G+ΔM]

5 Marx: Das Kapital I, MEW, Bd. 23, S. 49.

6 Ebd., S. 793.

Marx selbst formulierte es so:

> »Kapital ist Geld, Kapital ist Ware. In der Tat aber wird der Wert hier das Subjekt eines Prozesses, worin er unter dem beständigen Wechsel der Formen von Geld und Ware seine Größe selbst verändert, [...] sich selbst verwertet. [...] *Die Zirkulation des Geldes als Kapital ist dagegen Selbstzweck* [...] *Die Bewegung des Kapitals ist daher maßlos.*«[7]

Die *vollständige Monetarisierung der Wirtschaft (geldvermehrendes Geld) ist* nach Marx' Analyse daher *das zweite wesentliche Merkmal des Kapitalismus.*

Nicht jeder Unternehmer oder Eigentümer von Produktionsmittelen ist jedoch ein Kapitalist, verstanden als Personifizierung des Kapitals. Was den Eigentümer von Produktionsmitteln zum Kapitalisten macht, ist das *Ausmaß der Produktion* und die Anzahl der von ihm beschäftigten Lohnarbeiter. Diese müssen so groß sein, dass der *Kapitalist von der eigentlichen Arbeit völlig befreit ist* und sich dementsprechend ganz auf die Überwachung des Produktionsprozesses konzentrieren kann. Das Einkommen der Kapitalisten (das heißt die Profite) hängt von der Höhe des eingesetzten Kapitals und nicht von ihrer Arbeitsleistung ab. Dies unterscheidet die Kapitalistenklasse von der Klasse der Kleinunternehmer, die ebenso Lohnarbeiter beschäftigt und die wir als »mittlere Bourgeoisie« bezeichnen.[8]

> »Die kapitalistische Produktion beginnt, wie wir sahen, in der Tat erst, wo dasselbe individuelle Kapital eine größere Anzahl Arbeiter gleichzeitig beschäftigt. [...] Ein gewisser Höhegrad der kapitalistischen Produktion bedingt, dass der Kapitalist die ganze Zeit, während deren er als Kapitalist, d.h. als personifiziertes Kapital funktioniert, zur Aneignung und daher Kontrolle fremder Arbeit und zum Verkauf der Produkte dieser Arbeit verwenden könne.«[9]

Die Konzentration der Produktionsmittel und die Ablösung des Kapitalisten vom Arbeitsprozess als solchem ist Marx zufolge also *das dritte charakteristische Merkmal des Kapitalismus.*

Die »wachsende Aneignung des abstrakten Reichtums [ist] das allein treibende Motiv [der] Operationen« des einzelnen Kapitalisten,[10] der mit anderen Kapitalbesitzern konkurriert, die dasselbe Ziel verfolgen.

7 Ebd., S. 169 u. 167, Hervorh. J.M.

8 Vgl. Jannis Milios/Georg Economakis: Mittelklassen, Klassenstellung und politische Klassenpositionen, PROKLA, Heft 176, 2014, S. 403–423.

9 Marx: Das Kapital I, MEW, Bd. 23, S. 341 u. 326.

10 Ebd., S. 167.

Über die freie Konkurrenz bilden sie alle zusammen das gesellschaftliche Gesamtkapital.

In Marx' Verständnis garantiert die freie Konkurrenz das für kapitalistische Systeme typische wechselseitige Engagement von institutionell unabhängigen Produktionseinheiten. Damit werden die jeweiligen Kapitalisten den Gesetzen der kapitalistischen Produktion unterworfen. Aufgrund ihrer strukturell bedingten gegenseitigen Abhängigkeit – damit ist ihre Organisierung als gesellschaftliches Gesamtkapital gemeint – erklären sich die einzelnen Kapitale zu einer *sozialen Klasse*: Sie treten als eine einheitliche gesellschaftliche Kraft auf, die sich den Arbeitern entgegenstellt und diese beherrscht. Als Einzelkapitale müssen Unternehmen versuchen, ihre Gewinne zu maximieren. Diese Tendenz unterliegt aufgrund der freien Konkurrenz jedoch den Gesetzen, die dem Begriff des gesellschaftlichen Gesamtkapitals innewohnen, genauer dem Prozess der sich angleichenden Profitrate: der Annäherung ihrer Profitrate an die Durchschnittsprofitrate. Diese Tendenz des Angleichens der Profitrate ist demzufolge ein strukturelles Kennzeichen des kapitalistischen Verhältnisses als solchem. Diese Tendenz hängt mit zwei Prozessen zusammen:

a.) Zum einem mit dem Wettbewerb *in jedem Produktionszweig* und -sektor, der im Prinzip für alle Waren die »Herstellung eines einheitlichen Marktwertes und Marktpreises« garantiert.[11] Dieser Wettbewerb zwingt tendenziell alle Einzelkapitale dazu, effizientere Fertigungstechniken einzuführen, und bewirkt somit in jedem Produktionszweig eine Angleichung der Profitrate.

b.) Zum anderen sorgt die Konkurrenz auf der Ebene der gesamten kapitalistischen Produktion für eine ausreichende Kapitalmobilität über die einzelnen Sektoren hinweg, woraus für die gesamte kapitalistische Wirtschaft eine tendenziell einheitliche Profitrate (die allgemeine Profitrate) hervorgeht. Grundlage für die Bestimmung der einheitlichen allgemeinen Profitrate sind die *Produktionspreise*. Dies sind, anders ausgedrückt, exakt die Preise für die Produkte der Einzelkapitale, die ihnen eine Profitrate (= Verhältnis des Gesamtprofits für eine bestimmte Produktionszeit zum gesamten vorgeschossenen Kapital) garantiert, die in etwa der allgemeinen Profitrate in der Gesamtwirtschaft entspricht (Tendenz zur Angleichung).

Die Freiheit des Kapitals, seine Konzentration und Zentralisierung sowie seine Fähigkeit, zwischen den verschiedenen Sphären der Produktion zu wechseln, dienen dazu, die Vorherrschaft dieser Tendenz zum Ausgleich der Profitrate abzusichern. Marx schrieb dazu:

11 Karl Marx: Das Kapital. Dritter Band, in: MEW, Bd. 25, S. 190.

> »*Freie Concurrenz* ist die Beziehung des Capitals als Capitals. Die inneren Gesetze des Capitals – die nur als Tendenzen in den historischen Vorstufen seiner Entwicklung erscheinen – werden erst als Gesetze gesezt; die auf das Capital gegründete Production setzt sich nur in ihren adaequaten Formen, sofern und soweit sich die freie Concurrenz entwickelt, denn sie ist die freie Entwicklung der auf das Capital gegründeten Produktionsweise.«[12]

Freie Konkurrenz und die »Verschmelzung« individuellen Kapitals zu einem »gesellschaftlichen Gesamtkapital« ist Marx' Theorie zufolge daher *das vierte entscheidende Kennzeichen des Kapitalismus.*

Marx' Kapitalverständnis beruht nicht auf einer Analyse des Verhaltens der Kapitalisten. Es ist keine Erklärung für das Streben, die Entscheidungen oder das Handeln eines *Subjekts*. Im Gegenteil: Es ist die Bewegung des gesellschaftlichen Gesamtkapitals (Marx nennt es häufig die »Gesetzmäßigkeiten des Kapitals«), die dem individuellen Kapitalisten ein »Bewusstsein« verleiht. Die Macht des Kapitals ist unpersönlich; tatsächlich ist es die Macht des Geldes als solche.[13] In einer konkreteren Analyse der Stellung des Geldes im Kapitalismus kommt Marx zu dem Schluss, dass es zwei verschiedene, aber sich ergänzende Funktionen gibt: die des Geldkapitalisten und die des fungierenden Kapitalisten. Das heißt, in einer ausführlichen Beschreibung des Kapitalismus kommt man nicht umhin, auf die Bedeutung des Umlaufs von zinstragendem Kapital als struktureller Grundlage des Finanzsystems einzugehen. Folgendes Schaubild gibt Marx' Argumentation wieder.[14]

Abbildung 1: Die Stellung des Kapitals

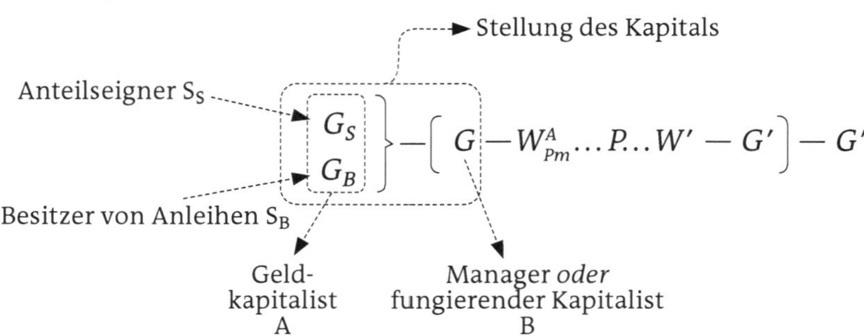

Quelle: Sotiropoulos u.a.: Political Economy, S. 52.

12 Karl Marx: Grundrisse der Kritik der politischen Ökonomie. Zweiter Teil, in: ders./Friedrich Engels: Gesamtausgabe [MEGA2], Berlin 1975f., Bd. II/1.2, S. 533; ders.: Grundrisse der Kritik der politischen Ökonomie, in: MEW, Bd. 42, S. 550.

13 Marx: Kapital I, MEW, Bd. 23, S. 87ff.; Étienne Balibar: Marx et l'Entreprise, in: Politique Aujourd'hui 5/1984, S. 24–32.

14 Dimitris P. Sotiropoulos/John Milios/Spyros Lapatsioras: A Political Economy of Contemporary Capitalism and its Crisis: Demystifying Finance, London/New York 2013, S. 52ff.

Im Kreditprozess wird der Geldkapitalist A zum Empfänger und Eigentümer eines Wertpapiers S, das heißt einem schriftlichen Zahlungsversprechen des fungierenden Kapitalisten B. Damit wird bescheinigt, dass A Eigentümer des Geldkapitals M bleibt. Er überträgt sein Kapital nicht an B, sondern gesteht diesem nur das Recht zu, es für einen bestimmten Zeitraum zu nutzen. Zwei Sorten Wertpapiere sind Teil dieses Prozesses: Anleihen (Schuldverschreibungen) SB und Anteile SS. Bei den zuerst genannten verpflichtet sich ein Unternehmen, einen fixen, im Voraus vereinbarten Geldbetrag zurückzuzahlen, unabhängig von der Rentabilität der eigenen Geschäfte. Im Fall des Letzteren sichert sich ein Unternehmen Fremdkapital über den Verkauf eines Teils seines Eigentums und verpflichtet sich damit zur Zahlung von Dividenden in Abhängigkeit von den eigenen Gewinnen. Wenn das Unternehmen an die Börse geht und Aktien ausgegeben werden, dann wird Kapitalist B zu einer Art Manager und Kapitalist A zum rechtlichen Eigentümer.

In den Händen von B fungiert der Betrag M als Kapital. Geld als der selbstständige Ausdruck des Warenwerts erlaubt es dem aktiven Kapitalisten B, die für den Produktionsprozess erforderlichen Produktionsmittel (Pm) und die benötigte Arbeitskraft (A) zu kaufen. Der Kauf von Arbeitskraft findet unter dem Regime spezifischer *Produktionsverhältnisse* statt (die mit einer spezifischen Form von Ausbeutungsverhältnissen einhergehen) und wird deshalb zu einem Prozess umgewandelt, bei dem Mehrwert entsteht. Die Geldreserve, über die B nun verfügt, ist der materielle Ausdruck seiner *gesellschaftlichen Macht*, den Produktionsprozess in Gang zu setzen und zu kontrollieren.

Nach Marx ist die Stellung des Kapitals (die Verkörperung der aus der Struktur der Produktionsverhältnisse hervorgehenden Mächte) sowohl vom Geldkapitalisten als auch vom fungierenden Kapitalisten besetzt. In anderen Worten: Die Position des Kapitals wird von zwei Akteuren eingenommen, die sich sowohl innerhalb des Unternehmens (Manager) als auch außerhalb des Unternehmens (Anteilseigner) befinden. In Marx' allgemeinem Ansatz kommt die von Keynes aufgemachte Unterscheidung zwischen den produktiven Klassen innerhalb eines Unternehmens und einer parasitären Klasse wie den außenstehenden Rentiers nicht vor. Das heißt nicht, dass es keine Widersprüche zwischen Managern und großen Investoren gäbe, sie betreffen aber offenkundig nur sekundäre Aspekte des Kapitalverhältnisses:

> »Im Reproduktionsprozess vertritt der fungierende Kapitalist das Kapital als fremdes Eigentum gegenüber den Lohnarbeitern und nimmt der Geldkapitalist, als vertreten durch den fungierenden Kapitalisten, an der Exploitation der Arbeit teil.«[15]

15 Marx: Das Kapital III, MEW, Bd. 25, S. 394.

Das Kapital nimmt eine janusförmige Existenz an, als Produktionsmittel und als Finanztitel. Im Kreislauf des Geldkapitals wird der Kredit zur vorherrschenden Geldform. Daraus folgt, dass

> »[d]ieser gesellschaftliche Charakter des Kapitals [...] erst vermittelt und vollauf verwirklicht [wird] durch volle Entwicklung des Kredit- und Banksystems.«[16]

Die reine Form des rechtlichen Eigentums von Kapital sind *Finanztitel*, die »imaginärem Geldvermögen«[17] entsprechen. Der Eigentumstitel ist ein papiernes Duplikat entweder des Geldkapitals, dessen Nutzungsrecht im Fall von Anleihen (SB) an andere abgetreten wird, oder des »materiellen« Kapitals im Fall von Aktien (SS). Dennoch ergibt sich der *Preis* der Wertpapiere weder aus dem Wert des zur Verfügung gestellten Geldes noch aus dem Wert des »realen« Kapitals. Der Preis von Eigentumstiteln richtet sich vielmehr nach dem (zukünftigen) Einkommen, das ihre Eigentümer von ihnen erwarten können (Kapitalisierung im Einklang mit der aktuellen Zinsrate, in der das Risiko zum Ausdruck kommt), was selbstverständlich Teil des produzierten Mehrwerts ist. In diesem Sinne sind sie Waren *sui generis*, die ihren ganz eigenen Kreislauf durchlaufen.[18]

Die finanzielle Existenzweise des Kapitals, die ein Versprechen darstellt und zugleich einen auf die Zukunft bezogenen Anspruch erhebt, *ist* daher nach Marx' Theorie *das fünfte grundlegende Merkmal des Kapitalismus*.

Schließlich geht mit dem Kapitalismus als Gesellschaftssystem die Herausbildung einer bestimmten Staatsform und herrschenden Ideologie einher, die der Verschleierung spezifischer Formen der Klassenherrschaft und Ausbeutungsverhältnisse dienen.

> »Es ist jedesmal das unmittelbare Verhältnis der Eigentümer der Produktionsbedingungen zu den unmittelbaren Produzenten [...] –, worin wir das innerste Geheimnis, die verborgne Grundlage der ganzen gesellschaftlichen Konstruktion und daher auch der politischen Form des Souveränitäts- und Abhängigkeitsverhältnisses, kurz, der jedesmaligen spezifischen Staatsform finden.«[19]

Die Kapitalistenklasse besitzt nicht nur ökonomische, sondern auch *politische Macht*, und zwar nicht, weil die Kapitalisten die höchsten politischen Staatsämter bekleiden, sondern weil die Struktur der Politik in kapitalistischen Gesellschaften und insbesondere der kapitalistische

16 Ebd., S. 620.
17 Ebd., S. 495.
18 Vgl. ebd., S. 484f. u. 493ff.
19 Ebd., S. 799f.

Staat (seine hierarchische und bürokratische Organisationsform, sein »klassenneutrales« Funktionieren auf der Grundlage von Rechtstaatlichkeit etc.) das System der kapitalistische Klassenherrschaft stützen und seinen Erhalt sichern.

Ähnlich evident ist, dass die herrschende bürgerliche *Ideologie* (die Ideologie von Freiheit und Gleichheit, von individuellen Rechten, vom gesellschaftlichen Allgemeinwohl etc.) der Aufrechterhaltung und Reproduktion der kapitalistischen Gesellschaftsordnung dient und allgemein den langfristigen Interessen der Kapitalistenklasse. Diese ideologischen Formen sind der kapitalistischen Herrschaft inhärent und reproduzieren aus sich selbst heraus eine Verschleierung des ausbeuterischen und mit Zwang einhergehenden Charakters der kapitalistischen gesellschaftlichen Verhältnisse. Marx schrieb:

> »Auf dieser Erscheinungsform, die das wirkliche Verhältnis unsichtbar macht und grade sein Gegenteil zeigt, beruhn alle Rechtsvorstellungen des Arbeiters wie des Kapitalisten, alle Mystifikationen der kapitalistischen Produktionsweise, alle ihre Freiheitsillusionen, alle apologetischen Flausen der Vulgärökonomie.«[20]

Die politische und ideologische Macht des kapitalistischen Staats muss als den objektiven (politischen) Interessen der kapitalistischen Klasse entsprechend verstanden werden. In diesem Rahmen spielt der Staat eine *zentrale organisatorische Rolle*, weil er die langfristigen politischen Interessen der bürgerlichen Klasse vertritt und organisiert sowie ihre verschiedenen Fraktionen politisch eint, die allesamt – wenn auch ungleiche – Positionen auf dem Gebiet der politischen Herrschaft über die ausgebeuteten Klassen der Gesellschaft einnehmen.

> »[J]ede Form der Produktion [erzeugt] ihre eignen Rechtsverhältnisse, Regierungsform etc. [...]. Die Rohheit und Begriffslosigkeit [der bürgerlichen Ökonomen] liegt eben darin, das organisch Zusammengehörende zufällig aufeinander zu beziehn, in einen bloßen Reflexionszusammenhang zu bringen.«[21]

Eine spezifische kapitalistische Staatsform und bestimmte juristischeideologische Strukturen machen daher nach Marx Analyse *die sechste wesentliche Eigenschaft des Kapitalismus aus.* Marx verwendet den Begriff kapitalistische Produktionsweise, um diese historisch spezifische Gesellschaftsordnung zu kennzeichnen, er sieht darin den ursprünglichen Kern der kapitalistischen Gesellschaftsverhältnisse. Es ist dieser Begriff, der es

20 Marx: Das Kapital I, MEW, Bd. 23, S. 562.

21 Karl Marx: Grundrisse der Kritik der Politischen Ökonomie, in: MEW, Bd. 42, S. 23.

erlaubt, »die differentia specifica des Kapitals im Unterschied zu allen andren Formen des Reichtums [zu erfassen] – oder Weisen, worin die Produktion (gesellschaftliche) sich entwickelt«.[22] Derselbe Begriff ermöglicht außerdem das begriffliche Erfassen von »Formen, die der kapitalistischen Produktion vorausgingen«, zum Beispiel verschiedene vorkapitalistische oder nicht-kapitalistische Produktionsweisen. Ich werde auf die Begriffe kapitalistische und nicht-kapitalistische Produktionsweisen noch näher in Kapitel 7 dieses Buches eingehen.

An diesem Punkt stellt sich eine entscheidende Frage: Wie hat sich diese komplexe gesellschaftliche Struktur das Kapitalismus historisch entwickelt? Daran schließt sich eine zweite Frage an: Gab es bestimmte gesellschaftliche Formen oder gar wesentliche Elemente des Kapitalismus bereits, bevor er sich als solcher herausgebildet hat? Oder genauer gefragt: Wie deutet man den Umstand, dass die Funktion des Geldes als »Selbstzweck«, die charakteristisch für den Kapitalismus ist, schon in einer Reihe anderer Gesellschaftsformationen seit der Antike anzutreffen war? Diese Fragen sind nicht nur von geschichtswissenschaftlichem Interesse. Darauf eine Antwort zu finden verhilft uns zu einem besseren Verständnis des Wesens des Kapitalismus. Im Folgenden setze ich meine Untersuchung fort, indem ich mich kritisch mit den beiden von Marx' stammenden (und voneinander abweichenden) Ansätzen zur Lösung des Rätsels »Wann entstand der Kapitalismus?« befasse.

22 Ebd., S. 362.

2 —— Die Entstehung des Kapitalismus aus marxscher Sicht: Dialektik von Produktivkräften und Produktionsverhältnissen vs. ursprüngliche Akkumulation

2.1 Anmerkung zu Marx' theoretischem Gesamtwerk

Marx' Texte sind nicht mit einer Heiligen Schrift zu verwechseln, bei der jeder Satz den Anspruch auf »Wahrheit« erhebt. Vielmehr sind sie Facetten einer theoretischen Revolution, das Ergebnis eines schrittweisen Bruchs mit den damals vorherrschenden bürgerlichen Theorien. Diese Revolution ist allerdings unvollendet geblieben und weist eine Reihe interner Widersprüche und sogar Regressionen gegenüber den Theorien auf, die Marx mit seinem neuen analytischen Ansatz infrage stellte.

Als Erstes setzte sich Marx kritisch mit den philosophischen Prinzipien des Humanismus und Essentialismus auseinander, also mit solchen Vorstellungen, die gesellschaftliche Formen und Entwicklungsmuster aus einer als unumstößlich bewerteten »menschlichen Natur« ableiten. In seinen »Thesen über Feuerbach« (1845) hat Marx die Geschichte als einen von Klassenantagonismen angetriebenen Prozess dargestellt, das heißt als einen Prozess, dessen Triebkraft der Klassenkampf ist. Seine 6. Feuerbach-These lautet:

> »Feuerbach löst das religiöse Wesen in das menschliche Wesen auf. Aber das menschliche Wesen ist kein dem einzelnen Individuum innewohnendes Abstraktum. In seiner Wirklichkeit ist es das Ensemble der gesellschaftlichen Verhältnisse.«[1]

Und 1848 hieß es im »Kommunistischen Manifest«:

> »Die Geschichte aller bisherigen Gesellschaften ist die Geschichte von Klassenkämpfen.«[2]

Marx' zweiter großer theoretischer Wurf ist seine Kritik der politischen Ökonomie, die er später in seinem Hauptwerk »Das Kapital« ausführte und vertiefte. »Das Kapital« markiert eine folgenreiche theoretische

1 Karl Marx: Thesen über Feuerbach, in: MEW, Bd. 3, S. 5–7, hier S. 6.

2 Karl Marx/Friedrich Engels: Manifest der Kommunistischen Partei, in: MEW, Bd. 4, S. 459–493, hier S. 462.

Zäsur in der Geschichte der Sozialwissenschaften. Marx schuf damit ein neues theoretisches Begriffssystem, das darauf abzielte, die wirtschaftlichen und sozialen Strukturen des Kapitalismus in seinen verschiedenen Formen zu entschlüsseln, und nicht nur die der englischen Gesellschaft im 19. Jahrhundert, in der Marx lebte. Denn der Untersuchungsgegenstand des »Kapitals« ist, wie Marx selbst ausdrücklich hervorhob, der »ideale Durchschnitt«[3] des kapitalistischen Systems, die ursächlichen Zusammenhänge, die unter der Oberfläche jeder kapitalistischen Gesellschaft wirken.

»Das Kapital« ist mehr als ein Buch. Im Grunde genommen ist es ein umfassendes Forschungsvorhaben, ein Vorhaben, das Marx angefangen, aber selbst nicht abschließen konnte, ein Projekt, das im Prinzip andauert. Für den Moment scheint mir der folgende kurze Überblick zu Marx' zentralen ökonomischen Texten, die er selbst mit »Kritik der politischen Ökonomie« überschrieben hat, ausreichend: Marx begann seine diesbezüglichen Vorarbeiten im Jahr 1857. Bereits 1858 hatte er sein erstes Manuskript fertiggestellt, das aber erst nach seinem Tod (1939/41) unter dem Titel »Grundrisse der Kritik der politischen Ökonomie« (MEW, Bd. 42, 1983) erschien. 1859 veröffentlichte Marx ein Heft mit dem Titel »Zur Kritik der Politischen Ökonomie«. 1867 umfasste sein Werk Tausende von Manuskriptseiten, die in Deutschland zusammengefasst in neun Bänden publiziert wurden (MEGA II/3.1–3.6, MEGA II/4.1–4.3), darunter erste Entwürfe der drei Bände des »Kapitals«. Im Jahr 1867 veröffentlichte Marx schließlich den ersten Band des »Kapitals« auf Deutsch, den er für die zweite Auflage (1872) und die französische Ausgabe (1872–1875) noch einmal überarbeitet hat. Als Marx starb (1883), waren die beiden anderen »Kapital«-Bände noch nicht fertiggestellt (es war Friedrich Engels, der Band II und III im Jahr 1885 bzw. 1894 herausgab). Im Zeitraum 1876 bis 1881, in dem Marx intensiv an dem zweiten Band des »Kapitals« gearbeitet hatte, waren zudem vier zusätzliche Texte (Manuskripte V–VIII, Bd. 2: MEGA II/12) entstanden. In der deutschen Marx-Engels-Gesamtausgabe (MEGA), die alle nachgelassenen Manuskripte (Veröffentlichungen und Entwürfe) von Marx umfasst, nehmen die Schriften, die im Zusammenhang mit dem »Kapital« stehen, ganze 23 Bände ein.

Diese knappe Beschreibung sollte deutlich gemacht haben, dass es sich bei Marx' ökonomischen Studien in der Tat um nichts weniger als ein weitreichendes theoretisches Forschungsvorhaben handelt, das viele Fragen für spätere marxistische Theoretiker offengelassen hat. Darüber hinaus ist festzuhalten, dass es einen radikalen Bruch mit dem gesam-

3 Marx schrieb: Wir haben »die innere Organisation der kapitalistischen Produktionsweise, sozusagen in ihrem idealen Durchschnitt, darzustellen« (Marx: Das Kapital III, MEW, Bd. 25, S. 839). Vgl. auch Michael Heinrich: Kritik der politischen Ökonomie. Eine Einführung, Stuttgart 2004, S. 28f.

ten bisherigen Theorierahmen (vor allem mit der klassischen politischen Ökonomie) und den Banalitäten der herrschenden Ideologie vollzog, was ihm einen klaren und polemischen Charakter verleiht.

Bei einem solchen enormen Ausstoß an Veröffentlichungen und Entwürfen bleiben Widersprüchlichkeiten und selbst Regressionen gegenüber der klassischen politischen Ökonomie nicht aus. Das stellt marxistische Forscher, die sich der Bewahrung und Fortentwicklung von Marx' theoretischem Erbe verschrieben haben, vor entsprechend große Herausforderungen. Zum Teil sind die zahlreichen divergierenden Erklärungsansätze unter Marxisten hinsichtlich des Wesens und der Ursprünge des Kapitalismus auch auf Marx' eigene theoretische Uneindeutigkeiten zurückzuführen.

2.2 Eine »Geschichtsphilosophie« und eine »allgemeine Gesetzmäßigkeit der menschlichen Entwicklung«?

Was die Frage des »Übergangs« von einer historischen Gesellschaftsform zu einer anderen anbelangt, so hat Marx in seinen Schriften dazu zwei unterschiedliche Antworten gegeben. Nach seinem ersten Erklärungsansatz, der sich auch in der Einleitung »Zur Kritik der politischen Ökonomie« findet, gerät die »Entwicklung der Produktivkräfte« in Konflikt »mit den vorhandenen Produktionsverhältnissen«, die sich in ihre Fesseln verwandeln. Diese Situation führe unweigerlich zu einem »revolutionären Wandel« der Produktionsverhältnisse. Hier geht es um die Dialektik eines einzelnen Widerspruchs zwischen den Produktivkräften (Pk) und den Produktionsverhältnissen (Pv), wobei die unabhängige Variable die Produktivkräfte sind. Ihr Fortschritt (ihre Entwicklung) bestimmt die Entwicklung der abhängigen Variablen, der Produktionsverhältnisse. Marx schreibt:

> »Auf einer gewissen Stufe ihrer Entwicklung geraten die materiellen Produktivkräfte der Gesellschaft in Widerspruch mit den vorhandenen Produktionsverhältnissen oder [...] mit den Eigentumsverhältnissen, innerhalb deren sie sich bisher bewegt hatten. Aus Entwicklungsformen der Produktivkräfte schlagen diese Verhältnisse in Fesseln derselben um. Es tritt dann eine Epoche sozialer Revolution ein. [...]
>
> *Eine Gesellschaftsformation geht nie unter, bevor alle Produktivkräfte entwickelt sind, für die sie weit genug ist*, und neue höhere Produktionsverhältnisse treten nie an die Stelle, bevor die materiellen Existenzbedingungen derselben im Schoß der alten Gesellschaft selbst ausgebrütet worden sind.«[4]

4 Karl Marx: Zur Kritik der Politischen Ökonomie, in: MEW, Bd. 13, S. 3–160, hier S. 9f., Hervorh. J.M.

Dieser Ansatz läuft auf eine »Geschichtsphilosophie« hinaus, der ein »allgemeines Gesetz der menschlichen Entwicklung« zugrunde liegt. Die »unabhängige Variable«, das heißt die Entwicklung der Produktivkräfte und insbesondere der Produktionsverfahren, bestimmt demnach den Verlauf der Geschichte, eröffnet den Weg zum historischen Fortschritt hin zu einem »Telos« der Geschichte. Denn »die Vorgeschichte der menschlichen Gesellschaft« ebnet den Weg zur menschlichen Emanzipation, das heißt zu Sozialismus und Kommunismus. In der sowjetischen Interpretation des Marxismus, insbesondere in der stalinistischen Ära, wurde dies zur »Quintessenz« der »marxistischen Dialektik« erklärt. Stalin selbst hat es folgendermaßen formuliert:

> »Zuerst verändern und entwickeln sich die Produktivkräfte der Gesellschaft und dann, *in Abhängigkeit* von diesen Veränderungen und *in Übereinstimmung mit ihnen*, verändern sich die Produktionsverhältnisse der Menschen, ihre ökonomischen Beziehungen.«.[5]

Wie dem obigen Zitat zu entnehmen ist, galten die Produktivkräfte als treibende Kraft der Geschichte (mit der Begründung, sie bestimmten die Entwicklung der Produktionsverhältnisse – also Klassenherrschaft und Unterdrückungsverhältnisse). Das macht den Klassenkampf zu einer bloßen »Widerspiegelung« der Entwicklung der Produktivkräfte und Technik (siehe z.B. die Theorie der »wissenschaftlich-technischen Revolution«). Damit verkommt der Marxismus zu einem teleologischen Entwicklungsdogma. Dieser progressivistische teleologische Ansatz ist den wichtigsten theoretischen Grundannahmen und Analysen von Marx, die er im »Kapital« und in seinen anderen späteren »ökonomischen« Schriften dargelegt hat, allerdings fremd. Des Weiteren bleibt er, worauf bereits mehrere Autoren hingewiesen haben, eine wirkliche Antwort auf die Frage schuldig, wie der Kapitalismus eigentlich entstanden ist.[6]

Mao Tse-tung und Theoretiker der Kommunistischen Partei Chinas haben in den 1960er-Jahren als Erste eine politisch einflussreiche Kritik an diesem Ansatz geübt. In einem in den Jahren 1961/62 entstandenen

5 Joseph Stalin: Über dialektischen und historischen Materialismus, Offenbach 1938, S. 25. – Es waren selbstredend nicht Stalin und die in der Dritten Internationalen zusammengeschlossenen Marxisten, die als Erste diesen Ansatz vom Primat der Produktivkräfte vertraten. Diese »Theorie« über die vorrangige Bedeutung der Produktivkräfte war bereits in der Zweiten Internationalen die gemeinsame Basis: Die Richtung der ökonomischen Entwicklung wird »in letzter Instanz bestimmt [...] durch die sogenannten allgemeinen Ursachen, d.h. in Wirklichkeit durch die Entwicklung der Produktivkräfte und die durch sie bestimmten gegenseitigen Beziehungen der Menschen im gesellschaftlich-ökonomischen Prozess der Produktion.« (Georgi V. Plechanow: Über die Rolle der Persönlichkeit in der Geschichte. Übermaterialistische Geschichtsauffassung, Berlin 1982, S. 22)

6 Vgl. hierzu z.B. Sean Sayers: Forces of Production and Relations of Production in Socialist Society, in: Radical Philosophy, Spring 1980, S. 12–18; Wal Suchting: »Productive Forces« and »Relations of Production« in Marx, in: Analyse und Kritik 4/1982, S. 159–181, sowie die später im Text erfolgende diesbezügliche Erörterung.

Text kehrt Mao die Kausalbeziehung zwischen Produktivkräften und Produktionsverhältnissen um. Er schreibt:

> »Zunächst muss man die Produktionsverhältnisse ändern, danach erst ergibt sich die Möglichkeit, die gesellschaftlichen Produktivkräfte in großem Ausmaß zu ändern. Das ist ein allgemeines Gesetz. [...]
>
> Die alten Produktionsverhältnisse werden beseitigt und neue aufgebaut, wodurch der Entwicklung neuer gesellschaftlicher Produktivkräfte ein Weg gebahnt wird. [...]
>
> Auch da veränderte [die Bourgeoisie] zuerst den Überbau. [...] Die Organisation der Produktionsverhältnisse und ihr Funktionieren eröffneten den Weg für die Entwicklung der Produktivkräfte.«[7]

Diese »Umkehrung« des Kausalverhältnisses zwischen Produktivkräften und Produktionsverhältnissen (die Letzteren werden nun als die unabhängige Variable betrachtet) ist im Einklang mit Marx' Argumentation in seinen ökonomischen Spätschriften. Marx vertritt dort wiederholt die These, die Vorherrschaft des Kapitalismus gehe mit dem tendenziellen Wachstum der Produktivkräfte einher, abhängig von den jeweiligen Produktionsverhältnissen. Dieser Prozess werde nur vorübergehend durch das Eintreten von Wirtschaftskrisen behindert:

> »Das Kapital [...] ist beständig revolutionierend, *alle Schranken niederreißend, die die Entwicklung der Produktivkräfte*, die Erweiterung der Bedürfnisse, die Mannigfaltigkeit der Produktion und die Exploitation und den Austausch der Natur- und Geisteskräfte *hemmen*.«[8]

Die Auseinandersetzung über das Verhältnis von Produktivkräften und Produktionsverhältnissen ist eng verbunden mit der Kontroverse rund um die Frage, wie der »Übergang zum Sozialismus« gelingen kann. Ist es möglich, in einem industriell rückständigen Land das kapitalistische System zu stürzen und ein sozialistisches aufzubauen, wenn dort die kapitalistischen Produktivkräfte noch nicht ausreichend entwickelt sind? Chinesische Marxisten beantworteten diese Frage in den 1960er-Jahren positiv. Sie verknüpften dies mit einer radikalen Kritik an allen Konzepten, die die historische Entwicklung als ein Nebenprodukt der »Entwicklung der Produktivkräfte« betrachteten. Im staatlichen Nachrichten-

7 Mao Tse-tung: Das machen wir anders als Moskau! Kritik an der sowjetischen Politökonomie, hrsg. v. Helmut Martin, Reinbek 1975, S. 29, 42 u. 66.

8 Marx: Grundrisse, MEW, Bd. 42, S. 323, Hervorh. J.M. Vgl. auch Marx: »*Produktivität der Arbeit* überhaupt = *Maximum von Produkt* mit *Minimum von Arbeit*, daher möglichst Verwohlfeilerung der Waren. Dies wird zum *Gesetz*, unabhängig vom Willen der einzelnen Kapitalisten, in der kapitalistischen Produktionsweise.« (Karl Marx: Kapital 1.1. Die Zusammenfassung des ersten Bandes des »Kapitals«, verfasst von Autor. Resultate des unmittelbaren Produktionsprozesses, Berlin 2009, S. 120)

magazin *Peking Rundschau* (Nr. 38 vom 19. September 1969), in der der 20. Gründungstag der Volksrepublik China gefeiert wurde, erschienen zwei Polemiken, die sich gegen die »Theorie der Produktivkräfte« richteten, wie damals Überlegungen bezeichnet wurden, die der Entwicklung der Produktivkräfte Priorität einräumen. Im Beitrag »Von Bernstein zu Liu Schao-Tschi« schrieb Kao Hund: »Die ›Theorie der Produktivkräfte‹ ist eine international verbreitete revisionistische Tendenz des Denkens.«[9]

Es ist sinnvoll, die Leser daran zu erinnern, dass Lenin kurz vor der russischen Oktoberrevolution 1917 mit einem ähnlichen Problem konfrontiert war. Lenin zufolge war die russische Februarrevolution, als besonderer Moment von herausragender historischer Bedeutung, nicht auf eine einzige Ursache oder Triebkraft zurückzuführen (wie etwa auf die Entfaltung der Produktivkräfte oder den Widerspruch zwischen Arbeit und Kapital – der schon immer existierte – oder die Besonderheit des Kapitalismus in Russland oder die Grausamkeit des Zarenregimes). Nach Lenin war sie das Ergebnis eines Prozesses, bei dem sämtliche sozialen und ökonomischen Widersprüche unter ganz *bestimmten Umständen* zusammenkamen und damit das Verhältnis von Kapital und Arbeit »überdeterminierten«.[10] Lenin machte insbesondere geltend, dass in der ersten Phase der Russischen Revolution die Bourgeoisie in Russland durch die Intervention des Imperialismus, namentlich der Supermächte England und Frankreich, erhebliche Unterstützung erhalten hatte bei ihrem Versuch, einen neuen Machtblock aufzubauen und ein neues Regime politischer Hegemonie durchzusetzen. Offensichtlich wäre dies nicht möglich gewesen, wenn es nicht bereits die entsprechenden politischen Kräfte gegeben hätte, um den Weg für eine imperialistische Intervention zu ebnen. Am Ende erwiesen sich diese Kräfte jedoch als völlig unfähig, den politischen Ausgang der Ereignisse zu beeinflussen und die Revolution abzuwenden.

> »Wenn die Revolution so rasch und – dem Anschein nach, bei erster, oberflächlicher Betrachtung – so radikal gesiegt hat, dann nur deshalb, weil sich dank einer außerordentlich originellen historischen Situation *völlig verschiedene Ströme, völlig ungleichartige* Klasseninteressen, *völlig entgegengesetzte* politische und soziale Bestrebungen *vereinigten*, und zwar bemerkenswert ›einmütig‹ vereinigten.«[11]

9 In dem zweiten Beitrag von Hung Hsueh-ping mit dem Titel »Die Essenz der ›Theorie der Produktivkräfte‹ steht im Gegensatz zur proletarischen Revolution«, heißt es: »Der abtrünnige und verdeckte Verräter und Schuft Liu Schao-Tschi hat immer wieder die reaktionäre ›Theorie der Produktivkräfte‹ propagiert«. Vgl. auch Sayers: Forces of Production.

10 Vgl. Louis Althusser: Für Marx, Frankfurt a.M. 2011, S. 105–190.

11 Waldimir I. Lenin: Briefe aus der Ferne, Brief 1, 20. März 1917, in: ders.: Werke, Bd. 23, Berlin 1957, S. 311–322, hier S. 316.

In Westeuropa waren es Ernest Mandel, Charles Bettelheim sowie Louis Althusser und seine Schüler, die allen Konzepten, die das Primat der Produktivkräfte betonten, eine deutliche Abfuhr erteilten.[12] Mandel, der sich in einem seiner Bücher näher mit der »›asiatischen Produktionsweise‹ und [den] Vorbedingungen des Aufschwungs des Kapitals« befasste, kritisierte die

> »mechanische, dogmatische und antimarxistische Zwangsjacke der ›vier Phasen‹, die die Menschheit angeblich notwendigerweise durchlaufen haben sollte [...]: primitiver Kommunismus, Sklavenhaltergesellschaft, Feudalismus und Kapitalismus. Diese Zwangsjacke hatte vor allem jene Autoren, die sich als Marxisten betrachteten, jedoch von den kommunistischen Parteien als ›orthodox‹ anerkannt werden sollten, gezwungen, unter der Etikette der ›feudalen Gesellschaft‹ eine Mischung verschiedenartigster sozio-ökonomischer Formationen zu versammeln.«[13]

Bettelheim hob in einer seiner Schriften über den Übergang vom Kapitalismus zum Sozialismus hervor, dass:

> »es ein System von Produktivkräften nur gibt, soweit es artikuliert ist in Bezug auf ein System von Produktionsverhältnissen [...], *von dem es dominiert wird* und von dem es seine *Form* erhält«.[14]

In einer Veröffentlichung über die chinesische Kulturrevolution ging Bettelheim noch genauer auf diese Thematik ein:

> »Im Widerspruch zwischen Produktivkräften und Produktionsverhältnissen spielen die Produktionsverhältnisse die vorherrschende Rolle, weil sie den Produktivkräften die Bedingungen ihrer Reproduktion auferlegen. Die Entwicklung der Produktivkräfte hingegen bestimmt niemals direkt eine Transformation der Produktionsverhältnisse, welche sich immer durch das Eingreifen vorhandener Klassen vollzieht, d.h. auf der Grundlage des Klassenkampfes.«[15]

12 Vgl. zur Kritik an der »Dialektik Produktivkräfte und Produktionsverhältnisse« auch Alan Richards: Development and Modes of Production in Marxian Economics: A Critical Evaluation, London/New York 1986; Claudio J. Katz: Karl Marx on the transition from feudalism to capitalism, in: Theory and Society 22/1993, S. 363–389.

13 Ernest Mandel: Entstehung und Entwicklung der ökonomischen Lehre von Karl Marx, Frankfurt a.M./Köln 1975, S. 115.

14 Charles Bettelheim: Ökonomischer Kalkül und Eigentumsformen. Zur Theorie der Übergangsgesellschaft, Berlin 1974, S. 56.

15 Charles Bettelheim: China nach der Kulturrevolution: Industrielle Organisation, dezentralisierte Planung und Wertgesetz, München 1974, S. 108.

Louis Althusser sah in der Auseinandersetzung um die Rolle der Produktivkräfte einen Ausdruck von »Ökonomismus«, das heißt, einen Ausdruck der herrschenden bürgerlichen Ideologie in ihrer krassesten Form.[16] In einem 1972 zum ersten Mal veröffentlichten Aufsatz schrieb er:

> »In den Marxismus eingebracht, ändert das Paar Ökonomismus/Humanismus kaum die Formen, auch wenn es zum Teil (nur zum Teil) das Vokabular ändern muss. [...] Der Ökonomismus bleibt Ökonomismus: zum Beispiel durch das Feiern der Produktivkraftentwicklung, ihrer ›Vergesellschaftung‹ (welcher?), der ›wissenschaftlich-technischen Revolution‹, der ›Produktivität‹ usw. Man kann also vergleichen? Ja. Und herausfinden, wodurch nach wie vor das ideologische Paar *Ökonomismus/Humanismus* und seine Praxen als bürgerlich identifiziert werden können: Es ist die Unterschlagung dessen, wovon weder im Ökonomismus noch im Humanismus die Rede ist: *die Unterschlagung der Produktionsverhältnisse und des Klassenkampfes.*«[17]

Nach dieser kritischen Darstellung der »Dialektik von Produktivkräften und Produktionsverhältnissen«, die – wie wir gesehen haben – in der Vorstellung von einem »allgemeinen Gesetz der menschlichen Entwicklung« (oder einer »Geschichtsphilosophie«) kulminiert, lässt sich Folgendes festhalten: Dieser Ansatz, der bereits in bestimmten marxistischen Denkrichtungen auf Ablehnung stieß, ist kaum kompatibel mit Marx' zentraler These vom »Klassenkampf als der unmittelbaren Triebfeder der Geschichte«.[18] Für mich stellt dieses Konzept, das bis zu einem gewissen Grad in Marx' Schriften präsent ist, eine Regression gegenüber der (bürgerlichen) Theorien- und Gedankenwelt dar, mit der Marx seit 1845 gebrochen hatte – wenn auch an bestimmten Punkten in einer recht widersprüchlichen Art und Weise.

Das folgende Unterkapitel widmet sich Marx' Konzept der »ursprünglichen Akkumulation«, das einen völlig anderen analytischen Zugang zur Frage des »Übergangs zum Kapitalismus« erlaubt als die »Dialektik von Produktivkräften und Produktionsverhältnissen«.

16 Einer Ideologie, die »spontan, das heißt zwangsläufig aus den bürgerlichen Produktions- und Ausbeutungspraxen *und zugleich* aus der Umsetzung und Anwendung des bürgerlichen Rechts und seiner Ideologie heraus entsteht, die für die kapitalistischen Produktions- und Ausbeutungsverhältnisse und ihre Reproduktion eine Sanktionierung vorsehen.« (Louis Althusser: Essays in Self-Criticism, London 1976, S. 86).

17 Horst Arenz/Joachim Bischoff/Urs Jaeggi (Hrsg.): Was ist revolutionärer Marxismus? Kontroverse über marxistische Theorie zwischen Louis Althusser und John Lewis, Hamburg 1973, S. 104.

18 »Wir haben seit fast 40 Jahren den Klassenkampf als nächste treibende Macht der Geschichte, und speziell den Klassenkampf zwischen Bourgeoisie und Proletariat als den großen Hebel der modernen sozialen Umwälzung hervorgehoben.« (Karl Marx/Friedrich Engels: Zirkularbrief an Bebel, Liebknecht, Bracke u.a., in: MEW, Bd. 19, S. 150–166, hier S. 165)

2.3 Die sogenannte ursprüngliche Akkumulation

2.3.1 Marx' Problemstellung im »Kapital« und in den »Grundrissen«

Marx' Hauptwerk »Das Kapital« führt eine neue Erklärung ein für die Entstehung des Kapitalismus. Demnach ist die Geburtsstunde des Kapitals der Moment des »Gegenüber- und In-Kontakt-Tretens« zweier gesellschaftlicher Gestalten, die bereits vor dem Kapitalismus existierten: des Geldbesitzers und des eigentumslosen Proletariers. Erst durch die Verbindung dieser beiden Gestalten entstand das Kapitalverhältnis.

Marx spricht in diesem Zusammenhang von der *ursprünglichen Akkumulation* von Geld sowie Produktions- und Lebensmitteln, die sich erst nach dem »Zusammentreffen« mit dem »freien« Arbeiter (»frei« von persönlichen Beziehungen der Knechtschaft, aber auch »frei« von Produktionsmitteln – der Bedingung für »doppelte Freiheit«) in *Kapital verwandeln*. Die beiden Pole dieses Kontakts – also der Geldbesitzer und der Proletarier – sind Marx zufolge aus mehr oder minder voneinander unabhängigen historischen Prozessen hervorgegangen, durch die das Kapitalverhältnis geprägt ist.

> »Geld und Ware sind nicht von vornherein Kapital, so wenig wie Produktions- und Lebensmittel. Sie bedürfen der Verwandlung in Kapital. Diese Verwandlung selbst aber kann nur unter bestimmten Umständen vorgehn, die sich dahin zusammenspitzen: Zweierlei sehr verschiedne Sorten von Warenbesitzern *müssen sich gegenüber und in Kontakt treten*, einerseits Eigner von Geld, Produktions- und Lebensmitteln, denen es gilt, die von ihnen geeignete Wertsumme zu verwerten durch Ankauf fremder Arbeitskraft; andrerseits freie Arbeiter, Verkäufer der eignen Arbeitskraft und daher Verkäufer von Arbeit. Freie Arbeiter in dem Doppelsinn, dass weder sie selbst unmittelbar zu den Produktionsmitteln gehören, wie Sklaven, Leibeigne usw., noch auch die Produktionsmittel ihnen gehören [...] Der Prozess, der das Kapitalverhältnis schafft, kann also nichts andres sein als der Scheidungsprozess des Arbeiters vom Eigentum an seinen Arbeitsbedingungen.«[19]

Dieses längere Zitat aus dem »Kapital« soll dabei helfen, die inneren Zusammenhänge in Marx' Analyse nachzuvollziehen:

a) Den Geldbesitzer gab es schon vor dem Kapitalismus; er wurde in dem Moment Kapitalist, als er auf das (im doppelten Sinne) freie Individuum *traf* und mit ihm ein Lohnarbeitsverhältnis einging.
b) Das freie Individuum ging aus einer Vielzahl von Prozessen hervor, die Marx in einer *prägnanten*, mehrere Jahrhunderte (14. bis 19. Jahr-

19 Marx: Das Kapital I, MEW, Bd. 23, S. 742.

hundert) umfassenden historischen Darstellung beschreibt, mit Schwerpunkt auf England und Schottland.

Die doppelte Freiheit des Proletariers bezieht sich auf zwei Prozesse: (a) die Emanzipation von allen Formen persönlicher Abhängigkeit und Knechtschaft und (b) die Enteignung der Arbeiter von ihren Produktionsmitteln. Doch selbst der Emanzipationsprozess, das heißt Freiheit (Eigentümer seiner selbst zu sein) und Gleichheit (gleiche Rechte oder gar Staatsbürgerschaft), bringt eine spezifische Form der Klassenherrschaft und Ausbeutung hervor, nämlich der kapitalistischen.

> »Gleichheit und Freiheit sind also nicht nur respektiert im Austausch, der auf Tauschwerten beruht, sondern der Austausch von Tauschwerten ist die produktive, reale Basis aller *Gleichheit* und *Freiheit*. Als reine Ideen sind sie bloß idealisierte Ausdrücke desselben; als entwickelt in juristischen, politischen, sozialen Beziehungen sind sie nur diese Basis in einer andren Potenz.«[20]

Parallel dazu verweist Marx auf die Methoden und politischen Strategien, die eine Trennung bzw. Loslösung des Arbeiters von den Produktionsmitteln und allen »Herren« im vorkapitalistischen Sinne möglich machten.

> »Kolonialsystem, Staatsschulden, Steuerwucht, Protektion, Handelskriege usw., diese Sprösslinge der eigentlichen Manufakturperiode, schwellen riesenhaft während der Kinderperiode der großen Industrie. Die Geburt der letztren wird gefeiert durch den großen herodischen Kinderraub. Wie die königliche Flotte, rekrutieren sich die Fabriken vermittelst der Presse.«[21]

2.3.2 Ein »Zirkelschluss«?

Fast alle von Marx im Zusammenhang seines Konzepts »ursprüngliche Akkumulation« beschriebenen Maßnahmen zur Unterstützung der Herausbildung des Proletariats und zur gewaltförmigen Durchsetzung des Kapitalverhältnisses (zum Beispiel die brutale Gesetzgebung, die sich gegen die Enteigneten richteten; die Lohndrückerei durch Parla-

20 Marx: Grundrisse, MEW, Bd. 42, S. 170. – Marx hat Freiheit und Gleichheit als *spezifische Formen der kapitalistischen politischen und ideologischen Herrschaft* im »Kapital« explizit hervorgehoben: »Die Sphäre der Zirkulation oder des Warenaustausches, innerhalb deren Schranken Kauf und Verkauf der Arbeitskraft sich bewegt, war in der Tat ein wahres Eden der angebornen Menschenrechte. Was allein hier herrscht, ist Freiheit, Gleichheit, Eigentum und Bentham. Freiheit! Denn Käufer und Verkäufer einer Ware, z.B. der Arbeitskraft, sind nur durch ihren freien Willen bestimmt. Sie kontrahieren als freie, rechtlich ebenbürtige Personen. Der Kontrakt ist das Endresultat, worin sich ihre Willen einen gemeinsamen Rechtsausdruck geben. Gleichheit! Denn sie beziehen sich nur als Warenbesitzer aufeinander und tauschen Äquivalent für Äquivalent. Eigentum! Denn jeder verfügt nur über das Seine. Bentham!« (Marx: Das Kapital I, MEW, Bd. 23, S. 189f.) Vgl. dazu auch Evgeny B. Pashukanis: Allgemeine Rechtslehre und Marxismus, Wien/Berlin 1929.

21 Marx: Das Kapital I, MEW, Bd. 23, S. 785.

mentsbeschlüsse; die gewaltförmige Auflösung von vorkapitalistischen Eigentumsformen etwa durch die Einzäunung von Gemeindeland; Plünderungen und das Kolonialsystem) hatten bereits *die Existenz von Klasseninteressen und einer Strategie der Kapitalisten zur Vorbedingung.* Ihr Ziel war die langfristige Festigung des Lohnarbeitsverhältnisses sowie der kapitalistischen Gesellschaftsverhältnisse und der kapitalistischen Ausbeutung.

Wenn Marx zum Beispiel auf die »Zwangsgesetze zur Verlängerung des Arbeitstags«[22] eingeht, stellt er deutlich heraus, dass es in England schon seit dem 14. Jahrhundert zu den eindeutig definierten staatlichen Aufgaben gehörte, die Lohnarbeit zu kontrollieren und damit die Erzielung von Mehrwert sicherzustellen:

> »Das erste ›Statute of Labourers‹ ([...] 1349) fand seinen unmittelbaren Vorwand (nicht seine Ursache, denn die Gesetzgebung dieser Art dauert Jahrhunderte fort ohne den Vorwand) in der großen Pest, welche die Bevölkerung dezimierte, so dass, wie ein Tory-Schriftsteller sagt, ›die Schwierigkeit, Arbeiter zu räsonablen Preisen (d.h. zu Preisen, die ihren Anwendern ein räsonables Quantum Mehrarbeit ließen) an die Arbeit zu setzen‹, in der Tat unerträglich wurde. Räsonable Arbeitslöhne wurden daher zwangsgesetzlich diktiert, ebenso wie die Grenze des Arbeitstags.«[23]

Der Umstand, dass nach Marx' eigener Darstellung die »ursprüngliche Akkumulation« mithilfe von staatlichen Politiken und gesellschaftlichen Strategien stattfand, die bewusst die Interessen der Kapitalisten bedienten, brachte bestimmte Marx-Kritiker zu der Behauptung, seine ganze Analyse beruhe auf einer zirkulären Argumentation. Nach dem Motto: »Die Geburt des Kapitalismus setzt die Existenz des Kapitalismus voraus.«[24]

Dieser Vorwurf ist jedoch nur dann berechtigt, wenn man Marx' Betonung der Bedeutung des »sich gegenüber und In-Kontakt-Treten«[25] des Geldbesitzers und des eigentumslosen Proletariers außer Acht lässt, die beide bereits vor dem Kapitalismus existieren. Oder anders ausgedrückt: Wir müssen berücksichtigen, dass Marx die »ursprüngliche Akkumulation« als zwei voneinander zu unterscheidende historische Prozesse beschrieben hat: (a) zum einen als den Prozess der *Genese des Kapitalverhältnisses als solches* (das »Gegenüber- und In-Kontakt-Treten«) und (b) zum anderen als vom Staat gesteuerte Prozesse, die den Weg ebneten für die *Erweiterung und Vertiefung des (bereits existierenden) Kapitalver-*

22 Ebd., S. 279ff.
23 Ebd., S. 287f.
24 Pellicani: Genesis of Capitalism, S. 17.
25 Marx: Das Kapital I, MEW, Bd. 23, S. 742.

hältnisses. Die Enteignung der Bauern und anderer subsistenzorientierter Kleinproduzenten von ihren Produktionsmitteln *folgte* (sowohl logisch als auch historisch) dem ursprünglichen »Gegenüber- und In-Kontakt-Treten« von Geldbesitzern und Proletariern. Zur Rolle des Kolonialismus in diesem Zusammenhang schreibt Marx im dritten Band des »Kapitals«:

> »Die plötzliche Ausdehnung des Weltmarkts, die Vervielfältigung der umlaufenden Waren, der Wetteifer unter den europäischen Nationen, sich der asiatischen Produkte und der amerikanischen Schätze zu bemächtigen [...] trugen wesentlich bei zur Sprengung der feudalen Schranken der Produktion. Indes entwickelte sich die moderne Produktionsweise, in ihrer ersten Periode, der Manufakturperiode, nur da, *wo die Bedingungen dafür sich innerhalb des Mittelalters erzeugt hatten*. [...] Und wenn im 16. und zum Teil noch im 17. Jahrhundert die plötzliche Ausdehnung des Handels und die Schöpfung eines neuen Weltmarkts einen überwiegenden Einfluss auf den Untergang der alten und den Aufschwung der kapitalistischen Produktionsweise ausübten, *so geschah dies umgekehrt auf Basis der einmal geschaffnen kapitalistischen Produktionsweise*.«[26]

Will man die Geburtsstunde des Kapitalismus identifizieren, dann ist folglich der entscheidende Moment der, als der Geldbesitzer dem Besitzlosem »gegenüber- und in Kontakt« mit ihm trat. Marx selbst stellte diesbezüglich die maßgebliche Frage: Anbetracht der Tatsache, dass die Bauern ursprünglich nicht Geldbesitzern, sondern Grundherren unterworfen waren: Wer waren dann die *Geldbesitzer*, die in einer späteren historischen Phase zu Kapitalisten wurden?

> »Wo kommen die Kapitalisten ursprünglich her? Denn die Expropriation des Landvolks schafft unmittelbar nur große Grundeigentümer.«[27]

Diese Frage beantwortet Marx im »Kapital«, indem er auf zwei gesellschaftliche Gestalten verweist, die dem Verhältnis von Grundeigentümer und Bauern äußerlich waren:

> »Aber das Mittelalter hatte zwei verschiedne Formen des Kapitals überliefert, *die in den verschiedensten ökonomischen Gesellschaftsformationen reifen* und, *vor der Ära der kapitalistischen Produktionsweise*, als Kapital quand meme gelten – das Wucherkapital und das Kaufmannskapital.«[28]

26 Marx: Das Kapital III, MEW, Bd. 25, S. 345.

27 Marx: Das Kapital I, MEW, Bd. 23, S. 770.

28 Ebd., S. 778, Hervorh. J.M.

Und im zweiten Abschnitt von Band I des »Kapitals« betont Marx an der Stelle, an der er den Begriff des Kapitals näher einführt:

> »Historisch tritt das Kapital dem Grundeigentum überall zunächst in der Form von Geld gegenüber, als Geldvermögen, *Kaufmannskapital und Wucherkapital.*«[29]

In den »Grundrissen« geht Marx ausführlicher auf diese Problematik ein:

> »Es ist vielmehr *durch Wucher* – besonders auch *gegen das Grundeigentum* ausgeübten – *und durch Kaufmannsgewinne aufgehäuftes mobiles Vermögen* – Geldvermögen, das in Kapital im eigentlichen Sinn, industrielles Kapital verwandelt wird. [...] [Beide *erscheinen selbst] nicht als [...] Formen des Kapitals,* sondern als *frühere Vermögensformen* [...], als Voraussetzungen für das Kapital. [...] *Die Kapitalbildung geht daher nicht aus vom Grundeigentum [...], sondern vom Kaufmanns- und Wuchervermögen.*«[30]

Der Geldbesitzer, der sich später in einen Kapitalisten verwandelte, nachdem er dem Proletarier »gegenüber« und mit ihm »in Kontakt« getreten war, war nicht direkt in die herrschenden Klassen-, Macht- und Ausbeutungsverhältnisse eingebunden, die in vorkapitalistischen Gesellschaften im Grundeigentum verwurzelt waren. Er ist eine historische Figur, die bereits vor dem Einsetzen der Proletarisierung, der Entstehung des Proletariats, existierte:

> »Aber das *bloße Dasein des Geldvermögens* und selbst Gewinnung einer Art supremacy seinerseits reicht keineswegs dazu hin, dass jene *Auflösung in Kapital* geschehe. Sonst hätte das alte Rom, Byzanz etc. mit freier Arbeit und Kapital seine Geschichte geendet oder vielmehr eine neue Geschichte begonnen. *Auch dort war die Auflösung der alten Eigentumsverhältnisse verknüpft mit Entwicklung des Geldvermögens – des Handels etc.* Aber statt zur Industrie führte diese Auflösung in fact zur Herrschaft des Landes über die Stadt. [...] [Es ist nicht] so, dass das Kapital die objektiven Bedingungen der Arbeit schafft.«[31]

Marx' Ansatz basiert daher nicht auf einem Zirkelschluss, wonach »die Entstehung des Kapitalismus mithilfe von Strategien möglich wurde, die auf die Herausbildung des Kapitalismus abzielten«. Man könnte diesen Vorwurf allerdings einer ganzen Reihe von Marxisten im 20. Jahrhun-

29 Ebd., S. 161, Hervorh. J.M.

30 Marx: Grundrisse, MEW, Bd. 42, S. 412, Hervorh. J.M.

31 Ebd., S. 413f., Hervorh. J.M.

dert machen, die nach dem Zweiten Weltkrieg versucht haben, die Entstehung des Kapitalismus zu erklären. Denn deren Ansätze haben völlig die Bedeutung des »Gegenüber- und In-Kontakt-Tretens« des vom »Wucher und Handelsgewinnen aufgehäuften monetären Reichtums« mit dem Proletariat ignoriert und das Konzept der ursprünglichen Akkumulation allein auf kapitalistische *Strategien* bezogen, die der Herausbildung des Proletariats dienten (siehe Kapitel 5).

Ich werde meine Untersuchung der Rolle der Geldbesitzer in vorkapitalistischen Gesellschaften und den historischen Prozess des »Gegenüber- und In-Kontakt-Tretens« mit dem Proletariat in Kapitel 7 dieses Buches fortsetzen. Die unmittelbar folgenden Kapitel sind der weiteren Auseinandersetzung mit marxistischen und nicht-marxistischen Autoren und Ansätzen gewidmet, die sich mit dem Begriff des Kapitalismus und seinen Ursprüngen beschäftigt haben. Den Anfang macht die Darstellung einer recht intensiv unter russischen Marxisten geführten Debatte, die an der Wende vom 19. zum 20. Jahrhundert die Frage »Was ist Kapitalismus?« umtrieb und die sich Gedanken über dessen Entwicklungsperspektiven in der damaligen russischen Gesellschaft machten.

3 — Frühformen des Kapitalismus und der Lohnarbeit: Lenins Polemik gegen die Narodniki

In diesem Kapitel werde ich mich mit Lenins Argumenten befassen, mit denen er in den Jahren 1893 bis 1900 in die Kontroverse um die Entwicklung des Kapitalismus in Russland eingriff. Ich halte seinen Beitrag, der in den marxistischen Nachkriegsdiskussionen und -analysen so gut wie keine Beachtung fand, für sehr hilfreich, um das marxistische Verständnis von vorkapitalistischen Wirtschaftsformen zu schärfen. Lenins Untersuchung ist für das Thema Entstehung des Kapitalismus deswegen so ertragsreich, weil in ihr viele gesellschaftliche und ökonomische Strukturen, die spätere Marxisten meist als feudalistisch oder »vorkapitalistisch« bezeichnet haben, zu Recht als kapitalistisch erfasst werden.

Es gibt einen Punkt in Lenins Analyse, der die Schwächen gegenwärtiger theoretischer Versuche, die Entstehung des Kapitalismus sowie dessen gesellschaftliche und ökonomische Voraussetzungen zu klären, besonders deutlich macht: seine These von der formellen Unterordnung der Arbeit unter das (Handels-)Kapital, repräsentiert durch die sogenannten Aufkäufer, die aus Lenins Sicht eine frühe Form von kapitalistischer Produktion und Ausbeutung begründeten.

3.1 Historischer Hintergrund

Die Heftigkeit des Streits unter Marxisten über die Entwicklungsaussichten des Kapitalismus in Russland in den letzten beiden Jahrzehnten des 19. Jahrhunderts hatte mit dem *spezifischen Wesen* der damaligen russischen Gesellschaft und Wirtschaft zu tun. Es herrschte große Uneinigkeit, welche Schlüsse daraus für die kapitalistische Entwicklung und/oder die Möglichkeit des Übergangs hin zum Sozialismus zu ziehen waren. Die an dieser Auseinandersetzung über den besonderen Charakter und die Perspektiven des Kapitalismus in Russland an der Schwelle zum 20. Jahrhundert beteiligten Fraktionen stehen für jeweils unterschiedliche Strömungen marxistischen Denkens. Darauf wies Rosa Luxemburg 1913 hin.

> »Zum erstenmal war die Frage der Reproduktion des Gesamtkapitals, der Akkumulation, in reiner Gestalt in den Mittelpunkt der Auseinandersetzung gerückt [...] Und endlich handelt es sich diesmal

überhaupt nicht mehr um eine Auseinandersetzung zwischen Manchestertum und Sozialreform, sondern zwischen zwei Spielarten des Sozialismus.«[1]

Russland war Ende des 19. Jahrhunderts weiterhin überwiegend ein Agrarland mit »archaischen« Produktionsweisen, die sich im großen Maß reproduzierten. Der »Ersten allgemeinen Volkszählung des Russischen Reiches 1897« zufolge betrug der Anteil der nicht-ländlichen Bevölkerung (diejenigen, die in Orten mit einer Einwohnerschaft von mehr als 2000 Menschen lebten) an der Gesamtbevölkerung lediglich 12,8 Prozent.[2] Lenin hielt diese Angabe für zu niedrig und führte dies auf methodologische Unstimmigkeiten bei der Erhebung zurück. Aber selbst nach seinen eigenen Berechnungen lag der Anteil der nicht-ländlichen Bevölkerung (diejenigen, die in städtischen oder semi-urbanen Gebieten lebten) an der russischen Gesamtbevölkerung 1897 nicht über 15 Prozent).[3] Zum Vergleich dazu Zahlen aus anderen Ländern für das Jahr 1891: In den USA machte damals die nicht-ländliche Bevölkerung 35,3 Prozent aus, in Frankreich 37,4 Prozent und in Deutschland 47,0 Prozent,[4] während sich in Griechenland ihr Anteil auf 31,0 Prozent (Angaben für 1896) belief.[5] Schaut man auf die Beschäftigung, dann verdienten damals in Russland 74,6 Prozent der erwerbstätigen Bevölkerung ihren Lebensunterhalt im Agrarsektor und nur 9,8 Prozent arbeiteten in der Industrie bzw. im verarbeitenden Gewerbe (Angaben erneut für das Jahr 1897).[6] Auch dazu wieder einige Vergleichszahlen aus anderen Ländern: In diesen nicht agrarischen Sektoren arbeiteten im Jahr 1901 in Großbritannien 59,4 Prozent aller Erwerbstätigen, in Frankreich waren es 26,7 Prozent und in den USA 24,4 Prozent, während ihr Anteil 1907 in Deutschland 36,0 Prozent und in Griechenland 18,3 Prozent betrug.[7]

Die russische Wirtschaft war aber nicht einfach nur »agrarisch« geprägt. Was das Bild verkomplizierte, war das Vorhandensein spezieller vorkapitalistischer ökonomischer und sozialer Strukturen bzw. deren Überreste. Dabei handelte es sich zum einen um Strukturen, die das Land aus dem feudalistischen System der Leibeigenschaft geerbt hatte, zum anderen um Strukturen, die mit den sogenannten Staatsbauern und

1 Rosa Luxemburg: Die Akkumulation des Kapitals, in: dies: Gesammelte Werke, Bd. 5, Berlin 1985, S. 230.

2 Wladimir I. Lenin: Die Entwicklung des Kapitalismus in Russland, in: ders.: Werke, Bd. 3, Berlin 1956, S. 580.

3 Ebd., S. 575.

4 Fritz Sternberg: Der Imperialismus, Frankfurt a.M. 1971, S. 520.

5 Jean Milios: Kapitalistische Entwicklung, Nationalstaat und Imperialismus. Der Fall Griechenland, Athen 1988, S. 168.

6 Lenin: Entwicklung des Kapitalismus, S. 515.

7 Sternberg: Der Imperialismus, S. 425, 508, 519 u. 553; Milios: Kapitalistische Entwicklung, S. 168f.

ihren Gemeinschaften zusammenhingen. Zu den staatlichen Interventionen zugunsten der Stärkung kapitalistischer Gesellschaftsverhältnisse, die insbesondere im Zuge der politischen Neuorganisierung nach dem Krimkrieg von 1853 bis 1856 vonseiten bürgerlicher Kräfte in Wirtschaft und Politik unternommen worden waren, gehörten unter anderem: protektionistische Maßnahmen, um Importe durch einheimische Industrieprodukte zu ersetzen; die Einführung der Wehrpflicht für alle Männer; der Aufbau einer unabhängigen Justiz und Reformen, die es Frauen ermöglichten, höhere Bildungseinrichtungen zu besuchen. Dies führte zu hohen Wachstumsraten im kapitalistischen Sektor der Wirtschaft,[8] ohne dass damit die rasche Auflösung der verbliebenen vorkapitalistischen Wirtschaftsformen verbunden gewesen wäre.

1861 kam es zu einer umfassenden Agrarreform unter Alexander II., die das Leibeigentum abschaffte und Bauern das Recht auf die Zuteilung eines Stück Lands gab, unter der Voraussetzung, dass sie den Grundeigentümern eine Art »Wiedergutmachungszahlung« leisteten. Bis zur Zahlung dieser »Wiedergutmachung« (in Form von Sach- oder Geldleistungen oder gar Arbeitskraft) galt der Bauer als ein »zeitlich Gebundener«. Die von Marx vorgelegten Daten zeigen, dass am 1. Januar 1878, das heißt noch 17 Jahre nach Einführung dieser Reform, ungefähr 28 Prozent der ehemaligen Leibeigenen weiterhin »zeitlich Gebundene« waren.[9]

Von den 55 Millionen Menschen, die damals (Zensus von 1857) in Russland auf dem Land lebten, waren 22,5 Millionen erst 1861 aus der Leibeigenschaft entlassen worden.[10] Zieht man die knapp 106 000 Grundbesitzer ab,[11] dann bleiben 31,5 Millionen Bauern übrig, die man als »Staatbauern« oder »Kronbauern« betrachten könnte, weil sie landwirtschaftlichen Genossenschaften angehörten oder in einem gesellschaftlichen Rahmen lebten und arbeiteten, der fast gar keine Verbindung zum feudalen Machtsystem hatte, aber bei dem es gewisse Ähnlichkeiten mit der asiatischen Produktionsweise gab (siehe Kapitel 7).

Die sogenannten Narodniki, gegen die sich ein Großteil von Lenins Polemik richtete, stellten bis zum Ende des 19. Jahrhunderts die einflussreichste Strömung der marxistischen Intelligenzija in Russland dar. Einer ihrer hervorragendsten Vertreter war (neben V.P. Vorontsow) N.F. Danielson, der unter dem Pseudonym Nikolai-on oder N-on schrieb und das marx-

8 In ihrem erstmals 1913 veröffentlichten Buch »Die Akkumulation des Kapitals« schrieb Rosa Luxemburg über Russland im 19. Jahrhundert: »Hier stellen die siebziger und achtziger Jahre in jeder Hinsicht eine Übergangszeit, eine Periode der inneren Krise mit all ihren Qualen dar. [...] Die ›primitive Akkumulation‹ des Kapitals gedieh in Russland unter der Begünstigung allerlei staatlicher Subsidien, Garantien, Prämien und Staatsbestellungen herrlich.« (Luxemburg: Die Akkumulation des Kapitals, S. 227)

9 Karl Marx: Notizen zur Reform von 1861 und der damit verbundenen Entwicklung in Russland, in: MEW, Bd. 19, S. 407–424, hier S. 417.

10 Engels an Nikolai Franzewitsch Danielson, 22.9.1892, in: MEW, Bd. 38, S. 642, FN 499.

11 Karl Marx: Über die Bauernbefreiung in Russland, in: MEW, Bd. 12, S. 673–682, hier S. 677.

sche » Kapital« ins Russische übersetzte (der erste Band erschien in Russland 1872, der zweite 1885 – also im selben Jahr wie die deutsche Fassung – und der dritte 1896 – nur zwei Jahre nach der Veröffentlichung der deutschen Erstausgabe). Danielson stand mit Marx und Engels bis zum Ende ihres Lebens in ständigem Kontakt.

Die Narodniki gingen davon aus, dass die Sozialreformen, die in den 1860er-Jahren in Russland durchgeführt worden waren, vor allem die Abschaffung der Leibeigenschaft, im Prinzip die Voraussetzungen für eine vom Volk getragene nicht-kapitalistische Entwicklung im Land geschaffen hatten. Nach ihrer Vorstellung sollten an deren Spitze die Landarbeiter und der »volkstümliche« Agrarsektor mit seinen »Staatsbauern« stehen. Als Ausgangspunkt und Basis dieser Entwicklung betrachteten sie die bäuerliche Gemeinschaft, die sie leidenschaftlich gegen alle Angriffe verteidigten (die Narodniki lehnten alle Vorhaben ab, die auf eine Privatisierung von gemeinschaftlich genutztem Land abzielten, weil diese auf die Zerstörung der vorhandenen Dorfgemeinschaften hinausliefen). Kurzum: Die bäuerliche Dorfgemeinde war die Struktur, »in der man die Anfänge des Kommunismus erblicken wollte«.[12]

> »Andererseits erschien das russische bäuerliche Gemeineigentum an Grund und Boden, die berühmte ›øbschtschina‹, als ein möglicher Ausgangspunkt für eine höhere soziale Entwicklung in Russland, das unter Umgehung des kapitalistischen Stadiums mit seinen Leiden auf einem kürzeren und weniger qualvollen Wege als die westeuropäischen Länder in das gelobte Land des Sozialismus gelangen würde.«[13]

Dieses ganze theoretische Gebäude wurde von der Überzeugung gekrönt, die Beschränkungen des inländischen Absatzmarktes seien (gerade wegen der großen Armut des Volkes in Russland, aber auch wegen der wahrgenommenen Tendenz des Kapitalismus, den Lebensstandard der Massen zu senken) ein gewaltiges Hindernis für die Entwicklung des Kapitalismus in Russland oder würden ihn gar unmöglich machen. Ursprünglich (in den 1870er-Jahren) waren die Narodniki noch fest davon ausgegangen, dass sich der Kapitalismus in Russland auf keinen Fall durchsetzen würde. Später, als die weitreichende Reproduktion des Kapitals in bestimmten Sektoren der russischen Wirtschaft nicht mehr zu leugnen war, vertraten sie entweder die Auffassung, der Kapitalismus werde nicht die »Gesamtheit der Produktion in Russland« betreffen (Vorontsow) oder, insofern er sich dort doch ausbreiten sollte, werde er großes Leid über die Bevölkerung bringen (Danielson).

12 Wladimir I. Lenin: Was sind die »Volksfreunde« und wie kämpfen sie gegen die Sozialdemokraten?, in: ders.: Werke, Berlin 1956, Bd. 1, S. 119–338, hier S. 277.

13 Luxemburg: Die Akkumulation des Kapitals, S. 228.

Die letztere Ansicht beruhte auf der Annahme, kapitalistische Entwicklung bedinge eine Entfremdung der Bauernschaft von den Produktionsmitteln, die Herausbildung einer »Reservearmee« der Erwerbslosen etc., das heißt letztendlich die Senkung des allgemeinen Lebensstandards und die Schrumpfung des Binnenmarkts. Damit einher gehe ein Absatzproblem für die kapitalistische Warenproduktion. Die großen kapitalistischen Mächte hätten dieses durch eine rapide Steigerung ihres Exportvolumens gelöst. Dieser Weg stehe Russland aber nicht zur Verfügung, da es nicht in der Lage sei, auf dem Weltmarkt mit anderen kapitalistischen Ländern erfolgreich zu konkurrieren. Der russische Kapitalismus, so Danielson, könne das »Problem der Märkte« nicht überwinden und sei daher zu einem niedrigen Entwicklungsniveau verurteilt, was die Option eröffne, ihn durch eine gemeinschaftlich organisierte »Volkswirtschaft« zu ersetzen.

Im Vorwort der 1882 erschienenen russischen Ausgabe des »Kommunistischen Manifest« griffen Marx and Engels eine Frage auf, die insbesondere die Narodniki aufgeworfen hatten: Konnte die russische Dorfgemeinschaft (die »Obschtschina«) »unmittelbar in die höhere [Form] des kommunistischen Gemeinbesitzes übergehn«?

> »In Russland aber finden wir, gegenüber rasch aufblühendem kapitalistischen Schwindel und sich eben erst entwickelndem bürgerlichen Grundeigentum, die größere Hälfte des Bodens im Gemeinbesitz der Bauern. Es fragt sich nun: Kann die russische Obschtschina, eine wenn auch stark untergrabene Form des uralten Gemeinbesitzes am Boden, unmittelbar in die höhere des kommunistischen Gemeinbesitzes übergehn? Oder muss sie umgekehrt vorher denselben Auflösungsprozess durchlaufen, der die geschichtliche Entwicklung des Westens ausmacht?
>
> Die einzige Antwort hierauf, die heutzutage möglich, ist die: Wird die russische Revolution das Signal einer proletarischen Revolution im Westen, so dass beide einander ergänzen, so kann das jetzige russische Gemeineigentum am Boden zum Ausgangspunkt einer kommunistischen Entwicklung dienen.«[14]

14 Karl Marx/Friedrich Engels: Manifest der Kommunistischen Partei. Vorrede zur russischen Ausgabe des Manifest, in: MEW, Bd. 4, S. 576. – In seinem berühmten Brief an die russischen Revolutionärin Vera Sassulitsch schrieb Marx 1881: »Ich habe im ›Capital‹ gezeigt, daß die Metamorphose *der feudalen Produktion in die kapitalistische Produktion die Expropriation des Produzenten* zum Ausgangspunkt hatte, und insbesondere, dass die *Grundlage dieser ganzen Entwicklung die Expropriation der Ackerbauern* ist. [...] Ich habe also diese ›historische Unvermeidlichkeit‹ ausdrücklich auf die *›Länder Westeuropas‹* beschränkt [...]. Sicherlich, wenn die kapitalistische Produktion ihre Herrschaft in Russland aufrichten soll, so muss die große Mehrheit der Bauern, d.h. des russischen Volkes, in Lohnarbeiter verwandelt und folglich durch die vorhergehende Abschaffung ihres Gemeineigentums expropriiert werden. Aber auf alle Fälle würde der westliche Präzedenzfall hier überhaupt nichts beweisen. [...] Was das Leben der russischen Gemeinde bedroht, ist weder eine historische Unvermeidlichkeit, noch eine Theorie; es ist die Unterdrückung seitens des Staats und die Ausbeutung durch kapitalistische Eindringlinge, die durch den gleichen Staat

An dieser Kontroverse über die Entwicklungsaussichten des Kapitalismus in Russland waren neben »linken Sozialdemokraten«, »orthodoxen Marxisten« (Plechanow und Lenin) und den Narodniki alle Lager der damaligen russischen Linken beteiligt, wie etwa Vertreter des »kritischen Marxismus« bzw. die »legalen Marxisten«, die den Ansichten der Narodniki äußerst kritisch gegenüberstanden.[15]

Im Folgenden werde ich näher auf Lenins Argumente gegen die Narodniki eingehen, da mit ihnen zwei Themenkomplexe beleuchtet werden können, die eng mit dem Gegenstand des vorliegenden Buchs zusammenhängen: (a) Welche gesellschaftlichen Formen sind als kapitalistisch zu betrachten? (b) Was sind die Voraussetzungen für eine kapitalistische Entwicklung?

3.2 Durchsetzung des Kapitalismus im Zuge der Auflösung vorkapitalistischer Ausbeutungsformen

Mit seiner theoretischen Einmischung wollte Lenin die Position stärken, die besagte, dass Russland Ende des 19. Jahrhunderts bereits eine *kapitalistische Gesellschaftsformation* war, wenn auch im Vergleich zu den anderen kapitalistischen Großmächten in Europa eine weniger entwickelte. Aus seiner Analyse zog er die Schlussfolgerung:

> »Russland ist ein kapitalistisches Land. Andererseits [...] ist Russland, verglichen mit anderen kapitalistischen Ländern, in seiner ökonomischen Entwicklung noch sehr zurückgeblieben.«[16]

Was das eine theoretische Lager (die Narodniki) als eine vorkapitalistische Ökonomie und als einen vorkapitalistischen Staat wahrnahm, mit der ungewissen oder geringen Aussicht auf eine Transformation hin zum Kapitalismus, betrachtete das andere Lager (Lenin) als ein bereits etabliertes kapitalistisches System.

> »Sie [die Narodniki] können es nicht fassen, dass das *Kapital* ein bestimmtes Verhältnis zwischen Menschen darstellt, ein Verhältnis, das auf der höheren wie auf der niederen Entwicklungsstufe der zu vergleichenden Kategorien ein und dasselbe ist.«[17]

auf Kosten und zulasten der Bauern mächtig geworden sind«. (MEW, Bd. 19, S. 396–400). Es sollte an dieser Stelle betont werden, dass dieses Argument von Marx absolut nichts mit der »Dialektik der Produktivkräfte und Produktionsverhältnisse« zu tun hat.

15 Vgl. für einen Überblick zu dieser Debatte in Russland Luxemburg: Die Akkumulation des Kapitals, S. 225–278; für eine ausführliche Darstellung der Kontroverse zwischen Lenin und den Narodniki vgl. auch Roman Rosdolsky: Zur Entstehungsgeschichte des Marxschen »Kapital«, Bd. II, Frankfurt a.M. 1969; und Rudi Dutschke: Versuch, Lenin auf die Füße zu stellen, Berlin 1974.

16 Lenin: Entwicklung des Kapitalismus, S. 516.

17 Lenin: Was sind die »Volksfreunde«?, S. 213.

Interessant ist an dieser Stelle, wie Lenin seine Auffassung, wonach in Russland bereits Kapitalismus herrsche, begründete. Methodisch lehnte er alle teleologischen Argumente ab. Zu Beginn seines Forschungsvorhabens 1894 schrieb er:

> »Kein einziger Marxist hat sich jemals irgendwo des Arguments bedient, dass in Russland der Kapitalismus ›sein muss‹, ›weil‹ er im Westen war usw. Kein einziger Marxist hat jemals in der marxschen Theorie so etwas wie ein allgemein verbindliches philosophisch-historisches Schema, hat in ihr mehr als die Erklärung einer bestimmten sozialökonomischen Formation gesehen.«[18]

Auf einer konkreteren analytischen Ebene stellte Lenin zur Stützung seines Arguments, Russland sei längst kapitalistisch, die folgende, aus zwei Teilen bestehende These auf:

a.) Vorkapitalistische Ausbeutungsformen und die entsprechenden herrschenden Klassen befanden sich bereits in Auflösung; eine auf Selbstversorgung ausgerichtete Landwirtschaft war von einer marktorientierten bäuerlichen Wirtschaft mit zunehmend spaltenden Klassenmerkmalen ersetzt worden.

> »Die gesamte Masse der landwirtschaftlichen Bevölkerung Russlands aber können wir durchaus als Bauernschaft betrachten, denn die Zahl der Gutsbesitzer ist im Gesamtergebnis verschwindend klein. Zudem erscheint ein nicht geringer Teil der Gutsbesitzer unter den Rentiers, Beamten, hohen Würdenträgern usw. In der Bauernmasse von 97 Millionen sind drei Hauptgruppen zu unterscheiden: die untere Gruppe – die proletarischen und halbproletarischen Bevölkerungsschichten, die mittlere – die armen Kleineigentümer – und die obere Gruppe – die wohlhabenden Kleineigentümer.«[19]

b.) Der Zerfall der vorkapitalistischen Klassen- und Ausbeutungsverhältnisse bereitete den Weg für die Vorherrschaft des Kapitalismus in Russland, auch wenn der Anteil der typischen Lohnarbeiter an der gesamten arbeitenden Bevölkerung relativ gering blieb. Die kapitalistische Ausbeutung in der Landwirtschaft in Russland erfolgte indirekt (siehe unten).[20]

18 Ebd., S. 187.

19 Lenin: Entwicklung des Kapitalismus, S. 517.

20 Das bedeutet, nicht die Zahl der Lohnabhängigen sollte als maßgebliches Kriterium herangezogen werden, um zu beurteilen, ob ein Land kapitalistisch ist oder nicht. »Das kommunistische Programm wurde von Marx bereits vor 1848 ausgearbeitet [...] Wie klein damals die Arbeiterklasse zahlenmäßig war, kann man danach beurteilen, dass Marx *27 Jahre später*, im Jahre 1875, schrieb, es ›besteht das arbeitende Volk in Deutschland zur Majorität aus Bauern und nicht aus Proletariern‹.« (Lenin: Was sind die »Volksfreunde«?, S. 325).

Lenin, der davon ausging, dass Russland bereits eine kapitalistische Gesellschaftsformation sei, sah als bestimmenden Faktor der weiteren Evolution oder Entwicklung des Kapitalismus die jeweiligen Kräfteverhältnisse der Klassen: zum einen das Verhältnis zwischen den verschiedenen Fraktionen der Bourgeoisie[21] und zum anderen das zwischen Kapital und Arbeit. Er fasste seine Haltung zur Frage des Binnenmarkts in Russland folgendermaßen zusammen:

> »Aus dem oben Gesagten erhellt sich von selbst, dass es eine Frage des inneren Marktes *als gesonderte selbstständige Frage*, die unabhängig von der Entwicklungsstufe des Kapitalismus gestellt werden könnte, überhaupt nicht gibt. Eben darum stellt die marxsche Theorie auch nirgends und niemals diese Frage gesondert. Der innere Markt entsteht, wenn die Warenwirtschaft entsteht; er wird durch die Entwicklung dieser Warenwirtschaft geschaffen, und die Höhe seiner Entwicklung wird bestimmt durch den Entwicklungsgrad der gesellschaftlichen Arbeitsteilung.«[22]

3.3 Produktion für die Aufkäufer als eine Form der kapitalistischen Manufaktur

Dass Russland bereits eine kapitalistische Gesellschaft sei, formulierte Lenin auch an anderer Stelle: a) Die »Grundlage unserer wirtschaftlichen Verhältnisse [ist] eben die Warenwirtschaft«, die b) »von der Bourgeoisie beherrscht wird«.[23]

Durch die Reform von 1861 und den damit eingeleiteten wirtschaftlichen und sozialen Wandel verlor die russische Wirtschaft (einschließlich des kollektiv und dezentral organisierten Agrarsektors) ihren abgeschlossenen, auf Selbstversorgung ausgerichteten Charakter und orientierte sich an der Marktlogik. Hinter der Fassade der Warenbeziehungen erkannte Lenin die Vorherrschaft des Kapitalismus, obwohl Lohnarbeit und kapitalistische Unternehmen in Reinform nach wie vor ein relativ begrenztes Phänomen waren. Dann machte er sich daran, diese spezifischen Formen des russischen Kapitalismus herauszuarbeiten.

Lenins Schlussfolgerung beruht vor allem auf der Erkenntnis, dass die Warenproduktion unter bestimmten Umständen gleichbedeutend wird mit einer indirekten Unterordnung der Arbeit unter das Kapital. Mit dem Niedergang der nicht-kapitalistischen herrschenden Klassen, mit der

21 Zum Begriff Klassenfraktion vgl. Nicos Poulantzas: Klassen im Kapitalismus – heute (Studien zur Klassenanalyse 5), Berlin 1975, S. 23; ders.: Politische Macht und gesellschaftliche Klassen, Frankfurt a.M 1973; ders.: Staatstheorie. Politischer Überbau, Ideologie, Sozialistische Demokratie, Hamburg 1978.

22 Lenin: Entwicklung des Kapitalismus, S. 57, Hervorh. J.M.

23 Lenin: Was sind die »Volksfreunde«?, S. 249.

Abschaffung der Feudalherrschaft und dadurch, dass der Staat fortan im Interesse des Kapitals agierte (und die asiatisch geprägten Gemeinschaften sich öffneten und nicht länger nur für den Eigenbedarf produzierten), begannen die Handwerker und Bauern in Russland, für den Markt zu produzieren, und wurden nach und nach zu Warenproduzenten.

Solange die Handwerker oder die Bauern ihre Erzeugnisse an verschiedene Händler verkaufen konnten, war ihr ökonomischer Status der von unabhängigen Warenproduzenten. Die zunehmend stärkere Diversifizierung der Nachfrage und daher auch der Produktion sowie die Notwendigkeit, nicht nur für lokale, sondern auch für überregionale Märkte zu produzieren (beides Tendenzen, die das Ergebnis einer immer ausgeprägteren Arbeitsteilung und der zunehmenden Bedeutung von Marktbeziehungen waren), machten die Produzenten jedoch immer abhängiger von einigen wenigen Händlern, die sie mit Rohstoffen belieferten und so zu Aufkäufern ihrer gesamten Produktion wurden. Die Aufkäufer ihrerseits platzierten die Produkte auf den verschiedenen Märkten. Dadurch bestimmten sie, welche Art von Produkten und welche Mengen die für sie arbeitenden Handwerker und Bauern herzustellen hatten. Sie nahmen Vorbestellungen für die von ihnen benötigten Waren vor und begannen in vielen Fällen, die unmittelbaren Produzenten mit Rohstoffen zu versorgen.

Auf diese Art und Weise *erlangten* die Aufkäufer im Grunde *die Kontrolle* über den Produktionsprozess der einzelnen Produzenten, das heißt *über deren Produktionsmittel.* Sie entschieden über den Umfang der Produktion und den Diversifikationsgrad und etablierten entsprechend der von ihnen festgelegten und jederzeit nach Bedarf veränderbaren Anforderungen an Produktivität und Profitabilität eine Arbeitsteilung unter den von ihnen kontrollierten Produzenten. Die Aufkäufer konnten so die Preise der Waren, die sie von den unmittelbaren Produzenten erwarben (aufkauften), so weit senken, dass deren Einkommen nicht höher war als das eines Arbeiters.

In dem 1926 erschienenen Buch »History of Economic Thought« von I. I. Rubin findet sich eine ähnliche Analyse. Auch Rubin zufolge war das »Verlags-Aufkauf-System« historisch betrachtet die erste Form des kapitalistischen Wirtschaftens. Er bezeichnete es als

> »ein dezentrales, auf lokalen Handwerkern und Bauern basierendes System der großen Industrie, mit dessen Ausbreitung das Eindringen *des Handelskapitals in den industriellen Sektor* verbunden war und das den Weg ebnete für eine völlige Neustrukturierung der Industrie auf einer kapitalistischen Grundlage«.[24]

24 Isaac I. Rubin: A History of Economic Thought, London 1979, S. 155.

Lenin erkannte ganz klar den kapitalistischen Charakter einer von Aufkäufern bestimmten Wirtschaftsweise und verwies auf die Rahmenbedingungen, die den Übergang einer frühen (vorindustriellen) kapitalistischen Ökonomie hin zu einem voll entwickelten industriellen Kapitalismus verzögern können.

> »Nichts ist unsinniger als die Meinung, die Arbeit für Aufkäufer sei nur das Resultat eines Missbrauchs, einer Zufälligkeit, einer *»Kapitalisierung des Austauschprozesses« und nicht der Produktion.* Im Gegenteil, die Arbeit für den Aufkäufer ist gerade *eine besondere Form der Produktion*, eine besondere Organisation der ökonomischen Verhältnisse in der Produktion [...] Nach der wissenschaftlichen Klassifikation der Industrieformen in deren sukzessiver Entwicklung aber gehört die Arbeit für den Aufkäufer zum größten Teil zur *kapitalistischen Manufaktur*, denn 1. beruht sie auf der manuellen Produktion und auf einer breiten Basis von Kleinbetrieben; 2. stellt sie zwischen diesen Betrieben eine Arbeitsteilung her und entwickelt die Teilung der Arbeit auch innerhalb der Werkstatt; 3. stellt sie den Händler an die Spitze der Produktion, wie das stets in der Manufaktur der Fall ist, die Produktion auf großer Stufenleiter sowie Ankauf der Rohstoffe und Absatz der Produkte im Großen voraussetzt; 4. lässt sie die Werktätigen in die Stellung von Lohnarbeitern hinabsinken, die in der Werkstatt des Unternehmers oder in Hausarbeit beschäftigt sind. [...] Bekanntlich bedeutet diese Form der Industrie bereits eine tief verwurzelte Herrschaft des Kapitalismus und ist die unmittelbare Vorläuferin seiner letzten und höchsten Form, d.h. der maschinellen Großindustrie. *Die Arbeit für den Aufkäufer ist folglich eine rückständige Form des Kapitalismus*, und in der heutigen Gesellschaft führt die Rückständigkeit in dieser Arbeit zu einer besonderen Verschlechterung der Lage der Werktätigen, die von einer ganzen Reihe von Mittelspersonen ausgebeutet werden (sweating system), die zersplittert sind, unter äußerst gesundheitsschädlichen Bedingungen arbeiten und die einen außerordentlich langen Arbeitstag haben – und, was die Hauptsache ist, die unter Verhältnissen arbeiten müssen, die die Möglichkeit gesellschaftlicher Kontrolle über die Produktion aufs Äußerste erschweren.«[25]

Den von Lenin präsentierten Daten zur formellen Subsumtion des selbstständigen Handwerks und der kleinen Manufakturen unter das Handelskapital lag eine Auswertung der damals zugänglichen Statistiken zugrunde. Er schrieb:

25 Wladimir I. Lenin: Die Kustarzählung von 1894/95 im Gouvernement Perm, in: ders.: Werke, Berlin 1956, Bd. 2, S. 357–465, S. 439f., einige Hervorh. J.M.

> »Das Handels- und Wucher*kapital* unterwirft sich die Arbeit in jedem russischen Dorf und presst aus dem Produzenten – ohne ihn in einen Lohnarbeiter zu verwandeln – nicht weniger Mehrwert heraus als das Industriekapital aus dem Arbeiter.«[26]

Im Gegensatz zur Auffassung der Narodniki, die der kapitalistischen Großindustrie (die sie als einzige existierende Form des Kapitalismus betrachteten) die kleinen Handwerks- und Familienbetriebe (die sie schützen wollten) entgegensetzten, hob Lenins Analyse die Ähnlichkeiten zwischen Heimindustrie, Manufaktur und Großindustrie hervor und sah darin die Entwicklung und Abfolge verschiedener Formen der *kapitalistischen* Ausbeutung und Herrschaft.

> »Die ›Kustarindustrie‹ wurde als etwas ökonomisch Homogenes, sich selbst Gleiches betrachtet und dem ›Kapitalismus‹ *entgegengestellt* (sic!), unter dem man einfach die ›Fabrik- und Werkindustrie‹ verstand. [...] Die Einfalt ist, wie man sieht, rührend: ›Kapitalismus‹ = ›Fabrik- und Werkindustrie«, und Fabrik- und Werkindustrie ist das, was unter dieser Bezeichnung in den offiziellen Publikationen figuriert. [...] *Auf der Grundlage* einer solchen ›Analyse‹ entsteht eines der unsinnigsten und schädlichsten Vorurteile: das Vorurteil vom Gegensatz zwischen unserer ›Kustar‹- und unserer ›Fabrik- und Werkindustrie‹, von der Losgelöstheit der zweiten von der ersten [...] Eben ein Vorurteil, weil niemals auch nur der Versuch gemacht wurde, sich mit den Daten zu befassen, die für sämtliche Industriezweige die engste und unlösliche Verbindung zwischen der ›Kustar‹- und der ›Fabrik- und Werkindustrie‹ zeigen.«[27]

Die Ausbreitung der Großindustrie ist demnach nur eine Folge der wachsenden Widersprüche in und zwischen *verschiedenen Formen des Kapitalismus*.[28]

3.4 Aufrechterhaltung oder Auflösung indirekter Formen kapitalistischer Ausbeutung in Abhängigkeit vom Kräfteverhältnis der Klassen

Nach Lenin zeigt der Übergang von der Manufaktur zum großindustriellen Kapitalismus einen Wandel im Kräfteverhältnis zwischen Handels- und Industriekapital an. Die Manufaktur (vor allem in ihrer ursprünglichen Form der marktorientierten individuellen Fertigung des Hand-

26 Wladimir I. Lenin: Der ökonomische Inhalt der Volkstümlerrichtung und die Kritik an ihr in dem Buch von Herrn Struwe, in: ders.: Werke, Berlin 1956, Bd. 1, S. 339–528, hier S. 467.

27 Lenin: Entwicklung des Kapitalismus, S. 463.

28 Vgl. ebd., S. 548f.

werkers für den Aufkäufer) ist eine kapitalistische Produktionsweise, die dem Handelskapital untergeordnet ist, da das Letztere die kapitalistische Zentralisierung des Produktionsprozesses und eine Ausrichtung an den Marktanforderungen sicherstellt.

Im Gegensatz dazu verkörpert die große Industrie die für den Kapitalismus typische Zentralisierung und Regulierung des Produktionsprozesses (Arbeitsteilung in der Fabrik, Einführung einer Hierarchie von Produktion und Mechanisierung, Durchsetzung einer autoritären Fabrikdisziplin) und sorgt so dafür, dass die Bedeutung der vermittelnden Eingriffe des Handelskapitals abnimmt. Lenin zufolge ist dieser qualitative Unterschied zwischen embryonalen Formen der kapitalistischen Produktion (der Werkstätten- und Heimindustrie) und den ausgereiften Formen (große Industrie) von Marx selbst analysiert worden.

> »An den Daten der russischen Manufaktur wird mit besonderer Deutlichkeit das vom Verfasser des ›Kapitals‹ entdeckte Gesetz sichtbar, dass der Entwicklungsgrad des Handelskapitals im umgekehrten Verhältnis zum Entwicklungsgrad des Industriekapitals steht. Und wirklich können wir alle [...] geschilderten Gewerbe folgendermaßen charakterisieren: Je geringer die Zahl der großen Werkstätten im Gewerbe, desto stärker entwickelt ist der »Aufkauf« und umgekehrt; *es ändert sich nur die Form des Kapitals,* das in dem einen wie dem anderen Fall dominiert und den ›selbstständigen‹ Kustar in eine Lage versetzt, die häufig unvergleichlich schlechter ist als die Lage des Lohnarbeiters.
>
> Der Grundfehler der volkstümlerischen Ökonomie besteht gerade darin, dass sie die Verbindung zwischen Groß- und Kleinbetrieben einerseits und zwischen Handels- und Industriekapital andererseits ignoriert oder vertuscht.«[29]

Eine Betrachtung der indirekten Unterwerfung bzw. der formellen Subsumtion der Arbeit unter das Handelskapital und die Mittelmänner findet sich in Kapitel 20 im dritten Band des »Kapitals«,[30] aber auch im ersten Band des »Kapitals« in Kapitel 13 und 14 sowie in »Resultate des unmittelbaren Produktionsprozesses«.[31] Marx versteht unter der »formellen Subsumtion der Arbeit unter das Kapital« die indirekte Unterwerfung der Produzenten unter die kapitalistische Ausbeutung (etwa durch

29 Ebd., S. 450f., Hervorh. J.M.

30 Marx: Das Kapital III, MEW, Bd. 25, insbes. S. 452–455.

31 In Band III des »Kapitals« schreibt Marx: »Der Übergang aus der feudalen Produktionsweise macht sich doppelt. Der Produzent wird Kaufmann und Kapitalist [...]. Oder aber, der Kaufmann bemächtigt sich der Produktion unmittelbar. [...] Ohne die Produktionsweise umzuwälzen, verschlechtert [diese Manier] nur die Lage der unmittelbaren Produzenten, verwandelt sie in bloße Lohnarbeiter und Proletarier [...] und eignet sich ihre Mehrarbeit auf Basis der alten Produktionsweise an. [...] Der Kaufmann ist der eigentliche Kapitalist, der den größten Teil des Mehrwerts in die Tasche steckt.« (Ebd., S. 347f.)

die hybride Akkordarbeit, die das von den Aufkäufern dominierte System auszeichnet) und setzt sie der »spezifisch kapitalistischen Produktionsweise« entgegen, die zur »realen Subsumtion der Arbeit unter das Kapital« gehört, das heißt zu den vollwertigen kapitalistischen Produktionsverhältnissen,.

> »Der Arbeitsprozess wird zum Mittel des Verwertungsprozesses, des Prozesses der Selbstverwertung des Kapitals – der Fabrikation von Mehrwert. Der Arbeitsprozess wird subsumiert unter das Kapital (es ist sein *eigner* Prozess) und der Kapitalist tritt in den Prozess als Dirigent, Leiter; es ist für ihn zugleich unmittelbar Exploitationsprozess fremder Arbeit. Dies nenne ich die *formelle Subsumtion der Arbeit unter das Kapital*. Es ist die *allgemeine* Form alles kapitalistischen Produktionsprozesses; es ist aber zugleich eine *besondere* Form neben der entwickelten *spezifisch-kapitalistischen Produktionsweise*.«[32]

Worauf Marx besonders hingewiesen hat: Sowohl die Erzeugung eines absoluten Mehrwerts, das heißt durch Verlängerung des Arbeitstags oder Erhöhung der Arbeitsintensität, als auch eines relativen Mehrwerts, das heißt durch Erhöhung der Arbeitsproduktivität mithilfe technologischen Fortschritts, sind dem Kapitalismus schon immer inhärente Tendenzen. Sie waren seit der Geburt des Kapitals präsent und formten die Prozesse der realen Unterordnung der Arbeit unter das Kapital (die großen kapitalistische Unternehmen). Dennoch ist es jeweils einer dieser beiden Tendenzen, die (abhängig von der jeweiligen Epoche) die Gesellschaft als Ganzes beherrscht. Die Ära der »formellen Subsumtion der Arbeit unter das Kapital« kann definiert werden als die Ära *der Vorherrschaft der Erzeugung von absolutem Mehrwert*, während die »reale Unterordnung der Arbeit unter das Kapital« die *Ära des relativen Mehrwerts* einleitete.

> »Die reale Subsumtion der Arbeit unter das Kapital wird entwickelt in allen den Formen, die den relativen Mehrwert im Unterschied vom absoluten entwickeln. Mit der realen Subsumtion der Arbeit unter das Kapital findet eine völlige (und sich beständig fortsetzende und wiederholende) Revolution in der Produktionsweise selbst statt, in der Produktivität der Arbeit und im Verhältnis von Kapitalist und Arbeiter.«[33]

Die Ära des Kapitalismus der absoluten Mehrwertproduktion kommt an ihr Ende, wenn sich überall die wirtschaftlichen und sozialen Folgen der industriellen Revolution bemerkbar machen. Die industrielle Revo-

32 Marx: Resultate, S. 99.
33 Ebd., S. 57.

lution war nicht ein »Moment« in der Wirtschaftsgeschichte Englands oder irgendeiner anderen Nation, sondern ein Prozess des Übergangs und zugleich eine historische Phase, in der sich die reale Subsumtion der Arbeit gerade wegen der Ausbreitung der industriellen Produktion in allen wesentlichen Sektoren der kapitalistischen Produktion durchzusetzen begann.

Doch zurück zu Lenins Analyse. Diese macht deutlich, dass ein Gleichgewicht der sozialen und politischen Kräfte für die Beibehaltung bestimmter vorkapitalistischer Wirtschaftsformen sorgte, zugleich aber auch gerade dadurch den Übergang von der formellen zur realen Unterordnung der Arbeit unter das Kapital (vom vorindustriellen zum industriellen Kapitalismus) hemmte. Oder genauer formuliert: Der Grund, warum in Russland urtümliche Formen der kapitalistischen Ausbeutung und Herrschaft lange Zeit eine derart gewaltige Macht ausübten, im Gegensatz zu ausgereifteren Formen des Kapitalismus, die auf einer realen Unterordnung der Arbeit unter das Kapital beruhen, hat maßgeblich mit der Existenz spezifischer bäuerlicher Gemeinschaften zu tun. Deren asiatische Produktionsweise und die ihr entsprechenden gesellschaftlichen Verhältnisse schränkten die freie Verfügung über die bäuerliche Arbeitskraft in Russland ein.

> »Das Fehlen der Freizügigkeit, zuweilen die Notwendigkeit, pekuniäre Verluste in Kauf zu nehmen, um vom Boden loszukommen [...], die ständische Abgeschlossenheit der bäuerlichen Dorfgemeinde – all das erweitert künstlich den Anwendungsbereich der kapitalistischen Hausarbeit, fesselt den Bauer künstlich an diese schlimmsten Formen der Ausbeutung. Die veralteten Institutionen und die durch von ständischem Geist durchdrungenen Agrarverhältnisse haben so den schädlichsten Einfluss sowohl auf die Landwirtschaft als auch auf die Industrie und erhalten die technisch rückständigen Produktionsformen.«[34]

So ließe sich in Anlehnung an die Argumentation von Lenin geltend machen, dass der Übergang von vorindustriellen Formen des Kapitalismus – gekennzeichnet durch die formelle Unterordnung der Arbeit unter das Kapital – hin zum industriellen Kapitalismus, mit dem der Schritt hin zur realen Unterordnung der Arbeit unter das Kapital letztendlich vollzogen wurde, nicht einem unumstößlichen technologischen Imperativ oder dem linearen Wachstum der »Produktivkräfte« geschuldet ist,

34 Lenin: Entwicklung des Kapitalismus, S. 456. Vgl. zu den Arbeitsbedingungen in ländlichen Gegenden und zur Einschränkung der Bewegungsfreiheit und individuellen Eigentumsrechten auch Lenin: Kustarzählung, S. 455; Foreign Office, Miscellaneous Series: No 217. Report on the Condition of Labour in Russia, Athen 1892, S. 4.

sondern die Folge der Auflösung traditioneller sozialer und politischer Verhältnisse zugunsten des Industriekapitals. In den Frühphasen des Kapitalismus waren der formal unabhängige (bäuerliche) Warenproduzent und der Kaufmann bzw. Aufkäufer die zentralen Wirtschaftssubjekte, nicht nur in Russland, sondern praktisch in allen kapitalistischen Ländern. Die indirekte Unterordnung der Arbeit unter das Kapital stellte die primäre Form der kapitalistischen Ausbeutung dar. Rubin schreibt über diese Anfangszeit des Kapitalismus:

> »War die Ausbreitung des Heim- und Werkstättensystems ein Zeichen für die Durchdringung der Industrie durch das Handelskapital, so signalisierte die Gründung von Manufakturen den Abschluss dieses Prozesses und führte zur Herausbildung des *industriellen Kapitalismus* im engeren Sinne des Wortes. Indem der Fabrikant die Arbeiter unter einem Dach zusammenbrachte, befreite er sich von den unnötigen Kosten, die mit der Verteilung der Materialien an viele einzelne Heimarbeiter und der Weiterleitung von Produkten an diese zur Weiterverarbeitung verbunden sind. Gleichzeitig erlangte er eine bessere Kontrolle über die Rohstoffe [...]. Andererseits hatte die Heimindustrie für den Unternehmer/Aufkäufer den Vorteil, dass für ihn keine größeren Investitionskosten (z.B. für Gebäude und andere Produktionsmittel) anfielen. Die Heimarbeiter wiederum konnten zu Hause arbeiten und ihre Produktionstätigkeiten mit anderen Subsistenzarbeiten (Viehzucht, Anbau von Obst und Gemüse etc.) kombinieren. *Genau wegen dieser Vorteile erwies sich das System der heimischen Produktion gegenüber dem Manufakturwesen als konkurrenzfähig, zumal das Letztere mit keinen besonderen technologischen Vorteilen aufwarten konnte. [...]* Daher finden wir häufig *eine Mischung aus Manufaktur und Heimindustrie.«*[35]

Netzwerke von Kaufleuten, Aufkäufern und »Mittelsmännern« verbanden den bäuerlichen oder handwerklichen Produzenten über eine Vielfalt von zwischengeschalteten Beziehungen, die diverse Geld- und Warenströme umfassten, mit dem Großhandel und diversen (finanziellen) Unternehmen: Das zeigt, dass persönliche und verwandtschaftliche Beziehungen, Standortfaktoren, sprachliche und schließlich ethnische Zugehörigkeiten die Funktion von »Knotenpunkten« für die Ausbreitung und Entwicklung der geldgestützten Warenwirtschaft, das heißt für den vorindustriellen (Handels-)Kapitalismus, hatten. Die Netzwerke geldförmiger Kommunikation und geschäftlicher Transaktionen, die letztendlich zur Herausbildung des (Fern-)Handels beitrugen, sind lediglich

35 Rubin: A History of Economic Thought; S. 156f.

eine Externalisierung des Niedergangs vorkapitalistischer gesellschaftlicher Verhältnisse und Organisationsformen sowie nicht-geldförmigen »natürlichen« Volkswirtschaften – zugunsten des vorindustriellen Handelskapitalismus, des ersten als kapitalistisch zu bezeichnenden Zeitalters in der Geschichte.

3.5 Die theoretische Bedeutung von Lenins Intervention

Die Stärke von Lenins Analyse, das, was sie für das Verständnis der Entstehung des Kapitalismus und seiner Frühformen so interessant macht, ist der Umstand, dass sie das Kapital als ein gesellschaftliches Verhältnis von Produktion und Ausbeutung begreift und sich auf diesen Sachverhalt konzentriert. Lenin argumentiert, dass Produktionsverhältnisse nur dann als kapitalistisch erachtet werden können, wenn die von persönlicher Knechtschaft befreiten Arbeiter vollständig dem Kommando der Kapitalisten und der Ausbeutung unterworfen sind. Das heißt, es ist nicht die Tatsache als solche, dass für einen Markt produziert wird, die eine Produktionsweise zu einer kapitalistischen macht. Es ist vielmehr die spezifische Art und Weise, wie die Mehrarbeit der unmittelbaren Produzenten extrahiert wird. Das heißt, was die Ausbeutung kapitalistisch macht, ist der Umstand, dass die Mehrarbeit die Form von Mehrwert annimmt. Von daher richtet sich Lenins Aufmerksamkeit nicht auf den traditionellen Feudalherren, der seine Leibeigenen ausbeutet und ihre Produkte auf dem Markt verkauft, sondern auf den kapitalistischen Kaufmann, der als *Aufkäufer* fungiert.

Während der ersten Phase der nicht vollständig entwickelten kapitalistischen Produktionsverhältnisse ist also der Aufkäufer der zentrale wirtschaftliche Akteur. Er erlangt die Kontrolle über die Produktion der unmittelbaren Produzenten (und in letzter Instanz über ihre Produktionsmittel), baut eine informelle, embryonale Stücklohnbeziehung zu ihnen auf und zieht so Mehrwert aus der Arbeit der Handwerker und Bauern, obwohl diese – oberflächlich betrachtet – ihren Status als unabhängige Warenproduzenten beibehalten. Unter bestimmten sozialen, wirtschaftlichen und politischen Umständen, zum Beispiel wenn es zu Machtverschiebungen zugunsten kapitalistischer Großunternehmen kommt, kann diese Form der kapitalistischen Produktion den Übergang bereiten für die voll entwickelte Form des Lohnarbeitsverhältnisses, die reale Subsumtion der Arbeit unter das Kapital.

Zu Lenins methodischen Innovationen gehören die Ablehnung sowohl der Fortschritts- als auch der Unterentwicklungsthese sowie seine Analyse der formellen Unterordnung der Arbeit unter die Aufkäufer, die man als Kritik an Ansätzen kennzeichnen kann, die insbesondere nach dem Zweiten Weltkrieg aufkamen, etwa Konzepte des »peripheren« oder

»blockierten Kapitalismus«,[36] oder auch an solchen Ansätzen, die nur dann von kapitalistischen Verhältnissen sprachen, wenn die reale Unterordnung der Arbeit unter das Kapital vollzogen ist.

Lenins Untersuchung zielte nicht darauf ab, das Problem der Koexistenz (oder »Artikulation«) verschiedener Produktionsweisen zu analysieren. Vielmehr wollte er klären, unter welchen Bedingungen ein Land als kapitalistische Gesellschaftsformation zu betrachten ist. Seine Schlussfolgerung: Eine Gesellschaft ist nicht dann kapitalistisch, wenn die Mehrheit der Bevölkerung aus Lohnarbeitern oder Werktätigen besteht, die formell dem Kapital untergeordnet sind, sondern sie ist dann kapitalistisch, wenn die dominierende Fraktion ihrer herrschenden Klassen kapitalistisch ist, das heißt die *Grundform der Mehrarbeit die Form des Mehrwerts annimmt*. Diese marxistische Perspektive hat der britische Historiker G. E. M. de Ste. Croix. 1984 weiterentwickelt:

> »Eine Klassenbeziehung, einschließlich entsprechender Klassenkonflikte, deren Kern die Ausbeutung ist, [impliziert] *die Aneignung eines Surplus von den ursprünglichen Produzenten*. Das Wesen einer Produktionsweise drückt sich nicht darin aus, *wer die meiste Arbeit leistet*, sondern in der spezifischen *Methode der Aneignung von Surplus* in der Art und Weise, wie sich die herrschenden Klassen ihren Surplus von den Produzenten einverleiben.«[37]

Lenin ignorierte jedoch in seiner gesamten Analyse die Sonderrolle der Agrarwirtschaft *in kapitalistischen Gesellschaften*, das heißt die Tendenz, kleine und mittlere (marktorientierte) landwirtschaftliche Betriebe am Leben zu halten. Diese Tendenz ergibt sich aus der Notwendigkeit, die absolute Rente zu senken. Sie wirkt sich zudem lähmend auf alle Zentralisierungs- und Dominanzbestrebungen des »großen Agrarkapitals« auf dem Land aus, das bemüht ist, die Entwicklungen in der Industrie nachzuahmen. Ich werde mich im folgenden Kapitel mit diesem Themenkomplex auseinandersetzen. Hierfür werde ich näher auf das Buch »Die Agrarfrage« von Karl Kautsky eingehen, das kurz nach Lenins Untersuchung »Die Entwicklung des Kapitalismus in Russland« erschienen ist.

36 Samir Amin: Accumulation on a World Scale, New York 1974.

37 G.E.M. de Ste. Croix: Class in Marx's Conception of History, Ancient and Modern, in: New Left Review 146, 1984, S. 92–111, hier S. 101 u. 107; vgl. auch G.E.M. de Ste. Croix: The Class Struggle in the Ancient Greek World, New York 1981.

4 —— Kapitalismus und Agrarsektor: Karl Kautskys theoretische Überlegungen

Wie wir in Kapitel 3 gesehen haben, begründete der Kaufmann, der im Rahmen des beschriebenen Verlags-Aufkauf-Systems eine Reihe von Bauern und Handwerkern in Heimarbeit beschäftigte, Lenin zufolge eine kapitalistische Sozialbeziehung, selbst wenn dieses weniger entwickelt war als die des Industriekapitals.

Lenins Thesen zum Übergang vom Feudalismus zum Kapitalismus unterscheiden sich in einem entscheidenden Punkt von gegenwärtigen Debattenbeiträgen zu diesem Thema (siehe ausführlich Kapitel 5). Für Lenin begründeten die sozialen Beziehungen, die entstanden, als Kaufleute die Kontrolle über die handwerkliche Produktion übernahmen, bereits kapitalistische Produktionsverhältnisse, darunter zum Beispiel erste Formen von Stücklohnarbeit, mit denen Mehrwert abgeschöpft wurde. Dieser Sichtweise zufolge erlangte das Handelskapital – dadurch, dass es den Produktionsprozess der Handwerker bestimmte – auf informelle oder indirekte Art und Weise auch die Kontrolle über deren Produktionsmittel. Lenin verstand daher unter Industrialisierung den Übergang von einer (weniger entwickelten) Form des Kapitalismus hin zu einer anderen, höheren Stufe des Kapitalismus. Im Gegensatz dazu gilt in den meisten zeitgenössischen Ansätzen die Anfangsphase der Industrialisierung als Übergang von vorkapitalistischen Verhältnissen zum Kapitalismus: Sie begreifen die Beziehung zwischen dem die handwerkliche Produktion kontrollierenden Kaufmann oder Aufkäufer und den Produzenten als vorkapitalistisches gesellschaftliches Verhältnis, das jenen Übergang erleichterte. Auf diese Weise entgeht ihnen jedoch, wie sich damals schon die Aufkäufer eine bestimmte Form von Mehrarbeit aneigneten, und sie entwerfen das falsche Bild einer Epoche, in der eine vermeintlich nicht-ausbeuterische »kleinteilige Produktionsweise« vorgeherrscht habe.[1]

1 »Es musste vielmehr ein zeitlicher Zwischenraum vorhanden sein, in dem die Kleinproduktion als Vermächtnis der feudalen Gesellschaft entweder teilweise zerstört oder auf andere Art dem Kapital untergeordnet [...] wurde. [...] Das Wesen dieser primären Akkumulation besteht mithin [in der] Eigentumsübertragung von kleinen Eigentümern auf die aufsteigende Bourgeoisie und die damit verknüpfte Verarmung der Ersteren.« (Maurice Dobb: Entwicklung des Kapitalismus: Vom Spätfeudalismus bis zur Gegenwart, Köln 1970, S. 184f. u. 189) – Lenin hat jedoch überzeu-

Zunächst hatte auch Lenin gewisse Zugeständnisse in diese Richtung gemacht und ist wie die meisten marxistischen Analysen nach dem Zweiten Weltkrieg davon ausgegangen, dass mit der Fortentwicklung des Kapitalismus in einem Land, und insbesondere in Russland, das entwickelte Verhältnis von Kapital und Lohnarbeit nach und nach die von Kleinbauern geprägte Landwirtschaft dominierte. Die Schlussfolgerung, die Lenin aus dem ihm damals zur Verfügung stehenden Datenmaterial zog, war folgende:

> »Die alte Bauernschaft [...] wird völlig zerstört, hört auf zu existieren, wird durch vollständig neue Typen der Landbevölkerung verdrängt [...] Diese Typen sind die Dorfbourgeoisie [...] und das Landproletariat, die Klasse der Warenproduzenten in der Landwirtschaft und die Klasse der landwirtschaftlichen Lohnarbeiter.«[2]

In gewisser Weise bestätigte Lenin mit dieser Argumentation die Überzeugung von Marx, wonach dem Kapitalismus, der sich in England im Agrarsektor herausgebildet hatte, »klassischerweise« die Auflösung vorkapitalistischer Produktionsweisen vorausgeht[3] – aber diese These lässt sich nur schwerlich aufrechterhalten. Tatsächlich zeigen die von Lenin selbst herangezogenen Zahlen, dass die Ausbreitung des Kapitalismus in Russland zu einer Aufteilung der Landbevölkerung führte, und zwar in drei verschiedene Kategorien von Bauern. Erstens waren da die reichen Bauern, von denen nur wenige als kapitalistisch wirtschaftend, im Sinne einer realen Subsumtion der Lohnarbeit, beschrieben werden können. Ihr Anteil an der Landbevölkerung betrug rund 28 Prozent und sie bewirtschafteten 43 Prozent des vorhandenen Ackerlands. Die zweite Gruppe setzte sich aus den armen Bauern zusammen, von denen sich ein Teil meist zu saisonaler Lohnarbeit gezwungen sah. Ihr Anteil lag bei 40 Prozent und sie bearbeiteten 25 Prozent der Anbaufläche. Und drittens gab es den mittleren Bauernstand, der 32 Prozent der Landbevölkerung ausmachte und 32 Prozent des Ackerlandes bewirtschaftete.[4]

Diese Angaben widersprechen Lenins These von der Spaltung der Bauernschaft in eine Klasse kapitalistischer Bauern und eine Klasse ländli-

gend dargelegt, wie Kleineigentümer und -produzenten formal weiterhin bestehen konnten trotz der gleichzeitigen Ausbreitung des Aufkaufsystems, spezialisierter Märkte und des Fernhandels sowie der Akkumulation von Vermögen (Mehrwert) in den Händen der kapitalistischen Kaufleute (Aufkäufer).

2 Lenin: Entwicklung des Kapitalismus, S. 169.

3 Nach Marx nimmt die »Expropriation des ländlichen Produzenten, des Bauern, von Grund und Boden [...] in verschiedenen Ländern verschiedene Färbung an und durchläuft die verschiedenen Phasen in verschiedener Reihenfolge und in verschiedenen Geschichtsepochen. *Nur in England*, das wir daher als Beispiel nehmen, *besitzt sie klassische Form.*« (Marx: Das Kapital I, MEW, Bd. 23, S. 744, Hervorh. J.M.)

4 Lenin: Entwicklung des Kapitalismus, S. 111ff.

cher Lohnarbeiter. In den meisten kapitalistischen Ländern ging mit der Entwicklung des Industriekapitalismus tatsächlich eine Verdrängung des Verlags-Aufkauf-Systems einher, was aber nicht gleichbedeutend mit einer Durchkapitalisierung des Agrarsektors war. Stattdessen kam es zur Herausbildung einer von kleinen und mittleren (marktorientierten) Betrieben geprägten Landwirtschaft, wobei große kapitalistische Agrarunternehmen eine Ausnahme blieben. In einigen seiner Schriften leugnete Lenin diese historische Tendenz nicht, sondern hob für Russland hervor, dass sich

> »die Verteilung des Anteillands auf die Wirtschaften [...] durch eine relativ sehr bedeutende ›Gleichmäßigkeit‹ auszeichnete«.[5]

Als Lenin diesen Satz schrieb, erschien in Deutschland gerade Karl Kautskys Buch »Die Agrarfrage« (1899). In diesem Buch stellt Kautsky die These auf, in kapitalistischen Gesellschaften sei die Agrarwirtschaft trotz der eindeutigen Produktivitätsvorteile großer Unternehmen in der Regel durch den Erhalt kleiner und mittlerer Betriebe gekennzeichnet. Was solche kleineren nicht-kapitalistischen, aber marktorientierten Betriebe überlebensfähig mache, sei ihre Fähigkeit, die Preise ihrer Produkte zu senken, indem sie die absolute Rente und Gewinne niedrighalten. Dies stehe Konzentrationsprozessen wie in der Industrie und der Dominanz des »großen Agrarkapitals« auf dem Land im Wege.

Lenin reagierte auf die Veröffentlichung von Kautskys Buch, indem er seine Entgegensetzung von »kapitalistische Bauern und Lohnarbeitern« aufgab und sich sofort der Argumentation von Kautsky anschloss, den er folgendermaßen zitierte: »Die Bewegung der Landwirtschaft ist, wie man sieht, eine ganz eigenartige, von der des industriellen und kommerziellen Kapitals ganz verschiedene.«[6] Lenin feierte Kautskys Analyse als einen entscheidenden Durchbruch der marxistischen Theorie:

> »Kautskys Buch ist – nach Band III des ›Kapitals‹ – die hervorragendste Erscheinung der neuesten ökonomischen Literatur. Dem Marxismus fehlte bisher ein Werk, das den Kapitalismus in der Landwirtschaft systematisch untersucht. Jetzt hat Kautsky diese Lücke durch den ersten Abschnitt seines umfangreichen (450 Seiten starken) Buches ausgefüllt. [...] Kautsky [...] geht ausführlich auf die Klarstellung des Umstands ein, dass die Stabilität des Kleinbetriebs in der Landwirtschaft durchaus nicht durch seine technische Rationalität, sondern dadurch bedingt ist, dass sich die Kleinbauern mehr schinden als die

5 Ebd., S. 628.

6 Wladimir I. Lenin: Der Kapitalismus in der Landwirtschaft, in: ders.: Werke, Berlin, 1956, Bd. 4, S. 95–150, S. 136.

> Lohnarbeiter und dass sie ihr Bedürfnisniveau noch unter das Bedürfnisniveau und den Lebensstandrad der Letzteren senken. [...] In der Landwirtschaft nun wird die Verdrängung des Kleinbetriebs vor allem
> 9 durch die Beschränktheit der Bodenfläche behindert; der Aufkauf kleiner Parzellen zwecks Bildung einer großen Bodenfläche ist durchaus keine leichte Sache; bei Intensivierung der Landwirtschaft ist Verkleinerung der Betriebsfläche zuweilen mit Vergrößerung gewonnenen Produktenmenge vereinbar.«[7]

Werner Sombart war der erste im deutschsprachigen Raum, der die Agrarfrage aufgeworfen hatte. In seinem 1896 erschienenen Buch »Sozialismus und soziale Bewegung im 19. Jahrhundert« kam er zu dem Schluss, dass

> »die Deduktionen von Marx auf das Agrargebiet nicht ohne Weiteres übertragbar [sind]. [...] seine Theorie der Entwicklung, welche [...] auf einer Proletarisierung der Massen beruht [...], ist klar nur für die Industrieentwicklung. Sie ist es für die agrarische Entwickelung nicht und mir scheint, dass nur die wissenschaftliche Forschung die Lücke auszufüllen vermögen wird, die jedenfalls besteht.«[8]

Sombart sah darin ein erhebliches Problem für die Strategie der Sozialdemokraten:

> »Wenn die Sozialdemokratie ihre historische Mission aufrechterhalten, [...] will, so wird sie sich hüten müssen, sich auf die Dauer mit notorisch niedergehenden Klassen zu arrangieren [...] Es wird sich also in dieser Hinsicht das Programm und das Ziel der sozialen Bewegung trotz der sich einschleichenden kleinbürgerlichen Elemente nicht verändern können, [...] weil wir mit jetzt wohl erdrückender Gewissheit feststellen können, dass das Handwerk eine im großen Ganzen inferiore Wirtschaftsform vertritt. [...] Und wenn man tatsächlich dann zu der Einsicht gelangt, dass in der agrarischen Entwicklung keine Tendenz zum Großbetrieb besteht, aber in der Sphäre der agrarischen Produktion der Großbetrieb auch gar nicht durchgängig die höchste Betriebsform sei, so wird man sich vor die entscheidende Frage gestellt sehen: Sollen wir [...] unser Programm dahin abändern, dass wir von dem gemeinwirtschaftlichen Ziele Abstand nehmen, oder aber sollen wir proletarisch bleiben, dieses gemeinwirtschaftliche Ideal und Ziel im Auge behalten und dann jene Elemente von unserer Bewegung ausschließen?«[9]

7 Lenin: Rezension: Karl Kautsky: S. 84; Lenin: Kapitalismus in der Landwirtschaft, S. 96.
8 Werner Sombart: Sozialismus und Soziale Bewegung [1896], Jena 1908, S. 69.
9 Ebd., S. 68f.

Kautsky griff die von Sombart gestellten Fragen und dessen Gedankengänge auf und bezog sie auf die Praxis. Er orientierte sich an Marx' Theorie, berücksichtigte jedoch zugleich die empirische Tatsache, dass in Deutschland – wie damals in den meisten anderen europäischen kapitalistischen Ländern – der Charakter des Agrarsektors weiterhin von kleinen Familienunternehmen bestimmt wurde. Trotz deren zunehmender Marktorientierung gab es keine erkennbaren Anzeichen für die Übernahme der Landwirtschaft durch Großunternehmen.

> »Dies zeigt, dass jenes rasche Verschwinden des ländlichen Kleinbetriebs vor dem Großbetrieb, das man nach dem Muster Englands auch auf dem Kontinent erwartete oder befürchtete, [...] seit den fünfziger Jahren nicht eingetreten ist. Ja, es ist sogar stellenweise eher die Tendenz nach einer Vermehrung der ihrer territorialen Ausdehnung nach kleinen Betriebe vorhanden.«[10]

Kautsky stimmte mit Marx in der Analyse überein, dass kapitalistisch betriebener Ackerbau im großen Maßstab gegenüber der kleinteiligen Bewirtschaftung von Anbauflächen klare Wettbewerbsvorteile hat. Denn es ist möglich, modernste Produktionsmittel und Maschinen konzentriert einzusetzen und die Vorteile auszunutzen, die sich aus der Kooperation einer großen Anzahl von Arbeitern und einer weitreichenden und wohlüberlegten Arbeitsteilung ergeben.

> »Zu allen diesen Vorteilen des Großbetriebs auf dem Gebiet der *Produktion* gesellen sich nun noch mannigfaltige Vorteile auf dem Gebiet des *Kredits* und des *Handels.*«[11]

Dennoch erwies sich die Überlegenheit von Großbetrieben in der Landwirtschaft als weniger eindeutig als in der Industrie, da bestimmte, für den Agrarsektor typische Tendenzen dem entgegenwirkten:

> »Was hat der Kleinbetrieb diesen Vorteilen des Großbetriebs entgegenzusetzen? Den größeren Fleiß und die größere Sorgsamkeit des Arbeiters, der für sich selbst schafft im Gegensatz zu dem Lohnarbeiter, und die Bedürfnislosigkeit des kleinen selbstständigen Landwirts, die selbst noch die des Landarbeiters übersteigt.«[12]

Marx selbst hatte darauf hingewiesen, dass sich der selbstständig tätige Kleinbauer gewöhnlich mit einem Einkommen zufriedengab, das nicht

10 Kautsky: Die Agrarfrage, S. 132.

11 Ebd., S. 100, Hervorh. J.M.

12 Ebd., S. 106.

höher war als das eines Lohnarbeiters. Er konnte die Preise seiner Agrarerzeugnisse niedrighalten, auch wenn diese weder Profit noch eine Rente abwarfen, anders als in der kapitalistischen Landwirtschaft.

> »Damit der Parzellenbauer sein Land bebaue oder Land zum Bebauen kaufe, ist es also nicht, wie in der normalen kapitalistischen Produktionsweise, nötig, dass der Marktpreis des Bodenprodukts hoch genug steige, um ihm den Durchschnittsprofit abzuwerfen, und noch weniger einen in der Form der Rente fixierten Überschuss über diesen Durchschnittsprofit. [...] Dieser niedrigere Preis ist also ein Resultat der Armut der Produzenten und keineswegs der Produktivität ihrer Arbeit.«[13]
>
> »Die Moral von der Geschichte, die man auch durch sonstige Betrachtung der Agrikultur gewinnen kann, ist die, dass das kapitalistische System einer rationellen Agrikultur widerstrebt oder *die rationelle Agrikultur unverträglich ist mit dem kapitalistischen System* (obgleich dies ihre technische Entwicklung befördert) *und entweder der Hand des selbst arbeitenden Kleinbauern oder der Kontrolle der assoziierten Produzenten bedarf.*«[14]

Die durch die »Sparsamkeit« der sich selbst versorgenden Bauern gedrückten Agrarpreise wirken sich positiv auf die allgemeine Reproduktionsfähigkeit von kapitalistischen Gesellschaften aus, da sie eigentlich die Reallöhne niedrighalten, das heißt die Reproduktionskosten der Arbeitskraft.

Kautsky nannte noch weitere Gründe, die für die Beibehaltung bzw. die Vorherrschaft von kleinbäuerlichen Betrieben in der Landwirtschaft sprechen. Während die Industrie jederzeit in der Lage ist, ihre Produktionsmittel aufzustocken, wenn veränderte Bedingungen das rentabel machen, trifft das Gegenteil auf die Landwirtschaft zu: Ausreichend fruchtbare Anbauflächen sind trotz einiger Möglichkeiten, die Qualität der Böden zu verbessern (etwa mithilfe des Einsatzes von Düngemitteln), eine eher fixe Größe. Die Akkumulation von Kapital in der Industrie setzt keinen Zusammenschluss von Unternehmen voraus. Um Zugang zu günstigen Bankkrediten zu erhalten und damit die Summe des verfügbaren Geldkapitals für größere Investitionen zu erhöhen, reicht es im Industriesektor meist aus, dass eine einzelne Firma eine profitable wirtschaftliche Entwicklung nachweisen kann. Das Gleiche gilt nicht unbedingt für ein kapitalistisches Unternehmen im Agrarsektor, denn eine massive Produktionssteigerung setzt die Kumulation von Ackerflächen voraus. Eine Zentralisierung von Kapital durch die Vereinigung ehemals

13 Marx: Das Kapital III, MEW, Bd. 25, S. 814f.

14 Ebd., S. 131, Hervorh. J.M.

getrennter Einzelkapitale, wie sie in der Industrie gang und gäbe ist, lässt sich im Agrarwesen aber nicht so einfach verwirklichen, da es nur dann sinnvoll ist, Anbauflächen zusammenzufassen und zu bewirtschaften, wenn sie räumlich miteinander verbunden sind.

> »Um an einem Orte eine Schuhfabrik zu gründen, ist es nicht notwendig, die dortigen Schustermeister zu expropriieren. [...] Dagegen kann dort, wo aller Grund und Boden in Privateigentum übergegangen ist und lauter kleiner Grundbesitz herrscht, das wichtigste Produktionsmittel des Landwirts, der Grund und Boden, für einen Großbetrieb nur gewonnen werden durch Zentralisation mehrerer kleiner Besitztümer. Der Untergang mehrerer Kleinbetriebe ist da die unbedingte Voraussetzung des Aufkommens eines Großbetriebs.«[15]

Hinzu kommt für ganz Kontinentaleuropa: Die Herausbildung des Kapitalismus schuf nicht die notwendigen Bedingungen für die vollständige Trennung der Kleinbauern von ihren Produktionsmitteln. Kautsky schrieb dazu:

> »Die Position des Lohnarbeiters nimmt unter diesen Umständen auf dem Lande einen ganz anderen Charakter an als in der Stadt. Der völlig besitzlose Lohnarbeiter, der im eigenen Haushalt lebt, ist da eine Ausnahmeerscheinung. Die Lohnarbeiter eines landwirtschaftlichen Großbetriebs sind teils Mitglieder seines Haushalts – Knechte und Mägde; soweit sie einen eigenen Haushalt führen, sind sie in der Regel auch selbstständige Landwirte, auf eigenem oder gepachtetem Grund und Boden, die nur einen Teil ihrer Arbeitszeit der Lohnarbeit, einen anderen Teil der Arbeit dem eigenen Betrieb widmen.«[16]

Da Haushalte auf dem Land fast immer dazu tendieren, auf den eigenen Produktionsmitteln zu beharren und selbst Ackerbau zu betreiben, gelang es in keinem Land, diese völlig durch Großbetriebe zu verdrängen.

> »Selbst in Großbritannien waren 1895 von 520 106 nicht weniger als 117 968 Farmen unter 5 Acres, 149 818 umfassten 5–20 und 185 663 20–50 Acres. Also die große Mehrzahl Kleinbetriebe.«[17]

Mit der »Agrarfrage«, wie sie Kautsky in seiner theoretischen Intervention aufgeworfen hat, werden alle Ansätze angefochten, die die Entstehung des Kapitalismus als einen Prozess darstellen, der vornehmlich,

15 Kautsky: Die Agrarfrage, S. 143f.

16 Ebd., S. 157.

17 Ebd., S. 160.

wenn nicht gar ausschließlich im Agrarsektor stattgefunden hat; oder in anderen Worten: als ein Transformationsprozess von feudalen hin zu kapitalistischen Produktionsverhältnissen *auf dem Land*.

Wie wir bereits in Kapitel 2 gesehen haben: Solche Ansätze lassen sich auch nicht mit Rückgriff auf Marx begründen (darauf gehe ich noch ausführlicher im nächsten Kapitel ein), denn Marx hat sehr eindeutig festgestellt: »Die Kapitalbildung geht [...] nicht aus vom Grundeigentum [...], sondern vom Kaufmanns- und Wuchervermögen.«[18] Kautskys Analyse der »Agrarfrage« folgte hier exakt Marx' Argumentation:

> »Die kapitalistische Produktionsweise entwickelt sich in der Regel (außer in manchen Kolonien) zuerst in den *Städten*, zuerst in der *Industrie*. Die Landwirtschaft bleibt meist lange von ihr unberührt. Aber bereits die industrielle Entwicklung wirkt dahin, der landwirtschaftlichen Produktion einen anderen Charakter zu geben.«[19]
>
> »Der kapitalistische Betrieb der Landwirtschaft fing da erst zu einer Zeit an, von Bedeutung zu werden, als das städtische Kapital und damit das Kreditwesen sehr entwickelt war.«[20]

Mir erscheint zum Ende dieses Kapitels eine abschließende Anmerkung zur Rolle von kleineren und mittleren landwirtschaftlichen Betrieben in kapitalistischen Gesellschaften sinnvoll. In jedem Land ist historisch betrachtet die Fähigkeit der Bourgeoisie, ihre Macht auf die antagonistischen (vorkapitalistischen) Produktionsweisen auszudehnen und deren Niedergang herbeizuführen, die wichtigste Voraussetzung für eine kapitalistische Entwicklung.[21] Dieser Prozess nimmt zwangsläufig die Form einer *Agrarreform* an, weil die vorkapitalistische Produktionsweise auf dem Eigentum von Grund und Boden beruht.[22] Solche Agrarreformen sind Bestandteil der vorherrschenden bürgerlichen Strategie, wenn der Kapitalismus in anderen Sektoren der Wirtschaft schon fortgeschritten ist und einen entsprechenden kapitalistischen Staatsapparat beherrscht. In den meisten Fällen, darauf hat bereits Kautsky hingewiesen, führen Agrarreformen jedoch nicht zur Durchsetzung von kapitalistischen Produktionsverhältnissen in der Landwirtschaft; sie begünstigten vor allem *Formen der einfachen Warenproduktion*, basierend auf dem Grundeigentum der Produzenten. Mit diesen Produktionsformen entsteht kein Wirtschaftssystem, das in einem antagonistischen Verhältnis zum (indus-

18 Marx: Grundrisse, MEW, Bd. 42, S. 412.
19 Kautsky: Die Agrarfrage, S. 7, Hervorh. J.M.
20 Ebd., S. 86.
21 Milios/Economakis: Mittelklassen.
22 Dieter Senghaas (Hrsg.): Von Europa lernen. Entwicklungsgeschichtliche Betrachtungen, Frankfurt a.M. 1982.

triellen) Kapitalismus stünde. Das Gegenteil ist der Fall: Es ergänzt den Letzteren und ist ein ausgezeichnetes Beispiel dafür, was es braucht, um seine weitere Ausbreitung zu beschleunigen.

Die Unterwerfung der einfachen bäuerlichen Warenproduktion unter das Industriekapital (die Weiterverarbeitung von Lebensmitteln und Rohstoffen, die kommerzielle Saatgutentwicklung usw.), unter die staatliche Wirtschaftspolitik (durch Subventionen und »Festlegung« der Agrarpreise) und unter das Kreditsystem (der Erwerb von Produktionsmitteln mithilfe von Bankkrediten), all das garantiert niedrige Preise für landwirtschaftliche Erzeugnisse und damit eine Senkung der für die Reproduktion der Arbeitskraft benötigten Kosten.

In der Form der einfachen Warenproduktion finden die kapitalistischen Verhältnisse eine »positive Artikulation«,[23] die es den kleineren und mittleren landwirtschaftlichen Produzenten erlaubt, sich ohne große Anstrengungen in das kapitalistische System einzufügen. Dasselbe gilt für die einfache Warenproduktion außerhalb der Landwirtschaft, den Kleinhandel und das verarbeitende Gewerbe. Wie umfangreich die einfache Warenproduktion in einem kapitalistischen Land ist und wie stark die Bemühungen sind, sie zu erhalten oder auch zu liquidieren, hängt von verschiedenen Faktoren ab. Eine sehr wichtige Rolle spielt dabei, wie hoch die Profitabilität und die Arbeitsproduktivität in den zentralen ökonomischen Sektoren einer kapitalistischen Gesellschaft ausfallen.

23 Milios/Economakis: Mittelklassen.

5 —— Zeitgenössische marxistische Erklärungsansätze des Übergangs vom Feudalismus zum Kapitalismus

Seit dem Zweiten Weltkrieg erschien eine Vielzahl an Veröffentlichungen von Marxisten zum Thema »Übergang zum Kapitalismus« bzw. zu seinen Ursprüngen. Die diversen Ansätze reflektieren die Vielfalt an existierenden Kapitalismuskonzepten und in manchen Fällen auch Überlegungen zu seinem zukünftigen Untergang. Häufig handelt es sich hierbei nicht nur um theoretische Interpretationen des Siegeszugs des Kapitalismus, sondern ebenso um empirische historische Untersuchungen bestimmter Epochen in ausgewählten Ländern und Regionen, etwa des späten Mittelalters oder der frühen Moderne. Sie tragen damit auf mannigfaltige Weise zu unserem Wissen über diese spezifischen Perioden bei. Ich werde dennoch nicht ausführlicher auf all diese Ansätze eingehen, weil die Zielsetzung dieses Buches vor allem darin besteht, die Elemente zu bestimmen, mit denen der Kapitalismus seinen Anfang genommen hat, oder um es mit den bereits in Kapitel 2 zitierten Worten von Marx zu sagen: um das »Gegenüber- und In-Kontakt-Treten« einerseits von Besitzern von Geld und andrerseits von freien Arbeitern zu untersuchen.[1] Die folgende kritische Darstellung wird dementsprechend eklektisch ausfallen und sich auf die marxistischen »Denkschulen« konzentrieren, die aus dem hervorgegangen sind, was man als (neo-)marxistische Theoriezirkel der Nachkriegszeit bezeichnen könnte.

Wie bereits in Kapitel 2 (v.a. in Abschnitt 2.3.2.) ausgeführt, liegt mein analytischer Fokus in erster Linie auf dem Prozess der *Herausbildung* kapitalistischer Verhältnisse *in nicht-kapitalistischen Gesellschaften*. Das heißt, ich werde im Folgenden Ansätze ignorieren, die sich hauptsächlich mit der Transformation von Arbeitsbeziehungen und Eigentumsverhältnissen in Gesellschaften befassen, in denen kapitalistische Klasseninteressen und -strategien bereits gefestigt oder zumindest ausgeprägt vorhanden waren und wo kapitalistische Beziehungen und Ausbeutungsformen bereits in nicht-kapitalistischen gesellschaftlichen Sektoren (oder was davon noch übrig war) massiv Einzug gehalten hatten. Solche

1 Marx: Das Kapital I, MEW, Bd. 23, S. 742.

Ansätze wie etwa die von Michael Perelman[2] oder Massimo De Angelis[3] befinden sich, obwohl sie in vielerlei Hinsicht interessant und fruchtbar sind, also außerhalb des Analyserahmens dieses Buchs, das primär den *Ursprüngen des Kapitalismus* nachgeht.

Begreift man die Entstehung des Kapitalismus als die Herausbildung einer sozialen Beziehung, dann lassen sich vier marxistische theoretische Ansätze identifizieren, die für meine Fragestellung von Relevanz sind:[4] erstens die Theorie vom »agrarischen Ursprung des Kapitalismus«, die Staatsfeudalismus-These, Ansätze, die die Bedeutung der »Produktivkraftentwicklung« betonen, und die »Weltsystem-Schule«. Mithilfe der in den vorangegangenen Kapiteln vorgestellten theoretischen Überlegungen und entwickelten Argumente werde ich die Grundannahmen all dieser Ansätze infrage stellen und widerlegen.

5.1 Zum »agragrischen Ursprung des Kapitalismus«

Das Buch von Maurice Dobb »Studies in the Development of Capitalism«, das zum ersten Mal 1946 erschien,[5] war der Ausgangspunkt einer intensiven theoretischen Debatte unter marxistischen Wissenschaftlern. Dobb stellte darin die These auf, der Feudalismus habe sich schon seit dem 14. Jahrhundert in einer fatalen Krise und einem Prozess der Auflösung befunden. Dies führte er auf den erfolgreichen Klassenkampf der Leibeigenen zurück, denen es gelungen sei, ihre gesellschaftliche Position zu stärken und sich am Ende von der Seigniorage-Herrschaft der Feudalherren zu befreien. Dennoch lassen sich Dobb zufolge die Anfänge des Kapitalismus erst auf einen Zeitpunkt zwei Jahrhunderte später datieren: Ende des 16. Jahrhunderts und im 17. Jahrhundert.

Dobbs Verständnis von Klassenkampf basiert auf einer eher vereinfachenden »Dialektik ein und desselben Widerspruchs«: Demnach schlägt die Klassenherrschaft durch die Akkumulation von »Quantität« in etwas »Gegenteiliges« um (das heißt, sie führt zu einer gesellschaftlichen Konstellation, in der *eine* Klasse über die andere herrscht), was am Ende eine »neue Qualität« hervorbringe (z.B. eine neue Klassenkonfiguration und -herrschaft).[6]

2 Bezeichnenderweise sieht Michael Perelman in der ursprünglichen Akkumulation »ein wichtiges theoretisches Konzept für die Analyse des laufenden Prozesses der kapitalistischen Akkumulation« (Michael Perelman: The Invention of Capitalism: Classical Political Economy and the Secret History of Primitive Accumulation, Durham 2000, S. 4).

3 »Im Gegensatz zum traditionellen Marxismus bin ich der Ansicht, dass das, was Marx ursprüngliche Akkumulation oder kürzer: Einhegungen (*enclosures*) nennt, ein durchgängiges Merkmal kapitalistischer Produktion ist« (Massimo De Angelis: The Beginning of History: Value Struggles and Global Capital, London 2007, S. 14). Vgl. auch Werner Bonefeld: The Permanence of Primitive Accumulation, in: The Commoner, September 2001, unter: www.commoner.org.uk.

4 Wobei zu beachten ist, dass manche Ansätze von den ursprünglichen Theorien abweichen können.

5 Die deutsche Ausgabe erschien 1970 unter dem Titel »Die Entwicklung des Kapitalismus. Vom Spätfeudalismus bis zur Gegenwart« (Anm. d. Übers.).

6 Diesem vereinfachenden, eindimensionalen Ansatz setzt Althusser das Konzept des Problems der »Überdeterminierung« des Hauptwiderspruchs durch eine Vielzahl von sekundären Widersprüchen in einer Gesellschaft gegenüber (vgl. Althusser: Für Marx, S. 105–160; siehe auch Kapitel 2).

> »Der Verlauf dieser Trennungslinie hängt in jedem einzelnen Fall davon ab, ob das quantitative Wachstum auf einer bestimmten Stufe dazu ausreicht, eine qualitative Veränderung auszulösen.«[7]

Da der wesentliche Gegensatz im Feudalismus zwischen den Feudalherren und den Leibeigenen verlief und sich *vorwiegend auf dem Land* zeigte (in den ländlichen Gegenden jedweder Gesellschaftsformation), musste der »qualitative« Übergang von feudalistischen Sozial- und Arbeitsbeziehungen zum kapitalistischen Lohnarbeitsverhältnis demnach ebenfalls auf dem Land stattgefunden haben. Von daher, so Dobb, bedeutet ursprüngliche Akkumulation nichts anderes, als dass bei *den existierenden landwirtschaftlichen Produktionsvermögen* ein Wechsel der Eigentumsform stattgefunden hat: von der feudalen hin zur kapitalistischen Eigentumsform. Anders ausgedrückt: Es entstanden Ansprüche auf das Feudalvermögen. Die Form des feudalen Grundeigentums wurde folglich überführt in ein neues System mit vollständigen Eigentumsrechten, was der (aufkommenden) kapitalistischen Eigentumsform entsprach. Daraufhin begannen die Grundbesitzer, ihr Land an die Produzenten und Bauern zu verpachten, die nach und nach Grundstücke ansammelten und zu Kapitalisten wurden, die Lohnarbeiter anheuerten.

> »Wenn wir daher dem Begriff der ursprünglichen Akkumulation (im Sinne von Marx), die der vollen Entfaltung der kapitalistischen Produktion *zeitlich vorangeschritten* ist, einen vernünftigen Sinn geben wollen, so muss dies in erster Linie als Akkumulation von *Kapitalrechten* verstanden werden, d.h. als Rechte an bestehenden Vermögenswerten, die zunächst zu spekulativen Zwecken angesammelt wurden, und in zweiter Linie als Akkumulation in den Händen einer Klasse, die auf Grund ihrer besonderen Stellung in der Gesellschaft diese angesammelten Besitztümer schließlich in echte Produktionsmittel umzuwandeln in der Lage war. Anders ausgedrückt: Wenn man im historischen Sinne von Akkumulation spricht, so versteht man hierunter das *Eigentum* an Vermögenswerten und die *Umwandlung* dieses Eigentums, nicht aber die Zahl der vorhandenen sächlichen Produktionsinstrumente.«[8]

Die »Dialektik« des eindimensionalen quantitativen Wachstums, die schließlich zu einer qualitativen Veränderung geführt habe, wird auch herangezogen, um die Durchsetzung des kapitalistischen Produktionsverhältnisses zwei Jahrhunderte nach Abschaffung der Leibeigenschaft

7 Dobb: Entwicklung des Kapitalismus, S. 134.

8 Ebd., S. 182; einige Hervorh. J.M.

zu erklären. Dieser »Umschlag von Quantität in Qualität« komme unter anderem darin zum Ausdruck, dass das

> »Vermögen des kleinen Bauern oder Handwerkers so [wächst], dass er sich stärker auf die Lohnarbeit als auf seine eigene Arbeitskraft und die seiner Familie stützt und bei seinen Kalkulationen die Gewinne seines Unternehmens mehr mit seinem Kapital als mit seinen eigenen Anstrengungen verbindet.«[9]
>
> »Aus dieser kleinteiligen Produktionsweise [...] ist schließlich der Kapitalismus erwachsen.«[10]

In Abgrenzung zu Lenins und Kautskys Analyse, wonach sich »die kapitalistische Produktionsweise [...] in der Regel [außer in manchen Kolonien] zuerst in den Städten, zuerst in der Industrie, entwickelt« hat und die »Landwirtschaft [...] meist lange von ihr unberührt« blieb,[11] begründete Dobb eine marxistische Tradition, die die Geburt des Kapitalismus auf dem Land verortet. Demnach lösten sich dort zuerst die feudalistischen Herrschaftsverhältnisse auf. Erst viele Jahrhunderte später dann hätten sich auf dem Land kapitalistische Verhältnisse herausgebildet, die das Ergebnis einer zunehmenden Polarisierung der Gruppe der kleinen Produzenten gewesen seien: zwischen einerseits zu Wohlstand gekommenen Bauern, von denen am Ende einige zu Kapitalisten wurden, und andererseits niedergehenden Familienbetrieben, aus denen die besitzlosen Proletarier hervorgingen. So sieht nach Dobb der »revolutionierende Weg« hin zum industriellen Kapitalismus aus.

Ganz offensichtlich ist in diesem Ansatz Marx' These von der besonderen Bedeutung des »Gegenüber- und In-Kontakt-Tretens« des Geldbesitzers und des eigentumslosen Proletariers nicht im Entferntesten berücksichtigt. 1950 erschien in der Zeitschrift *Science and Society* eine Kritik von Paul Sweezy an Dobbs Buch, gefolgt von einer Replik von Dobb in derselben Zeitschrift und weiteren Diskussionsbeiträgen.

Sweezy vertrat die Auffassung, dass die Entwicklung des (Fern-)Handels und der Geldwirtschaft in den Städten beim Niedergang des Feudalismus eine maßgebliche Rolle gespielt habe. Das System der »Produktion für den Markt«, in dem «der Reichtum bald ein Ziel an sich» werde,[12] stellt er dem Feudalismus als einem System der »Produktion für den Bedarf« gegenüber.[13]

9 Ebd., S. 134.

10 Dobb, Maurice: A Reply, in: Rodney Hilton (Hrsg.): The Transition from Feudalism to Capitalism, Delhi 2006, S. 57–67, hier S. 59.

11 Kautsky: Die Agrarfrage, S. 7; siehe auch Kapitel 3 und 4.

12 Paul Sweezy: Eine Kritik, in: ders. u.a.: Der Übergang vom Feudalismus zum Kapitalismus, Frankfurt a.M. 1984, S. 41–73, hier S. 53.

13 Ebd., S. 43f. – Man vergleiche dies mit der folgenden Formulierung von Marx, wonach »in den Produktionsweisen der Sklaverei, Leibeigenschaft etc. [...] es sich hauptsächlich und vorwiegend um den Gebrauchswert handelt, wie in der auf den Tauschwert direkt und auf den Gebrauchs-

Dobbs Analyse des Übergangs vom Feudalismus zum Kapitalismus hält er vor:

> »Mir scheint es, dass es Dobb nicht gelungen ist, den Teil der allgemein anerkannten Theorie abzuschütteln, wonach die tiefere Ursache für den Niedergang des Feudalismus im Aufkommen des Handels lag.«[14]

Sweezys Kritik bildete den Auftakt für weitere Wortmeldungen von namhaften marxistischen Intellektuellen. Christopher Hill, Rodney Hilton, Georges Lefebvre, Kohachiro Takahashi, Giuliano Procacci, John Merrington und Eric Hobsbawm[15] verteidigten im Großen und Ganzen Dobbs Ansatz und Analyse. Sweezy schien sich mit der Betonung der maßgeblichen Bedeutung des Handels, der Städte und der Märkte auf einen Prozess der gesellschaftlichen Veränderung berufen zu haben, der außerhalb des Hauptwiderspruchs des feudalistischen Systems (Verhältnis Feudalherr und Leibeigener) lag. Deswegen ging man so weit, ihm eine marxistische Sichtweise abzusprechen:

> »Was [Sweezy] selbst behauptet, der Feudalismus habe keine ›Haupttriebkraft‹, das heißt folglich: keine Dialektik ist de facto unmarxistisch.«[16]

Die von Dobb ausgelöste Debatte stärkte im Folgenden die von ihm vorgetragene Auffassung, der Kapitalismus sei als ein »neuartiges« *System der Agrarökonomie* entstanden. Alle marxistischen Untersuchungen, die zuvor herausgestellt hatten, dass sich der Kapitalismus zuerst in den Wirtschaftsbereichen außerhalb des Agrarsektors ausgebreitet hat und dass in den meisten kapitalistischen Ländern die Landwirtschaft nicht von kapitalistischen Großunternehmen, sondern von kleinen und mittleren Betrieben dominiert wird, schob man damit beiseite. Und mehr noch: In der von Dobb begründeten marxistischen Geschichtsinterpretation gilt der Handel als ein konstitutives Element des Feudalismus:

> »Seitdem bestand in der historischen Forschung die Tendenz, die Städte als Bestandteil der feudalen Produktionsweise anzusehen, mit dem Argument, Städte seien in Europa mit dem Feudalismus vereinbar, ja seien feudalen Ursprungs; darüber hinaus sah man

wert nur indirekt gerichteten Produktionsweise des Kapitals« (Marx: Grundrisse, MEW, Bd. 42, S. 661).

14 Sweezy: Eine Kritik, S. 51.

15 Vgl. Rodney Hilton (Hrsg.): The Transition from Feudalism to Capitalism, Delhi 2006.

16 Rodney Hilton: Ein Kommentar, in: Paul Sweezy u.a.: Der Übergang vom Feudalismus zum Kapitalismus, Frankfurt a.M. 1984, S. 147–159, hier S. 147.

> auch das Kaufmannskapital als integralen Bestandteil der feudalen Produktionsweise.«[17]

Der Veröffentlichung der Debattenbeiträge zu Dobbs Buch in einem eigenen Band[18] schloss sich kurz darauf eine weitere akademische Auseinandersetzung unter Marxisten über das Thema »Übergang zum Kapitalismus« an. Sie ist unter dem Stichwort »Brenner-Debatte« bekannt geworden,[19] da an ihrem Anfang eine Veröffentlichung von Robert Brenner (»Agrarian Class Structure and Economic Development in Pre-Industrial Europe«) stand.[20] In einem 1976 erschienenen Aufsatz schrieb Brenner, der »Übergang zum Kapitalismus« sei mit der tödlichen Krise des Feudalismus – ausgelöst durch das anhaltende Streben der Feudalherren nach immer größerem Surplus – unausweichlich geworden. Dies habe zu einer Situation geführt, in der nicht nur die Existenz der Kleinbauern bedroht gewesen sei. Vielmehr habe sich die Reproduktionsfähigkeit der gesamten Gesellschaft erschöpft.

> »Folglich gefährdete die Abpressung eines immer höheren Surplus (Rente) durch die Feudalherren nicht nur die Subsistenz der Kleinbauern (vielfach war ihr Existenzminimum nicht länger garantiert), sondern zehrte zugleich die Mittel auf, die für die Instandhaltung der Höfe benötigt wurden und um langfristig einen Produktivitätsrückgang zu verhindern. Es handelte sich also um einen völlig unproduktiven ›Gewinn‹, denn kaum etwas davon wurde wieder in die Produktion gesteckt. Das meiste wurde für Militärausgaben und demonstrativen Konsum verschwendet.«[21]

Brenner zufolge waren die (ehemals feudalen) Gutsherren die treibenden Kräfte bei diesem Übergang. Sie hatten die Chance gewittert, die (agrarische) Wirtschaft wieder auf einen Wachstumspfad zu bringen, indem sie die Eigentumsverhältnisse neu gestalteten und mit den wohlhabenderen Bauern (die allmählich zu ländlichen Kapitalisten wurden) zusammenar-

17 John Merrington: Stadt und Land im Übergang zum Kapitalismus, in: Paul Sweezy u.a.: Der Übergang vom Feudalismus zum Kapitalismus, Frankfurt a.M. 1984, S. 229–268, hier S. 235.

18 Die englische Ausgabe erschien 1976 unter dem Titel »The Transition from Feudalism to Capitalism« in London, die deutsche Ausgabe 1984 unter dem Titel »Der Übergang vom Feudalismus zum Kapitalismus« in Frankfurt am Main (Anm. d. Übers.).

19 Trevor Henry Aston/Charles H.E. Philin (Hrsg.): The Brenner Debate: Agrarian Class Struggle and Economic Development in Pre-Industrial Europe, Cambridge 1985.

20 Grundlage der Veröffentlichung war ein Vortrag von Brenner auf der Jahrestagung der American Historical Association im Dezember 1974. An der sogenannten Brenner-Debatte beteiligten sich neben Robert Brenner die folgenden Wissenschaftler: R. H. Hilton, M. M. Postan und John Hatcher, Patricia Croot und David Parker, Heide Wunder, Emmanuel Le Roy Ladurie, Guy Bois, J. P. Cooper und Arnost Klima.

21 Robert Brenner: Agrarian Structure and Economic Development in Pre-Industrial Europe, in: Past and Present, Heft 70, Februar 1976, S. 30–75, hier S. 48.

beiteten, und zwar auf der Grundlage vollständig durchgesetzter Eigentumsrechte am Boden einerseits und der klaren Ausrichtung der Produktion an den Erfordernissen des Marktes andererseits. Die ursprüngliche Akkumulation wurde am Ende, so Brenner, zu einem Prozess der »Befreiung« oder »Emanzipation« der Bauern vom Joch der Feudalherren, und zwar zum beidseitigen Nutzen:

> »Die besonders produktive Nutzung der Agrarüberschüsse, ermöglicht durch den speziellen Charakter der Klassenverhältnisse auf dem Land, erwies sich als äußerst wichtig für die Entwicklung der englischen Landwirtschaft. Das gilt vor allem für die Ablösung des traditionell antagonistischen Verhältnisses zwischen Grundeigentümer und Pächter, in dem der Letztere »ausgepresst« und jeglicher Initiative beraubt worden war, durch ein neuartiges Zusammenwirken von Grundeigentümern und Pächtern, die sich zusammen um notwendige Investitionen und Verbesserungen kümmerten.«[22]

Zwei Jahre später, das heißt 1978, veröffentlichte auch Brenner einen Beitrag, der sich kritisch mit Dobbs Buch auseinandersetzte. Er monierte, Dobb habe irrtümlicherweise den Grundeigentümer als Hindernis auf dem Weg hin zum Kapitalismus dargestellt und im Vergleich zur Protagonistenrolle der Feudalherren den Beitrag der Bauern zum Prozess der Transition überbewertet. Dobbs Analyse, so Brenner, geht von der Grundannahme aus,

> »die bäuerliche Produktionsweise habe sich, nachdem die Bauern erst einmal von den Zwängen der Leibeigenschaft befreit gewesen waren, mehr oder minder automatisch in Richtung Kapitalismus entwickelt«.[23]
>
> »Dobb neigt dazu, auf ältere Vorstellungen zurückzufallen, wonach es einen direkten Übergang [vom Feudalismus zum Kapitalismus] aufgrund des Aufstiegs der Bourgeoisie gegeben habe, außerhalb des Feudalismus.«[24]

22 Ebd., S. 65. – In einem seiner späteren Bücher, das zuerst 1993 im Verlag Princeton University Press erschien, formulierte Brenner seine zentrale These erneut, und zwar folgendermaßen: »Der Übergang vom Feudalismus zum Kapitalismus bedeutete auf dem Land im Wesentlichen eine Transformation der herrschenden Klasse: von einer Klasse, deren Angehörige letztendlich ökonomisch von bestimmten rechtlichen Privilegien abhingen sowie von der direkten Gewaltanwendung gegenüber einer Bauernschaft, die weiterhin im Besitz ihrer Produktionsmittel war, hin zu einer Klasse, deren wirtschaftlicher Erfolg – nachdem sie den direkten Zugang zu Zwangsmitteln verloren hatte – auf absoluten Grundeigentumsrechten und vertraglichen Beziehungen mit freien, aber marktabhängigen Bauern als Pächtern beruhte«. (Robert Brenner: Merchants and Revolution: Commercial Change, Political Conflict and London's Overseas Traders 1550–1653, London/New York 2003, S. 650)

23 Robert Brenner: Dobb on the Transition from Feudalism to Capitalism, Cambridge Journal of Economics 2/1978, S. 121–140, hier S. 134.

24 Ebd., S. 122.

> »Der Kapitalismus im England der frühen Neuzeit [...] ging aus [...] einem Pachtsystem hervor – einer Struktur, die sich im Zuge der Auflösung der Leibeigenschaft und der schrittweisen Schwächung des bäuerlichen Grundbesitzes herausgebildet hatte.«[25]

Trotz einer Reihe von Meinungsverschiedenheiten unter den Beteiligten war die Brenner-Debatte eine Auseinandersetzung zwischen Wissenschaftlern, die alle den Ansatz vom »agrarischen Ursprung des Kapitalismus« teilten. Auch später noch blieb Brenner, wie zu erwarten war, dieser Herangehensweise treu.[26] Die These, wonach sich der Kapitalismus zuerst in der Landwirtschaft durchgesetzt hat, bildete nicht nur die theoretische Grundlage der beiden gerade beschriebenen wissenschaftlichen Kontroversen, sondern bestimmte in der Zeit nach dem Zweiten Weltkrieg auch das Gros der Arbeiten von marxistischen Historikern und Theoretikern. Stellvertretend hierfür sei Ellen Meiksins Wood genannt, die Brenners Argumentation aufgriff und seine Logik auf die Spitze trieb. Nach Wood erblickte der Kapitalismus als Agrarsystem in England das Licht der Welt, alles Weitere sei Folge dieser Entstehungsgeschichte gewesen.

> »Der Kapitalismus mit seinem Drang zur Akkumulation und zur Profitmaximierung entstand nicht in der Stadt, sondern auf dem Land.«[27]
>
> »Die Transformation der gesellschaftlichen Eigentumsverhältnisse hatte ihre Wurzeln auf dem Land, und die Umgestaltung des Handels und der Industrie in England war eher das *Resultat als die Ursache des Übergangs zum Kapitalismus*. Wie wir gesehen haben, verschaffte der Feudalismus in Europa den Kaufleuten großen Wohlstand [...], sie profitierten nicht nur von der Unabhängigkeit der Städte, sondern auch von der Fragmentierung der Märkte und der Möglichkeit, Geschäfte zwischen verschiedenen Märkten zu tätigen.«[28]

In den folgenden Jahren haben verschiedene marxistische Gelehrte immer wieder auf beide Debatten zum Teil kritisch Bezug genommen.[29] Auffällig ist dabei, dass die theoretischen Beiträge von Kautsky und Lenin zur Agrarfrage (siehe Kapitel 4) in dieser Diskussion kaum eine Rolle gespielt haben. Ein Großteil der zeitgenössischen marxistischen Autoren,

25 Ebd., S. 138.

26 »Der Aufstieg der Städte und die Ausweitung des Austausches an sich können keine wirtschaftliche Entwicklung vorangetrieben haben, weil sie nicht den hierfür erforderlichen Wandel der gesellschaftlichen Eigentumsverhältnisse im Agrarsektor bewirken konnten.« (Robert Brenner: The Low Countries in the Transition to Capitalism, in: Journal of Agrarian Change 1–2/2001, S. 169–241, hier S. 169)

27 Ellen Meiksins Wood: The Origins of Capitalism: A Longer View, London 2002, S. 95.

28 Ebd., S. 129f., Hervorh. J.M.

29 Vgl. z.B. Robert J. Holton: The Transition from Feudalism to Capitalism, London 1985; Katz: Karl Marx; Henry Heller: The Birth of Capitalism: A Twenty-First-Century Perspective, London 2011.

die sich zur Frage des Übergangs vom Feudalismus zum Kapitalismus geäußert haben, ignorierte sie einfach.[30]

5.2 Die Schule des »Staatsfeudalismus«: Rache der Narodniki?

Wie bereits erwähnt, gab es nach Ansicht der Vertreter des Ansatzes der »agrarischen Herkunft des Kapitalismus« eine historische Interimsphase zwischen dem Niedergang des Feudalismus und dem Aufstieg des Kapitalismus. Diese These wirft die Frage nach dem Wesen der damaligen Produktionsverhältnisse und Klassenkonfigurationen in Großbritannien und anderen europäischen Gesellschaften auf. Dobb zufolge war das Wirtschaftssystem in dieser Zwischen- oder Übergangszeit durch eine einfache Waren- bzw. Kleinproduktion einzelner Arbeiter oder Familien geprägt, die über eigene Produktionsmittel verfügten und keine fremden Lohnarbeiter beschäftigten. Er behauptet,

> »dass die Auflösung der feudalen Produktionsweise bereits weit fortgeschritten war, bevor sich die kapitalistische Produktionsweise entwickelte, und dass dieser Niedergang sich nicht gleichzeitig mit dem Wachstum der neuen Produktionsweise im Schoße der alten vollzog. Die rund 200 Jahre, die Eduard III. und Elisabeth voneinander trennten, trugen einen Übergangscharakter. [...] In den Handwerkern der Städte und in dem Aufstieg der reichen und mittelreichen Freibauern erblickte man eine Produktionsweise, die ihre Unabhängigkeit gegenüber dem Feudalismus errungen hatte.«[31]

Brenner teilt mit Dobb die Einschätzung, wonach an die Stelle des zuvor dominanten Systems der feudalen Leibeigenschaft, das sich in Auflösung befand, eine spezifische Form der »Kleinproduktion« getreten sei.[32] Er stellte jedoch Dobbs Auffassung infrage, dass die damaligen bäuerlichen

30 Perry Anderson hat eine interessante Differenzierung in der Debatte um den »agrarischen Ursprung des Kapitalismus« vorgenommen. Er war voller Lob für die Dobb-Debatte: »Die legendäre Auseinandersetzung zwischen Sweezy und Dobb in der Zeitschrift *Science and Society* zwischen 1950 und 1953, mit Beiträgen von Takahashi, Hilton und Hill, ist bis heute die einzige systematische Beschäftigung von Marxisten mit dem zentralen Problem des Übergangs vom Feudalismus zum Kapitalismus.« Seine Analyse ist jedoch weitaus komplexer und in vielerlei Hinsicht eindrücklicher und innovativer als die Mehrzahl der hier vorgestellten Ansätze. Doch auch Anderson ist nicht der Frage nachgegangen, wie es zum »Gegenüber- und In-Kontakt-Treten« von Geldbesitzern und Proletariern (Marx) kam. Für ihn war die Frage des Übergangs zum Kapitalismus keine Frage der Herausbildung eines *ländlichen Kapitalismus*. Er spricht vielmehr von der »Ausbreitung von *Warenbeziehungen auf dem Land*«, die den allmählichen Übergang vom Feudalismus zum Kapitalismus im Westen geprägt hätten (Perry Anderson: Die Entstehung des absolutistischen Staates, Frankfurt a.M. 2015, S. 26, Hervorh. J.M.). Vgl. auch Perry Anderson: Von der Antike zum Feudalismus. Spuren der Übergangsgesellschaften, Frankfurt a.M. 1981.

31 Dobb: Entwicklung des Kapitalismus, S. 31.

32 »Im 15. Jahrhundert hatten die Bauernaufstände und die Landflucht dem Feudalismus den Todesstoß versetzt [...]. Das Rechtsystem, das den Feudalherren zugestand, die ihnen untertänigen Bauern nach Belieben zu verschachern, Frondienste von ihnen zu erpressen, ihre Mobilität zu beschränken sowie über Heiraten und Grundstücksübertragungen zu entscheiden, war im Großen und Ganzen zusammengebrochen.« (Brenner: Dobb on Transition, S. 132)

Kleinproduzenten, im Gegensatz zu den Grundeigentümern, die Fähigkeit besessen haben sollten, dem Kapitalismus zum Durchbruch zu verhelfen. Er selbst schrieb diese Funktion eher den Grundherren zu und war sich sicher:

> »Die Entstehung des Kapitalismus kann nicht unmittelbar auf die Befreiung der Kleinproduzenten von den Fesseln der Leibeigenschaft zurückgeführt werden«.[33]

Die Kleinproduktion selbstständig tätiger bäuerlicher Familienzusammenhänge zeichnet sich jedoch per definitionem durch einen nichtausbeuterischen Charakter aus. Es lässt sich bei dieser Produktionsweise keine direkte Klassenausbeutung feststellen, da sich hierbei keine soziale Gruppe auf Kosten einer anderen Surplus aneignet. Meist wird in den Darstellungen der damaligen bäuerlichen Dorfgemeinschaften ganz im Gegenteil das Bild von einer mehr oder minder egalitären Gesellschaft gezeichnet, zumindest in der Phase, die unmittelbar auf den Zusammenbruch der feudalen Ausbeutungsverhältnisse folgte.[34] Es stellt sich also die Frage nach dem spezifischen Klassencharakter des Gesellschaftssystems dieser Übergangszeit.

Die bäuerlichen Gemeinschaften waren wie alle anderen Wirtschaftsakteure damals ganz offenkundig einem *absolutistischen Staat* unterworfen. Das brachte Dobb zu der Schlussfolgerung, dass die feudale Gesellschaftsordnung nicht verschwunden, sondern die Gesellschaft allein deswegen immer noch feudalistisch war, weil mithilfe des *absolutistischen Staats* die indirekte Klassenausbeutung der Kleinbauern durch den Adel weiterging. Es ist interessant, wie Dobb an dieser These festhielt, obwohl er zugleich anerkannte, dass *der Handel* und nicht die bäuerlichen Gemeinschaften die führende Rolle in der Wirtschaft innehatte:

> »Die herrschenden Klasse setzte sich immer noch aus den Feudalherren zusammen [...], der [absolutistische; J.M.] Staat diente immer noch als das politische Instrument ihrer Herrschaft [...]. Sicherlich hatte die herrschende Klasse ein Interesse am Ausbau des Handels, weil dieser ganz offensichtlich die wirtschaftliche Entwicklung vorantrieb. [...] Sie ging daher mit bestimmten Teilen des kaufmännischen Bürgertums ein ökonomisches und auch politisches Bündnis ein.«[35]

33 Ebd., S. 136.

34 »Die bäuerlichen Gemeinschaften im England des 13. und 14. Jahrhunderts zeichneten sich durch eine enorme Widerständigkeit aus. Sie wehrten sich erfolgreich gegen Angriffe auf ihre Lebensbedingungen durch die Grundeigentümer. Dass sie sich gegen ihre Vertreibung im 15.und 16. Jahrhundert nicht mehr zur Wehr setzten, lag daran, dass die ökonomischen und sozialen Veränderungen den *Zusammenhalt* zerstört hatten, der *ihre Stärke in der Vergangenheit gewesen war.*« (Rodney Hilton: The English peasantry in the later Middle Ages, Oxford 1975, S. 173, Hervorh. J.M.)

35 Dobb: A Reply, S. 63.

Dobb führte damit eine neue Definition von Feudalismus ein: Staatsfeudalismus oder »politischer Feudalismus«, die von der Produktionsweise im engeren Sinne abstrahiert, zum Beispiel von der Frage der direkten Ausbeutung und Herrschaft auf der ökonomischen Ebene (siehe Kapitel 2 und ausführlicher Kapitel 7). Es waren demnach nicht die Form des Surplus und die historisch spezifische Art und Weise, wie sich dieser Surplus im Rahmen des Produktionsprozesses angeeignet wurde, die das damalige System der Klassenausbeutung *und* -herrschaft begründeten. Obwohl sich die klassischen Formen des Feudalismus aufgelöst hatten, blieb das alte Gesellschaftsgefüge anscheinend trotzdem erhalten, und zwar mithilfe bis dato nicht-existenter staatlicher Strukturen, die extra geschaffen worden waren, um den Feudalismus zu retten. Dobb hielt den absolutistischen Staat für den bestimmenden Faktor in der Gesellschaft als Ganzes und bescheinigte ihm einen weiterhin »feudalen« Charakter.[36]

In Bezug auf die Rolle des absolutistischen Staats bei der indirekten Ausbeutung der Kleinbauern durch die Adligen sind Dobb und Brenner völlig auf einer Linie:

> »Der absolutistische Staat presste den Bauern direkt und gewaltsam den Surplus ab, insbesondere mittels Steuern, die in großen Teilen dem Adel zugutekamen.«[37]

Allerdings begriff Brenner den damaligen absolutistischen Staat als eine modifizierte, temporäre bzw. Übergangsform des Feudalismus:

> »Der absolutistische Staat garantierte nicht bloß die alten Eigentumsverhältnisse, die auf dezentralisierten Formen der feudalherrschaftlichen Aneignung von Surplus basierten. Nach und nach drückte sich in ihm vielmehr eine *veränderte* Version des alten Systems aus. [...] Der Staat, der sich während der Tudor-Ära herausbildete, war nicht absolutistisch.«[38]

36 Perry Anderson teilte diese Ansicht und griff auf wesentliche Argumente in der Dobb-Debatte zurück: »Beim Absolutismus handelte es sich im Wesentlichen lediglich um einen neu gestalteten und neu aufgeladenen feudalen Herrschaftsapparat, der darauf aus war, die bäuerlichen Massen wieder in ihre traditionelle gesellschaftliche Stellung zurückzudrängen – ungeachtet und entgegen der Errungenschaften, die sie mit der umfassenden Umwandlung ihrer Abgabepflichten erkämpft hatten. Mit anderen Worten: Der absolutistische Staat war nie ein Vermittler zwischen der Aristokratie und der Bourgeoisie, geschweige denn ein Instrument des aufkommenden Bürgertums (Anderson: Entstehung des absolutistischen Staates, S. 18). Sweezy bezeichnete diese Zwischenperiode dagegen als eine der »vorkapitalistischen Warenproduktion«, als »ein Gesellschaftssystem *sui generis*, auf einer Ebene mit Feudalismus, Kapitalismus und Sozialismus. Es gab kein wirklich vorherrschendes Produktionsverhältnis, das dem System als Ganzem seinen Stempel aufgedrückt hätte« (Sweezy: Eine Kritik, S. 62f.).

37 Brenner: Dobb on the Transition, S. 133.

38 Robert Brenner: The Agrarian Roots of European Capitalism, in: Trevor Henry Aston/Charles H.E. Philin (Hrsg.): The Brenner Debate. Agrarian Class Struggle and Economic Development in Pre-Industrial Europe, Cambridge 1985, S. 213–327, hier S. 289 u. 298. – Mit »Tudor-Ära« wird der Zeitraum zwischen 1485 und 1603 in England bezeichnet.

Diese Analyse sollte die Grundlage bilden für eine spezifische Interpretation des Imperialismus und Expansionismus im darauffolgenden 19. und 20. Jahrhundert.[39] Brenners Ansatz war für diese spätere Debatte sehr wichtig. Wie bereits erwähnt, zeichnet sich jede historische Epoche Brenner zufolge durch bestimmte Eigentumsverhältnisse aus, die – sind sie erst einmal etabliert – der wirtschaftlichen Entwicklung enge Grenzen setzen. Das heißt, Eigentumsverhältnisse beschränken und beeinflussen maßgeblich das Verhalten von Wirtschaftsakteuren, die immer bemüht sind, die von ihnen in der Gesellschaft genossenen sozialen und ökonomischen Privilegien mit verschiedenen Strategien konsequent zu verteidigen. Besonders bemerkenswert an der Analyse von Brenner ist daher seine Neubewertung des Absolutismus. Nach seiner Einschätzung waren die mit dem Absolutismus einhergehenden gesellschaftlichen Eigentumsverhältnisse noch nicht kapitalistisch, aber auch nicht länger spezifisch feudalistisch. Dies bestimmte auch den Charakter des absolutistischen Staates, der, obwohl feudal, im Strudel der *geopolitischen Akkumulation* gefangen war.[40]

In vorkapitalistischen Zeiten gab es – übereinstimmend mit Brenners Argumentation – aus einer Reihe von Gründen keinen Anreiz, die Produktion über die Einführung neuer Technologien zu steigern. Infolgedessen war eines der wenigen Mittel, mit denen die herrschende Klasse ihre eigene materielle Situation verbessern konnte (abgesehen von der Erhöhung der bäuerlichen Pachtzinsen), die *territoriale Expansion*. Voraussetzung dafür waren jedoch vermehrte Ausgaben für Streitkräfte und Waffen sowie eine effektivere politische Organisation der feudalen Bereiche, um die Ressourcen auf die Finanzierung militärischer Operationen zu konzentrieren. Vorkapitalistische Gesellschaften besaßen daher zwangsläufig eine Dynamik der territorialen Expansion und staatlichen Konsolidierung, wobei der dominante Prozess die *geopolitische Akkumulation* durch die Eroberung neuer Territorien war. Dieser Prozess lief im Wesentlichen auf eine Akkumulation durch die Umverteilung von Reichtum hinaus.[41]

Verschiedene Autoren haben sich mit der von Brenner aufgeworfenen Problemstellung auseinandergesetzt.[42] Sie alle teilen die Einschätzung,

39 Vgl. John Milios/Dimitris P. Sotiropoulos: Rethinking Imperialism: A Study of Capitalist Rule, London 2009, S. 129ff.

40 Robert Brenner: The Agrarian Roots of European Capitalism, in: Past and Present, Heft 97, November 1982, S. 16–113, hier S. 36ff.

41 »Die ›politische Akkumulation‹ war nur dann erfolgreich, wenn der Militärapparat und/oder die Gerichtsbarkeit auch genug Rendite abwarfen, um die mit ihrer Stärkung und Ausweitung gewachsenen Kosten mehr als nur abdecken zu können, denn die Ausgaben hierfür wurden mit der Zeit immer höher [...] Der wirtschaftliche Erfolg einzelner Grundherren oder Gruppen von ihnen hing tendenziell von der Fähigkeit ab, den feudalen Staat auszubauen. Der langfristige allgemeine Trend zum Zweck der ›politischen Akkumulation‹ scheint eine größere politische Zentralisierung gewesen zu sein.« (Ebd., S. 38f.)

42 z.B. Hannes Lacher: International Transformation and the Persistence of Territoriality: Toward

dem Kapitalismus sei ein geopolitischer Wettbewerb zwischen den (absolutistischen) Staaten vorausgegangen. Was Brenners Anhänger daran interessant finden, ist, dass vor der Durchsetzung des Kapitalismus mittels des Mechanismus der politischen Akkumulation die Projektion eines Konsolidierungsprozesses der im Wandel befindlichen Staaten stattgefunden habe. Dies ist eine Perspektive, die zwangsläufig zu der Schlussfolgerung führt, dass der

> »Kapitalismus [...] politisch in Form eines Systems von Territorialstaaten entstanden ist – als ein historisches Erbe der postfeudalen Epoche, das bis heute den Kapitalismus strukturiert (wenn auch vermutlich nicht darüber hinaus).«[43]

Brenner kam zu einem ganz ähnlichen Ergebnis:

> »Der Umstand, dass der Kapitalismus von mehreren Staaten regiert wird, resultiert aus bestimmten historischen Entwicklungen. So ist er vor dem Hintergrund eines Systems mehrerer Feudalstaaten entstanden und verwandelte im Laufe der Zeit die Komponenten dieses Systems in kapitalistische Staaten, ohne jedoch den Mehrstaatencharakter des sich daraus ergebenen internationalen Systems zu verändern.«[44]

Nach Auffassung dieser Autoren unterstützte der Absolutismus also die Herausbildung einer kapitalistischen Bourgeoisie nicht. Deswegen konnte aus dem absolutistischen Staat auch kein moderner Staat hervorgehen. Man kann ihn noch nicht einmal als Vorläufer oder Übergangsform eines modernen Staats betrachten.[45] Der Merkantilismus war eine Rationalisierungsstrategie der absolutistischen Herrscher, die es versäumt hatten, die kapitalistische Industrialisierung voranzutreiben. Die gesellschaftliche Rationalität des Merkantilismus beruhte auf dem Fortbestand nicht-kapitalistischer Eigentumsverhältnisse, die eine interne und externe Surplus-Akkumulation mit politischen Mitteln erforderten. Dies geschah entweder durch Ausübung direkten Zwangs gegenüber den unmittelbaren Produzenten oder durch auf Ungleichheit basierende Tauschbeziehungen, das heißt durch politische Akkumulation.[46]

a New Political Geography of Capitalism, in: Review of International Political Economy 1/2005, S. 26–52; Benno Teschke: The Myth of 1648: Class, Geopolitics and the Making of Modern International Relations, London/New York 2003, Kees van der Pijl: Global Rivalries: From the Cold War to Iraq, London 2006; Ellen Meiksins Wood: Das Imperium des Kapitals, Berlin 2016.

43 Lacher: International Transformation, S. 34; vgl. auch Benno Teschke/Hannes Lacher: The Changing »Logics« of Capitalist Competition, in: Cambridge Review of International Affairs 4/2007, S. 565–580.

44 Robert Brenner: What is, and what is not, imperialism?, in: Historical Materialism 4/2006, S. 79–105, hier S. 84.

45 Teschke: The Myth of 1648, S. 189ff.

46 Ebd., S. 210.

> »Obwohl die kontinentaleuropäischen Länder mit ihren verschiedenen Ausprägungen des Absolutismus oder anderen politischen und wirtschaftlichen Strukturen nicht kapitalistisch waren, haben sie nichtsdestotrotz eine Staatsform entwickelt, die bis heute die Organisierung des politischen Raums beeinflusst.«[47]

Eine Grundannahme dieser Ansätze ist, dass die geopolitische Dynamik des Kapitalismus und der imperialistischen Konkurrenz nichts spezifisch Kapitalistisches beinhaltete: Zu einem beträchtlichen Teil seien sie das Erbe des vorkapitalistischen Absolutismus gewesen. Die längste Zeit seiner Existenz (bis vor Kurzem) habe ein Nebeneinander von Kapitalismus und einer Art geopolitischem Wettbewerb bestanden, der dem spezifischen historischen Charakter des Kapitalismus fremd gewesen sei.[48]

Folgt man Giovanni Arrighi, der sich dieser Argumentation angeschlossen hat, so kann das, was den Kapitalismus von vorkapitalistischen Systemen unterscheidet, auf zwei gegensätzliche »Herrschaftsmodi oder Machtlogiken« heruntergebrochen werden:

> »Herrscher über Land identifizieren Macht mit der Größe und Bevölkerungsdichte ihrer Herrschaftsgebiete und verstehen Reichtum/Kapital als Mittel oder Begleiterscheinung der territorialen Expansion. Kapitalistische Herrscher hingegen identifizieren Macht mit dem Ausmaß ihrer Kontrolle über knappe Ressourcen und betrachten territoriale Übernahmen als Mittel und Begleiterscheinung der Kapitalakkumulation. Analog zu Marx' allgemeiner Kapitalformel (G–W–G') lässt sich der Unterschied zwischen diesen beiden Machtlogiken in den Formeln T-G-T' und G-T-G' ausdrücken. Nach der ersten Formel ist abstrakte ökonomische Kontrolle oder Geld (G) ein Mittel oder Bindeglied in einem Prozess, der auf den Erwerb zusätzlicher Gebiete abzielt (T' minus T = +ΔT). Nach der zweiten Formel ist Territorium (T) ein Mittel oder Bindeglied in einem Prozess, der auf den Erwerb zusätzlicher Zahlungsmittel abzielt (G' minus G = +ΔG).«[49]

47 Teschke/Lacher: The Changing »Logics«, S. 573.

48 Callinicos formulierte es folgendermaßen: »Feudale Produktionsverhältnisse trieben eine Dynamik der territorialen Ausweitung und des Staatsaufbaus voran. Die Herausbildung eines Systems zwischenstaatlicher Beziehungen in Europa während des späten Mittelalters und der frühen Neuzeit war dementsprechend nicht einfach eine Konsequenz gewisser Anforderungen an die militärischen und politischen Mächte, [...] sondern ging aus dem hervor, was Brenner die ›Regeln der Reproduktion‹ der spezifisch feudalen Eigentumsverhältnisse genannt hat. Damit sind Strategien gemeint, die die Wirtschaftssubjekte in einem vorgegebenen System der Eigentumsverhältnisse ergreifen müssen, um Zugang zu den Subsistenzmitteln zu erhalten.« (Alex Callinicos: Does Capitalism Need the State System?, in: Cambridge Review of International Affairs 4/2007, S. 533–549, hier S. 541)

49 Giovanni Arrighi: The Long Twentieth Century, London/New York 1996, S. 32–34.

Ich verzichte hier auf eine ausführlichere Erörterung dieser Positionen, da dies von der Zielsetzung dieses Buchs ablenken würde. Es sei hier nur darauf hingewiesen, dass der Ansatz des Staatsfeudalismus die Grundidee der russischen Narodniki in gewisser Weise wiederbelebte: nämlich die Vorstellung, dass es eine auf agrarischer »Kleinproduktion« basierende dominante wirtschaftliche und soziale Struktur geben kann, die zu einer feudalen und vorkapitalistischen Struktur durch das Eingreifen des absolutistischen Staates wird. Diese könne folglich als Vehikel für ein erneuertes feudales Herrschafts- und Ausbeutungssystem betrachtet werden.

Meines Erachtens fehlt dem ganzen Staatsfeudalismus-Ansatz eine konsistente Staatstheorie. Er scheint theoretisch zu oszillieren zwischen einem Verständnis, wonach der Staat lediglich ein *Ding* oder *Instrument* in den Händen einer Klasse ist – die wiederum selbst ein Geschöpf just dieses Staats ist –, und einem Konzept, in dem der Staat als *autonomes Subjekt* behandelt wird. Ich habe bereits eine mögliche marxistische Staatsauffassung skizziert, die Klassenwidersprüche – anders als instrumentalistische Ansätze – nicht als etwas dem Staat Äußerliches fasst. Aber ebenso wenig werden Widersprüche innerhalb des Staats in dieser Perspektive als etwas außerhalb des Klassenkampfes Liegendes betrachtet, wodurch sie sich von Konzepten abgrenzen lässt, die dem Staat einen Subjektstatus zusprechen. Mit anderen Worten: Der Staat als konstitutives Element der dominanten Klassen- und Machtverhältnisse verfügt über historisch spezifische Strukturmerkmale, die ihn von staatlichen oder politischen Herrschaftsformen unterscheiden, die sich in der Geschichte auf diverse andere Macht- und Klassenkonfigurationen stützen konnten. Der Klassencharakter des Staats ergibt sich objektiv aus ebendieser Struktur und den sich daraus ableitenden Funktionen.

Nicos Poulantzas hat zu Recht in einer seiner bedeutenden Untersuchungen gezeigt, dass der absolutistische Staat in der historischen Periode der formellen Unterordnung der Arbeit unter das Kapital trotz seines Übergangscharakters bereits *ein Staat mit offenkundig kapitalistischen Merkmalen* war, dessen institutionelle Form den Anfordernissen an eine kapitalistische Staatsmacht entsprach.[50]

> »Das Kapital als (ökonomisches) Eigentumsverhältnis ist in der Realität *vor* der ›realen Subsumierung‹ des Arbeiters unter das Kapital vorhanden [...]: dies gilt ebenso für die formalrechtlichen Verhältnisse des Privateigentums wie für den Übergangsstaat. [...] die institutionalisierte Form der politischen Herrschaft, der absolutistische Übergangsstaat, stellt eine kapitalistische Staatsform dar.«[51]

50 Poulantzas: Politische Macht, S. 145ff.

51 Ebd., S. 157. – Poulantzas unterschied zwischen der *dominanten oder hegemonialen Klasse*, die in einer spezifischen sozialen Formation über Klassenmacht verfügt (basierend auf der vor-

Die erste kapitalistische Klassenherrschaft, die im Laufe der Geschichte entstanden ist, der Kapitalismus der »formellen Unterordnung« der Arbeit unter das Kapital, ist daher mit dem Aufkommen des absolutistischen Staat als Übergangsform des *bürgerlichen Staats* verbunden. Sie ermöglichte die Art von politischer Machtausübung, die notwendig ist, um die Konsolidierung des Kapitalismus zu gewährleisten und damit die gesellschaftliche Macht des Kapitals zu festigen. Aber die Staatsmacht wirkt nicht nur nach innen, innerhalb der Grenzen ihres eigenen Territoriums, sie richtet sich auch nach außen, um die Bedingungen für eine erweiterte Reproduktion des gesellschaftlichen Gesamtkapitals in der gegebenen sozialen Formation abzusichern und die Ressourcen bereitzustellen, die hierfür erforderlich sind. *Jede* kapitalistische Gesellschaftsformation tendiert, in anderen Worten, dazu, sich über ihre Grenzen hinaus auszudehnen:

> »Während das Handelskapital immer stärker wurde und gleichzeitig staatliche Behörden eine zunehmende Zentralisierung erfuhren, förderten Letztere aktiv den Übergang von einer feudalen hin zu einer kapitalistischen Wirtschaftsweise. [...] Um die Privilegien der Grundbesitzer und unabhängigen Städte zu zerschlagen, war eine mächtige Krone unerlässlich. Aber die Bourgeoisie brauchte auch einen starken Staat, um den von ihr dominierten internationalen Handel zu schützen, Kolonien zu erobern und um die Hegemonie über den Weltmarkt zu erringen. [...] So war das Zeitalter des *Kaufmannskapitals* auch das Zeitalter der *absoluten Monarchie*.«[52]

In diesem Zusammenhang wurde der absolutistische Staat zum Vehikel für einen ungezügelten territorialen Expansionsdrang. Das bedeutet Kolonialismus durch kapitalistische Mächte. Ich werde darauf noch näher in Teil II und III dieses Buches eingehen.

5.3 Die langlebige »Theorie der Produktivkräfte«

In Kapitel 2.2 habe ich einen kritischen Überblick zur »Theorie der Produktionskräfte« gegeben bzw. zur »Dialektik von Produktivkräften und Produktionsverhältnissen« – ein Ansatz, der sporadisch in einigen von Marx' Schriften auftaucht, ohne jedoch jemals zu einer konsistenten Theorie ausgearbeitet worden zu sein. Darüber hinaus habe ich Ansätze vorgestellt, die aus marxistischer Perspektive diese Theorie kritisieren

herrschenden Form der Ausbeutung und bestimmten institutionell-politischen Formen der Herrschaft), und einer *regierenden Klasse*, die den »Staatsapparat kontrolliert« (ebd., S. 249). Vertreter des Staatsfeudalismus-Ansatzes dagegen setzen die herrschende Klasse in der Regel mit derjenigen gleich, die den »Staatsapparat kontrolliert«, das heißt mit derjenigen Schicht, die gehobene Stellungen in der kapitalistischen Staatsbürokratie einnimmt.

52 Rubin: A History of Economic Thought, S. 24f.

und gezeigt haben, dass die fragliche »Dialektik« als Erklärungsschema für die historische Entwicklung unzureichend ist. Das gilt insbesondere für die Frage, wie das Kapital als gesellschaftliches Verhältnis entstanden ist. An dieser Stelle möchte ich die genannten Argumente nicht wiederholen. Worum es mir im Folgenden geht, ist, deutlich zu machen, welch starke Tradition im marxistischen Denken zum Thema Ursprünge des Kapitalismus dieser mechanistisch-progressivistische Ansatz begründet hat. Außerdem zeigt er sich als überaus kompatibel sowohl mit der Theorie vom »agrarischen Ursprung des Kapitalismus« als auch mit der Staatsfeudalismus-These.

Als Teil der beiden zuvor dargestellten Debatten derjenigen marxistischen Theoretiker und Historiker, die die Geburt des Kapitalismus auf dem Land verorten, stärkt die »Theorie der Produktivkräfte« bestimmte Vorstellungen vom Klassenkampf, von der Krise des Systems der Leibeigenschaft etc. Es war ganz eindeutig Dobb, der mit seiner Arbeit für eine Verschmelzung beider Traditionen gesorgt hat.

> »Das Zwangsverhältnis, das in der direkten Aneignung der Mehrarbeit der Produzenten durch die herrschende Klasse bestand, hing *selbstverständlich* von einem bestimmten Entwicklungsniveau der Produktivkräfte ab.«[53]

Andere Vertreter derselben »Schule« verwenden die These von der besonderen Bedeutung der Produktivkraftentwicklung eher polemisch[54] oder als Grundlage für eine Melange aus verschiedenen, aus diversen historischen Prozessen abgeleiteten Argumenten.[55] Am Ende ist es wieder einmal Robert Brenner gewesen, der eine von vielen akzeptierte Hypothese auf die Spitze getrieben hat: Seiner Ansicht nach entstand der Kapitalismus als Ergebnis einer rationalen Entscheidung sowohl der Feudalherren als auch der wohlhabenden Bauern. Irgendwann einmal inmitten der Krise des Feudalismus hätten beide erkannt, dass nur mit der Einführung eines neuen Systems, das sich nicht länger auf außerökonomischen Zwang, sondern auf Marktbeziehungen stützt, die Weiterentwicklung der Produktivkräfte zu gewährleisten sei!

53 Dobb: A Reply, S. 58, Hervorh. J.M.

54 »Sweezy fasst das Aufbrechen einer gegebenen Gesellschaftsstruktur nicht als Folge der Eigenbewegung ihrer Produktivkräfte auf.« (Kohachiro Takahashi: A Contribution to the Discussion, in: Rodney Hilton [Hrsg.]: The Transition from Feudalism to Capitalism, Delhi 2006, S. 68–97, hier S. 78)

55 »Die spektakulären Entwicklungen im internationalen Handel, die Fortschritte bei der Industrialisierung von Flandern, Brabant, Lüttich, der Lombardei und der Toskana, das Wachstum der großen Handelszentren wie Venedig, Genua, Brügge, Paris, London, all das ist chronologisch zweitrangig gegenüber der Entwicklung der Produktivkräfte in der Landwirtschaft, die im Zuge des Kampfes um die Feudalrente angekurbelt wurden.« (Hilton: Kapitalismus, S. 198)

> »Prozesse wie eine Spezialisierung der Produktionseinheiten, systematische Reinvestitionen von Überschüssen oder regelmäßige technische Innovationen wurden vor allem dadurch blockiert, dass die Surplus-Aneignung der Feudalherren mit Mitteln außerökonomischen Zwangs erfolgte und sich die Bauern weiterhin auf die Subsistenzproduktion konzentrierten. [...] Dem entsprechend setzte sich vorwiegend auf dem Land ein neuartiges System gesellschaftlicher Eigentumsverhältnisse durch, in dem es die Organisatoren der Produktion und die unmittelbaren Produzenten (manchmal dieselben Personen) zum ersten Mal für *erforderlich und möglich hielten*, sich über eine betriebswirtschaftliche Handlungsweise zu reproduzieren. Dies förderte für das gesamte System *eine anhaltende Fortentwicklung der Produktivkräfte.*«[56]

Alle bislang hier zitierten Autoren greifen auf die »Theorie der Produktivkräfte« als eine Art ergänzende Begründung zurück, um damit die Grundgedanken und -thesen von Analysen zu stützen, die die Traditionen des »Agrarkapitalismus«[57] und Staatsfeudalismus bilden. Für andere wiederum ist sie der wesentliche Begründungszusammenhang ihres Geschichtsverständnisses. Am charakteristischsten findet sich diese Denktradition vielleicht bei sowjetischen Marxisten. Es gibt aber auch eine Reihe von westlichen Marxisten, die die gleiche Argumentation verfolgen und die Bedeutung der Dialektik zwischen Produktivkräften (Pk) und Produktionsverhältnissen (Pv) stark machen. Derjenige, der diese Richtung vermutlich am ausdrücklichsten vertritt, ist G. A. Cohen. Er behauptet, dass »Geschichte im Grunde gleichbedeutend mit der Entwicklung der menschlichen Produktivkraft« sei,[58] und fordert:

> »Wir müssen uns der Dialektik von Produktionskräften und -verhältnissen zuwenden, die das Klassenhandeln bestimmt, aber nicht erklärbar ist in dessen Begrifflichkeiten und auch über das langfristige Ergebnis des Klassenkampfes entscheidet«.[59]

56 Brenner: The Agrarian Roots, S. 214, Hervorh. J.M. – Sowohl Dobb als auch Brenner stellen den Übergang von einer kleinteiligen Produktionsweise zu kapitalistischen Verhältnissen für die Bauern als einen eher schleichenden und konfliktfreien Prozess dar. Das steht im Gegensatz zu Marx' Sichtweise: »Allerdings erscheinen die Ansprüche des Kapitals im Embryozustand, wo es erst wird, also noch nicht durch bloße Gewalt der ökonomischen Verhältnisse, sondern auch durch Hilfe der Staatsmacht sein Einsaugungsrecht eines genügenden Quantums Mehrarbeit sichert, ganz und gar bescheiden [...] Es kostet Jahrhunderte, bis der ›freie‹ Arbeiter infolge entwickelter kapitalistischer Produktionsweise sich freiwillig dazu versteht, d.h. gesellschaftlich gezwungen ist, für den Preis seiner gewohnheitsmäßigen Lebensmittel seine ganze aktive Lebenszeit, ja seine Arbeitsfähigkeit selbst, seine Erstgeburt für ein Gericht Linsen zu verkaufen.« (Marx: Das Kapital I, MEW, Bd. 23, S. 286f.)

57 Für eine verständnisvolle und zugleich kritisch-differenzierte Betrachtung der von Dobb und Brenner aufgeworfenen Problematik vgl. Stephen Resnick/Richard Wolff: The Theory of Transition Conjunctures and the Transition from Feudalism to Capitalism in Western Europe, in: Review of Radical Political Economics, Oktober 1979, S. 3–22.

58 Gerald A. Cohen: History, Labour and Freedom: Themes from Marx, Cambridge 1989, S. 3.

59 Ebd., S. 14. – Ähnlich argumentiert David Laibman: »Die Produktionsverhältnisse können unter

Ich werde mich an dieser Stelle auf die Wiederholung meiner wichtigsten Schlussfolgerung beschränken, weil ich mich bereits in Kapital 2 eingehender mit den Defiziten dieser Herangehensweise befasst habe: Die »Theorie der Produktivkräfte« taugt meiner Ansicht nach in keiner Weise als Erklärungsansatz und eröffnet auch keinen heuristischen Zugang zu einer theoretischen Untersuchung der Frage nach der Geburt des Kapitalismus.

5.4 Die »Weltsystem-Theorie«

In den ersten Jahrzehnten des 20. Jahrhunderts führten verschiedene Theoretiker (z.B. Rudolf Hilferding, Rosa Luxemburg, Nikolai Bucharin oder Lenin)[60] eine neue Perspektive in die Sammlung marxistischer Imperialismustheorien ein, die den *globalen Charakter* des Kapitalismus betonte. Demzufolge ist die Reproduktion der kapitalistischen Produktionsweise sowie der grundlegenden strukturellen Verhältnisse und Klassenbeziehungen, die das kapitalistische System auszeichnen, in völlig ausgereifter Form nur auf der Ebene der Weltwirtschaft möglich. Die von Marx entdeckten und analysierten Gesetze und kausalen Beziehungen seien dementsprechend auf die Globalökonomie zu beziehen, die folglich als eine einzige kapitalistische Gesellschaftsstruktur erscheint.

Nach dem Zweiten Weltkrieg hatte die Idee eines kapitalistischen Weltsystems grundlegenden Einfluss auf die marxistische Debatte über das Verhältnis von »Zentrum« und »Peripherie«. Sie diente als Ausgangspunkt für Untersuchungen und Theorien der kapitalistischen Weltwirtschaft, dessen wichtigsten Vertreter Andre Gunder Frank, Samir Amin und Immanuel Wallerstein waren. Folgt man ihrer Analyse, dann war die Menschheit als Ganzes (das heißt alle mit dem globalen Markt verbundenen oder ihn umfassenden Bereiche) vom Zeitpunkt der Etablierung eines globalen Marktes an, also etwa ab dem 16. Jahrhundert, kapitalistisch – polarisiert zwischen Metropole und Peripherie und von monopolistischen Strukturen durchdrungen. Weltwirtschaft und (globaler) Kapitalismus sind nach dieser Logik synonyme Begriffe. Nach Wallerstein ist Kapitalismus »eine Produktionsweise [...], nämlich die Weise, für Profit

allen Umständen die Entwicklung der Produktivkräfte vollständig hemmen. [...] Der Kapitalismus erwacht erst dann zum Leben, wenn die Zustände dafür reif sind. Er nimmt eine einzigartige Rolle in Bezug auf die Fortentwicklung der Produktivkräfte und das politische und gesellschaftliche Heranreifen der Arbeiterklasse ein. Aber dann offenbarte er recht bald in Form von immer gravierenderen wiederkehrenden Instabilitäten und Verwerfungen seine eigenen immanenten Beschränkungen als Vehikel für die menschliche Entwicklung.« (David Laibman: Deep History: A Study of Social Evolution and Human Potential, New York 2007, S. 62 u. 94) Auch Chris Harman steht in dieser Denktradition: »Veränderte Produktivkräfte zogen häufig einen Wandel der Produktionsverhältnisse nach sich. [...] Der Aufstieg des Kapitalismus hat aber nichts mit spezifisch europäischen Ereignissen zu tun. Vielmehr ist er das Ergebnis von veränderten Produktivkräften und Produktionsverhältnissen im globalen Maßstab.« (Chris Harman: The rise of capitalism, in: International Socialism, Heft 102, 2004, unter: www.isj.org.uk/?id=21)

60 Vgl. hierzu Milios/Sotiropoulos: Rethinking Imperialism, S. 14ff.

auf einem Markt zu produzieren«[61] und »Kapitalismus und Weltwirtschaft [...] sind zwei Seiten ein und derselben Medaille. Das eine ist nicht Ursache des anderen.«[62]

Von diesem Standpunkt aus erscheint es sinnlos und fraglich, überhaupt von anderen, vorkapitalistischen Produktionsweisen (oder vom Sozialismus) zu sprechen und als Kriterium hierfür das Verhältnis von Produzenten und Produktionsmitteln, die Staatsform usw. heranzuziehen. Im Zentrum dieser Theorien steht das Konzept der Verflochtenheit des *globalen Systems*. Die Verflochtenheit gründe sich vor allem anderen auf den strukturellen Widerspruch zwischen *Zentrum* und *Peripherie*. Demnach sind die einzelnen Staaten die Einheiten par excellence des globalen Systems, wobei die Beziehungen zwischen ihnen einem strukturellen Gefälle von Zentrum und Peripherie unterliegen, wofür häufig die Zwischenkategorie Semiperipherie zum Einsatz kommt. Im Rahmen dieser theoretischen Diskussion über globale Systeme treffen jedoch zwei sehr unterschiedliche Arten von Annahmen aufeinander.

Auf der einen Seite gibt es diejenigen, die meinen, dass das, was »in (West-)Europa irgendwann in der frühen Neuzeit geschah, unverwechselbar war und etwas radikal Neues darstellte«.[63] Sie gehen davon aus, dass das moderne »Weltsystem« vor etwa 500 Jahren entstanden sei. Seine spezifische kapitalistische Produktionsweise unterscheide es grundsätzlich von anderen »Weltreichen« und von allen anderen vorangegangenen »Weltsystemen«. Auf der anderen Seite gibt es diejenigen, die Wert darauf legen, von einem historisch *einzigartigen* globalen System zu sprechen, dessen wesentliche Merkmale sich zumindest im Laufe der letzten 5000 Jahre nicht verändert hätten.[64] Von diesem Standpunkt aus lassen sich zwischen dem modernen kapitalistischen Weltsystem und »anderen« früheren Imperien, Staatensystemen oder regionalen Wirtschaftsbündnissen durchaus einige Ähnlichkeiten oder gar Gemeinsamkeiten feststellen. Demnach hat es in der Geschichte keinen Übergang von »etwas anderem« hin zum Kapitalismus gegeben. Was immer auch in Europa im 16. Jahrhundert geschah, war aus dieser Sicht nur eine Verschiebung im Kontext ein- und desselben »Weltsystems«, das bereits seit

61 Immanuel Wallerstein: Aufstieg und künftiger Niedergang des kapitalistischen Weltsystems. Zur Grundlage vergleichender Analyse, in: Dieter Senghaas (Hrsg.): Kapitalistische Weltökonomie. Kontroversen über ihren Ursprung und ihre Entwicklungsdynamik, Frankfurt a.M. 1982, S. 31–67, hier S. 44f.

62 Ebd., S. 36.

63 Immanuel Wallerstein: World System versus World-Systems: A Critique, in: Andre Gunder Frank/Barry K. Gills (Hrsg.): The World System: Five Hundred Years or Five Thousand?, London/New York 1996, S. 292–307, hier S. 292; vgl. auch ders.: The Modern World System, New York 1974; ders.: The Modern World System II, New York 1980; Samir Amin: The Ancient World-Systems Versus the Modern Capitalist World System, in: Andre Gunder Frank/Barry K. Gills (Hrsg.): The World System: Five Hundred Years or Five Thousand?, London/New York 1996, S. 247–277.

64 Andre Gunter Frank/Barry K. Gills (Hrsg.): The World System: Five Hundred Years or Five Thousand? London/New York 1996.

mehreren Tausend Jahren Bestand hatte. Diese Fraktion der Weltsystem-Theorie behauptet, die entscheidenden Kennzeichen der globalen kapitalistischen Produktionsweise ließen sich mindestens 5000 Jahre zurückverfolgen.[65]

Nach Frank, der innerhalb der Parameter dieses Schemas argumentiert, hängt kapitalistische Entwicklung bzw. Unterentwicklung von drei wesentlichen Gegensätzen/Konfliktlinien ab: von der Extrahierung/Aneignung von ökonomischem Surplus, vom Ausmaß der Polarisierung zwischen Metropole und Peripherie bzw. Zentrum und Satellitenstaaten und vom Konflikt zwischen Kontinuität und Entwicklung. Mit seiner Ausgangsthese, dass alle Marktbeziehungen einschließenden produktiven Prozesse kapitalistisch sind, wendete sich Frank gegen alle Theorien, die die Unterentwicklung der Peripherie mit dem weiteren Vorherrschen bzw. der Aufrechterhaltung der erweiterten Reproduktion bestimmter vorkapitalistischer Produktionsweisen erklären wollen. Für ihn waren die peripheren Länder und Regionen als Teil des Weltsystems schon immer kapitalistisch, genauso wie das Zentrum schon immer kapitalistisch war. Der Kapitalismus in der Peripherie unterscheide sich bloß in einer Hinsicht vom Kapitalismus der Metropolen: Es sei ein unterentwickelter Kapitalismus. Er nannte das, was in den Ländern der Peripherie stattfindet bzw. stattfand, »die Entwicklung der Unterentwicklung«.[66] Ähnliches gelte auch für die werktätigen und ausgebeuteten Massen in diesen Teilen der Welt, die zum (globalen) Proletariat zählten.

In seiner Vorstellung nahm das Weltsystem schließlich die Gestalt eines ganzheitlichen Kolonialsystems an, dessen Strukturen man mit denen eines Sonnensystems vergleichen kann, bei dem sich eine bestimmte Zahl von Planeten um eine Sonne dreht. Die metropolitanen Zentren würden ergänzt durch eine Reihe von Satelliten, wobei es auch Satelliten geben könne, die sich um einen Satelliten drehen und von diesem abhängig sind. Dies sei ein grundlegendes und bleibendes Merkmal des Weltsystems.[67] Eine Folge dieser Vorstellung von der sonnenzentrierten Struktur des Weltsystems ist jedoch, dass zwangsläufig eine Art Zwischenzone zwischen Metropole und Peripherie entstehen muss: die semiperipheren Staaten.[68] Trotz ihrer Meinungsverschiedenheiten hin-

65 Ebd., S. 11.

66 »Wirtschaftliche Entwicklung und Unterentwicklung sind zwei Seiten einer Medaille. Beide sind zwangsläufig das Ergebnis und gleichzeitig eine Manifestation der inneren Widersprüche im weltkapitalistischen System.« (Andre Gunter Frank: Kapitalismus und Unterentwicklung in Lateinamerika, Frankfurt a.M. 1969, S. 27)

67 »Und diese Kontinuität der Struktur und der Widersprüche des kapitalistischen Weltsystems muss als entscheidender Faktor erkannt und verstanden werden, wenn wir die Unterentwicklung der heutigen Welt analysieren und wirksam bekämpfen wollen. Aus diesem Grunde liegt meine Betonung eher auf der Kontinuität kapitalistischer Struktur [...].« (Ebd., S. 30f.)

68 Wallerstein weist darauf hin: »Die strukturellen Unterschiede zwischen Zentrum und Peripherie sind nicht hinreichend zu begreifen, wenn man nicht zur Kenntnis nimmt, daß es eine dritte strukturbedingte Position gibt: die Position der Semiperipherie. [...] Die Semiperipherie ist

sichtlich des genauen Charakters der von ihnen beschriebenen Strukturen waren sich Frank, Wallerstein und Amin sowie fast alle Theoretiker der Weltsystem-Schule einig, dass bei der Definition des (globalen) Kapitalismus der Aspekt der Lohnarbeit relativiert werden sollte. Amin formulierte es folgendermaßen:

> »Aber das Proletariat der Peripherie hat verschiedene Formen. Es besteht nicht allein und nicht einmal hauptsächlich aus Lohnarbeitern in modernen Großbetrieben. Es besteht aus bäuerlichen Massen, die in den Weltmarktzusammenhang eingegliedert sind und die deshalb wie die Arbeiterklasse in den Städten den Preis des ungleichen Tauschs bezahlen; obwohl diese bäuerlichen Massen in unterschiedlichen gesellschaftlichen Organisationsformen – die häufig vorkapitalistischen Charakter haben – leben, sind sie durch ihre Integration in den Weltmarkt letztlich proletarisiert oder auf dem Weg der Proletarisierung.«[69]

Es sollte gerade vor dem Hintergrund meiner Ausführungen in Kapitel 1 bis 3 dieses Buches klar geworden sein, dass solch einem Ansatz unmöglich zuzustimmen ist. Es handelt sich (wie ich in Kapitel 6 noch zeigen werde) um eine Sichtweise, die man häufig auch unter nicht-marxistischen Autoren antrifft, die sich mit den Anfängen des Kapitalismus befasst haben. Um genauer zu werden: Ich habe bereits in Kapitel 1 deutlich gemacht, dass Marx' Analyse zufolge die »freie« Arbeit die *historisch spezifische Form der Unterordnung* des unmittelbaren Produzenten unter die kapitalistischen Herrschafts- und Ausbeutungsverhältnisse ist.

Jairus Banaji hat mit seiner These, wonach die »freie Arbeit« lediglich eine Erscheinungsform der *Klassenausbeutung und -herrschaft* ist, wiederholt versucht, die historische Besonderheit und Bedeutung der Lohnarbeit im Vergleich zur Sklavenarbeit und zu anderer Formen von Zwangsarbeit zu relativieren.[70] Der Unterschied zwischen beiden Arbeitsformen ist allerdings weder ideologischer Natur noch bezieht er sich auf ein »Wesen« von »Freiheit« als solcher. Mit der Bezeichnung »freie« Arbeit ist eine andere Weise der gesellschaftlichen Produktion und eine

nötig, damit eine kapitalistische Weltwirtschaft reibungslos funktionieren kann. [...] Diese *Semiperipherie* wird nun gewissermaßen eine spezifische ökonomische Rolle zugewiesen, die jedoch weniger ökonomisch als politisch begründet ist. [...] das Fehlen der Semiperipherie [hätte] ein polarisiertes Weltsystem zur Folge.« (Wallerstein: Aufstieg und künftiger Niedergang, S. 50ff.) Vgl. auch Terence K. Hopkins/Immanuel Wallerstein: Grundzüge der Entwicklung des modernen Weltsystems, in: Dieter Senghaas (Hrsg.): Kapitalistische Weltökonomie. Kontroversen über ihren Ursprung und ihre Entwicklungsdynamik, Frankfurt a.M. 1979, S. 151–200.

69 Samir Amin: Die ungleiche Entwicklung. Essay über die Gesellschaftsformationen des peripheren Kapitalismus, Hamburg 1975, S. 286f.

70 Jairus Banaji: Modes of Production in a Materialist Conception of History, in: Capital & Class 3/1977, S. 1–43; ders.: The Fictions of Free Labour: Contract, Coercion, and So-Called Unfree Labour, in: Historical Materialism 3/2003, S. 69–95.

andere Form der Ausbeutung gemeint, bei der die Arbeitskraft aufhört, ein Produktionsmittel neben anderen zu sein, sondern in den *Kreislauf des Geldkapitals* eintritt, das heißt in einen historisch spezifischen Prozess der allgemeinen gesellschaftlichen Reproduktion (siehe auch Kapitel 7). Marx schrieb dazu:

> »Als Sklave hat der Arbeiter *Tauschwert*, einen *Wert*; als freier Arbeiter hat er *keinen Wert* […]. Solange der Arbeiter als solcher Tauschwert hat, kann das industrielle Kapital als solches nicht existieren, also überhaupt nicht das entwickelte Kapital. Diesem gegenüber muss die Arbeit als reiner Gebrauchswert stehn, der als Ware von seinem Besitzer selbst gegen es angeboten wird […]. Der Arbeiter befindet sich also nur im Verhältnis der einfachen Zirkulation, des einfachen Austauschs und erhält nur *Münze* für seinen Gebrauchswert; Lebensmittel; aber vermittelt. Diese Form der Vermittlung ist, wie wir gesehn, wesentlich und charakteristisch für das Verhältnis.«[71]

Der Prozess der »Extraktion/Aneignung von ökonomischem Surplus« ist aber im Gegensatz zur Behauptung von Frank und andere Repräsentanten der »Weltsystem-Theorie« kein spezifisches Kennzeichen des globalen kapitalistischen Systems, sondern ein grundlegender Widerspruch jeder historischen Produktionsweise und jeder Klassengesellschaft. Was den Kapitalismus auszeichnet, ist die Produktion und Aneignung des Mehrwertes »freier« Arbeit durch den Kapitalisten, den Besitzer und Eigentümer der Produktionsmittel. Dadurch, dass die Anhänger der Weltsystem-Theorie Kapitalismus mit jeder Form der Surplus-Aneignung in Marktbeziehungen identifizieren, verschleiern sie die besondere Bedeutung des historisch spezifischen Verhältnisses zwischen Kapital und Lohnarbeit.

Darüber hinaus ist ein weiteres Problem mit der Weltsystem-Theorie verbunden. Ihre These von der einheitlichen globalen Klassenstruktur des Kapitalismus lässt keinen Raum für eine marxistische Staatstheorie. Sie ignoriert die Rolle des Staats als einem entscheidenden Element der kapitalistischen Klassen- und Herrschaftsverhältnisse.[72] In jeder kapitalistischen Gesellschaft verdichtet sich im Staat die Macht der herrschenden kapitalistischen Klasse und verbindet sich mit der von anderen herrschenden Klassen bzw. anderen kapitalistischen Staaten über Beziehungen der Klassensolidarität, während zugleich Wettbewerb auf wirtschaftlicher, politischer, »kultureller«, »ethnischer« etc. Ebene herrscht. Das trifft auch auf die kapitalistischen Staaten in der sogenannten Dritten Welt zu, die man nicht einfach als Anhängsel oder Staffage der entwickelten kapitalistischen Staaten abtun kann.

71 Marx: Grundrisse, MEW, Bd. 42, S. 214.

72 Vgl. hierzu ausführlicher Milios/Sotiropoulos: Rethinking Imperialism.

5.5 Die Geburt des Kapitalismus als eine aleatorische Begegnung: von Balibar zu Deleuze/Guattari und Althusser

Der erste, der sich näher mit Marx' Argumentation befasst hat, die Geburt des Kapitalismus habe mit dem »Gegenüber- und In-Kontakt-Treten« der Geldbesitzer und der Proletarier zu tun, war Étienne Balibar in seinem mit Louis Althusser herausgegebenen Band »Das Kapital lesen«[73] (das französische Original erschien erstmals 1965). Auf Marx' Überlegungen eingehend betont er:

> »Die beiden für die Konstitution der Struktur der kapitalistischen Produktion notwendigen Elemente haben jeweils eine relativ unabhängige Geschichte.«[74]

In den von Marx analysierten Beispielen erscheine

> »die Formierung freier Arbeit [...] in der Form einer Transformation der Agrarstrukturen, während die Konstituierung von großen Vermögen auf das Wirken von Kaufmannskapital und Finanzkapital zurückgeht, deren Bewegung sich außerhalb dieser Strukturen vollzieht, an den Rändern [...] oder ›in den Poren der [alten] Gesellschaft‹«.[75]

Diese These führt zu zwei weiteren wichtigen Feststellungen: (a) Zum einen kann all das, was vor der Geburt des Kapitalismus existierte, als eine Art Vorgeschichte jener Elemente betrachtet werden, die am Ende zusammenkamen und die kapitalistischen Verhältnisse hervorbrachten, und nicht als Vorgeschichte des Kapitalismus an sich, da dieses Zusammenkommen nicht vorhersehbar war. (b) Zum anderen ist die kapitalistische Produktionsweise nicht das zwangsläufige Ergebnis einer Evolution/Transformation der feudalen Produktionsweise. Der Grund:

> »Die alte Struktur hat sich nicht von sich aus selbst transformiert; sie ist vielmehr ganz im Gegenteil als solche geradezu ›verschwunden‹«.[76]

1972, einige Jahre nach dem Erscheinen von Balibars aufschlussreicher Analyse, beteiligten sich Gilles Deleuze und Félix Guattari mit ähnlichen Argumenten an der Debatte zu den Ursprüngen des Kapitalismus. Sie prägten in diesem Zusammenhang den Begriff der »Begegnung«, um damit das »Gegenüber- und In-Kontakt-Treten« des Geldbesitzers mit

73 Louis Althusser u.a.: Das Kapital lesen, Münster 2015.

74 Etienne Balibar: Die Grundbegriffe des historischen Materialismus, in: ebd., S. 441–592, hier S. 549.

75 MEW, Bd. 4, S. 347, zit. nach: ebd., S. 550.

76 Ebd., S. 553.

dem Proletarier zu beschreiben. In ihrer Analyse heben sie besonders hervor, dass diese »Begegnung« nicht von einer Notwendigkeit, sondern von historischer Kontingenz bestimmt war:

> »Das Aufeinandertreffen hätte auch *nicht* stattfinden, die freien Arbeiter und das Geldkapital hätten beiderseits ›virtuell‹ existieren können.«[77]

Auch Louis Althusser hat sich in seinen späten Schriften intensiv mit diesem Konzept auseinandergesetzt.[78] Eine von Althussers zentralen Thesen in »Materialismus der Begegnung« lautet:

> »Anstatt Kontingenz als eine Modalität der Notwendigkeit oder eine Ausnahme davon zu begreifen, müssen wir unter Notwendigkeit das Notwendig-Werden des Zusammentreffens von Kontingenzen verstehen.«[79]

Das bedeutet, dass »es keine Ursache gibt, die ihren Auswirkungen vorausgeht«.[80] Der Kapitalismus entstand zum einen durch die Begegnung des Geldbesitzers mit dem »Proletarier, der von allem befreit ist, außer von seiner Arbeitskraft«[81] (das sind schon zwei Elemente, die ihrer Begegnung vorausgingen). Zum anderen war er das Resultat eines bestimmten historischen Ereignisses, das es ermöglicht hatte, dass diese Begegnung überhaupt stattfinden und »greifen« konnte. Die Begegnung war aleatorisch, das heißt *nicht »vorherbestimmt«* (sie hätte womöglich auch gar nicht stattfinden können), oder es war *nicht absehbar, dass sie tatsächlich »greifen« würde* (sie hätte sich auch als vorübergehend und kurzlebig erweisen können). Althusser legt großen Wert auf den historischen Fakt, dass diese Begegnung nicht nur stattfand, sondern sich auch

77 Gilles Deleuze/Felix Guattari: Anti-Ödipus. Kapitalismus und Schizophrenie 1, Frankfurt a.M. 1977, S. 289; vgl. auch Gilles Deleuze/Felix Guattari: A Thousand Plateaus: Capitalism and Schizophrenia, Minneapolis 1987.

78 Nach Althusser handelt es sich um einen »Materialismus der Begegnung [...], der sich als ein ganz anderes Denken den verschiedenen genannten Materialismen entgegensetzt, einschließlich des Materialismus, der gewöhnlich Marx, Engels und Lenin zugeschrieben wird und der wie jeder Materialismus rationalistischer Prägung ein Materialismus der Notwendigkeit und der Teleologie ist, das heißt eine abgeänderte und maskierte Form des Idealismus«. (Louis Althusser: Materialismus der Begegnung. Späte Schriften, hrsg. von Franziska Schottmann, Zürich 2010, S. 21) Dieses Buch von Althusser, das erstmals 1993/94 erschien, war Ausgangspunkt für umfangreiche Veröffentlichungen von Marxisten zum Thema »Dialektik der Begegnung«. Vgl. z.B. Jason Read: Primitive Accumulation: The Aleatory Foundation of Capitalism, in: Rethinking Marxism 2/2002, S. 24–49; Warren Montag: Althusser, Houndmills/New York 2003; Vittorio Morfino: An Althusserian Lexicon, in: Borderlands e-journal, 2/2005; George Fourtounis: An Immense Aspiration to Being: The Causality and Temporality of the Aleatory, in: Katja Diefenbach u.a. (Hrsg.): Encountering Althusser. Politics and Materialism in Contemporary Radical Thought, London/New York 2013, S. 43–60.

79 Louis Althusser: Philosophy of the Encounter: Later Writings 1978–87, London 2006, S. 261.

80 Ebd., S. 173.

81 Ebd., S. 197.

– was er als noch wichtiger erachtete – in dieser Form als etwas sehr Dauerhaftes entpuppte:

> »Wir können sogar einen Schritt weitergehen und vermuten, *dass sich diese Begegnung in der Geschichte bereits mehrmals ereignet hatte, bevor sie im Westen stattfand,* aber dass sie zuvor aufgrund eines fehlenden Elements oder einer angemessenen Anordnung von Elementen nicht *»greifen« konnte.*«[82]

Ich halte die Beobachtung von einer »greifenden aleatorischen Begegnung«, die aufbauend auf Überlegungen von Balibar und Deleuze/Guattari vor allem Althusser ausformuliert hat, für besonders geeignet für meine weitere Analyse und Untersuchung. An dieser Stelle scheint es mir aber auch geboten, einige Punkte in Althussers Überlegungen anzusprechen, die mir widersprüchlich oder problematisch vorkommen.

Althussers zweiter Schritt bei seiner Studie zur Geburt des Kapitalismus war eine ausführlichere Beschäftigung mit der historischen Figur des Geldbesitzers, die bereits vor der Begegnung mit dem Proletarier und vor dem Zeitpunkt der Begegnung als solcher existierte. Nach Marx' Auffassung, die ich in Kapitel 2 dieses Buches ausführlicher dargestellt habe (und die z.B. von Balibar in »Das Kapital lesen« geteilt wird), war der Geldbesitzer auch der Eigentümer von durch »Wucher – besonders auch gegen das Grundeigentum ausgeübten – und durch Kaufmannsgewinne aufgehäuftem mobilen Vermögen.[83] Später stellte Althusser diese Einschätzung grundlegend infrage:

> »Was für die primitive Akkumulation gilt, gilt auch für den Eigner von Geld. Woher kommt dieser Eigner von Geld? Genau weiß man's nicht. [...]. Begnügt man sich wie Marx damit, das Kapital als eine Geldakkumulation zu definieren, die einen monetären Surplus produziert (G" = g + G'), lässt sich vom Finanz- und Handelskapitalismus sprechen. Allerdings ist das *ein Kapitalismus ohne Kapitalisten und Ausbeutung der Arbeitskräfte,* ein Kapitalismus, in dem der Tausch mehr oder weniger die Form einer Steuer annimmt, die nicht dem Wertgesetz gehorcht, sondern den diversen Praktiken der direkten oder indirekten Ausbeutung. An diesem Punkt stellt sich folglich die große Frage nach der Bourgeoisie.«[84]

82 Ebd., S. 198.

83 Marx: Grundrisse, MEW, Bd. 42, S. 412.

84 Dass Althusser infrage stellte, dass das Kapitalverhältnis in Geldform erscheint (existiert), führte ihn zu der folgenden fragwürdigen Schlussfolgerung: »Man musste nur 1850–1870 in Frankreich abwarten, um die Entstehung des Kapitalismus mitzuerleben.« (Althusser: Materialismus der Begegnung, S. 54f.)

Bemerkenswerterweise reduziert Althusser, indem er hier schreibt »ohne Ausbeutung der Arbeitskräfte«, den Kaufmannsgewinn auf eine »Ausbeutung zulasten der Handelspartner«. Das lässt vermuten, dass er ähnliche Positionen hinsichtlich der Bedeutung des Gelds und Handels für den Kapitalismus (bzw. für dessen Ursprünge) vertritt, das heißt, von deren Irrelevanz ausgeht – ähnlich wie die Repräsentanten der marxistischen Denktraditionen, mit denen ich mich in den ersten drei Abschnitten dieses Kapitels befasst habe, die die Figur des Geldbesitzers völlig ignorieren und die Kapitalisten in spe stattdessen in der Gruppe der wohlhabenden Bauern oder bei den Grundbesitzern auszumachen meinen.

Wir berühren hier eine Frage, die eine der umstrittensten Fragen in der gesamten marxistischen Literatur ist und die selbst Marx nicht eindeutig beantwortet hat. Es bedarf daher einer genaueren Beschäftigung mit der Rolle des Kaufmannskapitals, mit seinem spezifischen Charakter (ist es produktiv oder nur ausbeuterisch?) und mit seiner angeblichen Besonderheit im Verhältnis zu anderen Kapitalformen. Ich werde diese Aufgabe im nächsten (und letzten) Abschnitt dieses Kapitels angehen.

5.6 Die »Zirkulationsfrage«: Ist das Kaufmannskapital produktiv oder nicht?

Im ersten Band des »Kapitals«, in dem Marx den Begriff Kapital einführt, betont er die Einheit der »Sphären« von Produktion und Zirkulation. Die kapitalistische Produktion setzt Zirkulation voraus, da diese den ganzen Prozess in Gang bringt, der auf den Kauf bestimmter »Inputs« (Produktionsmittel und Arbeitskraft) folgt. Der Prozess selbst ist die Produktion von zum Verkauf bestimmter Waren, oder anders ausgedrückt: die Produktion für die Zirkulation (siehe Kapitel 1). Lassen wir hierzu Marx selbst zu Wort kommen:

> »Unser noch als Kapitalistenraupe vorhandner Geldbesitzer muss die Waren zu ihrem Wert kaufen, zu ihrem Wert verkaufen und dennoch am Ende des Prozesses mehr Wert herausziehn, als er hineinwarf. Seine Schmetterlingsentfaltung *muss in der Zirkulationssphäre und muss nicht in der Zirkulationssphäre vorgehn.*«[85]

Marx besteht darauf, dass jeder Kapitalist als Agent des Kapitalverhältnisses per Definitionem ein »Kaufmann« oder »Händler« ist und zugleich ein »Manager« der Arbeits- und Produktionsprozesse, was es dem Handel erlaubt, effektiv zu sein: Er kauft bestimmte Waren (Produktionsmittel und Arbeitskraft), um andere Waren zu einem höheren Preis zu verkaufen (solche Waren, die aus einem von ihm kontrollierten »Produktions-

85 Marx: Das Kapital I, MEW, Bd. 23, S. 180f., Hervorh. J.M.

prozess« hervorgehen).[86] Oder anders formuliert: Er ist bestrebt, *billig einzukaufen und teuer zu verkaufen*. Die Gebrauchswerte, die Teil des Prozesses der Kapitalverwertung sind, fungieren nur als Mittel zum Zweck. Das heißt, es ist egal, ob es sich dabei um materielle Güter oder Dienstleistungen handelt. Dieser Punkt wird in folgendem längeren Marx-Zitat deutlich:

> »Die kapitalistische Produktion ist nicht nur Produktion von Ware, sie ist wesentlich Produktion von Mehrwert. [...] Nur der Arbeiter ist produktiv, der Mehrwert für den Kapitalisten produziert oder zur Selbstverwertung des Kapitals dient. Steht es frei, ein Beispiel außerhalb der Sphäre der materiellen Produktion zu wählen, so ist ein Schulmeister produktiver Arbeiter, wenn er nicht nur Kinderköpfe bearbeitet, sondern sich selbst abarbeitet zur Bereicherung des Unternehmers. Dass Letztrer sein Kapital in einer Lehrfabrik angelegt hat statt in einer Wurstfabrik, ändert nichts an dem Verhältnis. Der Begriff des produktiven Arbeiters schließt daher keineswegs bloß ein Verhältnis zwischen Tätigkeit und Nutzeffekt, zwischen Arbeiter und Arbeitsprodukt ein, sondern auch *ein spezifisch gesellschaftliches, geschichtlich entstandnes Produktionsverhältnis*.«[87]

Ausgehend von diesen Erkenntnissen lässt sich festhalten, dass jedes kapitalistische Unternehmen, unabhängig von dem Wirtschaftszweig, in dem es tätig ist (primärer, sekundärer, Zirkulations- oder Finanzsektor), gleichzeitig ein Prozess des Warenkaufs ist. Es »entstehen Kosten«, durch den Erwerb von Produktionsmitteln und Arbeitskraft, um Waren – gewöhnlich in einer anderen Form und mit einem anderen Gebrauchswert – verkaufen zu können. Mit diesem Prozess, der die kapitalistische Produktion als Ganzes auszeichnet und einzigartig ist, werden Produktion und Zirkulation zusammengeführt. Marx schreibt dazu in den »Grundrissen«:

> »Insofern indes die Zirkulation selbst Kosten macht, selbst Surplusarbeit erheischt, erscheint sie selbst als in den Produktionsprozess eingeschlossen.«[88]

86 »Da [...] die ganze Masse der gesellschaftlichen Produktion – auf kapitalistischer Grundlage – als Warenkapital auf dem Markt zirkuliert, so ist es klar, dass aus dem Warenkapital sowohl die fixen und flüssigen Elemente des produktiven Kapitals, wie auch alle Elemente des Konsumtionsfonds herausgezogen werden; was in der Tat nichts andres heißt, als dass Produktionsmittel wie Konsumtionsmittel auf Basis der kapitalistischen Produktion zunächst als Warenkapital auftreten, wenn sie auch die Bestimmung haben, später als Konsumtions- oder Produktionsmittel zu dienen.« (Karl Marx: Das Kapital. Zweiter Band, in: MEW, Bd. 24, S. 209f.)

87 Marx: Das Kapital I, MEW, Bd. 23, S. 532, Hervorh. J.M.

88 Marx: Grundrisse, MEW, Bd. 42, S. 430.

Das Kaufmannskapital »erzeugt« also Kosten. Es beschäftigt Arbeitskraft und Produktionsmittel, um Tauschwerte (Waren) zu schaffen und zu verkaufen.[89] An den Parametern dieses Problems ändert auch der Umstand nichts, dass der selbe *Gebrauchswert* (z.B. eine Ladung von Coca-Cola-Flaschen) Teil des »Inputs« eines Kaufmannskapitalisten sein kann (zusammen mit den Schienen, auf denen die Flaschen von der Abfüllanlage zu den Lagerhäusern der Großhändler transportiert werden, der Arbeitskraft der Lastwagenfahrer und Träger etc.) und zugleich Teil des »Outputs« desselben Unternehmens. Selbstverständlich hat eine Flasche Coca-Cola überall den gleichen Gebrauchswert, aber sie hat *einen anderen Tauschwert*, je nachdem ob sie sich in den Einrichtungen eins Abfüllbetriebs, in den Lagerräumen eines Großhändlers und gar in den Verkaufsregalen eines Einzelhandels befindet – da in jedem der zuletzt genannten Fälle zusätzliche »Kosten« als Ergebnis eines in den »Produktionsprozess eingeschlossenen« Prozesses entstehen (Marx).

Marx hat in Band II des »Kapitals« ausführlich dargelegt, wie der allgemeine Kreislauf des Kapitals das Zusammentreffen dreier Momente oder einzelner Zirkulationsformen beinhaltet: die Zirkulation des Geldkapitals, die des produktiven Kapitals und die des Warenkapitals. Nach Ansicht bestimmter Marxisten ist es so, dass jeder einzelne Moment in diesem ganzen Prozess eine bestimmte Kapitalfraktion (Industrie-, Handels- und Finanzkapital) verkörpert, konstituiert oder zusammenhält.[90] Diese Art von Argumentation weicht jedoch radikal vom allgemeinen Geist der marxschen Analyse ab. Der von Marx beschriebene allgemeine Kreislauf des Kapitals kann nicht in teilweise sich selbst bewusste Elemente zerlegt werden. Im Gegenteil. Marx weist auf zwei wichtige Punkte hin: Zum einen betont er, dass die Verwertung des Kapitals Zirkulation voraussetzt; zum anderen macht er deutlich, dass der dargestellte Kreislauf des »Industriekapitals« dem Kreislauf des gesamtgesellschaftlichen Kapitals ähnelt und ein Muster des Kreislaufs *jedes einzelnen Kapitals* darstellt, unabhängig von der Fraktion oder dem Sektor, zu der oder dem es gehört. Er schreibt:

> »Betrachten wir nun die Gesamtbewegung G–W ... P ... W'–G', [...] Das Kapital erscheint hier als ein Wert, der eine Reihenfolge zusammenhängender, durch einander bedingter Verwandlungen durchläuft [...]

89 Marcus Rediker kommt in seiner Untersuchung des Siegeszugs des Kapitalismus in der Atlantik-Region und der Rolle, die dabei die Seeleute spielten, zu folgender Schlussfolgerung: »Das Lohnverhältnis, die für die Seefahrt typischen temporären Verträge, die hohe Mobilität und der leichte Wechsel der Kapitäne sowie die wichtige Rolle der Märkte im Leben der Seeleute beförderten und beschleunigten die Entwicklung hin zu kapitalistischen Produktionsverhältnissen.« (Rediker: Common Seamen, S. 339)

90 Die folgende Aussage von Callinicos ist hierfür typisch: »Marx unterscheidet zwischen drei Arten von Kapital: produktives Kapital, Handelskapital und Finanzkapital. [...] Mit Waren und mit Geld handelnde Kapitalisten sind in der Lage, sich einen Teil des in der Produktion erzeugten Mehrwertes über ihre wirtschaftlichen Funktionen zu sichern.« (Alex Callinicos: Bonfire of Illusions: The Twin Crises of the Liberal World, Cambridge 2010, S. 30)

> Zwei dieser Phasen gehören der Zirkulationssphäre an, eine der Produktionssphäre. [...] Dieser Gesamtprozess ist daher Kreislaufsprozess. [...] Das Kapital, welches im Verlauf seines Gesamtkreislaufs diese Formen annimmt [...], ist *industrielles Kapital* – industriell hier in dem Sinn, dass es *jeden kapitalistisch betriebnen Produktionszweig* umfasst. [...] Geldkapital, Warenkapital, produktives Kapital *bezeichnen hier also nicht selbstständige Kapitalsorten*, deren Funktionen den Inhalt gleichfalls selbstständiger und voneinander getrennter Geschäftszweige bilden. Sie bezeichnen hier nur besondre Funktionsformen des industriellen Kapitals, *das sie alle drei nacheinander annimmt.*«[91]

In diesem Zitat wird deutlich, dass Marx jede Form »*des Einzelkapitals als industrielles Kapital*« definiert, egal in welchem Produktionsbereich es eingesetzt wird. Des Weiteren erläutert er, dass innerhalb des eigenen Kreislaufs jedes »industrielle Kapital« stets alle aufeinanderfolgenden Phasen des Geldkapitals, des produktiven Kapitals und des Warenkapitals durchläuft. Unabhängig von seiner Herkunft nutzt *jedes Einzelkapital* Arbeitskraft, beutet diese aus und erzeugt so Mehrwert. Auch wenn dieses Kapital im Bereich von Handelsleistungen fungiert, durchläuft es zwangsläufig alle drei Stufen, um die Form von Geldkapital, Warenkapital (in der Form von Produktionsmitteln und Arbeitskräften vor dem Produktionsprozess und in Form des Outputs danach) und produktivem Kapital (während des Produktionsprozesses) anzunehmen.

Marx' Analyse der produktiven Arbeit und des Kapitalkreislaufs steht allerdings neben einem weiteren Diskursstrang in seinen Spätschriften, insbesondere in Band III des »Kapitals«. Diesem zweiten Strang zufolge gibt es zwei verschiedene Arten des nicht-produktiven Kapitals: Handels- und Finanzkapital.[92] Beide nutzen fremde Arbeitskraft, erzeugen aber keinen Mehrwert, da sie »ganz in den Zirkulationsprozess gebannt [sind], ohne durch das Intervall des Produktionsprozesses, der außerhalb seiner eignen Bewegung und Funktion liegt, unterbrochen zu werden«.[93] Bei Marx' Ausführungen bleibt jedoch absolut unklar, »wie völlig auf die Zirkulation beschränkt« diese keinen Mehrwert erzeugenden kapitalistischen Unternehmen sind. Er selbst bekräftigt die von ihm bereits zuvor formulierte These, dass

> »Transportindustrie, Aufbewahrung und Verteilung der Waren in einer distributablen Form als *Produktionsprozesse* zu betrachten sind, die innerhalb des Zirkulationsprozesses fortdauern«.[94]

91 Marx: Das Kapital II, MEW, Bd. 24, S. 56; einige Hervorh. J.M.

92 Marx: Das Kapital III, MEW, Bd. 25, S. 278ff.

93 Ebd., S. 280.

94 Ebd., S. 278f., Hervorh. J.M.

Daran anknüpfend fügt Marx hinzu: »Der Fuhrunternehmer, der Eisenbahndirigent, der Schiffsreeder sind keine Kaufleute.«[95] Aber *wer* sind dann die Kaufleute, wenn es sich als unmöglich herausstellen sollte, ein kapitalistisches Unternehmen zu betreiben, das mit Waren handelt, ohne an der »Lagerung und Verteilung« dieser Waren (Gebrauchswerte) beteiligt zu sein, ganz zu schweigen von ihrem Transport?

Marx scheint zumindest temporär ein eher physiokratisches Element von den klassischen Ökonomen »geerbt« zu haben, wonach Produktion nur dann stattfinden kann, wenn es zu einem spürbaren Wandel des *Gebrauchswerts* als solchem kommt. Daher gelangt er zu dem Schluss, dass in den Dienstleistungssektoren, in denen der Gebrauchswert unverändert bleibt, weder Kapital noch Arbeit produktiv wirken können. Wie bereits erörtert, werden jedoch in diesen kapitalistischen Unternehmen und Sektoren neue Werte und Mehrwerte zum gleichen Gebrauchswert hinzugefügt (z.B. durch Lagerung und Vertrieb, vom Transport ganz zu schweigen). In diesem Teil seines Werks (hauptsächlich in Band III des »Kapitals«) distanziert sich Marx von seiner eigenen Analyse, wonach das Kapital »sich selbstverwertender Wert ist«, unabhängig vom konkreten Wirtschaftszweig oder Tätigkeitsbereich. Vielmehr behauptet er hier: »Das Kaufmannskapital schafft daher weder Wert noch Mehrwert.«[96]

Ich habe bereits in Kapitel 2 angemerkt, dass diese Mehrdeutigkeit in den Schriften von Marx nicht nur Themen wie die produktive und nicht-produktive Arbeit im Kapitalismus betrifft. In Marx' Spätschriften finden sich zwei sich gegenseitig ausschließende theoretische Ansätze. Da haben wir zum einen den Strang, den Marx selbst »Kritik der Politischen Ökonomie« überschrieben hat (zu dem die monetäre Theorie von Geld und Kapital gehört). Zum anderen begegnen wir hier einer ausgeklügelten Version der klassischen (hauptsächlich ricardianischen) Politischen Ökonomie vom Wert als »verausgabter Arbeit«. In anderen Worten: Marx' Texte haben zwei Seelen und deren Verhältnis zur klassischen Politischen Ökonomie ist bis heute ungeklärt.

Hier zeigen sich Schwierigkeiten, aber auch die Bedeutung und das Ausmaß der von Marx angestoßenen theoretischen Revolution. Sie sind

95 Ebd., S. 300.

96 Ebd., S. 291. – In seinen »Ökonomischen Manuskripten« (1861-1863) schreibt Marx: »Transporting, Retailing (Dividing) (Measuring) and Warehousingcapital unterscheidet sich in fact, der Schein dem Circulationsproceß anzugehören, in nichts von andrem productivem Capital, als daß es besondre Sphären bildet, ganz wie agricultural, mining, manufacturing capital (nebst Unterabtheilungen) sich nur als besondre Sphären unterscheiden; daß sie verschiedne Gebrauchswerthe schaffen. Es entstehn also dadurch keine neuen Formunterschiede des Capitals im Allgemeinen, getrennt von der Rücksicht auf die aus der Natur des von ihm geschaffnen Gebrauchswerths hervorgehnden Eigenthümlichkeit seines Productionsprocesses.« (MEGA², Bd. II/3.5, S. 1574). Im Gegensatz zu dieser These heißt es in Band III des »Kapitals« (geschrieben zwischen 1863 und 1865): »Da der Kaufmann als bloßer Zirkulationsagent weder Wert noch Mehrwert produziert [...], so können auch die von ihm in denselben Funktionen beschäftigten merkantilen Arbeiter unmöglich unmittelbar Mehrwert für ihn schaffen.« (Marx: Das Kapital III, MEW, Bd. 25, S. 304).

charakteristisch für jeden theoretischen Bruch dieser Art, selbst in den Naturwissenschaften, und für *alle* Bemühungen, mittels grundlegender Kritik an einem etablierten Denksystem eine neue theoretische Disziplin zu begründen. Einige der Divergenzen unter Marxisten gehen zum Teil auf diese konzeptionellen Widersprüche in Marx' Schriften zurück. Bemerkenswerter ist jedoch, dass sich viele Marxisten so verhalten, als ob sie diese Widersprüche überhaupt nicht kennen würden, und die meisten von ihnen Marx' zweiten theoretischen Strang (seine Ambivalenz gegenüber der klassischen Arbeitstheorie und Physiokratie) als den einzigen wahren marxistischen Ansatz präsentieren.

6 —— Nicht-marxistische Sichtweisen auf die Ursprünge des Kapitalismus

6.1 Einleitung: der »Geist des Kapitalismus« und das Rätsel monetärer Profitformen in vorkapitalistischen Gesellschaften

Über mehr als drei Jahrzehnte war die Frage der Ursprünge des Kapitalismus Gegenstand von Forschung und Kontroversen unter Anhängern der deutschen »Historischen Schule der Nationalökonomie«.[1] Den Auftakt hierzu machte die Veröffentlichung »Der moderne Kapitalismus« von Werner Sombart im Jahr 1902, die Gustav von Schmoller 1903 kritisch rezensierte und Jakob Strieder ein Jahr darauf in seinem Buch verriss, weil er Sombarts Hauptthese zur Genese des Kapitalismus ablehnte. 1904 wurde Sombart an der Seite von Edgar Jaffé und Max Weber Herausgeber der Zeitschrift *Archiv für Sozialwissenschaft und Sozialpolitik*. In den ersten beiden Ausgaben der Zeitschrift (November 1904 und Mai 1905) veröffentlichte Max Weber seine später berühmt gewordene Abhandlung »Die protestantische Ethik und der Geist des Kapitalismus«. Webers Ansatz unterscheidet sich stark von Sombarts, obwohl beide Autoren die Auffassung teilten, dass es der Existenz eines bestimmten »Geistes des Kapitalismus« bedurfte, um dem Kapitalismus Leben einzuhauchen.

Zwischen 1911 und 1913 publizierte Sombart drei weitere Bücher, in denen er einige Kritikpunkte an Weber formulierte. 1916 veröffentlichte er eine überarbeitete und wesentlich längere Fassung seines Werks »Der moderne Kapitalismus«. Im selben Jahr legte Lujo Brentano eine scharfe Abrechnung mit Sombarts und Webers Interpretationen des Ursprungs des Kapitalismus vor. Weber reagierte darauf in späteren Ausgaben seiner »Protestantischen Ethik«. Es gab noch weitere Wirtschaftshistoriker der Historischen Schule der Nationalökonomie, die sich an dieser Debatte beteiligten, darunter Felix Rachfahl, der auf Grundlage seiner historischen Fallstudie zu den Niederlanden eine systematische Kritik an Webers Argumenten formulierte, Georg von Below, der sowohl Sombart als auch Weber widersprach, und Heinrich Sieveking, der einem Teil seiner eigenen Analyse die Ausführungen von Sombart und Weber

1 George Economakis/John Milios: Historical School. German, in: R.J. Barry Jones (Hrsg.): Encyclopaedia of International Political Economy, Bd. 2, London/New York 2001, S. 686f.

zugrunde legte.[2] Die umfassendste Kritik an Max Webers theoretischem Ansatz jenseits der deutschsprachigen Welt stammt von dem bekannten britischen Historiker Richard Henry Tawney.[3]

Bis heute wird Webers Buch kontrovers diskutiert, obwohl die meisten seiner Postulate wiederholt widerlegt wurden, insbesondere in früheren und aktuellen historischen Untersuchungen. Webers theoretisches Werk scheint dem Bedürfnis vieler zupass zu kommen, die sich ohne große Anstrengungen von der angeblich ökonomistischen Fundierung der marxistischen Argumentation abgrenzen wollen. Die Historische Schule der Nationalökonomie hat darüber hinaus mit gewissen Einlassungen einzelner Protagonisten und mit den Kontroversen unter ihnen den Sozialwissenschaften eine weitere problematische Vorstellung hinterlassen, die bei bestimmten Theoretikern oder Denkschulen bis heute Bestand hat: die Überzeugung, wonach der Kapitalismus mit allen auf monetäre Gewinne abzielenden Marktaktivitäten gleichzusetzen ist, insbesondere mit Handel im großen Umfang – also etwas, das man bereits in der Antike kannte. Diesem Ansatz zufolge gab es (Formen von) Kapitalismus bereits in Babylon, im alten Griechenland, im Römischen Reich etc. und ist dieser quasi Ausdruck von angeborenen Trieben der »menschlichen Natur«. Erstaunlicherweise hat selbst John Maynard Keynes diese Denkweise gestützt, wie später noch zu zeigen sein wird.

Dieses Kapitel beginnt mit einer kritischen Vorstellung der zentralen Argumente in der Auseinandersetzung deutscher Historiker über die Ursprünge des Kapitalismus. Dies soll auch als Grundlage für weitere Reflexionen zu den monetären und »unternehmerischen« Wurzeln des Kapitalismus sowie seinen ideologisch-kulturellen Voraussetzungen (das, was man eine bestimmte gesellschaftliche Subjektivität nennen könnte) dienen, da all dies zuweilen in gegenwärtigen marxistischen Erklärungsansätzen (siehe dazu Kapitel 5) zu kurz kommt. Anschließend werde ich auf einige neuere nicht-marxistische Kapitalismusstudien eingehen, die ähnlich wie Vertreter der Historische Schule der Nationalökonomie die strukturelle Rolle der Lohnarbeit bei der Herausbildung des Kapitalismus maßlos unterschätzen. Hierzu gehört das Werk von Fernand Braudel. Trotz seiner hilfreichen Unterscheidung zwischen Marktwirtschaft und Kapitalismus kümmert er sich kaum oder gar nicht um Formen der Klassenherrschaft und Ausbeutung, vernachlässigt die Bedeutung der Lohnarbeit als eine Bedingung *sine qua non* für die Herausbildung des Kapitalismus und fokussiert einseitig auf großunternehmerische Aktivitäten und Entwicklungen.

2 Felix Rachfahl: Wilhelm von Oranien und der niederlaendische Aufstand, Bd. II, Abt. II, Halle 1908; Georg von Below: Probleme der Wirtschaftsgeschichte, Berlin 1926; Heinrich Sieveking: Wirtschaftsgeschichte, Berlin 1935; Heinrich Sieveking Grundzüge der Neueren Wirtschaftsgeschichte vom 17. Jahrhundert bis zur Gegenwart, Wiesbaden 1928.

3 Richard Henry Tawney: Religion and the Rise of Capitalism, New York 1963.

6.2. Werner Sombarts »Moderner Kapitalismus« und die Kritik daran[4]

Werner Sombart war mit der marxschen Theorie bestens vertraut. 1894, während seiner Zeit als Professor an der Universität von Breslau, erschien ein kritischer Aufsatz von ihm zu Band III des »Kapitals«, in dem er vor allem Friedrich Engels redaktionelle Arbeit monierte.[5] Im Vorwort seines mehrbändigen Hauptwerks aus dieser Zeit, »Der moderne Kapitalismus«, distanzierte er sich zudem von seinem »verehrten Lehrer« Gustav von Schmoller mit den folgenden Worten:

> »Was mich von ihm und den Seinen trennt, ist das Konstruktive in der Anordnung des Stoffs, ist das radikale Postulat einheitlicher Erklärung aus letzten Ursachen, ist der Aufbau aller historischen Erscheinungen zu einem sozialen System, kurz ist das, was ich als das spezifisch Theoretische bezeichne. Ich könnte auch sagen: ist Karl Marx.«[6]

Sombart begreift Geschichte als die Aufeinanderfolge von verschiedenen sozialen Systemen, wobei er die Reihenfolge nicht von irgendwelchen natürlichen oder allgemeinen Gesetzen bestimmt sieht. Die Ablösung eines alten durch ein neues System hänge von historischen Kontingenzen ab. Er beschreibt die verschiedenen sozialen Systeme im Laufe der Geschichte folgendermaßen:

> »In dem wirtschaftlichen Leben der europäischen Völker folgten seit dem Niedergang der antiken Kultur drei große Epochen aufeinander: [...] eine vorwiegend agrarische Kultur [...], die handwerksmäßige Organisation [...]. Auf sie folgt diejenige Epoche, in der wir heute noch leben: deren innerste Eigenart gekennzeichnet wird durch das Vorwiegen kaufmännischen Wesens, d.h. also kalkulatorisch-spekulativ-organisierende Tätigkeit; die erfüllt ist von dem Grundgedanken, dass der Zweck des Wirtschaftens der Geldgewinn sei. Dieses Streben hat sich diejenige Organisation geschaffen, die wir am besten als kapita-

4 Werner Sombart: Der moderne Kapitalismus. Erster Band. Die Genesis des Kapitalismus, München/Leipzig 1902; ders.: Der moderne Kapitalismus. Historisch-systematische Darstellung des gesamteuropäischen Wirtschaftslebens von seinen Anfängen bis zur Gegenwart. Erster Band. Einleitung – Die vorkapitalistische Wirtschaft – Die historischen Grundlagen des modernen Kapitalismus, München/Leipzig 1916; ders.: Der moderne Kapitalismus. Historisch-systematische Darstellung des gesamteuropäischen Wirtschaftslebens von seinen Anfängen bis zur Gegenwart. Zweiter Band. Das europäische Wirtschaftsleben im Zeitalter des Frühkapitalismus vornehmlich im 16., 17. und 18. Jahrhundert, München/Leipzig 1916.

5 Werner Sombart: Zur Kritik des ökonomischen Systems von Karl Marx, in: Archiv für soziale Gesetzgebung und Statistik 7/1894, S. 555–594. – Auf diese Publikation folgte eine Korrespondenz zwischen Engels und Sombart. In einem Brief an Conrad Schmidt vom 12. März 1895 schreibt Engels: »Auch in Sombarts sonst sehr gutem Artikel über den III. Band finde ich diese Neigung, die Werttheorie abzuschwächen; er hatte offenbar auch eine etwas andre Lösung erwartet.« (Engels an Conrad Schmidt, 12.3.1895, in: MEW, Bd. 39, S. 434)

6 Sombart: Der moderne Kapitalismus [1902], S. XXIX

> listische bezeichnen. Auf die kapitalistische Kulturepoche folgt […] als vierte eine sozialistisch-genossenschaftliche.«[7]

Sombart zufolge zeichnet sich der Kapitalismus weder nur durch seine Markorientierung noch allein durch eine bestimmte Form des Unternehmertums aus. Er differenziert deutlich zwischen dem Handwerker – dem kleinen oder mittleren Händler und Unternehmer –, mit dem er ein spezifisches vorkapitalistisches System (»die handwerksmäßige Organisation«) verbindet – und dem Kapitalisten, der über weitreichendes Vermögen verfügt und auf dessen Vermehrung aus ist. Außerdem unterscheidet Sombart methodisch zwischen dem kapitalistischen *System*, dessen Funktionieren und Weiterentwicklung der Existenz bestimmter dem System inhärenter gesetzeskonformer Regeln bedürfe – »wenn es dereinst gelungen sein sollte, die Abhängigkeit vom Markte in eine beherrschende Regelung der Produktion und der Verteilung zu verwandeln, die blind wirkenden Marktgesetze aufzuheben« –, und dem *Entstehen* des Kapitalismus, das er für ein Ergebnis historischer Kontingenz oder des Zufalls hält.[8]

Nach Sombart fand die »zufällige« Geburt des Kapitalismus in dem Moment statt, als die Aktivitäten von bestimmten Wirtschaftssubjekten, die über große Mengen Geld verfügten, zusammenkamen mit den Aktivitäten anderer, mit *einem besonderen Unternehmergeist* ausgestatteter Wirtschaftssubjekte, was sich für den Kapitalismus als äußerst zweckdienlich erwiesen habe. Die Besitzer von großen Geldsummen (oder von Vermögen, das sich leicht in Geld umwandeln ließ) zählten Sombart zufolge zu einer spezifischen Kategorie von Grundeigentümern, nämlich solchen, die Grundstücke und Immobilien in den Städten besaßen. Die *Akkumulation* von solch *umfassendem Vermögen in einem handwerksmäßig organisierten Wirtschaftssystem* war für ihn daher die Vorbedingung für die Entstehung des Kapitalismus.

Infolge dieser Prozesse sei es zu einem zunehmenden »Geldreichtum« gekommen,[9] der jedoch deswegen nicht in Kapital umgewandelt werden konnte, weil es den meisten Grundherren an den notwendigen unternehmerischen Talenten und dem entsprechenden »Geist« gemangelt habe. Was die Herausbildung des Kapitalismus vorantrieb, war nach Sombart die *Übertragung von großem Vermögen an Grund und Boden* (in Italien und Flandern seit dem 13. Jahrhundert oder sogar schon früher) an Menschen, die von ihrem Wesen her bereits über die erforderlichen *kalkulatorischen, spekulativen und organisatorischen Fähigkeiten* oder den »kapitalistischen Geist» verfügten oder sich diesen aneignen konn-

7 Ebd., S. XXXI–XXXII.

8 Ebd., S. XVI. »Die Genese des kapitalistischen Wirtschaftssubjekts oder Wirtschaftsprinzips betrachten wir unter dem Gesichtspunkt der Zufälligkeit.« (Ebd., S. 398)

9 Ebd., S. 292ff.

ten. Dabei handelte es sich vorwiegend um Kaufleute, darunter konnten aber auch Kleinunternehmer sein, die dem handwerksmäßig organisierten Sozialsystem angehörten. Diese hätten aufgrund ihrer begrenzten ökonomischen Mittel niemals von sich aus Kapitalisten werden können, wenn nicht diese umfangreiche Grund- und Bodenübertragung (mittels Verpachtung, Vermählung etc.) stattgefunden hätte. Es war daher das Zusammentreffen dieser beiden verschiedenen gesellschaftlichen Akteure des Handwerkerzeitalters, das den Kapitalismus in die Welt brachte. Jemand, der über den »Geist des Kapitalismus« verfügte, konnte

> »Grundeigentum durch Schenkung, durch Belehnung, durch Erbschaft, durch Heirat (ein häufiger Fall) erwerben; er konnte in den Besitz erheblicher Bodenwerte oder Grundrenten durch Glücksfall oder Spekulation kommen: wenn er mit seinen Ersparnissen etwa Grundstücke zum landwirtschaftlichen Nutzungswerte aufkauft hatte, deren Preis dann durch die Ausdehnung der Stadt in die Höhe getrieben wurde.«[10]

Um die Ursprünge des Kapitalismus besser erklären zu können, führte Sombart die Vorstellung von einem bereits existenten »kapitalistischen Geist« als einem unabhängigen Faktor und der wichtigsten Voraussetzung dafür ein, dass sich ein neues (kapitalistisches) Gesellschaftssystem herausbilden konnte. Diese Vorstellung übernahmen später auch andere Vertreter der »Historischen Schule der Nationalökonomie«. Laut Sombart ist auch

> »die größte Geldakkumulation noch keineswegs schon hinreichende Voraussetzung auch nur für den Plan einer kapitalistischen Unternehmung. Was vielmehr [...] hinzutreten muss, um die akkumulierten Gelbeträge in Kapital zu verwandeln, ist der spezifisch kapitalistische Geist ihrer Besitzer.«[11]

Mit diesem Ansatz stellte sich Sombart gegen die Interpretationen anderer deutscher Wirtschaftshistoriker seiner Zeit, insbesondere gegen die Auffassung Gustav von Schmollers, wonach der Kapitalismus aus der Diversifizierung und Polarisierung der Gruppe der Kleinproduzenten in wohlhabende Unternehmer und Proletarier hervorgegangen ist (siehe unten). Folgt man dagegen Sombart, ließ der *geringe Umfang* der meisten handwerklichen Unternehmungen keinerlei Raum für die Akkumulation von großen Geldvermögen, was die Bedingung für die Herausbildung von Kapitalisten war.

10 Ebd., S. 300.
11 Ebd., S. 207f.

Des Weiteren lehnte Sombart zwei weitere Auffassungen ab, die in der Debatte, die der Veröffentlichung seines Buches »Der moderne Kapitalismus« folgte, eine maßgebliche Rolle spielten: erstens die Vorstellung, der Kapitalismus sei Resultat oder zumindest im Einklang mit der allgemeinen »menschlichen Natur«, und zweitens, Ausprägung und Verbreitung des »Geist des Kapitalismus« ließen sich vor allem mit dem Faktor Religion begründen:

> »Hinweise auf die menschliche ›Natur‹ und ihr innewohnenden Triebe sind völlig deplatziert. [...] Unzureichend erscheint mir auch eine Begründung modern-kapitalistischen Wesens mit der Zugehörigkeit zu bestimmten Religionsgemeinschaften. Dass der Protestantismus, zumal in seinen Spielarten des Calvinismus und Quäkertums, die Entwicklung des Kapitalismus wesentlich gefördert hat, ist eine zu bekannte Tatsache, als dass sie des Weiteren begründet zu werden brauchte. Wenn jedoch jemand gegen diesen Erklärungsversuch (etwa unter Verweis auf den seit dem Hochmittelalter in den italienischen Kommunen, aber auch in den deutschen Städten des 15. Jahrhunderts bei den allertreuesten Dienern der Einigen Kirche schon hoch entwickelten kapitalistischen Geist) einwenden wollte: die protestantischen Religionssysteme seien zunächst vielmehr Wirkung als Ursache des modern-kapitalistischen Geistes, so wird man ihm schwer die Irrtümlichkeit seiner Auffassung dartun können, es sei denn mit Hilfe eines empirischen Nachweises konkret-historischer Zusammenhänge.«[12]

Es sollte inzwischen deutlich geworden sein, dass Sombart in seinem Werk »Der moderne Kapitalismus« bestimmte Ideen von Karl Marx übernommen hat: das Verständnis von Kapitalismus als einem gesellschaftlichen Produktionssystem, das auf den Aktivitäten nach Profit strebender kapitalistischer Unternehmen beruht,[13] die Existenz des »Geldeigentümers« als Ausgangspunkt für die Herausbildung des Kapitalismus,[14] menschliches Handeln (oder das menschliche »Wesen«) als Ergebnis oder Ausdruck der Funktionsweise von Gesellschafts- und Produktionssystemen, die der kapitalistischen Akkumulation innewohnende Tendenz zur Grenzenlosigkeit[15] und die Schaffung des Proletariats als »letzte objektive

12 Ebd., S. 379ff. – Sombart bezieht sich an dieser Stelle auf ein Buch von Eberhard Gothein mit dem Titel »Wirtschaftsgeschichte des Schwarzwaldes und der angrenzenden Landschaften« (1892), in dem es heißt, »die calvinistische Diaspora ist zugleich die Pflanzschule der Kapitalwirtschaft« (zit. nach: Sombart: Der moderne Kapitalismus [1902], S. 381).

13 Vgl. ebd., S. 195.

14 Ebd., S. 207.

15 »Die Zwecke der kapitalistischen Unternehmung sind abstrakt und darum unbegrenzt.« (Ebd., S. 196)

Bedingung« für die Entstehung des Kapitalismus.[16] Es gibt aber auch eine Reihe von Punkten, an denen Sombart von der marxistischen Analyse abweicht. Von diesen nicht-marxistischen Auffassungen sind die folgenden für diese Untersuchung am wichtigsten: zunächst die These, dass der Kapitalismus aus einer handwerksmäßig organisierten Gesellschaftsformation hervorging, dann die Idee von einem »Geist des Kapitalismus« und schließlich die Vorstellung, dass es ein ideologisch-kulturelles Element gibt, über das der Geldbesitzer verfügen muss, damit sich der Kapitalismus entwickeln kann. Nach Sombart ist dieses Element von allen genannten Bedingungen die bedeutsamste Voraussetzung für die Entstehung des Kapitalismus. Oder in anderen Worten: Der Kapitalismus hätte sich ohne dieses ideologisch-kulturelle Element als Teil des Bewusstseins des Geldbesitzers niemals entfalten können.

Wie oben erwähnt, war für Sombart der für die Ermöglichung des Kapitalismus entscheidende Moment der, in dem diejenigen, die als Konsequenz ihrer gesellschaftlichen und ökonomischen Stellung bereits den »Geist des Kapitalismus« übernommen hatten (er meinte damit kleinere und mittlere Kaufleute und andere für die handwerksmäßig geprägte Periode typischen Kleinunternehmer, die mit eigenen Mitteln kein größeres Vermögen schaffen konnten), auf große Geldbesitzer trafen oder selbst zu solchen wurden (städtische Grundeigentümer oder Rentiers). Ich werde auf diesen Punkt noch zurückkommen, wenn ich mich mit einer weiteren Variante des Ansatzes vom »Geist des Kapitalismus«, nämlich der von Max Weber entwickelten, auseinandersetze. Diese spielt in gewissem Sinne bis heute eine bedeutsame Rolle in der nicht-marxistischen Debatte über das Entstehen des Kapitalismus.

An dieser Stelle will ich stattdessen näher auf die Einwände anderer Vertreter der »Historischen Schule der Nationalökonomie« gegen Sombart eingehen. Die meisten kritischen Beiträge zu Sombarts Buch »Der moderne Kapitalismus« stießen sich an der These vom »Geldreichtum« und von der Verschmelzung von Grundeigentümer und Kaufmann, also an der Behauptung, wonach das kleinere und mittlere Unternehmertum nicht aus eigenen Stücken, sondern nur mithilfe des Transfers großer, ursprünglich von den feudalen Grundherren angehäuften Geldsummen hätte kapitalistisch werden können.

Die erste kritische Rezension von Sombarts Buch stammte aus der Feder von Gustav von Schmoller, damals Professor an der Universität in Berlin, der behauptete, es sei der Fernhandel gewesen, der für eine Revolutionierung der handwerklichen Produktion gesorgt und damit die erforderlichen Bedingungen für die Herausbildung des Kapitalismus geschaffen habe:

16 Ebd., S. 217.

> »Wo der Fernabsatz beginnt, da fängt eben das alte Handwerk an, über seinen ursprünglichen Charakter hinauszuwachsen; da beginnt der schwere Kampf innerhalb der Zunft, ob der ärmere Meister sein Produkt an den reichen Mitmeister zum Fernvertrieb verkaufen dürfte; da beginnen die meist fehlgeschlagenen Versuche eines genossenschaftlichen Fernabsatzes [...], da fängt das Handwerk [...] an, in Hausindustrie überzugehen.«[17]

Eine ähnlicher Kritikpunkt findet sich in Jakob Strieders Buch »Zur Geschichte des modernen Kapitalismus«, erstmals 1903 erschienen, das die Entwicklung großbürgerlichen Grundbesitzes in Augsburg während des späten Mittelalters untersucht. Strieder, damals Doktorand der Geschichtswissenschaft an der Universität Bonn, erklärte, er habe Sombarts Hypothese seiner historischen Fallstudie zu Augsburg zugrunde gelegt. In anderen Worten: Er hatte die »induktive Methode« angewandt, um die Richtigkeit von Sombarts These zu überprüfen. Allerdings habe Sombarts Theorie dieser Prüfung nicht standgehalten. Strieder gelangte zu gänzlich anderen Schlussfolgerungen: Demnach sei Grundeigentum oder Grundrente in keinem der von ihm untersuchten Beispiele der Ursprung großen kaufmännischen oder industriellen Vermögens gewesen. Vielmehr sah er die Entstehung des modernen Kapitalismus mit seiner Polarisierung zwischen Kapitalisten und Proletariern als einen längeren historischen Prozess des allmählichen Wandels an, der mit dem traditionellen Handel und Handwerk begonnen habe:

> »Hier beginnt der Prozess, der im Verlaufe des XV. Jahrhunderts dazu führte, dass in der Weberzunft so heterogene Elemente sich vereinigt sahen. Ein von Sorgen gequältes, schlecht ernährtes Proletariat, am Webstuhl geboren, am Webstuhl sterbend, bleiche, tiefsinnige Gestalten, die sogenannten »armen Weber« [...] und auf der anderen Seite die Kapitalisten in dieser Zunft, Männer wie Hans Fugger, wie Hans Bimmel, wie Thomas Ehem, wie Jakob Hämmerlin, Männer mit weiter kaufmännischer Begabung, denen das Glück gelächelt hatte und die es zu zwingen verstanden.«[18]

17 Gustav von Schmoller, zit. nach: Jakob Strieder: Zur Genesis des modernen Kapitalismus. Forschungen zur Entstehung der großen bürgerlichen Kapitalvermögen am Ausgange des Mittelalters und zu Beginn der Neuzeit [1903/35], Augsburg 1968, S. 217.

18 Strieder: Zur Genesis des modernen Kapitalismus, S. 218. – Georg von Below, Professor für Mittlere und Neuere Geschichte an der Universität Münster, teilte diese Ansicht. Er schrieb: »Ich stimme mit Sombart darin überein, dass die Wirtschaften der mittelalterlichen Kaufleute nicht groß, dass ihre Gewinne nicht gewaltig waren. Aber es ist ja auch nicht notwendig, dass mit einem Male großer Reichtum geschaffen wurde. Es konnte Sandkorn auf Sandkorn gehäuft werden. [...] Wer sagt uns denn, dass für die Begründung einer kapitalistischen Unternehmung ein Kapital von exorbitanter Höhe erforderlich ist? Wir machen keineswegs die Beobachtung, dass nur die ganz reichen und die allerreichsten Personen großindustrielle Unternehmungen beginnen. (Below: Probleme der Wirtschaftsgeschichte, S. 489)

Im Jahr 1916 veröffentlichte Lujo Brentano, damals Professor an der Universität München, eine eigene Studie zu den Anfängen des Kapitalismus, in dessen Anhang er Sombarts Untersuchung einer ausführlichen Kritik unterzog.[19] Brentanos Kritik bestand im Wesentlichen aus den drei folgenden Argumenten:

a.) Der reiche Kaufmann mit großem Geldvermögen ist eine historische Figur, die es bereits in der Antike gab. Die Annahme, dass der Kaufmann bei seinem Bestreben, das für kapitalistische Unternehmungen benötigte Eigentum und Vermögen zu erwerben, von anderen Geldeigentümern abhängig war, entbehrt jeglicher Grundlage. Eine Handelsökonomie ist immer eine Geldwirtschaft und darauf aus, ständig die Geldeinkommen zu erhöhen. Meist geht sie mit Piraterie, Kriegen und (kolonialen) Plünderungen einher. Brentano vertritt hier eine ähnliche These wie Henri Pirenne, die lautet: Jedes Mal, wenn Kaufmannskapital eine Verbindung mit Grundeigentum einging, kam es zu Investitionen von Handelsgewinnen in Grund und Boden und nicht umgekehrt, wie Sombart behauptet, zu einer Stärkung des Handels durch das Vermögen der Grundherren.[20]

b.) Eine historische Epoche der handwerksmäßigen Gesellschaftsorganisation hat es nie gegeben. Das, was dem Kapitalismus vorausging, war eine feudale Gesellschaftsordnung, die auf Grundeigentum und persönlichen Abhängigkeitsbeziehungen basierte:

> »Das Handwerk hat sich im Altertum wie im Mittelalter in der Zeit des erwachsenen Kapitalismus nicht in einer führenden, sondern in einer durchaus untergeordneten Stellung im Wirtschaftsleben befunden [...] Die Herren, deren Willen die Wirtschaftsorganisation beherrschte, waren ganz überwiegend die Grundherren, und daneben nur erst schwach die neu aufkommenden Herren, die über das Kapital verfügenden Kaufleute [...] die kapitalistische Herrenstellung beginnt mit der feudalen Herrenstellung um die Oberhand zu ringen, und gerade die Entstehung des Kapitalismus hat das Gewerbe erst zur Emanzipation sowohl von den Herren außerhalb wie innerhalb der Städte geführt.«[21]

19 Lujo Brentano: Die Anfänge des modernen Kapitalismus, München 1916, S. 78ff.

20 »Es tauchte eine neue Vorstellung von Reichtum auf: der merkantile Reichtum, der nicht länger aus Grund und Boden, sondern aus Geld oder aus in Geld messbaren Handelswaren besteht. Im Laufe des 11. Jahrhunderts gab es bereits in einer Reihe von Städten erste echte Kapitalisten [...]. Diese in der Stadt lebenden Kapitalisten nahmen bald die Gewohnheit an, einen Teil ihrer Gewinne in Grund und Boden zu stecken. Das beste Mittel zur Konsolidierung ihres Vermögens und ihrer Kredite war in der Tat der Erwerb von Land. So floss ein Teil ihrer Profite in den Kauf von Liegenschaften, zuerst in der Stadt, in der sie lebten, und später auf dem Land. Vor allem verwandelten sich viele von ihnen in Geldverleiher.« (Henri Pirenne: Medieval Cities: Their Origins and the Revival of Trade, Princeton/Oxford 2014, S. 143f.)

21 Brentano: Die Anfänge des modernen Kapitalismus, S. 82f.

c) Die Tendenz zur grenzenlosen Anhäufung monetären Vermögens ist keine Auswirkung eines »Geistes des Kapitalismus«. Das Streben danach, immer mehr Geld zu besitzen, ist Teil der menschlichen Natur und zeichnete einflussreiche Kaufläute und Händler schon lange vor dem Aufstieg des Kapitalismus aus. Im Unterschied zu den untergeordneten und abhängigen sozialen Gruppen (Kleinbauern, Handwerker etc.), die sich mit Subsistenzwirtschaft zufriedengaben, machte den Großkaufmann schon immer sein Drang nach unbeschränktem Geldverdienen aus:

> »Lang vor dem Aufkommen des Kapitalismus gab es unter ihnen die Neigung zum unbegrenzten Erwerb.«[22]

So haben sich in dieser Auseinandersetzung, die wir »Sombart-Debatte« nennen können, zwei Auffassungen herauskristallisiert, die auch in marxistischen Diskussionen des 20. Jahrhunderts wiederkehrten: erstens die Auffassung, dass der Kapitalismus sich aus einer allmählichen Polarisierung der Gruppe der Kleinproduzenten entwickelt hat, von denen sich die einen in Kapitalisten und die anderen in Proletarier verwandelten; und zweitens die Auffassung, dass der Handel die treibende Kraft beim Aufstieg des Kapitalismus war. Am Ende war es jedoch die These vom »Geist des Kapitalismus«, die am stärksten die Kontroversen zwischen deutschen Wissenschaftlern in den ersten drei Jahrzehnten des 20. Jahrhunderts bestimmte und bis heute überall auf der Welt von Sozialwissenschaftlern debattiert wird.

Sombart hat wiederum in gewisser Weise Marx' Ansatz, wonach die Geburt des Kapitalismus auf eine »aleatorische Begegnung« zwischen dem Geldbesitzer und anderen Wirtschaftssubjekten zurückgeht, bewahrt und reproduziert. Für ihn sind die anderen Wirtschaftssubjekte jedoch nicht die Proletarier, es ist vielmehr das nicht-kapitalistische Unternehmertum, das für ihn den »Geist des Kapitalismus« verkörpert. Diese eklatante Vernachlässigung der Rolle der Lohnarbeit zeigt sich noch auffälliger in den Untersuchungen anderer nicht-marxistischer Autoren.

6.3 Max Weber und die Kontroverse um den »Geist des Kapitalismus«

Werner Sombart verstand den »Geist des Kapitalismus«, wie erwähnt, als einen entscheidenden unabhängigen Faktor im Prozess der Herausbildung des kapitalistischen Systems, der – obwohl er dem Kapitalismus vorausgegangen sei[23] – *sozial und ökonomisch bedingt gewesen sei.*

---

22 Ebd., S. 111.

23 »Dass erst einmal (in den Anfängen) kapitalistischer Geist vorhanden sein musste (wenn auch in noch so embryonaler Gestalt), um eine erste kapitalistische Organisation ins Leben zu rufen, ergibt sich aus der logischen Erwägung, die wir gerade angestellt haben [...].« (Werner Sombart: Der Bourgeois. Zur Geistesgeschichte des modernen Kapitalismus, München/Leipzig 1913, S. 444)

Es waren für ihn nicht die Ideen von Vordenkern einer intellektuellen Bewegung, einer Philosophie oder einer Religion, die den »Geist des Kapitalismus« bestimmten, sondern eine gewisse Lebens- und ökonomische Handlungsweise, die zwangsläufig auf die Herausbildung eines »kalkulatorisch-spekulativ-organisierenden« Geistes des Kapitalismus hinausgelaufen sei.

In seinen späteren Werken hat Sombart die Vorstellung vom »Geist des Kapitalismus« erweitert. In seinen Überlegungen zum »Zeitgeist« reflektierte er über das allgemeine ideologische und kulturelle gesellschaftliche Klima in der Phase des Übergangs im späten Mittelalter: »Wie Wellen im Meere löst eine Lebensgestaltung die andere ab.«[24]. In diesem Zusammenhang geht er auf das veränderte Sexualverhalten bestimmter sozialer Schichten ein, was den Beginn der Herausbildung einer neuen, mit den Ideologien und Praktiken des »freien Individuums« verbundenen Ethik markiert habe. Hier sei eine neue kapitalismuskompatible Form der Subjektivität entstanden. Er schreibt:

> »Ich wüsste nicht, welches Ereignis für die gesamte Lebensgestaltung der alten und neuen Gesellschaft wichtiger gewesen wäre als die Wandlungen, die die Beziehung der Geschlechter zueinander seit dem Mittelalter bis in die Zeit des Rokoko hinein durchmachen. [...]. Eine grundsätzlich andere Auffassung vom Wesen der Liebe dringt in weitere Kreise wohl zuerst in den Jahrhunderten des ›Minnesangs‹ ein; das heißt also etwa seit dem 11. Jahrhundert, das ja für die Verweltlichung der Lebensführung in jeder Hinsicht den Anfang bildet.«[25]

Nach Sombart war das Aufkommen dieser neuen Haltung zur eigenen Sexualität und zum anderen Geschlecht eng mit der Verbreitung eines bestimmten wirtschaftlichen Handelns verbunden, genauer mit der Tendenz zu mehr Luxus und Konsum an den Adelshöfen und in den Haushalten der wohlhabenden Kaufleute, Fabrikanten und höheren Staatsbeamten. Er folgerte daraus: »So zeugt der Luxus, der selbst ein legitimes Kind der illegitimen Liebe war, den Kapitalismus.«[26] Nachdem sich der Kapitalismus erst einmal als ein gesellschaftliches System stabilisiert hatte, habe das funktionierende System selbst auf »natürliche Weise« zu einer Stärkung des »Geistes des Kapitalismus« beigetragen:

> »Je weiter die kapitalistische Entwicklung fortschreitet, von desto größerer Bedeutung wird sie für die Gestaltung des kapitalistischen Geistes [...]. Das System sitzt in dem Gehäuse der kapitalistischen Unter-

24 Werner Sombart: Luxus und Kapitalismus, Berlin 1913, S. 48.

25 Ebd., S. 48f.

26 Ebd., S. 206.

> nehmung wie ein unsichtbarer Geist: ›es‹ rechnet, ›es‹ führt Buch, ›es‹ kalkuliert, ›es‹ bestimmt Lohnbeträge; ›es‹ spart, ›es‹ registriert usw. Es tritt dem Wirtschaftssubjekt mit selbstherrlicher Gewalt gegenüber; es fordert von ihm; es zwingt ihn. Und es rastet nicht; es wächst; es vervollkommnet sich. Es lebt sein eigenes Leben.«[27]

Gustav von Schmoller stellte in seiner kritischen Besprechung von »Der moderne Kapitalismus« eine alternative Überlegung an, wonach der Kapitalismus das Resultat bestimmter psychologischer Befindlichkeiten, bestimmter Gepflogenheiten und Institutionen und weniger das Ergebnis bestimmter ökonomischer Prozesse gewesen sei.[28] Max Weber griff während eines Sabbatjahrs als Professor an der Universität in Heidelberg diese Vorstellung von einer spezifischen psychologisch-institutionellen Fundierung des Kapitalismus auf und entwickelte die von Sombart eingeführte These vom »Geist des Kapitalismus« in eine andere Richtung weiter. Heraus kam ein Konzept, das zu der Abstinenztheorie von William Nassau sen. passte. Demnach wirkte der nach der Reformation herausgebildete asketische Geist des Calvinismus als »Geist des Kapitalismus« und trieb die Entstehung des modernen Kapitalismus voran.

Weber teilte mit Sombart die Überzeugung, wonach »der ›Geist des Kapitalismus‹ [...] vor der ›kapitalistischen Entwicklung‹ da war«.[29] Er fasste seine Sichtweise wie folgt zusammen:

> »Die innerweltliche protestantische Askese [...] wirkte also mit voller Wucht gegen den unbefangenen Genuss des Besitzes, sie schnürte die Konsumtion, speziell die Luxuskonsumtion, ein. Dagegen entlastete sie im psychologischen Effekt den Gütererwerb von den Hemmungen der traditionalistischen Ethik [...] Der Kampf gegen Fleischeslust und das Hängen an äußeren Gütern waren [...] kein Kampf gegen rationalen Erwerb, sondern gegen irrationale Verblendung des Besitzes. [...] Und halten wir nun noch jene *Einschnürung der Konsumtion* mit dieser Entfesselung des Erwerbsstrebens zusammen, so ist das äußere Ergebnis naheliegend: *Kapitalbildung durch asketischen* Sparzwang.«[30]

27 Sombart: Der Bourgeois, S. 445ff.

28 »Gewiss spielt das Kapital in der heutigen Volkswirtschaft eine große Rolle; aber erklären werden wir diese nur psychologisch, aus den Menschen einer bestimmten Zeit, Rasse, Nationengruppe und ihren Seelenkräften heraus, ferner aus den psychischen Niederschlägen dieser Kräfte, den Ideen und Moralsystemen der Zeit, den Sitten und dem Recht, den Institutionen der Zeit, welche wieder auf die Menschen, ihr Streben, ihren Erwerbstrieb usw. zurückwirken.« (Schmoller, zit. nach: Ebner, Alexander: Schumpeter and the »Schmollerprogramm«: Integrating Theory and History in the Analysis of Economic Development, in: Journal of Evolutionary Economics 10/2000, S. 355–372)

29 Max Weber: Die protestantische Ethik und der Geist des Kapitalismus, in: Archiv für Sozialwissenschaften und Sozialpolitik 1/1904, S. 1–54, hier S. 23.

30 Max Weber: Die protestantische Ethik und der Geist des Kapitalismus, in: Archiv für Sozialwissenschaften und Sozialpolitik, Heft 1, S. 1–110, hier S. 78f., Hervorh. J.M. – W. Nassau Senior behauptete, der Gewinn (und der Zins) sei eine Belohnung für die Enthaltsamkeit vom sofor-

Wie bereits erwähnt, hatte Werner Sombart die Verknüpfung des »kapitalistischen Geistes« mit der protestantischen Ethik bereits vor der Veröffentlichung von Max Webers Buch als irreführend abgetan. Er vertrat die Ansicht, »die protestantischen Religionssysteme seien zunächst vielmehr Wirkung als Ursache des modern-kapitalistischen Geistes« gewesen.[31] In seinen beiden später erschienenen Büchern »Die Juden und das Wirtschaftsleben« (1911) und »Der Bourgeois. Zur Geistesgeschichte des modernen Wirtschaftsmenschen« (1913) kritisierte er Weber auf der Grundlage von zwei weiteren Argumenten: (a) Die wesentlichen Ideen und Werte des Calvinismus, die Weber zufolge verantwortlich für den Aufstieg des modernen Kapitalismus gewesen seien, könne man ebenso im Judaismus finden, und (b) der Protestantismus gehe auf eine soziale Bewegung zurück, die sich gegen bereits existierende kapitalistische Verhältnisse gerichtet habe. Für Sombart stand fest,

> »dass die tragenden und für die kapitalistische Entwicklung bedeutsamen Ideen des Puritanismus in der jüdischen Religion viel schärfer und natürlich auch viel früher ausgebildet worden seien«.[32]
>
> »Der Protestantismus bedeutet zunächst auf der ganzen Linie eine ernste Gefahr für den Kapitalismus und insbesondere die kapitalistische Wirtschaftsgesinnung. [...] Wir sahen, wie der puritanische Sittenprediger im Grunde seines Herzens allem Erwerbsstreben abhold war [...] Gerade zu weitausschauenden oder gar abenteuerlichen Unternehmungen hat diese ihre Anhänger am wenigsten geführt; höchstens zu einem wohltemperierten Krämertum. [...] Insbesondere also wo der Kalvinismus – den Sieg davontrug, wird man zunächst eine starke Feindschaft der Kirche gegen den Kapitalismus und seinen Geist feststellen müssen [...] Das heißt den kapitalistischen Geist doch gar zu eng auffassen, wenn man ihn in dieser Weise immer wieder in allen seinen Ausstrahlungen auf den Puritanismus zurückführt.«[33]

tigen Konsum: »Auf uns zugänglichen Genuss zu verzichten oder weit entfernt liegende Ziele zu verfolgen statt auf unmittelbare Resultate aus zu sein, das gehört zu den schmerzhaftesten Anstrengungen des menschlichen Willens. [....] Welch *ein Opfer an sofortigem Vergnügen* muss es für den Kapitalisten, der zuerst die Mine geöffnet hat, gewesen sein, zu erkennen, dass deren Produkt die Nägel und der Hammer des Zimmermanns sind! Wie viel *Arbeit musste an entfernten Ergebnissen ausgerichtet sein,* vor allem von denjenigen, die die Instrumente entwickelten, die es für das Funktionieren der Mine bedurfte!« (Nassau Senior: An Outline of the Science of Political Economy, London 1951, S. 60 u. 68)

31 Sombart: Der moderne Kapitalismus [1902], S. 381.

32 Werner Sombart: Die Juden und das Wirtschaftsleben, Leipzig 1911, S. 292 – Dieses Argument verbleibt allerdings völlig in Webers Logik (wonach eine religiöse Gruppe die »Trägerin« einer bestimmten Ethik ist, die für die Entstehung und Weiterentwicklung des Kapitalismus gesorgt hat) und gab Weber die Gelegenheit einer simplen Entgegnung: »Den Mitjuden gegenüber ist die jüdische Ethik durchaus unzweifelbar traditionalistisch.« (Max Weber: Wirtschaft und Gesellschaft. Grundrisse der verstehenden Soziologie, Heidelberg, S. 368)

33 Sombart: Der Bourgeois, S. 323f. – Vgl hierzu ein Zitat aus den Schriften von Martin Luther: »Also ist auch kein grösser Menschenfeind auf Erden (nach dem Teufel) denn ein Geitshals und Wucherer, denn er will über alle Menschen Gott sein [...] Und so man die Strassenräuber, Mör-

Webers Thesen zur Bedeutung der protestantischen Ethik stießen auch bei anderen damaligen Kollegen wie Felix Rachfahl oder Lujo Brentano auf Ablehnung.[34] Der Erstere verwies darauf, dass sich im 17. Jahrhundert die reichen Unternehmer in Holland von der calvinistischen Lehre abgewandt hätten, während der Letztere Webers gesamte Analyse einer ausführlichen Kritik unterzog. Brentano betonte, dass es in Italien bereits lange vor der Reformation zu Bestrebungen gekommen war, sich vom religiösen Traditionalismus zu emanzipieren, im Gegensatz zu den protestantisch und calvinistisch geprägten Regionen.[35] Er gab zudem zu bedenken, dass Calvinismus und Puritanismus eher eine feindselige Haltung gegenüber »Big Business« und unbeschränktem Geldverdienen eingenommen hätten, und warf Weber und seinem Konzept des »Geist des Kapitalismus« vor, tatsächlich eher der Arbeitsethos des Krämers und des Kleinbürgertums erfasst zu haben:

> »Es setzt meines Erachtens schon eine starke Voreingenommenheit voraus, um diese biederen, durchaus kleinbürgerlichen Klugheitsregeln zu einer ›Philosophie des Geistes‹ zu stempeln.«[36]

In seinem berühmt gewordenen Buch »Religion and the Rise of Capitalism« (Erstveröffentlichung 1916) sah sich der Historiker Richard Tawney von Brentanos Ausführungen zu folgendem Kommentar inspiriert:

> »Brentanos Kritik [...] erscheint mir plausibel [...]. Schaut man sich Venedig und Florenz oder den Süden Deutschlands und Flandern an, dann gab es dort im 15. Jahrhundert einen Überfluss an ›kapitalisti-

der und Beuheder, redert und köpfet, wie viel mehr solt man alle Wucherer redern und edern ... verjagen, verfluchen und köpffen.« (Martin Luther: »An die Pfarrherrn, wider den Wucher zu predigen. Vermanung« [1540], zit. nach: Marx: Das Kapital I, MEW, Bd. 23, S. 619)

34 Felix Rachfahl: Wilhelm von Oranien und der niederlaendische Aufstand, 3Bde., Bd I, Bd. II, Abt. I u. II, Halle 1906–1908; vgl. auch Hans J. I. Bakker: The Weber-Rachfahl Debate: Calvinism and Capitalism in Holland? (Teil 1), in: Michigan Sociological Review, Jg. 17, Herbst 2003, S. 119–148; Wolfgang J. Mommsen/Jürgen Osterhammel (Hrsg.): Max Weber and His Contemporaries, New York 1987; Brentano: Die Anfänge des modernen Kapitalismus.

35 »Nicht nur aber, dass Webers Theorie die Emanzipation vom Traditionalismus ignoriert, welche in Italien zur glänzendsten Entfaltung des Kapitalismus geführt und es in der zweiten Hälfte des Mittelalters zum reichsten Land in Europa gemacht hat.« (Brentano: Die Anfänge des modernen Kapitalismus, S. 134). Zehn Jahre später wiederholte Georg von Below diese Kritik: »Um zu dem viel erörterten Problem des Zusammenhangs zwischen Kalvinismus und Kapitalismus ein Wort zu sagen [...] Für das Entstehen des Kapitalismus ist er nicht maßgebend gewesen, da dieser an verschiedenen Plätzen ohne ihn entstanden ist.« (Below: Probleme der Wirtschaftsgeschichte, S. 431)

36 Brentano: Die Anfänge des modernen Kapitalismus, S. 149. – Marx hat deutlich herausgestellt, dass der Kapitalist in ebenseiner Rolle nicht auf ein gewisses Maß an Luxus verzichten kann: »Auf einer gewissen Entwicklungshöhe wird ein konventioneller Grad von Verschwendung, die zugleich Schaustellung des Reichtums und daher Kreditmittel ist, sogar zu einer Geschäftsnotwendigkeit des ›unglücklichen‹ Kapitalisten. Der Luxus geht in die Repräsentationskosten des Kapitals ein. [...] Damit entwickelt sich gleichzeitig in der Hochbrust des Kapitalindividuums ein faustischer Konflikt zwischen Akkumulations- und Genusstrieb.« (Marx: Das Kapital I, MEW, Bd. 23, S. 620)

> schem Geist‹, ganz einfach deswegen, weil diese Orte und Gegenden die größten Handels- und Finanzzentren ihrer Zeit waren – obwohl sie alle zumindest offiziell katholisch waren. [...] Selbstverständlich gingen materielle und psychologische Veränderungen Hand in Hand, wobei die Letzteren eine Reaktion auf die Ersteren waren. Aber es scheint mir doch eher aufgesetzt, so zu tun, als ob erst dann kapitalistische Unternehmen hätten entstehen können, nachdem religiöse Veränderungen einen kapitalistischen Geist hervorgebracht hatten. Wie Brentano betont, war Machiavelli mindestens genauso mächtig wie Calvin, was die Beschränkung ethischer und moralischer Normen angeht.«[37]

Neuere historische Untersuchungen haben die oben genannten Kritikpunkte an Weber bekräftigt. Luciano Pellicani geht so weit zu behaupten, bei Webers zentraler These handele es sich um nichts anderes als »Geschichtsverzerrung«:[38]

> »Webers These lässt sich nicht aufrechterhalten, nicht nur aus den von Richard Tawney genannten Gründen, sondern auch, weil man sich nichts vorstellen kann, was dem modernen kapitalistischen Geist mehr hätte widersprechen können als die reformierten Sekten und ihre Prediger, wie sie endlos vor dem Schrecken des Mammons warnen, der alle und jedes korrumpiert, erniedrigt und prostituiert.«[39]

Weder Weber noch seine Anhänger haben jemals mit überzeugenden Argumenten auf die Kritik am »Calvinismus als Kern des Geistes des Kapitalismus« reagiert. Trotzdem ruft »Die protestantische Ethik« unter Soziologen bis heute eine »mysteriöse Faszination« hervor, »die zum Teil an Verwirrung grenzt«.[40] Meiner Auffassung nach hat der Erfolg von Webers Buch, das ganz offensichtlich schlampig mit historischen Fakten umgeht und auf falschen Behauptungen eine Gesellschaftstheorie aufbaut, damit zu tun, dass es von vielen als »antimarxistisches Manifest« wahrgenommen wurde. Er selbst deutete es als den Versuch, die angeblich durch die marxistische Theorie vorgenommene Umkehr von Ursache und Wirkung wieder rückgängig zu machen:

> »Auf die Vorstellung des naiven Geschichtsmaterialismus, dass derartige ›Ideen‹ als ›Widerspiegelung‹ oder ›Überbau‹ ökonomischer

37 Tawney: Religion and the Rise of Capitalism, S. 262.

38 Pellicani: Genesis of Capitalism, S. 50.

39 Ebd., S. 37.

40 Ebd., S. 48. – Fernand Braudel teilt diese Einschätzung zu Weber: »Alle Historiker lehnen diese These ab, obwohl es ihnen nicht gelungen ist, sie ein für allemal zu entkräften. Immer wieder taucht sie auf.« (Fernand Braudel: Die Dynamik des Kapitalismus, Stuttgart 1991, S. 61)

> Situationen ins Leben treten, werden wir eingehender erst später zu sprechen kommen. An dieser Stelle genügt es für unseren Zweck wohl, darauf hinzuweisen, daß jedenfalls ohne Zweifel im Geburtslande Benjamin Franklins (Massachusetts) der ›kapitalistische Geist‹ [...] vor der ›kapitalistischen Entwicklung‹ da war. [...] In diesem Falle liegt also das Kausalverhältnis jedenfalls umgekehrt als vom ›materialistischen‹ Standpunkt aus zu postulieren wäre.«[41]

Dass Weber hier nahelegt, Massachusetts im 18. Jahrhundert (oder Philadelphia, wo Franklin nach seinem 17. Lebensjahr lebte) sei nicht von der kapitalistischen Produktionsweise beherrscht gewesen, verrät ein sehr defizitäres Verständnis dessen, was Kapitalismus eigentlich ausmacht. Für viele Wissenschaftler scheinen antimarxistische Vorurteile jedoch wichtiger (gewesen) zu sein als eine fundierte Theorie des Kapitalismus und seiner Ursprünge. Diese theoretische Voreingenommenheit drückt sich des Weiteren darin aus, dass in den heutigen Sozialwissenschaften die Idee vom »Geist des Kapitalismus« als unverzichtbare Voraussetzung für den Siegeszug des Kapitalismus fast immer auf Max Weber zurückgeführt wird. Dabei war es Werner Sombart, der als Erster in seinem Werk »Der moderne Kapitalismus« diese These aufgebracht hat genauso wie die Vorstellung, dass sich der Kapitalismus niemals hätte ausbreiten können, wenn ihm nicht ein gewisser »kapitalistischer Geist« vorausgegangen wäre. Es kann der Eindruck entstehen, als seien Sombarts Ansatz und Ausführungen zum »Geist des Kapitalismus«, mit denen wir uns in diesem Kapitel ausführlich beschäftigt haben, nicht »antimarxistisch« genug gewesen, um von den konventionellen Sozialwissenschaften erinnert zu werden. Und was auffällt: Sie sind anscheinend auch nicht marxistisch genug, um von den Marxisten beachtet zu werden.

6.4 Kapitalismus in der Antike?

Wie in Abschnitt 6.2 beschrieben, hat Max Weber die von Werner Sombart stammende These aufgegriffen und modifiziert, wonach der Kapitalismus in dem Moment entstand, als ein bereits vorhandener »Geist des Kapitalismus« auf bestimmtes wirtschaftliches Handeln traf und dieses veränderte. Allerdings ist Weber dieser Geschichtsinterpretation nicht treu geblieben. Stattdessen hat er an anderer Stelle ein noch wesentlich vageres Kapitalismuskonzept vertreten, indem er zwischen einem modernen (oder westlichen) Kapitalismus und einem vormodernen

41 Weber: Die protestantische Ethik [1904], S. 23f. – Dieses Argument kennen wir auch von Webers Anhängern. So schrieb zum Beispiel Heinrich Sieveking während seiner Zeit als Professor an der Universität in Hamburg: »Es ist nicht möglich, mit Marx aus den Produktionsverhältnissen alles Übrige zu erklären, vielmehr ist im Anschluss an Max Weber gerade auch der Einfluss der geistigen Bewegung auf die Gestaltung der Wirtschaft zu verfolgen.« (Sieveking: Wirtschaftsgeschichte, S. V)

(oder traditionellen) Kapitalismus unterschied und behauptete, Kapitalismus habe es bereits in der Antike gegeben:

> »In diesem spezifischen Sinne wird hier der Begriff ›Geist des Kapitalismus‹ gebraucht. Natürlich: des modernen Kapitalismus. Denn dass hier nur von diesem westeuropäisch-amerikanischem Kapitalismus die Rede ist, versteht sich angesichts der Fragestellung von selbst. ›Kapitalismus‹ hat es in China, Indien, Babylon, in der Antike und im Mittelalter gegeben. Aber ebenjenes eigentümliche Ethos fehlte ihm, wie wir sehen werden.«[42]

Bemerkenswerterweise stimmt Lujo Brentano, ansonsten ein scharfer Weber-Kritiker, der gegen Sombarts Behauptung von der Existenz einer »handwerksmäßigen organisierten historischen Epoche« die These verteidigte, dem Kapitalismus sei der *Feudalismus* vorausgegangen,[43] an diesem Punkt Weber zu. Er spricht ebenfalls von einem antiken Kapitalismus. Ausgehend von der These, dass »Großhandel seinem Wesen nach kapitalistisch« ist,[44] führte er aus:

> »Im Gebiet des byzantinischen Reiches ist der Kapitalismus, wie er sich in Phönikerland, in Griechenland, im ptolemäischen Ägypten und nach dem zweiten punischen Kriege in Rom entwickelt hatte, nie untergegangen, und auch der Kapitalismus des Abendlands hat sich nur als Fortsetzung und Übertragung des im byzantinischen Reiche fortbestehenden Kapitalismus der alten Welt nach Italien und anderen abendländischen Gebieten entwickelt.«[45]

Brentano setzte also Großhandel mit Kapitalismus gleich, während er als die Basis aller vorkapitalistischen Wirtschaftssysteme Grundeigentum und agrarisch geprägte Sozialbeziehungen betrachtete. In Abgrenzung davon erklärte er den Kaufmann zu der zentralen Figur, die für die neue monetäre Wirtschaftsform stand und nicht länger (zwingend) vom Grundeigentum abhängig war und vor allem ständig darauf bedacht war, die eigenen Einkünfte zu steigern. Der Kaufmann galt von daher in den vorkapitalistischen Gesellschafts- und Wirtschaftsordnungen, die vorrangig auf Grundeigentum beruhten, als fremdes, wenn nicht gar feindseliges Element.

Dies ist eine Auffassung, die nicht nur von den meisten Anhängern von Webers und Brentanos Sicht auf die wirtschaftliche und gesellschaft-

42 Weber: Die protestantische Ethik [1904], S. 22.
43 Brentano: Die Anfänge des modernen Kapitalismus, S. 83.
44 Ebd., S. 190.
45 Ebd., S. 7.

liche Entwicklung geteilt wird, sondern ebenfalls von anderen Denkströmungen, mehrheitlich Historikern und Ökonomen, die Geldwirtschaft und im großen Maßstab agierendes »Unternehmertum« mit Kapitalismus gleichsetzen. Das folgende Zitat von Patricia Crone, bekannte Historikerin und Expertin für den frühen Islam, steht stellvertretend für diese Herangehensweise:

> »Viele vorindustrielle Gesellschaften hatten einen kapitalistischen Sektor, auch wenn ökonomisch die Landwirtschaft bestimmend war; tendenziell überwog aber der Handel das Gewerbe [...] Diese Form des Kapitalismus gilt allgemein als vormodern. [...] Der kapitalistische Sektor blühte meist innerhalb von Agrarwirtschaften, ohne deren sozialen und politischen Strukturen oder die Vorrangstellung der Landwirtschaft anzutasten. Dieses Muster ist für die Antike, die islamische Welt, Indien, China und das vormoderne Europa typisch, wobei sich die Frage stellt, wie das kapitalistische Europa daraus hervorging.«[46]

Aus den Ausführungen in diesem Abschnitt sollte deutlich geworden sein, dass sich im Rahmen von Ansätzen, die von einem »Kapitalismus in der Antike« oder einem »vormodernen Kapitalismus« sprechen, die Frage nach den Ursprüngen des Kapitalismus erübrigt oder sich zumindest so wandelt, dass es nur noch um den Übergang von einer *Form* (»vormodern«) des Kapitalismus hin zu einer anderen Form (»modern«) geht.

Nicht in allen Fällen nehmen Autoren jedoch eine Unterscheidung zwischen »modernen« und »altertümlichen« bzw. »traditionellen« Formen des Kapitalismus vor. Im Gegenteil. In einigen Varianten dieser Geschichtsauffassung vom »Kapitalismus, der bereits im Altertum existierte«, liegt die Betonung auf der Einheitlichkeit aller Formen des Kapitalismus, insbesondere bei Analysen der Wirtschaft im antiken Griechenland. Es gibt eine Reihe von solchen Untersuchungen der ökonomischen und gesellschaftlichen Verhältnisse im alten Griechenland (mit Schwerpunkt auf Athen), die von bestimmten Wirtschaftshistorikern – oftmals als Modernisten bezeichnet – stammen. Sie zweifeln die Theorieansätze von Moses I. Finley, Karl Polanyi und anderen – den sogenannten Archaisten – an, die den archaischen und im Gemeinwesen verankerten vor-

46 Patricia Crone: Die vorindustrielle Gesellschaft. Eine Strukturanalyse, Frankfurt a.M. 1992, S. 186f.– Der deutsche Archäologe Hans Schaal argumentierte ähnlich: »Das Kapital ist der Pionier der wirtschaftlichen Entfaltung. Durch den Kapitalismus wird, wie der frühe Orient, der Hellenismus und das Römerreich zeigen, die Menschheit förmlich umgewandelt. [...] Wagemut des Einzelnen und Leistungsfähigkeit des Kapitals sind die Ursachen, die die Ausmaße des Handels bestimmen. Ohne sie wären die Fahrten der Kreter ins westliche Mittelmeer, der Phönizier in den Atlantischen Ozean, die griechischen und römischen Kaufleute bis fast zum nördlichen Polarkreis oder bis zum ›Reich der Mitte‹ und seinen Zopfträgern nicht möglich gewesen.« (Hans Schaal: Vom Tauschhandel zum Welthandel. Bilder vom Handel und Verkehr der Vorgeschichte und des Altertums, Leipzig/Berlin 1931, S. 194)

kapitalistischen Charakter der altgriechischen Wirtschaft hervorheben.

Edward E. Cohen, ein Vertreter der »modernistischen Strömung«, schreibt:

> »In der Praxis war die Finanzierung des Seehandels im 4. Jahrhundert (v. Chr.) außerordentlich komplex. Ein einzelnes Schiff konnte viele ›Händler‹ (*emporoi*) befördern, und jeder dieser *emporoi* konnte eine eigene Ladung mit sich führen, die jeweils unterschiedliche Kredite absicherte. [...] Jeder Kreditgeber hätte normalerweise von den Kreditnehmern zur Absicherung jedes Kredits erhebliches Eigenkapital verlangt. [...] Dieses Kapital konnte selbst geliehen sein, unter Umständen abgesichert durch anderes Vermögen.«[47]
>
> »All diese Elemente – die ökonomische Bedeutung der Banken, ihre schwer zu ergründenden Finanzquellen und die ihren Aktivitäten innewohnenden Risiken – sind im Einklang mit dem Bild, das Demosthenes durchgängig vom Athener Bankensektor zeichnete [...] Paley/Sandys [1896–98] [...] haben festgestellt, dass Phormion als ›Kapitalist in den Genuss umfangreicher Kredite aus der Geschäftswelt gekommen war und ihm damit [große] Geldbeträge zur Verfügung standen‹.«[48]

Scott Meikle zufolge »verbirgt sich direkt unter der Oberfläche des Streits« zwischen »Archaisten« und »Modernisten« eine brisante politische These. So kann nach Auffassung von neoklassischen Ökonomen und konservativen Historikern »Zivilisation mit dem System der Marktökonomie oder des Kapitalismus gleichgesetzt werden«.[49] Dieses Argument klingt überzeugend, erfordert aber erhöhte Aufmerksamkeit, insbesondere wenn man die folgenden Ansichten von John Maynard Keynes in »Ancient Currencies« berücksichtigt:

> »Der individualistische Kapitalismus und damit verbundene Praktiken wurden zweifellos in Babylonien erfunden [...]. Vielleicht liegt der Schlüssel zur Wirtschaftsgeschichte Griechenlands von der Zeit Homers bis zum 5. Jahrhundert v. Chr. zum Teil in der allmählichen Anpassung der primitiven Ökonomie der Stämme an den individualistischen Kapitalismus, den sie in Kleinasien in dekadenter und verwirrender Form vorgefunden hatten. Allerdings reichten dessen Ursprünge und Erfahrungen bis zu *einem hoch entwickelten und komplexen System* in grauer Vorzeit zurück. *Genauso wie dies in der Renaissance unserer eigenen Ära* der Fall war, fiel die Entdeckung von Tradi-

47 Edward E. Cohen: Athenian Economy and Society: A Banking Perspective, Princeton 1992, S. 146.

48 Ebd., S. 217.

49 Scott Meikle: Aristotle's Economic Thought, Oxford 1995, S. 2f.

> tionen und Fragmenten antiken Wissens, die sich für die Entdecker als Quellen revolutionären und innovativen Denkens erwiesen, mit wirtschaftlichen Kontakten zusammen, die den Trend weg vom Feudalismus hin zum individualistischen Kapitalismus stärkten. Solon war ein Renaissance-Charakter.«[50]

Das Verdienst der verschiedenen Geschichtsinterpretationen, die von einem »bereits im Altertum vorhandenen Kapitalismus« ausgehen, besteht darin, dass sie die Existenz eines wichtigen Wirtschaftsakteurs in vorkapitalistischen Gesellschaften beleuchten, der außerhalb der auf Grundbesitz basierenden sozialen Gruppen und außerhalb der zentralen sozialökonomischen Beziehungen in diesen Gesellschaften stand. Ich werde auf diesen Punkt im nächsten Kapitel dieses Buches noch zurückkommen. Wie wir in Kapitel 2 gesehen haben, betont Marx, dass vor der Herausbildung des Kapitalismus ein »Gegensatz zwischen der auf persönlichen Knechtschafts- und Herrschaftsverhältnissen beruhenden Macht des Grundeigentums und der unpersönlichen Macht des Geldes« bestanden hat.[51]

Es bleibt jedoch als Defizit der oben beschriebenen Ansätze: Alle lösen den Begriff des Kapitalismus implizit oder explizit von jeder Konnotation oder jedem Hinweis auf den zentralen Zusammenhang zur Lohnarbeit. Cohen vertritt zum Beispiel die Auffassung, dass die meisten »Definitionen des Kapitalismus und daher auch des ›Präkapitalismus‹ offenkundig impressionistisch« seien, und befürwortet eine »weberianische Definition« des Kapitalismus: Kapitalismus sei »eine tatsächliche Orientierung des wirtschaftlichen Handelns an dem Vergleich Geldeinnahmen versus Geldausgaben«.[52]

Dieses anachronistische Kapitalismusverständnis rührt daher, dass diese Theorien jede Vorstellung von (Klassen-)Ausbeutung und Herrschaft aufgegeben haben und ihren Fokus stattdessen allein auf den Aspekt der »Geldvermehrung schöpfung« richten. So betrachten sie die Eigentümer von »durch Wucher – besonders auch gegen Grundeigentum ausgeübtem – und durch Kaufmannsgewinne aufgehäuftes mobiles Vermögen« als ein historisch unverändertes Abbild des Kapitalismus.[53] Es versteht sich von selbst, dass diese Theorieansätze keinen Raum lassen

50 Keynes: The Collected Writings, Bd. XXVIII, S. 253f., Hervorh. J.M. – Die Post-Keynesianer Gunnar Heinsohn und Otto Steiger folgten genau diesem Gedankengang. Sie schreiben: »Die Historiker, die Keynes' ›tierische Geister‹ und ›Profithoffnungen‹ ablehnten, scheiterten genauso an einer Erklärung des ›individualistischen Kapitalismus‹ in der Antike, in dem es bereits ›Geldbeziehungen, Zinsen, Verträge, Quittungen und sogar Wechsel‹ (Keynes) gab.« (Gunnar Heinsohn/ Otto Steiger: The Veil of Barter, in: Jan A. Kregel [Hrsg.]: Inflation and Income Distribution in Capitalist Crisis, London 1989, S. 175–201, hier S. 190)

51 Marx: Das Kapital I, MEW, Bd. 23, S. 161.

52 Cohen: Athenian Economy and Society, S. 41.

53 Marx: Grundrisse, MEW, Bd. 42, S. 421; siehe hierzu auch Kapitel 2.

für die von Marx thematisierten Fragen der »ursprünglichen Akkumulation« und der »aleatorischen Begegnung«.

6.5 Fernand Braudel: Marktwirtschaft vs. Kapitalismus

Der französische Historiker Fernand Braudel, der führende Kopf der zweiten Generation der sogenannten Annales-Schule, hat ein umfangreiches Werk zur »Sozialgeschichte des 15.–18. Jahrhunderts« sowie zur Geschichte des Mittelmeerraums vorgelegt.[54] In seinen historischen Studien nimmt Braudel eine klare Unterscheidung zwischen *Marktwirtschaft und Kapitalismus* vor, obwohl er Erstere als Bedingung für die Herausbildung des Letzteren begreift. Darüber hinaus definiert er Kapitalismus als eine hierarchische gesellschaftliche und wirtschaftliche Ordnung mit ihr innewohnenden monopolistischen Machtstrukturen, die auf bereits existierenden marktwirtschaftlichen Formen aufbauen und diese überlagern. In Braudels eigenen Worten: »Im Grunde entfaltete sich der Kapitalismus zuerst an der obersten Spitze der Gesellschaft.«[55]

Braudel beschreibt den Markt selbst als eine pyramidenhafte Struktur mit mehreren Schichten: Ganz unten befinden sich die vielen Selbstständigen oder besoldeten einfachen Lohnarbeiter, gefolgt von den kleinen Gewerbetreibenden, Handwerkern, Geldverleihern und Händlern, während an der Spitze die Kapitalisten stehen. Zu den Kapitalisten zählt er zuallererst die (am Fernhandel beteiligten) Großhändler, die sich deutlich von den örtlichen Kaufleuten und Erzeugern unterscheiden lassen.[56] Für Braudel war diese Welt des Handels und Austauschs eine Welt voller Hierarchien, die von den einfachsten Berufen wie Lastenträger, Transportarbeiter, Hausierer, Fuhrleute und Matrosen über Kassierer, Kleinhändler, die verschiedensten Makler und Geldverleiher bis zu den Kaufleuten reichten.[57] Seiner Einschätzung nach konnte sich der Kapitalismus als Gesellschaftssystem erst dann durchsetzen, als er sich auch der staatlichen Strukturen bemächtigt hatte: Er »triumphierte nur dann, wenn er mit dem Staat identifiziert

54 Fernand Braudel: Sozialgeschichte des 15.–18. Jahrhunderts, 3 Bde, München 1985–1987; ders.: Das Mittelmeer und die mediterrane Welt in der Epoche Philipps II., Frankfurt a.M. 1990; ders.: Die Welt des Mittelmeeres. Zur Geschichte und Geographie kultureller Lebensformen, Frankfurt a.M. 2006.

55 Braudel: Dynamik des Kapitalismus, S. 59.

56 »Schon frühzeitig, von Anfang an, überschritten sie ›nationale‹ Grenzen und standen in Kontakt mit Kaufleuten in den großen Handelszentren im Ausland. Diese Männer kannten tausenderlei Kniffe, um die Chancen zu ihren Gunsten zu nutzen: Sie manipulierten Kredite und zogen Profit aus dem Spiel ›gutes‹ gegen ›schlechtes‹ Geld, indem sie die ›guten‹ Silber- oder Goldmünzen für große Transaktionen verwendeten, um Kapitalvermögen aufzubauen, und die ›schlechten‹ Kupferstücke für die Bezahlung der Tagelöhner, also für die Lohnarbeit. Sie besaßen ein überlegenes Wissen, Intelligenz und Kultur. [...] Es wird kaum überraschen, dass diese Kapitalisten sowohl in islamischen als auch in christlichen Ländern den Fürsten sehr nahestanden und die staatlichen Strukturen stützten bzw. diese für ihre Zwecke ausnutzten.« (Heinsohn/Steiger: The Veil of Barter, S. 57; vgl. auch Jacques Le Goff: Time, Work and Culture in the Middle Ages, Chicago/London 1980)

57 Fernand Braudel: Afterthoughts on Material Civilization and Capitalism, Baltimore/London 1979, S. 56f.

wurde, wenn er der Staat war«.[58] Aufgrund ihrer wirtschaftlichen Überlegenheit und politischen Vormachtstellung konnten die Kapitalisten alles von Wert an sich reißen: Land, Liegenschaften und Grundrenten. Zweifelsohne verfügten diese Kapitalisten über Monopole oder waren mächtig genug, um in 90 Prozent der Fälle Konkurrenten aus dem Weg zu räumen. In dem Maße, wie der Kapitalismus sich in den gesellschaftlichen und wirtschaftlichen Strukturen festsetzte, breitete er sich über den Großhandel hinaus in alle ökonomischen Sphären aus. Braudel schrieb:

> »dass bedeutende Kaufherren ihre Aktivitäten deshalb so häufig umorientierten, weil die wirklich großen Profite in immer wieder anderen Branchen winkten. Der Kapitalismus ist seinem Wesen nach konjunkturabhängig. Noch heute liegt eine seiner großen Stärken darin, dass er sich leicht anpassen und umorientieren kann.«[59]

Braudel hatte im Laufe seiner historischen Studien eine Unmenge an empirischem Material ausgewertet, was ihm eine fundierte Einschätzung verschiedener theoretischer Ansätze und Konzepte und daraus abgeleiteter Hypothesen erlaubte.[60] In Bezug auf die Frage nach den Ursprüngen des Kapitalismus fasste er seine Ergebnisse folgendermaßen zusammen:

> »Es ist kein Zufall, dass sich überall in der Welt eine Gruppe bedeutender Kaufleute deutlich von der Masse der übrigen Händler abhebt [...]. Dies lässt sich im 14. Jahrhundert in Deutschland beobachten, im 13. Jahrhundert in Paris, im 12. Jahrhundert und möglicherweise auch schon früher in den oberitalienischen Städten. Noch bevor im Abendland die ersten Kaufleute auftauchten, gab es in der islamischen Welt bereits den *tayir,* einen Importeur und Exporteur, der von seinem eigenen Kontor aus es gab dort nämlich bereits den Handel von einem festen Standort aus) Agenten und Faktoren dirigierte.«[61]

Obwohl er auf verschiedene theoretische Quellen und Traditionen zurückgriff und obwohl er den Klassenkampf als treibende Kraft der Geschichte sträflich vernachlässigte, trifft sich Braudels Analyse an vielen Punkten mit der von Marx,[62] gerade was die Genese des Kapitalismus betrifft (siehe Kapitel 2). Beide betonen die Verbindung zwischen Kapitalismus

58 Ebd., S. 60.

59 Ebd., S. 57f.

60 »Ein damals noch junger Historiker rief einmal aus, dass es vor der industriellen Revolution keinen Kapitalismus geben könne: ›Kapital, ja, aber Kapitalismus, nein!‹.« (Braudel: Dynamik des Kapitalismus, S. 47)

61 Braudel: Afterthoughts, S. 53f.

62 »Die einseitige ›idealistische‹ Deutung, die im Kapitalismus eine bestimmte Mentalität verkörpert sieht, ist für Werner Sombart und Max Weber nur ein Notausgang aus dem marxschen Gedankengebäude. Nichts verpflichtet uns, ihnen zu folgen.« (Braudel: Sozialgeschichte, Bd. 2, S. 440)

und Lohnarbeit. In Bezug darauf nimmt Braudel eine Unterscheidung zwischen vorkapitalistischen und kapitalistischen »Unternehmungen« vor:

> »Im Westen [stand] die Landwirtschaft gleichzeitig im Zeichen der Grundherrschaft und des bäuerlichen Betriebs. [...] Damit [...] eine Bewirtschaftung nach kapitalistischen Gesichtspunkten der Wirtschaftlichkeit Fuß fassen kann, müssen verschiedene Voraussetzungen erfüllt sein: muss die grundherrliche Agrarverfassung, wenn schon nicht gänzlich abgeschafft, so doch ausgeschaltet oder modifiziert sein [...] und schließlich muss es an der Basis ein Proletariat von Lohnarbeitern geben.
>
> *Sind diese Voraussetzungen nicht alle erfüllt, kann sich der Betrieb auf dem Weg zum Kapitalismus befinden, ist aber noch nicht kapitalistisch.*«[63]

Er beleuchtet zudem die Entwicklung und territoriale bzw. globale Expansion des Kapitals. In diesem Zusammenhang verweist er auf die Herausbildung von Binnenmärkten und Volkswirtschaften, wobei er England seit dem 17. Jahrhundert eine Überlegenheit gegenüber seinen damaligen wirtschaftlichen Konkurrenten attestiert. Er beschreibt die Formation von Binnenmärkten und Volkswirtschaften als einen Prozess, der den Weg für die industrielle Revolution in England ebnete.

Braudels Untersuchung und Unterscheidung zwischen Markwirtschaft und Kapitalismus ist zweifelsohne hilfreich und »korrigiert« die Gleichsetzung von der Existenz geldförmiger »Gewinne« in vorkapitalistischen Gesellschaften und im Kapitalismus. Ich betrachte Braudels Werk trotz seines zuweilen oberflächlichen Umgangs mit theoretischen Konzepten und Begriffen als eine wertvolle Quelle für meine eigene Analyse der Entstehung des Kapitalismus, die ich im Folgenden vorstellen werde.

Doch zuvor müssen noch bestimmte Fragen geklärt werden, die sich aus Marx' Theorie von den historisch spezifischen *Produktionsweisen* ergeben: Was war die gesellschaftliche Rolle des Großhändlers, Geldverleihers oder Fabrikanten im antiken Athen, Rom, Byzanz etc.? Inwieweit waren sie – die auf der obersten Stufe einer hierarchisch organisierten Marktordnung angesiedelt waren – Teil der »gewöhnlichen«, »nichtunternehmerischen« und auf Sklaverei oder Feudalismus beruhenden Beziehungen? In Bezug auf diese Fragen und Problematik hat Braudels Argumentation eher wenig zu bieten. Da er den Klassenkampf als Triebkraft der historischen Entwicklung unterschätzt und damit auch, wie wichtig Klassenausbeutung und -herrschaft als gesellschaftliche Grundlage sind, erschließt sich ihm die eigentliche Bedeutung der Herausbildung der Lohnarbeit und deren Unterordnung unter das Kapital nicht.

63 Ebd., S. 270.

7 —— Produktionsweisen und Geldbesitz in vorkapitalistischen Gesellschaften

7.1 Produktionsweisen und soziale Klassen: grundlegende Begriffe und Definitionen

Im vorangegangenen Kapitel haben wir gesehen, dass Marx These, wonach »das Kapital im eigentlichen Sinne« nicht auf Grundeigentum beruht, sondern als »vielmehr durch Wucher [...] und durch Kaufmannsgewinne aufgehäuftes mobiles Vermögen« entsteht,[1] im gegenwärtigen marxistischen Denken kaum Berücksichtigung findet. Dagegen wird sie von nicht-marxistischen Theoretikern und Historikern durchaus aufgegriffen. Die meisten von ihnen scheinen jedoch das Kapital nicht als ein auf Ausbeutung der Lohnarbeit basierendes Klassenverhältnis zu begreifen. Im Unterschied zu Marx, der in diesen Vermögensformen, »soweit sie nicht als selbst Formen des Kapitals, sondern als frühere Vermögensformen erscheinen«, die »Voraussetzungen für das Kapital« sieht,[2] waren in den Augen von wichtigen nicht-marxistischen Denkern wie Max Weber oder John Maynard Keynes bis hin zu zeitgenössischen Historikern und Ökonomen die im großen Stil Handel treibenden Kaufleute und Geldverleiher die ersten Kapitalisten. Demzufolge gibt es Kapitalismus bereits seit der Antike. Fernand Braudel, der einen wesentlich sorgfältigeren Umgang mit theoretischen Begriffen als viele andere pflegt, spricht in diesem Zusammenhang davon, ein »Betrieb« könne sich »auf dem Wege zum Kapitalismus befinden«, aber »noch nicht kapitalistisch« im eigentlichen Sinn sein.[3] Ist es vielleicht dieser »Anachronismus« von Braudel, der auf Marx' vorkapitalistischen Geldeigentümer verweist?

In diesem Kapitel werde ich mich bemühen, dieser Frage mithilfe der marxistischen Theorie der Produktionsweise nachzugehen. Marx beschreibt die Produktionsweise als die strukturelle Verflochtenheit eines bestimmten Gesellschaftssystems der Klassenherrschaft und -ausbeutung. Obwohl der Fokus auf dem Ökonomischen liegt, lässt Marx nie die inhärenten Verbindungen zu Politik, Ideologie und Kultur außer Acht:

1 Marx: Grundrisse, MEW, Bd. 42, S. 412.

2 Ebd.

3 Braudel: Sozialgeschichte, Bd. 2, S. 270; siehe auch Kapitel 6.

> »So viel ist klar, dass das Mittelalter nicht vom Katholizismus und die antike Welt nicht von der Politik leben konnte. Die Art und Weise, wie sie ihr Leben gewannen, erklärt umgekehrt, warum dort die Politik, hier der Katholizismus die Hauptrolle spielte.«[4]

Das Konzept einer spezifischen (das heißt kapitalistischen) eigenständigen Produktionsweise bezieht sich ausschließlich auf den Kern der Klassenbeziehung, die das jeweilige spezifische (das heißt kapitalistische) System gesellschaftlicher Beziehungen ausmacht. Im Kapitalismus beinhaltet sie eine spezifische Form der Ausbeutung: die Aneignung des vom »unmittelbaren Produzenten« geschaffenen Mehrwerts durch die herrschende Klasse (die Eigentümer der Produktionsmittel) und eine spezifische Form der politischen und ideologischen Herrschaft.

In Übereinstimmung mit konzeptuellen Überlegungen und Definitionen verschiedener marxistischer Theoretiker[5] behaupte ich, dass auf der ökonomischen Ebene die Produktionsweise als Ensemble dreier verschiedener Verhältnisse verstanden werden kann: Nutzung, Besitz und Eigentum von Produktionsmitteln. Unter *Nutzung* der Produktionsmittel wird die exklusive Verausgabung der tatsächlichen Arbeit verstanden, das heißt die Beteiligung eines Einzelnen oder einer sozialen Gruppe am Arbeitsprozess, der zur Herstellung von Tauschwerten führt. Bei allen Produktionsweisen ist die Nutzungsbeziehung in den Händen der »unmittelbaren Produzenten«. *Besitz* der Produktionsmittel bezieht sich auf das Management des Produktionsprozesses, das heißt auf die Macht, die Produktionsmittel zum Einsatz zu bringen. *Eigentum* als ein (reales) *ökonomisches Verhältnis* bezieht sich auf die Kontrolle der Produktionsmittel in dem Sinne, dass die Eigentümer über die Macht verfügen, sich den erzeugten Surplus anzueignen. In allen Produktionsweisen ist die herrschende Klasse Eigentümerin der Produktionsmittel.

Ökonomisch betrachtet ist jede Produktionsweise durch eine besondere Kombination dieser drei grundlegenden Verhältnisse gekennzeichnet.[6] Die jeweilige Kombination bildet die ökonomische Grundlage der

4 Marx: Das Kapital I, MEW, Bd. 23, S. 96.

5 Vgl. hierzu insbesondere Althusser: Essays in Self-Criticsm; ders.: Ideology and Ideological State Apparatuses (Notes towards an Investigation), London 1984; ders.: Reply to John Lewis, in: ders.: Essays on Ideology, London 1984; ders. u.a.: Das Kapital lesen; Étienne Balibar: Sur le concept marxiste de la ›division du travail manuel et du travail intellectual‹ et la lutte des classes, in: Jean Belkhir (Hrsg.): L'Intellectuel: L'intelligentsia et les manuels, Paris 1983, S. 97–117, ders.;: Klassen/Klassenkampf, in: Wolfgang Fritz Haug (Hrsg.): Kritisches Wörterbuch des Marxismus, Bd. 4, Berlin 1986, S. 615–636; Charles Bettelheim: La Transition vers l'économie socialiste, Paris 1968; ders.: China nach der Kulturrevolution; ders.: Ökonomischer Kalkül; Marta Harnecker: Conceptos Elementales del Materialismo Historico, Havanna 2000; Poulantzas: Politische Macht; ders.: Klassen in Kapitalismus; ders.: The Capitalist State: A Reply to Miliband and Laclau, in: New Left Review 95, 1976, S. 63–83; Pierre-Philippe Rey: Les Alliances de Classes, Paris 1973, Guglielmo Carchedi: On the Economic Identification of Social Classes, London 1977; Maurice Godelier: Sur les sociétés précapitalistes, Paris 1978.

6 John Milios: Social Classes in Classical and Marxist Political Economy, in: American Journal of Economics and Sociology 2/2000, S. 283–302; George Economakis: Definition of the Capitalist

Produktionsweise und entscheidet darüber, welche dieser drei Komponenten (die ökonomische, die juristisch-politische oder die ideologische) *bestimmend* ist.

Im Kapitalismus liegt sowohl der Besitz als auch das Eigentum an den Produktionsmitteln in den Händen der herrschenden Klasse. Oder anders ausgedrückt: Es existiert eine Homologie von Eigentum und Besitz durch den Kapitalisten, den »Träger« der Kapitalbeziehung. Dagegen ist für Produktionsweisen in vorkapitalistischen Gesellschaften typisch, dass es hier keine Homologie von Eigentum und Besitz der Produktionsmittel gibt. Da in diesen Gesellschaften die unmittelbaren Produzenten weiterhin im Besitz der Produktionsmittel verblieben, war der Einsatz von außerökonomischem Zwang (sklavenähnliche Verhältnisse oder Frondienste) notwendig, damit sich die Eigentümer an den Produktionsmitteln den erzeugten Surplus aneignen konnten. Damit waren die Funktionen der politischen und ideologischen gesellschaftlichen Ebenen die bestimmenden. Im Kapitalismus hingegen folgt aus der Homologie von Eigentum und Besitz der Produktionsmittel, dass die »freien Lohnarbeiter« ohne die Anwendung außerökonomischen Zwangs zum Vorteil der Eigentümerklasse arbeiten. Hier ist die ökonomische Struktur zur bestimmenden geworden.

Althusser und Poulantzas zufolge entstehen die gesellschaftlichen Klassen in Abhängigkeit von den jeweiligen Produktionsweisen, sie sind Inhaber und Träger der maßgeblichen Produktionsverhältnisse.[7] Hier werden die gesellschaftlichen Klassen als die eine jeweilige Produktionsweise *tragenden* Klassen verstanden. Entsprechend gibt es gesellschaftliche Gruppen, die hier keine tragende Rolle haben. Sie nenne ich *nicht tragende* bzw. *intermediäre* gesellschaftliche Klassen. Der Begriff der Produktionsverhältnisse beinhaltet einen Distributionsprozess, durch den die Menschen in Klassen eingeteilt und gleichzeitig zu sozialen Subjekten erhoben werden. Die Klassen entstehen aus dem diesem Verteilungsprozess innewohnenden Antagonismus.

Die Artikulation verschiedener Produktionsweisen und -formen in einer Gesellschaftsformation ist immer gekennzeichnet durch das Vorherrschen einer bestimmten Produktionsweise. »Tatsächlich stellt man in jeder Gesellschaftsformation die Dominanz einer Produktionsweise fest«, die im Prinzip »zwei Klassen« umfasst.[8] Nach Poulantzas muss die strukturelle Bestimmung gesellschaftlicher Klassen (die »Stellung der Klassen«) von der ideologisch-politischen »*Klassenposition* in der *Kon-*

Mode of Production: A Re-examination (with Application to Non-capitalist Modes of Production), in: History of Economics Review 42/2005, S. 12–28. Diese Beziehungen dürfen nicht als unveränderlich hinsichtlich ihrer konkreten Inhalte (und Funktionen) betrachtet werden und variieren von einer Produktionsweise zur anderen ; vgl. Poulantzas: The Capitalist State, S. 78; Ira Gerstein: (Re) Structuring Structural Marxism, in: Rethinking Marxism 1–2/1989, S. 104–133, hier S. 123 u. 125.

7 Althusser: Essays in Self-Criticism, S. 105ff.; Poulantzas: Klassen im Kapitalismus.

8 Poulantzas: Klassen im Kapitalismus, S. 22.

junktur unterschieden werden: der Konjunktur, die den Ort konstituiert, an dem sich die historische, immer wieder beispielslose Individualität einer Gesellschaftsformation, kurz die *konkrete Situation* des Klassenkampfes konzentriert«.[9] Es kann einen Zusammenhang zwischen der Stellung der Klassen und der Klassenposition geben, wenn der »Klasseninstinkt«, der der Klassenstellung entspricht, in »Klassenbewusstsein« umgewandelt wird – entsprechend den Interessen einer Klasse. Obwohl Klassenstellungen potenziell Klassenpositionen anzeigen können, gilt das umgekehrt nicht: Klassenpositionen verweisen nicht auf die Stellung von Klassen. »Eine gesellschaftliche Klasse [...] muss nicht eine Klassenposition haben, die ihren *Interessen* entspricht.«[10]

Wie bereits in Kapitel 1 erörtert, definiert Marx den Kapitalisten als den Eigentümer der Produktionsmittel.

> »Ein gewisser Höhegrad der kapitalistischen Produktion bedingt, dass der Kapitalist die ganze Zeit, während deren er als Kapitalist, d.h. als personifiziertes Kapital funktioniert, zur Aneignung und daher Kontrolle fremder Arbeit und zum Verkauf der Produkte dieser Arbeit verwenden könne.«[11]

Mit der in diesem Kapitel eingeführten Begrifflichkeit ließe sich sagen: Ein Unternehmer muss völlig *von der Nutzung der Produktionsmittel losgelöst sein*, um zu einem Kapitalisten zu werden. Im Unternehmen ist der Kapitalist unmittelbar als Top-Manager anwesend, der im Produktionsprozess über die Produktionsmittel verfügt und das Unternehmen als solches personifiziert. Derselbe Top-Manager teilt das Eigentum an den Produktionsmitteln mit dem »Geldkapitalisten«, der die finanzielle Existenz des Unternehmens verkörpert (Anteilseigner und Anleiheinhaber; siehe Kapitel 1). Mit der Herausbildung von kapitalistischen Wirtschaftsunternehmen ist nicht länger »der einzelne Arbeiter, sondern mehr und mehr ein *sozial kombiniertes Arbeitsvermögen* der *wirkliche Funktionär* des Gesamtarbeitsprozesses«.[12]

> »Wie eine Armee militärischer, bedarf eine unter dem Kommando desselben Kapitals zusammenwirkende Arbeitermasse industrieller Oberoffiziere (Dirigenten, managers) und Unteroffiziere (Arbeitsaufseher, foremen, overlookers, contre-maitres), die während des Arbeitsprozesses im Namen des Kapitals kommandieren.«[13]

9 Ebd., S. 14.
10 Ebd., S. 15.
11 Marx: Das Kapital I, MEW, Bd. 23, S. 326.
12 Marx: Resultate, S. 123.
13 Marx: Das Kapital I, MEW, Bd. 23, S. 351.

Es wird also eine »Armee«, bestehend aus einer besonderen Art von Lohnarbeitern, geschaffen, deren ausschließliche Funktion die Übernahme von Management- und Kontrollaufgaben ist *(im Gegensatz zur Verausgabung der tatsächlichen Arbeit)*. Infolgedessen erfüllen die Lohnempfänger, die zu dieser speziellen Kategorie von Lohnarbeitern gehören, nicht die eigentliche Funktion von Arbeitern (Nutzung von Produktionsmitteln), sondern *üben* im Gegenteil *bestimmte Befugnisse des Kapitals aus*, das heißt, ihnen werden bestimmte *Funktionen*, die eigentlich den Besitzern der Produktionsmittel obliegen, übertragen. Zu dieser Kategorie gehören Ingenieure und Techniker (Technologen), die gewisse Verwaltungs- und Aufsichtsfunktionen in Bezug auf den Rest der Arbeiterschaft übernehmen, deren Notwendigkeit sich aus der für den Kapitalismus typischen Trennung zwischen Wissenschaft und Erfahrungswissen ergibt. Obwohl auch sie produktive Arbeiter sind – und vom Kapital ausgebeutet werden –, »fungieren sie zugleich als Kapital«. Oder anders ausgedrückt: Sie gehören trotz ihres Ausgebeutetseins nicht zur Arbeiterklasse,[14] sondern sind Teil einer intermediären sozialen Klasse, angesiedelt zwischen der kapitalistischen und der Arbeiterklasse. Diese intermediäre Klasse ist das sogenannte *neue Kleinbürgertum*.

Kleinunternehmer, die nur eine unbeträchtliche Anzahl von bezahlten Arbeitern beschäftigen und noch selbst in den unmittelbaren Produktionsprozess und in die Nutzungsbeziehung eingebunden sind, gehören folglich auch nicht zur Klasse der Kapitalisten. Sie stellen eine eigene intermediäre gesellschaftliche Klasse dar (die Klasse der »mittleren Bourgeoisie«),[15] die sich im Rahmen einer anderen nicht-kapitalistischen Produktionsweise, einer »hybriden Produktionsweise«,[16] herausgebildet hat – obwohl beide, die Kapitalisten und die mittlere Bourgeoisie, Lohnarbeit ausbeuten. Diesen intermediären Klassen lassen sich auch diejenigen zurechnen, die zwar an Produktionsprozessen teilhaben, sich aber nicht den von anderen geschaffenen Mehrwert aneignen, wie zum Beispiel selbstständige Handwerker und Bauern und andere, die an der einfachen Warenproduktion beteiligt sind, darüber hinaus kleine Händler, Wissenschaftler etc. (sie alle gehören der Klasse des *traditionellen Kleinbürgertums* an).[17] Nach Poulantzas haben wir es hier mit selbstständigen Produktionsformen zu tun, während Produktionsweisen immer durch ausbeuterische Beziehungen gekennzeichnet sind.[18]

Die vorangegangenen Ausführungen machen deutlich, dass es in jeder kapitalistischen Gesellschaft unterschiedliche Produktionsformen oder

14 Vgl. hierzu Poulantzas: Klassen im Kapitalismus, S. 195f.
15 Vgl. Milios/Economakis: Mittelklassen.
16 Ebd.
17 Vgl. ebd.
18 Poulantzas: Klassen im Kapitalismus.

-weisen gibt. Weder die erwähnte hybride Produktionsweise noch die einfache Warenproduktion müssen zwangsläufig im Widerspruch zu den kapitalistischen Produktionsweisen stehen. Das Fortbestehen entgegengesetzter vorkapitalistischer (z.B. feudaler) Produktionsweisen in einer bestimmten Gesellschaftsformation führt jedoch zu einer viel komplexeren Klassenkonfiguration.[19] Politische und ideologische Elemente spielten auch bei den komplexen Klassenkonfigurationen, die in bestimmten historischen Gesellschaftsformen anzutreffen waren, eine wichtige Rolle.[20]

In allen Fällen besteht ein qualitativer Unterschied zwischen dominanten und nicht- dominanten bzw. untergeordneten Produktionsweisen. Eine dominante Produktionsweise zeichnet sich immer dadurch aus, dass ein entsprechendes System der politischen und ideologischen Herrschaft mit ihr einhergeht, das darauf abzielt, die Reproduktion der (gegenüber den dominanten Produktionsweisen) antagonistischen Produktionsweisen zurückzudrängen oder sogar zu verhindern.[21] Die Reproduktion der nicht-dominanten Produktionsweisen erfolgt dann in vielen Fällen »in den Poren der Gesellschaft« (siehe unten). In fast allen Produktionsweisen nimmt das System der politischen und ideologischen Herrschaft die Form staatlicher Strukturen an, angepasst an die jeweilige Produktionsweise (antik, asiatisch, kapitalistisch). Eine Ausnahme bildet die feudale Gesellschaftsordnung, die durch viele lokale Gutsherren und Landesfürsten gekennzeichnet war sowie durch das Versagen der Monarchien (»Staaten«), die königliche Macht in all ihren »Herrschaftsgebieten« durchzusetzen.[22]

7.2 Dominante vorkapitalistische Produktionsweisen

Ein gemeinsames Merkmal von vorkapitalistischen Produktionsweisen ist die fehlende Homologie zwischen ökonomischem Eigentum und dem Besitz der Produktionsmittel. In anderen Worten: Die herrschende Klasse

19 John Milios: Preindustrial Capitalist Forms: Lenin's Contribution to a Marxist Theory of Economic Development, in: Rethinking Marxism 4/1999, S. 38–56, Teil VI.

20 Das bedeutet, dass gesellschaftliche »Klassen grundsätzlich (aber nicht ausschließlich) durch ihre Stellung in den Produktionsverhältnissen« bestimmt sind (Bob Jessop: Nicos Poulantzas. Marxist Theory and Political Strategy, London/Basingstoke 1985, S. 165); zum Beispiel muss »eine vollständige Klassendefinition ökonomische, politische und ideologische [Faktoren] berücksichtigen« (Carchedi: On the Economic Identification, S. 43); wobei anzuerkennen ist, dass es keine Klassendefinition geben kann, die nicht strukturell ist und sich nicht auf die ökonomische Ebene bezieht.

21 Ich möchte die Leser in diesem Zusammenhang an das grundlegende Kriterium erinnern, das die (dominante) Produktionsweise auszeichnet: »Das Wesen einer gegebenen Produktionsweise hängt nicht davon ab, *wer den größten Teil der Produktionsarbeit übernimmt*, sondern von der *Methode der Mehrwertaneignung*, das heißt von der Art und Weise, wie die herrschenden Klassen sich von den Produzenten den Mehrwert einverleibt.« (de Ste. Croix: Class in Marx' Conception of History, S. 107; siehe auch Kapitel 3)

22 »Die gefestigte Stellung der lokalen Grafen und Grundbesitzer in den Provinzen, begünstigt durch das aufkommende Lehenssystem und die Konsolidierung ihrer Grundherrschaft und Hoheit über die Bauern, erwiesen sich als das feste Fundament des Feudalismus, der sich in den nächsten zwei Jahrhunderten langsam in ganz Europa durchsetzte.« (Anderson: Von der Antike zum Feudalismus, S. 171)

besitzt nicht die Produktionsmittel. Diese befinden sich – zusammen mit dem Nutzungsverhältnis – in den Händen der beherrschten Klassen.

Ganz offensichtlich trifft das auf den Feudalismus zu: Hier befanden sich Land und andere Produktionsmittel im Privateigentum der herrschenden Klasse, der feudalen Fürsten und Großgrundbesitzer. Diese eigneten sich die Surplusarbeit der untergeordneten arbeitenden Klassen, der Kleinbauern und Leibeigenen, an, die noch nicht von ihren Produktionsmitteln (Tieren, Pflügen, Felder etc.) »befreit« (dafür jedoch ihrer Freizügigkeit beraubt worden) waren. Als unmittelbarer Besitzer ihrer Produktionsmittel konnten sie diese selbstständig zur Bewirtschaftung ihres Grunds und Bodens einsetzen. Es bedurfte daher außerökonomischen Zwangs (eines Kontroll- und Repressionssystems der Feudalherren, der Verpflichtung zur Fronarbeit etc.), um die Aneignung des Mehrprodukts sicherzustellen. Im Feudalismus nahm dies die Form einer Rente (Feudalabgabe) an (zu Beginn »Arbeitsrente«, später »Naturalrente« und schließlich »Geldrente«).[23]

In Gesellschaften, in denen die asiatische Produktionsweise vorherrschte,[24] war das Verhältnis zwischen Eigentum und Besitz der Produktionsmittel ähnlich. Die asiatische Produktionsweise ist ein strukturelles Merkmal bestimmter vorkapitalistischer Gesellschaften, die etwa zeitgleich zu den feudalen Gesellschaften existierten, aber durch besondere Eigenschaften hervorstachen: In ihnen gab es a) kein *Privat*eigentum an Produktionsmitteln und b) waren die untergeordneten (arbeitenden) Klasse mehrheitlich in Dorfgemeinschaften kollektiv organisiert. Das Land, so die allgemeine Annahme, gehörte Gott, der es dem Herrscher, der den Staat verkörperte, übertragen hatte. Die Aneignung der Surplusarbeit erfolgte in der spezifisch historischen Form des *Tributs,* den alle ländlichen und städtischen Gemeinschaften an den Staat entrichten mussten.[25] Während die herrschende Klasse, kollektiv organi-

23 Vgl. George Economakis: Land reform, in: R.J. Barry Jones (Hrsg.): Encyclopaedia of International Political Economy, Bd. 2, London/New York 2001, S. 901f.

24 Zum marxistischen Verständnis der asiatischen Produktionsweise vgl. Mandel: Entstehung und Entwicklung, S. 116–139; Timothy Brook (Hrsg.): The Asiatic Mode of Production in China, New York 1989; John Milios: The Problem of Capitalist Development: Theoretical Considerations in View of the Industrial Countries and the New Industrial Countries, in: Mark Gottdiener/Nicos Komninos (Hrsg.): Capitalist Development and Crisis Theory, London 1989, S. 154–173; ders.: Der Marxsche Begriff der asiatischen Produktionsweise und die theoretische Unmöglichkeit einer Geschichtsphilosophie, in: Beiträge zur Marx-Engels-Forschung. Neue Folge, Berlin 1997, S. 101–113; ders.: Preindustrial Capitalist Forms.

25 Marx unterscheidet die »asiatische Produktionsweise« von allen anderen vorkapitalistischen Produktionsweisen: »Mitten im orientalischen Despotismus und der Eigentumslogik, die juristisch in ihm zu existieren scheint, existiert daher in der Tat als Grundlage dieses Stamm- oder Gemeindeeigentum, erzeugt meist durch eine Kombination von Manufaktur und Agrikultur innerhalb der kleinen Gemeinde. [...] Ein Teil ihrer Surplusarbeit gehört der höhern Gemeinschaft, die zuletzt als *Person* existiert, und diese Surplusarbeit macht sich geltend sowohl im Tribut etc. wie in gemeinsamen Arbeiten zur Verherrlichung der Einheit.« (Marx: Grundrisse, MEW, Bd. 42, S. 385) Marx führte an, dass dieser Tribut eine spezifische historische Form des Surplus war, die sich von der Rente unterschied, und dass sie nicht etwa »irrtümlich [in] diese ökonomische Kategorie« eingeordnet werden sollte (Marx: Das Kapital I, MEW, Bd. 23, S. 757). Das Konzept der asiatischen

siert in Form des Staates, für sich das Eigentum an den Produktionsmitteln sicherstellte, besaßen die Bauern und Handwerker aufgrund ihrer Zugehörigkeit zu einer hierarchisch strukturierten Dorfgemeinschaft (die aufgeteilt war in angesehene und eher einfache Bauernfamilien) kollektiv den Zugang zu den von ihnen benötigten Produktionsmitteln und verfügten über deren Nutzung.

In Gesellschaften der klassischen griechischen Antike und des Römischen Reichs, in denen eine auf Sklaverei beruhende Produktionsweise vorherrschte, scheint es *auf den ersten Blick* anders gewesen zu sein: Die herrschende Klasse schien den Sklaven so wie ein Pferd oder ein anderes Produktionsmittel zu besitzen, was darauf hinzudeuten schien, dass hier eine Kombination aus Eigentum und Besitz der Produktionsmittel vorlag. Das trifft jedoch nicht auf die »klassische« Sklaverei oder die Sklaverei in der Antike zu oder auf Formen der Sklaverei, die Marx als »patriarchal« bezeichnet hat. Hier hält sich der Sklavenbesitzer *völlig fern vom Produktionsprozess* und überträgt Aufgaben, die mit dem Besitz von Produktionsmitteln zusammenhängen, einer Sonderkategorie von Sklaven. Die Aneignung des Mehrwerts erfolgt über die dem Herr-Sklaven-Verhältnis innewohnenden außerökonomischen Zwänge. Marx zitiert diesbezüglich Aristoteles:

> »Wo die Herren sich selbst damit zu placken nicht nötig haben, da übernimmt der Aufseher *diese Ehre*, sie selbst aber treiben Staatsgeschäfte oder philosophieren.«[26]

Marx hebt hervor, dass dieses »Zugeständnis« vonseiten der herrschenden an die untergeordneten Klassen (die Übertragung der Besitzverhältnisse an eine soziale Gruppe) am ausgeprägtesten in Gesellschaften der Antike war. Für ihn ist dies kennzeichnend für die klassische (oder »patriarchale«) Form der auf *Sklaverei beruhenden Produktionsweise*:

> »Andrerseits [...] entspringt diese Arbeit der Oberaufsicht notwendig in allen Produktionsweisen, die auf dem Gegensatz zwischen dem Arbeiter als dem unmittelbaren Produzenten und dem Eigentümer der Produktionsmittel beruhn. Je größer dieser Gegensatz, desto größer die Rolle, die diese Arbeit der Oberaufsicht spielt. *Sie erreicht daher ihr Maximum im Sklavensystem.*«[27]

Produktionsweise widerspricht ganz offensichtlich dem vierstufigen Evolutionsschema des dogmatischen Marxismus (siehe Kapitel 2). Des Weiteren, darauf hat Ernest Mandel hingewiesen, hatte sich die politische Führung der Sowjetunion bereits 1931 gegen die Vorstellung von einer asiatischen Produktionsweise ausgesprochen, aus Gründen, die vor allem mit dem sogenannten »anti-feudalen« Auftrag der kommunistischen Parteien in unterentwickelten Ländern, insbesondere China, zu tun hatten (vgl. Mandel: Entstehung und Entwicklung, S. 118).

26 Zit. nach: Marx: Das Kapital III, MEW, Bd. 25, S. 398.

27 Ebd., S. 397, Hervorh. J.M.

Auch zeitgenössische Historiker haben auf die Abkopplung der sklavenhaltenden herrschenden Klasse vom Besitzverhältnis (der Überwachung und »Steuerung« des Produktionsprozesses), in anderen Worten auf die nicht existierende Homologie von Eigentum und Besitz der Produktionsmittel, hingewiesen. Der bekannte marxistische Altertumsexperte G.E.M. de Ste. Croix hat die große Bedeutung der »Funktion der Sklavenaufseher (und Aufseher der aus der Sklaverei Entlassenen)« betont. Diese hätten »vermutlich eine sehr viel wichtigere Rolle in der Wirtschaft gespielt als gemeinhin angenommen«.[28] Ähnlich hat sich Perry Anderson geäußert. Er schreibt:

> »Die griechisch-römische Antike hat immer ein auf die Stadt ausgerichtetes Universum gebildet. [...] Die griechisch-römischen Städte waren [...] ihrem Ursprung und Prinzip nach [...] städtische Zusammensiedelungen von Grundbesitzern. [...] Voraussetzung und Vorbedingung für diese hauptstädtische Grandeur ohne städtisches Gewerbe war das Vorhandensein von Sklavenarbeit auf dem Land; [...] das Mehrprodukt, das den Reichtum der besitzenden Klasse lieferte, konnte ohne deren Präsenz auf dem Land gewonnen werden. [...] Dass Sklavenarbeit auf dem Höhepunkt der Republik und des Prinzipats allgegenwärtig war, hatte den paradoxen Effekt, bestimmte Kategorien von Sklaven in verantwortliche Positionen in der Verwaltung oder im Gewerbe zu befördern. [...] Dieser Prozess war [...] ein weiteres Indiz für die radikale Enthaltsamkeit, die die herrschenden Klassen in Rom jeder Form von produktiver Arbeit sogar des exekutiven Typs gegenüber übten.«[29]

Die Herren (Sklavenhalter) hatten also mit dem unmittelbaren Produktionsprozess nichts zu tun, genauso wenig wie die herrschenden Klassen in anderen Gesellschaften mit eindeutig vorkapitalistischen Produktionsverhältnissen (feudal, asiatisch). An dieser Stelle lässt sich demnach festhalten, dass es in klassischen Sklavenhaltersystemen eine Trennung zwischen dem Besitz- und Eigentumsverhältnis in Bezug auf die Produktionsmittel gibt. Die Eigentümer der Produktionsmittel sind die herrschenden Klassen, aber der Besitz verbleibt in den Händen der arbeitenden Klassen, die definitionsgemäß ebenso deren Nutzung innehaben.

Diese Nicht-Homologie zwischen Eigentum und Besitz der Produktionsmittel aufseiten der herrschenden Klasse ist demzufolge ein gemeinsames Merkmal aller drei hier vorgestellten vorkapitalistischen Produktionsweisen. Das, was die klassische, auf Sklaverei beruhende Produktionsweise am stärksten von der feudalen und asiatischen unter-

28 Ste. Croix: Class Struggle, S. 258.

29 Anderson: Von der Antike zum Feudalismus, S. 18 u. 24f.

scheidet, ist, dass die Arbeiter bei der Ersteren selbst zum Eigentum werden. Ab einem gewissen Zeitpunkt konnten sie wie andere »gewöhnliche« Produktionsmittel gekauft und verkauft werden.

7.3 Die auf Sklaverei beruhende geldvermehrende Produktionsweise

Wie bereits erwähnt, gibt es in jeder Gesellschaft (sozialen Formation) ein Nebeneinander von verschiedenen Produktionsweisen und -formen, wobei eine Produktionsweise die dominante ist und den Charakter der jeweiligen Gesellschaft bestimmt. De Ste. Croix erklärt diesen Zusammenhang am Beispiel des antiken Griechenlands und Roms, deren Gesellschaften er als »Sklavenökonomien« bezeichnet:

> »Diese Bezeichnung bezieht sich nicht darauf, wer das Gros der Produktionsarbeit leistete (denn hier wie anderswo in der Antike waren es in der Regel freie Bauern und Handwerker, die den größten Anteil an der Produktion hatten). Vielmehr ist damit gemeint, dass die besitzenden Klassen sich den Surplus in erster Linie über die Ausbeutung unfreier Arbeit aneigneten.«[30]

In der Antike – Athen ist hierfür ein hervorragendes Beispiel – gab es ebenfalls, wenn auch im beschränkten Umfang, Lohnarbeit, insbesondere unter den Armen und bei größeren öffentlichen Bauvorhaben.[31] Diese galt jedoch als eine Form der (temporären) freiwilligen Versklavung und war allgemein verachtet.[32] Die meisten Historiker und marxistischen Theoretiker scheinen der Ansicht zu sein, dass in Gesellschaften, in denen die klassische auf Sklaverei beruhende Produktionsweise vorherrschte, andere Produktionsprozesse eher weniger oder nicht-ausbeuterische Formen annahmen. Stellvertretend hierfür sei im Folgenden noch einmal de Ste. Croix zitiert:

> »In der Antike und noch im Spätrömischen Reich […] entfiel ein Großteil der Produktion auf kleine freie Produzenten, hauptsächlich Bauern, aber auch Handwerker und Händler. *Da diese umfangreiche*

30 Ste. Croix: Class Struggle, S. 3f.

31 »Am Ende des 5. Jahrhunderts waren, wie wir aus Berichten über die Errichtung des Erechtheions wissen, Löhne von einer Drachme pro Tag üblich. Auch der Tageslohn von Matrosen in der Flotte lag zwischen einer halben und einer Drachme […] und ab dem Jahr 425 betrug der Tageslohn eines Diskastes eine halbe Drachme.« (G.E.M. de Ste. Croix: Athenian Democratic Origins and other Essays, Oxford 2004, S. 43). »In Athen und vermutlich auch in anderen Städten arbeiteten Frauen aus armen Familien ebenfalls gegen Lohn.« (Dimitris Kyrtatas: Slavery and Economy in the Greek World, in: Keith Bradley/Paul Cartledge (Hrsg.): The Cambridge World History of Slavery, Cambridge 2011, S. 91–111, hier S. 105).

32 Dimitris Kyrtatas: Domination and Exploitation, in: Paul Cartledge/Edward E. Cohen/Lin Foxhall (Hrsg.): Money, Labour and Land: Approaches to the Economies of Ancient Greece, London/New York 2002, S. 140–155.

> *Gruppe weder* in nennenswertem Umfang *die Arbeit anderer* (außerhalb der eigenen Familie) *ausbeutete und auch selbst nicht ausgebeutet wurde,* bildete sie eine Art intermediäre Klasse zwischen den Ausbeutern und den Ausgebeuteten.«[33]

In den Gesellschaften der Antike wie auch in anderen Gesellschaften, die auf unfreier Arbeit aufbau(t)en, existierte jedoch eine eigenständige ausbeuterische Produktionsweise, die auf Sklaverei beruhte und durch die Konzentration sowohl der Eigentums- als auch der Besitzverhältnisse in den Händen des Sklavenhalters gekennzeichnet ist. Charakteristisch für diese Produktionsweise ist *die Anwesenheit des Sklavenbesitzers im Produktionsprozess,* einer auf den Markt ausgerichteten Produktion, bei der sich der Surplus in Geldform angeeignet wird. Ich nenne diese nichtdominante vorkapitalistische Produktionsweise *auf Sklaverei beruhende geldvermehrende Produktionsweise.*

Ich möchte hierfür ein einfaches Beispiel anführen: Ein Händler aus dem antiken Athen (oder Rom: In Rom »verdankten viele Angehörige der Senatorenklasse ihr Vermögen dem Handel«),[34] der über unfreie (Sklaven-)Arbeit verfügt, kauft Wein von einem lokalen Winzer und verkauft ihn zum Beispiel auf die Insel Milos weiter mit der Absicht, Geld zu verdienen. Hier liegt ein Produktionsprozess vor: Durch den Einsatz verschiedener Produktionsmittel (z.B. große Gefäße, Fuhrwerke, ein Transportschiff usw.) und von menschlicher Arbeit wird aus dem Wein von dem Gut eines Grundbesitzers in der Nähe Athens in Fässern oder Hydrien abgefüllter Wein im Geschäft eines lokalen Weinhändlers auf der Insel Milos.

Bei der auf Sklaverei beruhenden geldvermehrenden Produktionsweise haben wir es demzufolge mit einem Produktionsprozess zu tun, der eine monetäre Form annimmt. In der Person des Taskmasters (des Sklavenhalters, der auf Geldvermehrung aus ist) konzentriert sich sowohl das Eigentum als auch der Besitz der Produktionsmittel. Es gibt hier also eine *Homologie* von Eigentum und Besitz in der Hand dieses spezifischen Typs von Sklavenhalter, vergleichbar mit der bei den Kapitalisten. Und trotz dieser Ähnlichkeit in Bezug auf die genannte Homologie handelt es bei dieser ausbeuterischen Produktionsweise keineswegs um »Kapitalismus«.

Dieser Produktionsprozess und seine Affinitäten zur kapitalistischen Produktionsweise lassen sich in folgender Formel veranschaulichen:

$$G \rightarrow W - [P] - W' \rightarrow G' \; [=G+\Delta G].$$[35]

33 Ebd., S. 33. – Ähnlich sieht das Perry Anderson: »In unterschiedlichen Kombinationen gab es in den Stadtstaaten von Griechenland immer auch neben Sklaven freie Bauern, abhängige Pächter und städtische Handwerker. [...] In Italien mit seinem ausgeprägten Großgrundbesitz sind die Kleinpächter niemals komplett verschwunden.« (Anderson: Von der Antike zum Feudalismus, S. 21ff.)

34 Meikle: Aristotle's Economic Thought, S. 159.

35 Man kann dies auch in einer Kurzformel zum Ausdruck bringen: G–W–G', im Unterschied zu

Der geldvermehrende Sklavenhalter (man denke an einen Händler oder einen Hersteller in der Antike), kauft mit seinem Geld (G) Waren (W) (ein Schiff, Wein in großen Fässern, Sklaven, Hydrien, Zwieback oder andere Lebensmittel für die Seeleute – von denen er einigen wenigen auch einen Lohn zahlt). Er leitet den gesamten Produktionsprozess an: Er *befiehlt* seinen Sklaven, den Wein in Hydrien einer bestimmten Größe oder eines bestimmten Volumens abzufüllen und auf das Schiff zu laden; gibt den Seeleuten vor, nach Milos zu segeln etc. Am Ende verkauft er noch die zuvor erworbenen Hydrien und erzielt damit eine zusätzliche Summe Geldes (ΔG). Dieser Prozess wiederholt sich, wieder und immer wieder, so lange es Menschen auf Milos (und an anderen Orten der Antike) gibt, die Wein aus der Gegend von Athen erwerben und trinken wollen. In den Worten von Aristoteles hat

> »diese Erwerbskunst [...] für ihr Ziel keinerlei Schranke; nun ist aber ihr Ziel der Reichtum und Erwerb der bewussten Art. [...] Nach Ausweis der Erfahrung geht es indessen tatsächlich umgekehrt, indem alle, die sich mit Erwerb befassen, ihr Geld schrankenlos zu vermehren trachten.«.[36]

In Aristoteles' Erörterung des Tauschwerts[37] ordnet dieser alle Formen des Einkommens, die Ergebnis der Wertsteigerung des eigenen Vermögens sind (G–W–G' oder G–G': Wucher), der Kategorie »unechter Reichtum« zu im Gegensatz zur Kategorie »echter Reichtum«, der seiner Meinung nach auf Tauschgeschäften (W–W) oder einfachen Tauschhandlungen zur Bedürfnisbefriedigung (W–G–W) beruht. Marx hat sich bei der Einführung seiner Wertformanalyse im ersten Teil von Band I des »Kapital« ausdrücklich auf diese Unterscheidung von Aristoteles bezogen.[38]

Darüber hinaus differenziert Marx sehr deutlich zwischen der auf Sklaverei beruhenden geldvermehrenden Produktionsweise und der klassischen (oder wie er es nennt »patriarchalischen«) Sklavenwirtschaft (in der die Sklavenhalter im Produktionsprozess abwesend sind und losgelöst vom Besitz der Produktionsmittel). Wiederholt verweist Marx in seinen Schriften auf »die Verwandlung der früher mehr oder minder patriarchalischen Sklavenwirtschaft [...] in ein kommerzielles Exploitationssystem«.[39] An einer Stelle schreibt er:

W–G–W, das sich auf einen einfachen Tauschvorgang bezieht (wenn eine Ware verkauft wird, um eine andere Ware zu erhalten).

36 Aristoteles: Politik, 1257b33f.

37 Vgl. Meikle: Aristotle's Economic Thought.

38 »Die beiden zuletzt entwickelten Eigentümlichkeiten der Äquivalentform werden noch fassbarer, wenn wir zu dem großen Forscher zurückgehn, der die Wertform, wie so viele Denkformen, Gesellschaftsformen und Naturformen zuerst analysiert hat. Es ist dies Aristoteles.« (Marx: Das Kapital I, MEW, Bd. 23, S. 73)

39 Ebd., S. 787.

> »In der antiken Welt resultiert die Wirkung des Handels und die Entwicklung des Kaufmannskapitals stets in Sklavenwirtschaft; je nach dem Ausgangspunkt auch nur in *Verwandlung eines patriarchalischen*, auf Produktion unmittelbarer Subsistenzmittel gerichteten *Sklavensystems* in ein auf Produktion von Mehrwert gerichtetes.«[40]

Im obigen Zitat verwendet Marx den Begriff »Mehrwert« in einer eher lockeren Art und Weise, um die spezifische Besonderheit bei der Surplus-Aneignung im Rahmen der auf Sklaverei beruhenden geldvermehrenden Produktionsweise deutlich zu machen. Um den Unterschied zwischen der auf Geldvermehrung setzenden Sklavenökonomie und anderen Formen der vorkapitalistischen Ausbeutung über direkte Surplus-Aneignung hervorzuheben, verwendet er darüber hinaus im Folgenden den Begriff des »Kapitals«, obwohl sich Marx hier auf historische »Phasen vor der kapitalistischen Produktionsweise« bezieht:

> »In allen Formen, worin die Sklavenwirtschaft (*nicht patriarchalisch, sondern wie in den späten griechischen und römischen Zeiten*) als *Mittel der Bereicherung* besteht, wo Geld also Mittel ist, durch Ankauf von Sklaven, Land etc., fremde Arbeit anzueignen, *wird das Geld*, eben weil es so angelegt werden kann, *als Kapital verwertbar, zinstragend*.«[41]

Dieser Auszug aus Band III des »Kapital« erlaubt es mir, meine bisherigen Schlussfolgerungen folgendermaßen zusammenzufassen:

a.) In Gesellschaften, die bestimmt sind von einer *klassischen* (»patriarchalen«) *Sklavenwirtschaft*, besteht die herrschende Klasse aus selbst nicht arbeitenden Land- und Sklavenbesitzern, die vornehmlich in Städten leben und hier ihre politische Macht als Bürger ausüben. Sie stellen die herrschende Klasse der Gesellschaft, auf die sich das Eigentum der wichtigsten Produktionsmittel, insbesondere Eigentum an Grund und Boden, konzentriert. Der Besitz der Produktionsmittel verbleibt jedoch in den Händen der Klasse der Sklaven.

b.) Im Gegensatz dazu konzentrieren sich bei der *auf Sklaverei beruhenden geldvermehrenden Produktionsweise* sowohl das Eigentum als auch der Besitz der Produktionsmittel in einer Person, die kein Bürger ist, wie etwa die Metöken im antiken Griechenland. Dabei handelt es sich um einen Produktionsprozess, der allein auf die Vermehrung von Geld abzielt (»Geld als Selbstzweck«). Dadurch unterscheidet sich diese Produktionsweise von der klassischen (»patriarchalen«) auf Sklaverei beruhenden Produktionsweise, obwohl beide ihren spezifischen Surplus aus der Sklavenarbeit ziehen.

40 Marx: Das Kapital III, MEW, Bd. 25, S. 344, Hervorh. J.M.

41 Ebd., S. 608, Hervorh. J.M.

c.) Die auf Sklaverei beruhende geldvermehrende Produktionsweise verschwand nicht mit dem Ende der klassischen Sklavenökonomien und entsprechender antiker Gesellschaften und Zivilisationen. Im Gegenteil: Sie bestand die ganze Zeit über bis zur Ausbreitung des Kapitalismus und existiert bis zu einem gewissen Grad noch heute (siehe die folgenden Teile dieses Kapitels für eine ausführlichere Analyse).
Der hier beschriebene, auf Geldvermehrung setzende Sklavenhalter ist daher ein *vorkapitalistischer Geldbesitzer,* der zumindest theoretisch den einen Part in der historischen »Begegnung« (siehe Kapitel 5) hätte übernehmen können, die zur Geburt der kapitalistischen Produktionsweise führte. Die oben zitierten Ausführungen von Marx aus dem »Kapital« gehen wie folgt weiter:

> »Die charakteristischen Formen jedoch, worin das Wucherkapital in den Vorzeiten der kapitalistischen Produktionsweise existiert, sind zweierlei. [...] Diese beiden Formen sind: *erstens,* der Wucher durch Geldverleihen an verschwenderische Große, wesentlich Grundeigentümer; *zweitens,* Wucher durch Geldverleihen an den kleinen, im Besitz seiner eignen Arbeitsbedingungen befindlichen Produzenten, worin der Handwerker eingeschlossen ist, aber ganz spezifisch der Bauer. [...] Beides, sowohl der Ruin der reichen Grundeigentümer durch den Wucher, wie die Aussaugung der kleinen Produzenten führt zur Bildung und Konzentration großer Geldkapitalien.«[42]

d.) Der Kapitalismus konnte jedoch erst dann seinen Siegeszug antreten, als der zweite Pol, das Proletariat, die historische Bühne betrat und die »Begegnung« zwischen beiden Polen ihre Wirkung entfaltete:

> »Wieweit aber dieser Prozess die alte Produktionsweise aufhebt, wie dies im modernen Europa der Fall war, und ob er an ihrer Stelle die kapitalistische Produktionsweise setzt, hängt ganz von der historischen Entwicklungsstufe und den damit gegebnen Umständen ab.«[43]

7.4 Eine über die Zeit fortbestehende nicht-kapitalistische Produktionsweise

Um Missverständnisse zu vermeiden, sollte an dieser Stelle noch einmal ausdrücklich betont werden, dass die auf Sklaverei beruhende geldvermehrende Produktionsweise nie zum dominanten System in der Antike oder in irgendeiner anderen vorkapitalistischen Gesellschaft wurde, sondern durchgängig in elementare (vorkapitalistische) soziale Beziehungen

42 Ebd., S. 608, Hervorh. J.M.
43 Ebd.

eingebettet blieb, die in jener Epoche vorherrschten. Mit anderen Worten: Sie blieb immer der dominanten Produktionsweise untergeordnet.

Im antiken Griechenland oder Rom führten die Dominanz der klassischen, auf Sklaverei beruhenden Produktionsweise und ihre nicht-monetäre Ausrichtung dazu, dass »Geldeinkommen nicht auf derselben Stufe wie Sacheinkünfte etwa aus Grundbesitz standen bzw. anders bewertet wurden«.[44] Die vorherrschende Form der Sklavenwirtschaft (und später die feudale oder asiatische Produktionsweise) verwies die auf Sklaverei beruhende geldvermehrende Produktionsweise in die »Intermundien« der Gesellschaft, das heißt in die Zwischenräume der grundlegenden sozialen Strukturen und Institutionen:

> »Die Handelsvölker der Alten existierten wie die Götter des Epikur; in den *Intermundien* der Welt, oder vielmehr wie die Juden in den Poren der polnischen Gesellschaft.«[45]

Trotz ihrer randständigen Position in antiken Gesellschaften hat die auf Sklaverei beruhende geldvermehrende Produktionsweise in bestimmten historischen Momenten bedeutende Folgen gezeitigt. Ein Beispiel dafür ist aus der antiken griechischen Literatur bekannt: die Geschichte von Kephalos aus Syrakus und seinem Sohn Lysias, einem berühmten Logograph. Kephalos lebte in der zweiten Hälfte des 5. Jahrhunderts v. Chr. als Fremder (Metöke) in Perikles' Athen und war ein reicher Geschäftsmann und Schildeprododuzent.[46] Platons »Politeia« bzw. »Staat« beginnt mit einem Besuch von Sokrates in Kephalos' Haus in Piräus, bei dem er mit ihm ein Gespräch über Gerechtigkeit beginnt. Recht bald jedoch und eher unerwartet lässt Sokrates Kephalos als Gesprächspartner fallen – eine Entwicklung, die die Frage nach der Bedeutung von Kephalos' recht kurzem Auftritt in der »Politeia« für die Argumentation Platons aufwirft. Nach der Auffassung von Kaveh Rafie

44 Ste. Croix: Athenian Democratic, S. 41. – »Selbst als sich die Verwendung von Geld allgemein durchzusetzen begann, waren Gewerbetreibende und Händler oftmals nicht in der Lage, ihre ›Einkommen‹ oder ›Gewinne‹ in Drachmen zu beziffern. Das ist etwas, was viele heutige Historiker, die sich mit der Wirtschaft der griechischen (und der römischen) Welt befassen, völlig übersehen, weil sie meist unbewusst darauf bestehen, auf Wirtschaftssysteme der Antike Konzepte aus der modernen oder mittelalterlichen Welt zu übertragen. Nichts, was für die Ökonomien des modernen oder selbst mittelalterlichen Europas selbstverständlich war bzw. ist, kann – solange es keine entsprechenden empirischen Hinweise darauf gibt – für das antike Griechenland vorausgesetzt werden.« (Ebd., S. 42f.)

45 Marx: Das Kapital III, MEW, Bd. 25, S. 342. – Für die Antike »ist kein einziger Staatsmann bekannt, der dem Handel nachging, und kein Geschäftsmann, der eine maßgebliche Rolle in der Politik gespielt hätte. Das gilt selbst für Athen. Die Händler waren nicht alle [...] Fremde oder Männer mit geringem Vermögen, aber [...] ihr Einfluss auf die Politik war als Kaufleute in jedem Fall verschwindend gering.« (Ste. Croix: Athenian Democratic, S. 356)

46 Debra Nails: The People of Plato: A Prosopography of Plato and Other Socratics, Indianapolis/Cambridge 2002.

> »schließt Platon Männer wie Kephalos von der aktiven Teilhabe am politischen Leben einer gerechten Stadt aus. Das bedeutet jedoch nicht, dass Platon Kephalos für ungerecht oder ethisch pervertiert hält. Er ist allerdings skeptisch gegenüber dem Reichtum dieser Leute und befürchtet, dass diese eine Stadt korrumpieren könnten, wenn sie an die Macht kämen [...] Von daher zählt er Kephalos zu der Gruppe von Menschen, die von einem umsichtigeren Herrscher regiert werden sollten, nämlich einem Philosophen.«[47]

Bestimmte politische Ereignisse in Athen ließen die Familie von Kephalos dann eine sehr wichtige Rolle in der Geschichte der Stadt spielen. Nach dem Peloponnesischen Krieg kam es in Athen zur Herrschaft der Dreißig Tyrannen (404–403 v. Chr.). Dieses neue Regime beschloss, das Eigentum bestimmter Metöken, die sich ihrer Herrschaft widersetzt hatten, zu beschlagnahmen. Aus der Fabrik der Familie von Kephalos, die von Lysias und seinen beiden Brüdern geführt wurde, konfiszierten die Dreißig Tyrannen

> »700 Schilde und 120 Sklaven, aus den Häusern der Brüder raubten sie Kupfer, Schmuck, Möbel und Frauenkleider [...]. Lysias musste daraufhin aus Athen fliehen. Doch trotz des Verlusts der Waffenfabrik und des damit verbundenen Einkommens [...] war Lysias nach seiner Flucht in der Lage, die ins Exil getriebenen Demokraten bei ihren Bemühungen, die Tyrannen zu stürzen, massiv materiell zu unterstützen. Er half ihnen unter anderem mit 300 Söldnern aus sowie mit Münzen im Wert von mehr als zwei attischen Talenten [...] – was darauf verweist, dass er noch über anderweitiges Vermögen verfügte.«[48]

Nach dem Sturz der Dreißig Tyrannen im Jahr 403 v. Chr. schlug ein Athener Bürger der Stadt vor, Lysias für seinen wertvollen Beitrag zur Wiederherstellung der Demokratie die Staatsbürgerschaft zu verleihen. Der Vorschlag stieß jedoch auf Ablehnung und wurde nie in die Volksversammlung der Stadt *(ecclesia)* eingebracht. Staatsbürgerschaft blieb ein Privileg der Athener Landbesitzer.

Wichtiger ist jedoch, dass, wie bereits angeführt, die auf Sklaverei beruhende geldvermehrende Produktionsweise nach dem Niedergang der klassischen Sklavenwirtschaft weiter existierte. Ich werde darauf in

47 Kveh Rafie: The Philosophical Role of Cephalus in the Republic, 2016, unter: www.academia.edu/3167386/The_Philosophical_Role_of_Cephalus_in_the_Republic, S. 1. – Dieses Misstrauen Geld gegenüber in großen Teilen der antiken griechischen Gesellschaft kommt in dem folgenden Auszug einer bekannten Tragödie zum Ausdruck: »Denn nichts erwuchs als ärgrer Brauch den Menschen als das Geld. Es löscht selbst Städte aus, jagt Männer aus den Häusern fort, verbildet und verkehrt den rechten Sinn der Menschen, schnöden Taten nachzugehn.« (Sophokles: Antigone, hrsg. von Mario Leis und Nancy Hönsch, Stuttgart 2017, S. 17f.)

48 Nails: The People of Plato, S. 92.

den folgenden Kapiteln dieses Buchs noch näher eingehen. An dieser Stelle sollte noch Erwähnung finden, dass die Geschichte der Kreuzzüge nicht nur die eines Religionskriegs ist, sondern auch eine der Versklavung und des Sklavenhandels.[49] Während des Mittelalters florierte in den Städten und Kolonien Italiens der Handel mit christlichen Sklaven. In Kreta, einer Kolonie Venedigs, waren in der ersten Hälfte des 14. Jahrhunderts die Mehrheit der Sklaven griechische Christen, die man in Kleinasien, auf dem griechischen Festland oder auf den Ägäischen Inseln gefangen genommen hatte. Am Ende dieses Jahrhunderts wurden die griechischen Sklaven nach und nach durch Sklaven aus der Schwarzmeerregion ersetzt, darunter Tataren, Tscherkessen, Bulgaren, Türken und Russen.[50]

Karl Marx schreibt: » Die *Kontinuität des Verhältnisses* von Sklave und Sklavenhalter ist ein Verhältnis, worin der Sklave durch direkten Zwang erhalten wird.«[51] Friedrich Engels, den sehr häufig die Frage nach der Aufeinanderfolge von verschiedenen Produktionsweisen umtrieb, verwies dagegen stärker auf die Kontinuität der Sklaverei: Sie habe es in der Geschichte schon immer gegeben.[52] Es war auf jeden Fall der gesellschaftliche Hauptakteur der auf Sklaverei beruhenden geldvermehrenden Produktionsweise (und nicht der des »klassischen« Sklavensystems)

49 »In den 1220er-Jahren überrannten die Preußen Kulm, die einzige preußische Provinz, die Konrad [Polens mächtigster Herzog] hatte erobern können, und griffen polnische Dörfer und Klöster an, wo sie Menschen in ihrer Gewalt brachten, die sie anschließend als Sklaven verkauften oder zur Arbeit auf den Landgütern der Krieger zwangen.« (Thomas F. Madden: Enrico Dandolo and the Rise of Venice, Baltimore 2003, S. 128)

50 Sally McKee: Inherited Status and Slavery in Late Mediterranean Italy and Venetian Crete, in: Past and Present 182, 2004, S. 31–53, hier S. 40. Adam Smith beschreibt die Fortdauer der Sklaverei in Westeuropa folgendermaßen: »[...] schon im 12. Jahrhundert [ließ] Alexander III. eine Bulle zur allgemeinen Sklavenbefreiung ausgeben [...]; sie scheint jedoch mehr eine fromme Ermahnung als ein Gesetz, welchem die Gläubigen unbedingten Gehorsam schuldig waren, gewesen zu sein.« (Adam Smith: Wohlstand der Nationen. Nach der Übersetzung von Max Stirner, hrsg. von Heinrich Schmidt, Köln 2009, S. 391) Michael Kaplan schreibt hierzu in Bezug auf das Byzantinische Reich: »Die in den Werkstätten eingesetzten Sklaven hatten unterschiedliche Stellungen inne. In einigen Fällen entschieden ihre Herren, sie als Vorarbeiter einzusetzen; als solche hatten sie Lohnempfänger oder andere Sklaven unter ihrem Kommando. [...] Andererseits war es im Finanzwesen (bei den Banken und Wechselstuben) nicht erlaubt, dass Sklaven an der Spitze eines Unternehmens standen. Anderswo wurden Sklaven auf der gleichen Ebene wie Lohnempfänger und Lehrlinge eingesetzt und mit Aufgaben betraut, die keiner großen Ausbildung bedurften. Allerdings durften Sklaven, selbst wenn sie die Position eines Vorabeiters in einer Werkstatt innehatten, keinerlei Eigentum bilden, keine Gewinne machen oder Ersparnisse anhäufen.« (Kaplan zit. nach: John Haldon (Hrsg.): A Social History of Byzantium, Oxford 2009, S. 161f.) Sally McKee schreibt über Venedig im 15. Jahrhundert: »Trotz der hohen Kosten von Sklaven beteiligten sich alle Teile der Gesellschaft am Sklavenhandel. Adlige, Priester, Handwerksmeister, Gewürzhändler, Seeleute und Textilarbeiter waren die wichtigsten Anbieter, während eine annähernd große Vielfalt an Menschen Sklaven erwarb. In Venedig war die größte Gruppe der Sklavenkäufer und -verkäufer die der Patrizier, was kaum überrascht, weil sie im Vergleich zu anderen tendenziell die meisten Mittel hatten, um Sklaven zu kaufen.« (Sally McKee: Domestic Slavery in Renaissance Italy, in: Slavery and Abolition 3/2008, S. 305–326, hier S. 319)

51 Marx: Resultate, S. 113.

52 »Die Sklaverei ist die erste, der antiken Welt eigentümliche Form der Ausbeutung; ihr folgt die Leibeigenschaft im Mittelalter, die Lohnarbeit in der neueren Zeit. Es sind dies die drei großen Formen der Knechtschaft, wie sie für die drei großen Epochen der Zivilisation charakteristisch sind; offne, und neuerdings verkleidete, Sklaverei geht stets danebenher.« (Friedrich Engels: Der Ursprung der Familie, des Privateigentums und des Staats, in: MEW, Bd. 21, S. 25–173, hier S. 170).

– der als Händler, Gewerbetreibender oder Geldverleiher tätige Sklavenhalter –, auf den wir in den auf die griechisch-römischen Antike folgenden vorkapitalistischen Gesellschaften immer wieder stoßen und der dort weiterhin seinen Geschäften nachging. Marx stellt den auf Geldvermehrung setzenden vorkapitalistischen Kaufmann als jemanden dar, der dazu tendierte, nicht nur den klassischen Sklavenbesitzer, sondern alle Feudalherren und den asiatischen Staat in »eine Falle zu locken«:

> »In jenen frühern Produktionsweisen [stellen] die Hauptbesitzer des Mehrprodukts, mit denen der Kaufmann handelt, der *Sklavenhalter*, der *feudale Grundherr*, der *Staat* (z.B. der orientalische Despot), den genießenden Reichtum vor [...], dem der Kaufmann Fallen stellt, wie schon A. Smith [...] richtig herausgewittert hat.«[53]

7.5 Die auf Sklaverei beruhende geldvermehrende Produktionsweise und die kapitalistische Produktionsweise

In Kapitel 6 habe ich eine Reihe von Historikern, Sozialwissenschaftlern und Ökonomen zitiert, darunter Max Weber und John Maynard Keynes, die antike Gesellschaften (wie Babylon, das antike Griechenland oder das Römische Reich) allein deswegen als kapitalistisch bezeichneten, weil diese über einen bemerkenswerten »unternehmerisch organisierten« Wirtschaftssektor verfügten. Hier liegt jedoch, wie den Ausführungen dieses Kapitels zu entnehmen ist, ganz offensichtlich ein Denkfehler vor: Es wird fälschlicherweise die auf Sklaverei beruhende geldvermehrende Produktionsweise mit der kapitalistischen Produktionsweise gleichgesetzt. Eine weitere Folge dieses Missverständnisses ist der irreführende Eindruck, diese vermeintlich kapitalistische Produktionsweise habe in den antiken Gesellschaften nach und nach Dominanz erlangt.

Ich habe bereits die wesentlichen Unterschiede zwischen der auf Sklaverei beruhenden geldvermehrenden und der kapitalistischen Produktionsweise erläutert: Bei der Ersteren ist der Arbeiter über ein direktes persönliches Abhängigkeitsverhältnis an seinen Herren gebunden und seine individuelle Konsumtion wird nicht direkt von monetären Marktbeziehungen bestimmt. Deswegen können sich Tauschwert und Geld nicht allgemein durchsetzen, das heißt, sie können nicht zur treibenden Kraft der Wirtschaft werden, das Kapitalverhältnis kann sich nicht voll entfalten. Demnach folgen vorkapitalistische Gesellschaften »einer anderen ökonomischen Logik«, worauf Ernest Mandel wiederholt hingewiesen hat.[54]

53 Marx: Das Kapital III, MEW, Bd. 25, S. 343, Hervorh. J.M.

54 »Es stimmt, dass die kapitalistische Produktionsweise die einzige gesellschaftliche Organisationsform der Wirtschaft ist, in der sich die Warenproduktion *allgemein durchgesetzt* hat. Es wäre

Ich möchte im Folgenden noch etwas näher auf das eingehen, was die beiden Produktionsweisen voneinander unterscheidet, da die These vom »Kapitalismus in der Antike« in Teilen der akademischen Welt weiterhin recht viele Anhänger hat. Das Fazit von Scott Meikle, der eine große Menge an Fachliteratur über die Wirtschaft im alten Griechenland ausgewertet hat, ist, dass die geringe Verbreitung von *produktiven* Krediten in der antiken Welt die Rolle des Geldes eingeschränkt habe. Es blieb ein Medium der Zirkulation und ein Schatz, der gehortet werden musste.[55] Aufgrund des Fehlens inklusiver Kapital- und Arbeitsmärkte habe der Tauschwert nicht zum leitenden Prinzip der Wirtschaft werden können.

> »Es existierten keinerlei Kreditinstrumente, fast jede einzelne Transaktion bedurfte der persönlichen Anwesenheit und Übergabe des Auftraggebers selbst oder eines akkreditierten Vertreters. Es gab keine doppelte Buchführung; die Begriffe Soll und Haben waren unbekannt genauso wie Kredit-, Last- oder Gutschriften; es gab keine festgelegten Zahlungsziele oder Abrechnungszeiträume, weder vierteljährlich noch anderweitig.«[56]

Alain Bresson ist kritisch gegenüber Autoren, die behaupten, in der Antike sei das Kreditwesen völlig unbedeutend gewesen. Ihm zufolge liehen sich im antiken Athen die Menschen Geld, »um Land zu erwerben, um ihre Güter und ihre Ausrüstung zu modernisieren oder um Sklaven zu kaufen«.[57] Selbst wenn wir davon ausgehen, dass es solche lokalen Transaktionen gegeben hat, ändert das nichts an der Einschätzung, dass es sich hier um *nicht-kapitalistische Ökonomien* handelte. Paul Millett hat mit seiner ausführlichen Untersuchung den Doppelcharakter von Krediten im antiken Griechenland herausgearbeitet: Es gab einerseits solche zwischen Verwandten oder Freunden, die Teil einer umfassenderen, auf gegenseitige Hilfe basierenden Beziehung waren; andererseits existieren Kreditvereinbarungen zwischen nicht miteinander (verwandt- oder freundschaftlich) verbundenen Personen (die in der Regel keine Bürger waren), die mit Zinsforderungen einhergingen.

daher total irreführend, wenn man etwa für die griechische Sklavengesellschaft oder das Byzantinische Reich – also zwei Gesellschaftsformen, die stark von einfacher Warenproduktion, der Entwicklung einer Geldökonomie und internationalem Handel geprägt waren – sagen würde, dass diese vom ›Wertgesetz‹ *bestimmt* gewesen seien. Die Warenproduktion in diesen beiden vorkapitalistischen Gesellschaftlichen war verknüpft mit und in letzter Instanz eindeutig nichtkapitalistischen Produktionsformen (hauptsächlich landwirtschaftlicher Produktion) untergeordnet, die einer anderen ökonomischen Logik folgen als der Logik, die den Warentausch oder die Akkumulation des Kapitals beherrscht.« (Ernest Mandel: Introduction, in: Karl Marx: Capital. A Critique of Political Economy, Bd. 3, London 1991, S. 9–90, hier S. 14f.)

55 Meikle: Aristotle's Economic Thought, S. 147–179.

56 Ebd., S. 160.

57 Alain Bresson: The Making of the Ancient Greek Economy: Institutions, Markets and Growth in the City-States, Princeton/Oxford 2016, S. 280.

> »Diese beiden Systeme verhielten sich ergänzend zueinander. Immer dort, wo sie aufeinandertrafen, wie zum Beispiel in den Gerichtshöfen, hatte üblicherweise das Prinzip der Gegenseitigkeit Vorrang. In einer westlichen kapitalistischen Gesellschaft wäre das undenkbar.«[58]

An dieser Stelle sollte darauf hingewiesen werden, dass in der griechisch-römischen Antike selbst die zweite Kategorie von Krediten – die, für die Zinsen anfielen – immer dann, wenn es um »produktive Kredite« ging, niemals ihren (zwischen-)menschlichen Charakter verlor. Im Gegensatz dazu zeichnet sich die Kreditvergabe in Gesellschaften mit einer dominanten kapitalistischen Produktionsweise durch einen Prozess der »Versachlichung« aus, bei dem eine wirtschaftliche Beziehung in eine handelbare »Sache« verwandelt wird, zum Beispiel in eine Bürgschaft, einen Wechsel oder eine Hypothek, die als »Ware sui generis« fungieren.[59] Weil in antiken Gesellschaften Geldbeziehungen den vorkapitalistischen Strukturen untergeordnet waren und die Politik eine solche zentrale Rolle einnahm, betrachtete man auch die wirtschaftlichen Verhältnisse und Strukturen als eine Angelegenheit der Politik und der Ethik. Dimitris Kyrtatas schreibt hierzu treffend:

> »Im Denken der alten Griechen existierte so etwas wie Ausbeutung als eine allgemeine ökonomische Kategorie zur Beschreibung menschlicher Beziehungen nicht. Was Aristoteles und andere Autoren betonten, war Herrschaft. […] Themen, die wir heute als Aspekte der Wirtschaft begreifen, waren für die Griechen politische und ethische Fragen. Sie legten darüber hinaus auch keinen besonderen Wert auf Gewinnmaximierung, vielmehr ging es ihnen vor allem um die Steigerung des persönlichen Ansehens.«[60]

58 Paul Millett: Lending and Borrowing in Ancient Athens, Cambridge 1991, S. 220.

59 Vgl. Sotiropoulos u.a.: Political Economy, S. 134–179. – »Solcherart Versachlichung erfahren nun auch die Kreditverhältnisse in einem bestimmten Stadium der kapitalistischen Entwicklung. […] Ganz allgemein gesprochen wird ein Kreditverhältnis versachlicht, wenn es nicht mehr aus der persönlichen Vereinbarung zwischen zwei bekannten Personen entsteht, sondern durch ein System menschlicher Einrichtungen zwischen einander unbekannten Personen nach objektivierten Normen und in schematisierten Formen zustandekommt. […] Ein unpersönliches Kreditverhältnis wird also durch das Wertpapier begründet. […] Diese sind hauptsächlich: der girierte Wechsel, die Aktie, die Banknote, die öffentlich-rechtliche und privatrechtliche ›Obligation‹.« (Sombart: Die Juden und das Wirtschaftsleben, S. 62) Vgl. hierzu auch Randall L. Wray: The Origins of Money and the Development of the Modem Financial System, The Jerome Levy Economics Institute of Bard College and University of Denver, Working Paper No. 86, Annandale-On-Hudson 1993; sowie Alla Semenova/Randall L. Wray: The Rise of Money and Class Society: The Contributions of John F. Henry, Levy Economics Institute of Bard College, Working Paper No. 832, Annandale-On-Hudson 2015.

60 Kyrtatas: Domination and Exploitation, S. 153f. – Karl Marx argumentiert ganz ähnlich: »Wir finden bei den Alten nie eine Untersuchung, welche Form des Grundeigentums etc. die produktivste, den größten Reichtum schafft. Der *Reichtum* erscheint *nicht als Zweck der Produktion*, obgleich sehr wohl Cato untersuchen kann, welche Bestellung des Feldes die einträglichste, oder gar Brutus sein Geld zu den besten Zinsen ausborgen kann. Die Untersuchung ist immer, welche Weise des Eigentums die besten Staatsbürger schafft.« (Marx: Grundrisse, MEW, Bd. 42, S. 395) Dass man sich in den Gesellschaften des antiken Griechenlands auf politische und moralische

Von Karl Polanyi stammt der richtige Hinweis, dass viele Autoren im antiken Griechenland von der »Unsichtbarkeit« der Wirtschaft sprachen. Daran sieht er einen großen Gegensatz zwischen der antiken griechischen Gesellschaft (wo die Wirtschaftssphäre in die allgemeines Gesellschaftsstruktur »eingebettet« oder eingebunden war) und den modernen kapitalistischen Gesellschaften (wo die Wirtschaft als etwas Losgelöstes betrachtet wird, das angeblich »über« den politischen oder kulturellen Verhältnissen und Strukturen steht). Die Inkongruenz zwischen den alten und neuen Wirtschaftssystemen, so seine Worte, ließe sich am besten an »der Unterscheidung zwischen gesellschaftlichem Eingebettetsein und Nicht-Eingebettetsein der ökonomischen Strukturen« festmachen.[61] Im selben Text von Polanyi findet sich allerdings auch die eher überraschende Behauptung (mit Bezugnahme auf Aristoteles), bei der Wirtschaft im antiken Griechenland habe es sich um den »Embryo« der kapitalistischen Wirtschaftsform gehandelt, wie sie sich »20 Jahrhunderte später« herausbilden sollte:

> »Als die Wirtschaft in Form des kommerziellen Handels und von Preisgefällen das erste Mal die Aufmerksamkeit der Philosophen auf sich zog, war sie bereits dazu *bestimmt*, ihren vielfältigen Kurs fortzusetzen, *der etwa 20 Jahrhunderte später zu seiner Vollendung kommen sollte*. Aristoteles prophezeite anhand des Embryos das vollständig entwickelte Exemplar.«[62]

Aus dem, was ich Kapitel 2 und 5 dieses Buchs ausgeführt habe, sollte klar geworden sein, dass ich jegliche Vorstellung, wonach der Kapitalismus dazu »bestimmt war«, sich am Ende durchzusetzen, ablehne, genauso wie die Idee, dass die »Vollendung« der auf Geldvermehrung setzenden Produktionsweise tatsächlich Kapitalismus ist. Vielmehr bin ich der Überzeugung, dass die «Begegnung« des Geldbesitzers mit dem Proletarier keine »Notwendigkeit« war, sondern eine historische Kontingenz. In der oben zitierten Aussage stellt jedoch auch Polanyi eine Affinität (oder »Ähnlichkeit«) der auf Sklaverei beruhenden geldvermehrenden Produktionsweise mit der kapitalistischen Produktionsweise fest: die Konzent-

---

Fragen und Ziele anstatt auf ökonomische konzentrierte, schuf eine gewisse Ambivalenz hinsichtlich der Bedeutung von Begriffen, die später eine ökonomische Konnotation erlangten. Hierzu erläutert Wolfgang Müller: »Auch etwa das Wort *chremata*, oft übersetzt als ›Geldmittel‹, ist vieldeutig; sein Stamm verweist auf den Nutzen für den Gebrauch, auf das Bedürfnis; es kann dann die Masse nützlicher Gegenstände sein, das Vermögen, der Besitz, die Mittel; in bestimmtem Sinn dann auch die Geldmittel, das Geld, die Geldsumme, ja die Schulden oder die Waren.« (Wolfgang Müller: Momente des bürgerlichen Staates in der griechischen Polis, in: Probleme des Klassenkampfs, Nr. 17/18, 1975, S. 1–25, hier S. 17)

61 Karl Polanyi: Aristotle's Discourse on the Economy, in: Karl Polanyi/Conrad M. Arensberg/Harry W. Pearson (Hrsg.): Trade and Market in the Early Empires: Economies in History and Theory, Chicago 1971, S. 64–94, hier S. 69.

62 Ebd., S. 67f., Hervorh. J.M.

ration sowohl von Eigentum als auch Besitz der Produktionsmittel in den Händen der Taskmaster, der »unternehmerische« Charakter beider Produktionsprozesse: marktorientierte Aktivitäten, die auf einen monetären Gewinn als Selbstzweck abzielen, »ihr Geld schrankenlos zu vermehren trachten« (Aristoteles).

Diese Affinität ermöglichte eine Koexistenz und bis zu einem gewissen Grad eine Verschmelzung der auf Sklaverei beruhenden geldvermehrenden Produktionsweise mit der kapitalistischen. Nachdem die Letztere in bestimmten Regionen Europas Fuß gefasst und an Dynamik gewonnen hatte, fungierte Erstere sehr oft als Unterstützung und Voraussetzung für ihre Ausbreitung – vor allem dann, wenn sich das Lohnverhältnis noch nicht als akzeptable oder angemessene Form der Arbeit unter den Armen etabliert hatte. Fernand Braudel schrieb über die Wirtschaftsordnungen in den durch den transatlantischen Kolonialismus neu geschaffenen Staaten:

> »Mit der Ausnahme von Kanada und den jungen englischen Kolonien in Amerika beruhte die gesamte neue Welt auf Sklaverei.«[63]

Nach der Kolonialisierung von Südamerika durch die Spanier und Portugiesen waren die europäischen Siedler in diesen Territorien der Neuen Welt nicht bereit, sich als Lohnarbeiter zu verdingen – zumindest nicht in dem Umfang, der für den Aufbau eines schnell wachsenden kapitalistischen Binnenmarkts und einer kapitalistischen Ökonomie nötig gewesen wäre. Daraufhin begann man, die indigene Bevölkerung, die zuvor in einem vorkapitalistischen Umfeld gelebt hatte, in dem bis zur kolonialen Eroberung Lohnarbeit so gut wie gar keine Rolle gespielt hatte, zur Zwangsarbeit heranzuziehen (und sie zeitgleich zu christianisieren). Sie wurden unter sklavenähnlichen Bedingungen vor allem in Silber- und Goldminen und auf riesigen Plantagen eingesetzt. Man versuchte den dramatischen demografischen Rückgang der indigenen Bevölkerungen – es starben massenhaft Menschen an den Folgen der brutalen neuen Lebensbedingungen und an den vielen aus Europa eingeschleppten Krankheiten – mit der Ausweitung des Sklavenhandels zu kompensieren. Es wurden im gewaltigen Umfang afrikanische Sklaven in die spanischen und portugiesischen Kolonien geschafft. In anderen europäischen Kolonien, zum Beispiel in der niederländischen Kolonie Java, entstanden ähnliche, auf Zwangs- bzw. Sklavenarbeit setzende Wirtschaftssysteme.[64]

Aber nicht nur in den Kolonien diente die auf Sklaverei beruhende geldvermehrende Produktionsweise als ein Stützpfeiler des Kapitalis-

63 Braudel: Afterthoughts, S. 91f.

64 Marx: Das Kapital I, MEW, Bd. 23, S. 780.

mus. Selbst in England stabilisierte die Existenz von Sklavenbeziehungen den Kapitalismus und wurde dazu genutzt, um die Armen in neue Arbeitsverhältnisse zu zwingen:

> »Edward VI.: Ein Statut aus seinem ersten Regierungsjahr, 1547, verordnet, dass, wenn jemand zu arbeiten weigert, soll er als Sklave der Person geurteilt werden, die ihn als Müßiggänger denunziert hat. Der Meister soll seinen Sklaven mit Brot und Wasser nähren, schwachem Getränk und solchen Fleischabfällen, wie ihm passend dünkt. Er hat das Recht, ihn zu jeder auch noch so eklen Arbeit durch Auspeitschung und Ankettung zu treiben. Wenn sich der Sklave für 14 Tage entfernt, ist er zur Sklaverei auf Lebenszeit verurteilt und soll auf Stirn oder Backen mit dem Buchstaben S gebrandmarkt, wenn er zum drittenmal fortläuft, als Staatsverräter hingerichtet werden. Der Meister kann ihn verkaufen, vermachen, als Sklaven ausdingen, ganz wie andres bewegliches Gut und Vieh. Unternehmen die Sklaven etwas gegen die Herrschaft, so sollen sie ebenfalls hingerichtet werden.«[65]

Drei Jahrhunderte später hatte sich in Großbritannien im Zuge der industriellen Revolution die Lohnarbeit allgemein durchgesetzt, während sie zur gleichen Zeit im Süden der Vereinigten Staaten der auf Sklaverei beruhenden geldvermehrenden Produktionsweise einen neuen Schub verlieh.

> »Der Siegeszug des industriellen Kapitalismus beruhte somit auf der Aufrechterhaltung der Sklaverei in einem anderen Teil der Welt, auch wenn diese Sklaverei nicht mehr von der Fortsetzung des Sklavenhandels abhängig war.«[66]

Die kapitalistischen Staaten kamen bei ihrem Einsatz zugunsten der Ausbreitung des Kapitalismus nicht umhin, auch für den Bestand der auf Sklaverei beruhenden geldvermehrenden Produktionsweise einzu-

65 Ebd., S. 763.

66 Eric R. Wolf: Europe and the People Without History, Berkeley/Los Angeles 1982, S. 316; zit. nach: Tom Brass: Labour Regime Change in the Twenty-First Century. Unfreedom, Capitalism and Primitive Accumulation, Leiden/Boston 2011, S. 146. – Mehrfach hob Marx hervor, dass die Sklaverei (genauer die auf Sklaverei beruhende geldvermehrende Produktionsweise) den Kapitalismus häufig ergänzt: »Sobald aber Völker, deren Produktion sich noch in den niedrigren Formen der Sklavenarbeit, Fronarbeit usw. bewegt, hineingezogen werden in einen durch die kapitalistische Produktionsweise beherrschten Weltmarkt, der den Verkauf ihrer Produkte ins Ausland zum vorwiegenden Interesse entwickelt, wird den barbarischen Greueln der Sklaverei, Leibeigenschaft usw. der zivilisierte Greuel der Überarbeit aufgepfropft. [...] In dem Grade [...], wie der Baumwollexport zum Lebensinteresse jener Staaten, ward die Überarbeitung [der Sklaven ...] Faktor eines berechneten und berechnenden Systems.« (Marx: Das Kapital I, MEW, Bd. 23, S. 250) »Als 1790 der erste Sklavenzensus in den Vereinigten Staaten aufgenommen ward, betrug ihre Zahl 697 000, dagegen 1861 ungefähr vier Millionen.« (Ebd., S. 467)

treten, die als gesellschaftliche Stütze des Kapitalismus fungierte. Dieser Umstand spiegelte sich im Denken vieler klassischer Ökonomen wider, die die Ansicht vertraten, dass die auf Sklaverei beruhende geldvermehrende Produktionsweise und die kapitalistische durchaus gut zusammenwirkten:

> »Z.B. wenn Steuart sagt: ›Hier, in der Sklaverei, existierte eine gewaltsame Methode, die Menschheit arbeitsam (für die Nichtarbeiter) zu machen.‹«[67]

Adam Smith und andere Vertreter der klassischen Nationalökonomie des 19. Jahrhunderts verglichen beide Produktionsweisen hinsichtlich der beiden Kriterien Produktivität und Effektivität.[68] Adam Smith behauptete:

> »Und so lehrt, wie ich glaube, die Erfahrung aller Zeiten und Völker, dass die Arbeit freier Leute am Ende wohlfeiler zu stehen kommt als die der Sklaven. Dies findet sich sogar in Boston, New York und Philadelphia bestätigt, wo doch der Lohn gemeiner Arbeit sehr hoch ist.«[69]

Wollte man auf der Grundlage solcher Argumente dann doch Werner Sombarts oder Max Webers These folgen, wonach eine Grundvoraussetzung für die Entstehung des Kapitalismus die Verbreitung eines »Geistes des Kapitalismus« war, dann müsste man konsequenterweise auch anerkennen, dass der bereits existierende »Geist des Kapitalismus« die *»Seele« der Sklaverei* war – oder genauer die »Seele« der auf Sklaverei beruhenden geldvermehrenden Produktionsweise. Adam Smith lag in dieser Hinsicht völlig richtig, als er die ökonomische Situation der britischen Arbeiter mit der von afroamerikanischen Sklaven verglich:

67 Ebd., S. 676.

68 Für eine ausführlichere Darstellung vgl. Brass: Labour Regime Change.

69 Smith: Wohlstand der Nationen, S. 87. – Tom Brass schrieb hierzu: »Wie viele andere Ökonomen erkannten Malthus, Mill und Bright, dass das Angebot von Sklaven auf dem Arbeitsmarkt die Nachfrage nach freien Arbeitern hintertrieb. Unfreie Arbeit betrachteten sie als unproduktiv und ineffizient und – wie Adam Smith – als kostspieliger als ihr freies Äquivalent.« Max Weber wiederum führte die Überlegenheit der Lohnarbeit gegenüber der Sklaverei nicht auf die höhere Arbeitsproduktivität zurück, sondern darauf, dass die Sklavenbeziehung eine Einschränkung der Befugnisse des Unternehmers über die von ihm eingesetzte Arbeit bedeutet. »Nach den soziologischen Erkenntnissen von Weber stellte das Vorhandensein von unfreier Arbeit das größte Hindernis für den Prozess der ökonomischen Rationalisierung dar, auf die die kapitalistische Entwicklung angewiesen ist, weil Unternehmer Arbeiter nicht einfach je nach den Erfordernissen des Geschäfts einstellen oder entlassen konnten. Aus diesen und weiteren Gründen vertrat Weber die Auffassung, dass ein Einsatz von unfreier Arbeit nur unter drei Bedingungen möglich sei: Sklaven mussten mit wenigen Mitteln zu unterhalten sein; es musste ein ausreichend großes und beständiges Angebot an solchen Arbeitern sichergestellt sein und sie sollten nur in großflächig betriebener Landwirtschaft (z.B. auf Plantagen) oder in technologisch unterentwickelten (= ›einfachen‹) Arbeitsprozessen in der Industrie zum Einsatz kommen.« (Brass: Labour Regime Change, S. 18 u. 23)

> »Die Schwarzen freilich, die den größten Teil der Einwohner sowohl in den südlichen Kolonien des Kontinents als auf den westindischen Inseln ausmachten, sind Sklaven und also in schlechteren Umständen als die ärmsten Leute in Schottland oder Irland. Indes dürfen wir uns nicht einbilden, dass sie darum schlechter genährt wären als selbst die unterste Volksklasse in England oder dass ihre Konsumtion von solchen Waren, die mäßigen Abgaben unterworfen werden könnten, geringer seien. Es liegt im Interesse ihrer Herren, sie gut zu nähren und bei gutem Mut zu erhalten, damit sie tüchtig arbeiten können, wie es ja auch das Interesse dieser Herren mit sich bringt, ihr Zugvieh in gutem Zustand zu erhalten.«[70]

Kapitalismus ist nicht das Reich der Freiheit. Es ist ein gesellschaftliches System, in dem der direkte *Zwang, der die ökonomische Ausbeutung* der Beherrschten durch die herrschende Klasse *sicherstellt, Teil der ökonomischen Beziehung selbst geworden ist.* »Freiheit« ist dann nichts als die *Erscheinungsform* eines historisch-spezifischen (kapitalistischen!) Systems der *Klassenherrschaft und -ausbeutung.*

Karl Marx hatte daran keinerlei Zweifel. Deswegen wählte er zur Beschreibung der Proletarisierung der Armen und deren Lage auch vor allem Begriffe wie Zwang und Enteignung (die gewaltsame Enteignung der Kleinbauern von ihrem Grundbesitz, die brutale Gesetzgebung, die sich gegen die enteigneten Bauer richteten, das gezielte Niederhalten der Löhne etc.; siehe Kapitel 2) und bezeichnete sie nicht als einen Prozess der Befreiung, wie es einige zeitgenössische Historiker (siehe Kapitel 5) getan haben. Die Situation des Proletariats erscheint (und »funktioniert«) erst dann als »Freiheit«, nachdem das Kapitalverhältnis etabliert und der außerökonomische Zwang in die wirtschaftliche Beziehung eingeflossen ist und so unsichtbar geworden ist.[71] Marx erläutert hierzu:

70 Smith: Wohlstand der Nationen, S. 978f.

71 Anderson zum Beispiel scheint nicht begriffen zu haben, dass Sklaverei (oder »freiwillige Versklavung«: Leiharbeit gegen Lohn) in der Antike die einzige mögliche Form der *abhängigen Arbeit* war. Von daher behauptete er, dass »der Verlust der Freiheit« die Moral der Arbeiter unterlaufen und die Produktivität der »manuellen Arbeit« beschränkt habe. Er schreibt: »Nachdem manuelle Arbeit einmal so eng mit dem *Verlust der Freiheit* verknüpft war, gab es für Erfindungen keine unabhängige rationale Grundlage mehr. Die erstickende Wirkung, die die Sklaverei auf die Technik ausübte, war nicht einfach eine Funktion der niedrigen Durchschnittsproduktivität der Sklavenarbeit selbst und auch nicht des Umfangs ihrer Anwendung: hinterrücks erfasste sie alle Formen der Arbeit.« (Anderson: Von der Antike zum Feudalismus, S. 28, Hervorh. J.M.) In den Gesellschaften jedoch, in denen die klassische Sklavenwirtschaft die vorherrschende war, wurde sie von der Mehrheit der Menschen als gerecht empfunden, und – in heutigen Worten ausgedrückt – keine abhängige Arbeit wäre als »frei« bezeichnet worden. »Dieser Inhalt ist gerecht, sobald er der Produktionsweise entspricht, ihr adäquat ist. Er ist ungerecht, sobald er ihr widerspricht. Sklaverei, auf Basis der kapitalistischen Produktionsweise, ist ungerecht.« (Marx: Das Kapital III, MEW, Bd. 25, S. 352). Kyrtatas zeigt am Beispiel der griechischen Antike: »Ein Bauer konnte sein Land entweder mithilfe eines Sklaven oder eines angeheuerten Mannes aus dem Dorf oder eines Nachbarn, allein [...] oder mithilfe von Familienangehörigen bewirtschaften.« Die Nutzung von Sklavenarbeit war ein Ergebnis der Kernstrukturen antiker Gesellschaften: Dominanz der klassischen auf Sklaverei beruhenden Produktionsweise und Loslösung

»Es ist nicht genug, dass die Arbeitsbedingungen auf den einen Pol als Kapital treten und auf den andren Pol Menschen, welche nichts zu verkaufen haben als ihre Arbeitskraft. Es genügt auch nicht, sie zu zwingen, sich freiwillig zu verkaufen. Im Fortgang der kapitalistischen Produktion entwickelt sich eine Arbeiterklasse, die aus Erziehung, Tradition, Gewohnheit die Anforderungen jener Produktionsweise als selbstverständliche Naturgesetze anerkennt. Die Organisation des ausgebildeten kapitalistischen Produktionsprozesses bricht jeden Widerstand [...]. Anders während der historischen Genesis der kapitalistischen Produktion. *Die aufkommende Bourgeoisie braucht und verwendet die Staatsgewalt, um* den Arbeitslohn zu »regulieren«, d.h. innerhalb der Plusmacherei zusagender Schranken zu zwängen, um den Arbeitstag zu verlängern und *den Arbeiter selbst in normalem Abhängigkeitsgrad zu erhalten.* Es ist dies ein wesentliches Moment der sog. ursprünglichen Akkumulation.«[72]

7.6 Ökonomische Partnerschaften als eine Form von vorkapitalistischen geldvermehrenden Tätigkeiten

7.6.1 Das vorkapitalistische Münz- und Finanzwesen

Wie bereits angedeutet, war Geld in Form von Münzen oder Edelmetallen in vorkapitalistischen Gesellschaften wie dem alten Griechenland, dem Römischen und dem Byzantinischen Reich in vielerlei Hinsicht gebräuchlich. Darüber hinaus kannte man damals bereits Instrumente wie verzinste Kredite, »Bankgeschäfte« und andere Finanzierungsformen. Es gibt unter Historikern, Ökonomen und Sozialwissenschaftlern eine rege und kontroverse Diskussion darüber, ob und inwieweit solche Instrumente frühe Manifestationen kapitalistischer Strukturen oder zumindest ökonomische Organisationsweisen waren, die den Übergang zum Kapitalismus vorbereiteten.

Bemerkenswerterweise hat Joseph A. Schumpeter bereits 1928 die Überlegung formuliert, wonach die Kreditvergabe die *differentia specifica* darstellt, die den Kapitalismus von anderen gesellschaftlichen Systemen trennt, die ebenfalls Privateigentum und eine markorientierte Produktion zur Grundlage haben. Unter Kapitalismus, schreibt Schumpeter,

der Grundeigentümer vom Besitz der Produktionsmittel: »Der Besitz von Sklaven ermöglichte ein unbeschwertes Leben und sicherte die gesellschaftliche Stellung und das Ansehen der Sklavenhalter. Durch diese Absicherung der Vormachtstellung der herrschenden Klassen wurde die Sklaverei vielleicht zur zentralen, wenn nicht gar einzigen Produktionsweise von Bedeutung im alten Griechenland.« (Kyrtatas: Slavery and Economy in the Greek World, S. 98 u. 110)

72 Marx: Das Kapital I, MEW, Bd. 23, S. 765f.

> »verstehen wir ein Wirtschaftssystem, das sich durch Privateigentum (Privatinitiative), die Produktion für einen Markt und das Phänomen des Kredits auszeichnet, wobei dieses Phänomen die *differentia specifica* ist, die das »kapitalistische« System von anderen historischen oder denkbaren Arten dieser größeren Gattung, die definiert ist durch die beiden ersten Merkmale, unterscheidet.«[73]

Ich habe oben die These aufgestellt, dass in vorkapitalistischen Gesellschaften Geld und das Finanzwesen in die politischen, ideologischen und sozialen Strukturen eingebettet blieben, die mit den dominanten Beziehungen der Klassenausbeutung und -herrschaft (der Zwangsbeziehung zwischen Herr und Sklave, zwischen Fürst und Leibeigenem oder zwischen bäuerlicher oder städtischer Gemeinschaft und Staat) einhergingen. Diese waren von ihrer inneren Struktur her nicht monetär.

Im antiken Griechenland oder Rom ist die auf Sklaverei beruhende geldvermehrende Produktionsweise – das einzige Ausbeutungsverhältnis in der Antike, das auf die Maximierung von Geldeinkommen ausgerichtet war – niemals zur vorherrschenden Form des Wirtschaftens geworden. Der einzige aus der Geschichte bekannte Fall, in dem diese Produktionsweise Dominanz erlangte, sind die norditalienischen Stadtstaaten wie Amalfi, Venedig oder Genua im Hochmittelalter. Wie wir noch sehen werden, verwandelte sich diese Produktionsweise nach und nach derart, dass sie irgendwann nicht länger auf Sklavenarbeit angewiesen war. Doch dazu später mehr.

Im folgenden Teil des Kapitels geht es um die spezifischen Kennzeichen der vorkapitalistischen Finanz- und Kreditstrukturen, wie sie sich seit dem Römischen Reich bis zum Hochmittelalter herausgebildet haben. Dabei interessiert mich besonders, inwieweit ihr spezifischer Entwicklungs- und Transformationsprozess sie im Laufe der Geschichte zu anpassungsfähigen Trägern kapitalistischer Produktions- und Ausbeutungsverhältnisse werden ließ.

Im Byzantinischen Reich erreichte das Münzwesen im Zeitraum zwischen dem Untergang des Westroms und dem frühen 13. Jahrhundert seinen höchsten Entwicklungsstand:

> »Das Geldsystem im Byzantinischen Reich verfügte über zwei wesentliche Merkmale. Es war zuallererst ein multikonfessionelles System. Seine Struktur war weitaus komplexer als das damalige Münzsystem im Westen, das nur den silbernen Denar und sein Halbstück, den Obol (Obolus), kannte – zumindest bis zur Handelsrevolution im 13. Jahrhundert und der anschließenden geldpolitischen Entwicklun-

73 Joseph A. Schumpeter: The Instability of Capitalism, in: The Economic Journal, Heft 151, September 1928, S. 361–386, hier S. 362.

gen. Es erwies sich auch als sehr anpassungsfähig, da auf jede größere Geldkrise ein Prozess der Erholung und Stabilisierung erfolgte, der mal länger, mal kürzer, aber immer mindestens ein Jahrhundert dauerte.«[74]

Der byzantinische Staat kontrollierte und verwaltete sein Währungssystem mehr als 1000 Jahre lang zentral (imperiales Münzsystem) und machte bezüglich der Prägerechte niemals Zugeständnisse an lokale politische oder religiöse Autoritäten, wie dies in Westeuropa der Fall war. Die hegemoniale Rolle des byzantinischen Münzwesens, die bis Ende des 12. ahrhunderts anhielt, zeigt sich darin, dass selbst nach der arabischen Eroberung großer Teile des Reichs der fünfte Kalif der Umayyaden, Abd al-Malik ibn Marwan, »um 680 herum oder noch später eine zweisprachige arabisch-byzantinische Münze prägen« ließ.[75]

Angeliki E. Laiou zufolge war die byzantinische Wirtschaft im 12. Jahrhundert, also noch vor der Eroberung Konstantinopels durch die europäischen Kreuzritter im Jahr 1204, von einem für diese Zeit (Mittelalter) relativ hohen Grad der Monetarisierung geprägt. Darin kam vor allen Dingen die vorherrschende Rolle des Staates in der byzantinischen Ökonomie zum Ausdruck, was typisch war für alle Gesellschaften, in denen die asiatische Produktionsweise eine wichtige Rolle spielte.[76]

Auf jeden Fall ging mit der allerorts erfolgten Einführung eines Münzwesens in vorkapitalistischen Gesellschaften die Ausbreitung verschiedener Formen von Kreditvereinbarungen einher.[77] Zu den ersten in der Literatur erwähnten Kreditsystemen gehören solche, die auf einer »Assoziation« oder Partnerschaft zwischen einem Eigentümer mobilen Vermögens (Münzen, Edelmetalle und Waren oder eins von alldem – wovon ich im Folgenden als »Geld« sprechen werde) und einem Eigentümer von »Arbeitskraft« beruhten, einem Taskmaster, der eine Reihe von Seeleuten und/oder andere Arbeiter unter sich hatte und befehligte. In der Antike genauso wie in den frühen Phasen des Mittelalters war dieser Taskmaster meist identisch mit dem auf Geldvermehrung setzenden Sklavenhalter; in späteren Zeiten dann konnte dies ein Händler sein oder ein »Kommissionär«, der die Befehlsgewalt über andere Formen abhängiger Arbeit hatte.

74 Cécile Morrisson: Byzantine Money: Its Production and Circulation, in: Angeliki E. Laiou (Hrsg.): The Economic History of Byzantium: From the Seventh through the Fifteenth Century, Washington DC 2002, S. 909–966, hier S. 920.

75 Ebd., S. 913.

76 »Der Staat stand an der Spitze einer Kommandowirtschaft, was auch bedeutete, dass sich dieser einen erheblichen Teil des Surplus (die Anteile variierten über die Zeit) aneignete und in Form von Gehältern umverteilte, wodurch viel Geld auf das Land floss. Bereits im Jahr 769 ordnete der Staat an, dass die Steuern in Form von Bargeld entrichtet werden sollten, was als erstes Anzeichen für eine bevorstehende Erholung gewertet werden kann.« (Angeliki E. Laiou: The Byzantine Economy: An Overview, in: Angeliki E. Laiou (Hrsg.): The Economic History of Byzantium: From the Seventh through the Fifteenth Century, Washington DC, S. 1145–1164, hier S. 1146)

77 Vgl. Christopher Howgego: Ancient History from Coins, London/New York 1995.

Der Grundgedanke hinter den erwähnten »Assoziationen« war, dass eine Partei das Geld (oder einen Teil davon) beisteuerte, das für eine bestimmte Handelsreise notwendig war, während die andere Partei die für die Umsetzung des Vorhabens erforderlichen Arbeitskräfte (und den Rest des benötigten Geldes) aufbrachte. Nach Abschluss der Reise teilen beide Parteien den Erlös entsprechend ihres jeweiligen Einsatzes (gemessen in Geld und Arbeitskraft) und nach bestimmten Regeln, die sie vorher festgelegt hatten.

Wir kennen solche »Assoziationen« oder Verträge insbesondere für Babylon (*tappūtim*), für Athen (*heteroploun*), für das Römische Reich (*societas* und *fenus nauticum*), für das Byzantinische Reich (*chreokoinonia*), für die jüdischen Gemeinschaften (*'isqa*), für die arabischen Welt (*qirād*) und für Norditalien (*commenda*, *collegantia* oder *colleganza*).[78] Im Folgenden beginne ich meine Darstellung dieser vorkapitalistischen Finanzierungs- und Kreditabkommen mit den *societas*, da sie als einzige die Auflösung des Römischen Reichs überlebten und vermutlich Einfluss auf die Ausgestaltung späterer Vereinbarungen hatten.

Die römischen *societas*, einvernehmliche Verträge über den Einsatz von Geld und Arbeitern zwischen einer »Geld investierenden« Partei und einer »Arbeitskraft investierenden« Partei (die eventuell auch Geld zuschoss), wurden zur Finanzierung von kommerziellen Expeditionen und Handelsreisen geschlossen. Seit der Ära des Römischen Reichs waren sie im gesamten Mittelmeerraum weit verbreitet. In den Verträgen war festgelegt, dass die verschiedenen Beiträge (die Investition mobilen Vermögens/Geld und die Investition von Arbeit) in einem angemessenen Verhältnis zueinander stehen sollten. Die Aufteilung der Gewinne und Verluste erfolgte entsprechend der geschätzten Höhe der »Investitionen« aller Beteiligten. Der Part, der die Arbeiter beisteuerte, war nicht für monetäre Verluste zur Verantwortung zu ziehen, vorausgesetzt, dass der geschätzte Wert der von ihm zur Verfügung gestellten Arbeitskräfte mindestens dem Betrag des »Geldinvestors« entsprach. In einem solchen Fall ging bei einem positiven Ausgang der Reise der Gewinn bis zur Hälfte an den Letzteren. Das gesamte Handelsunternehmen wurde vom »Geldinvestor« und vom »Arbeitsinvestor« gemeinsam geplant und angeleitet. *Societas* waren besonders geläufig zwischen Geschäftspartnern und Verwandten, nicht nur als Kreditvereinbarung, sondern auch als Instrument zur Risikominimierung, da anstatt nur eines Investors zwei oder mehrere Geschäftsmänner eine Handelsunternehmung finanziell absicherten, anstatt ihr jeweiliges »Vermögen« nur in die eigenen Expeditionen zu stecken. *Societas* gingen nicht mit dem

78 Vgl. Pryor: Origins of the Commenda Contract; Frederic C. Lane: Venice and History: The Collected Papers of Frederic C. Lane, Baltimore 1966; Frederic C. Lane: Seerepublik Venedig, München 1980; David Abulafia: The Two Italies: Economic Relations Between the Norman Kingdom of Sicily and the Northern Communes, Cambridge 1977.

Weströmischen Reich unter und überlebten auch den zunehmend gefährlicheren Seehandel, der ab dem 5. Jahrhundert n. Chr. unter zahlreichen Angriffen, Invasionen und Kriegen litt.[79]

Die *fenus nauticum* waren dagegen keine partnerschaftlichen Vereinbarungen zwischen verschiedenen Investoren, die sich die Kosten von Handelsprojekten teilten, sondern Seehandels-Darlehen, die unabhängig von der Höhe der erzielten Gewinne verzinst wurden. Die Zinsen wurden nach Ende der Reise fällig. In diesem Fall wurde die organisatorische Verantwortung für die Expedition nicht geteilt, sondern oblag allein dem Schuldner (Taskmaster). Der Geldverleiher war jedoch für alle Verluste auf See verantwortlich, eine Regelung, die sich für den Gläubiger zunehmend als ungünstig erwies, als der Fernhandel immer mehr Risiken und Bedrohungen ausgesetzt war.

Chreokoinonia hießen ähnliche Kredit- und Investitionsvereinbarungen zur Förderung des maritimen Handels im Byzantinischen Reich.[80] Sie hatten viele Gemeinsamkeiten mit den römischen *societas*: Ein Partner steuerte Geld und ein anderer Arbeiter (und wenn möglich noch Geld) bei. Jeder erwarb das Anrecht auf potenzielle Gewinne und trug das Risiko für Verluste in »Abhängigkeit von den vertraglich festgelegten Anteilen«.[81] Die wichtigste Innovation gegenüber den *societas* bestand darin, dass *chreokoinonia* praktisch jedwede Aufteilung der Erlöse zwischen den Partnern nach entsprechenden Absprachen zuließen.

> »Das partnerschaftliche Abkommen zwischen zwei oder mehreren Seiten wurde entweder in schriftlicher oder mündlicher Form getroffen, nachdem jeder seinen vereinbarten Beitrag eingebracht hatte. Dieser konnte aus Kapital oder eigener Arbeit bestehen, gleichwertig oder geringer ausfallen. Der Profit ist gemäß den zwischen ihnen getroffenen Absprachen unter Abzug der anfänglich aufgebrachten Kapitalmittel (κεφαλαίων) klar aufzuteilen. Wenn eine solche Partnerschaft einen Verlust an *Kapital* erleidet, sollte jeder Partner nach dem eigenen angemessenen Anteil dafür eintreten.«[82]

79 »Ein am 27. September 1186 abgeschlossener Vertrag, einer der wohl bedeutendsten Verträge, die Genua jemals zur Abwicklung von Geschäften mit Sizilien unterzeichnet hat, verbindet viele Bereiche. [...] Nun, in diesem Fall kann es sein, dass der ursprüngliche Vertrag (*societas)* noch besteht.« (Abulafia: The Two Italies, S. 274)

80 »Es sollte noch eigens Erwähnung finden, dass es auch Finanzierungsmodi für den maritimen Handel gab, die auf Partnerschaften aufbauten, die nur für Unternehmungen auf See eingegangen wurden. Am Anfang dieser maritimen Partnerschaften stand das Gewinnbeteiligungssystem *kerdokoinonia,* auf das sich der Index des Rhodischen Seerechts bezieht, und das System *chreokoinonia*, das die Verteilung der Schulden regelte und in den entsprechenden Passagen derselben Gesetzessammlung festgelegt ist.« (Olga Maridaki-Karatza: Legal Aspects of the Financing of Trade, in: Angelika E. Laiou [Hrsg.]: The Economic History of Byzantium: From the Seventh through the Fifteenth Century, Washington DC 2002, S. 1105–1120, hier S. 1117)

81 Pryor: Origins of the Commenda Contract, S. 24.

82 Ekloge, eine Zusammenstellung von unter der Herrschaft von Leo III verabschiedeten Gesetzen, 717–741; zit. nach: ebd., S. 25.

Die jüdische *'isqa* gilt als eine Art Zwischending »zwischen Darlehen und Treuhandvermögen«.[83] Das investierte Geld besteht aus zwei gleichen Teilen: 1. aus einem zinsfreien *Kredit*, den der Taskmaster der Expedition (der »Arbeiter einbringende Investor«) unabhängig vom Ausgang vollständig zurückzahlen muss, und 2. aus einem »Treuhandvermögen«, das zusammen mit Teilen des daraus resultierenden Gewinns nach Abschluss der Expedition zurück an den »Geldinvestor« geht. Bei Verlusten war der »Arbeitsinvestor« nicht haftbar für dieses »Vermögen«. Diesem Arrangement zufolge wurden bei einem lukrativen Abschluss des Vorhabens die Einnahmen geteilt. Bei Verlusten musste der »Geldinvestor« für zwei Drittel davon einstehen. War ihm dieses Risiko zu hoch, konnte er alternativ vereinbaren, nur ein Drittel des Handelsgewinns zu erhalten, dafür war er nur noch haftbar für die Hälfte aller potenziellen Verluste. Mit den sich wandelnden Wirtschaftsbeziehungen im Mittelmeerraum wurden die *'isqa* noch flexibler. Ab dem späten 12. Jahrhundert war »fast jede Gewinn- und Verlustaufteilung erlaubt unter der Bedingung, dass der festgelegte Anteil des Profits des ›Arbeitsinvestors‹ größer war als sein Anteil an den Verlusten«.[84]

Im Mittelmeerraum kamen noch zwei weitere Formen der Vertragsbeziehungen auf, die sich von den zuvor genannten, den *societas* und *chreokoinonia*, in einigen Punkten unterschieden: die *qirād* (die es im arabischen Raum seit dem 8. Jahrhundert gab) und die *commenda* (in Italien im 10. Jahrhundert eingeführt). Die *qirād*, die zeitlich den *commendae* vorausgingen, waren nicht nur üblich im maritimen, sondern auch im Landhandel, was auf die *commenda* eher nicht zutraf. Religiöse Restriktionen und islamisches Gesetz erforderten es, dass die *qirād* als partnerschaftliche Verträge zur Überlassung von Arbeitskräften und nicht als Kreditvereinbarungen ausgestaltet waren.[85]

Die Ähnlichkeiten dieser beiden Vertragstypen und die Kennzeichen, die sie *von anderen Vereinbarungen* zwischen »Geldinvestoren« und »Arbeitsinvestoren« unterscheiden, lassen sich wie folgt zusammenfassen:

a.) Der Taskmaster einer Handelsreise erhält die volle Kontrolle über die gesamten zur Verfügung gestellten Gelder; er wird zum alleinigen »Manager« der Unternehmung. Als »Manager« ist er an bestimmte, im Voraus vereinbarte Verpflichtungen und Ziele gebunden.

b.) Obwohl der »Taskmaster« der alleinige »Manager« der Handelsreisen und im vollen Besitz des investierten Geldes ist, bleibt das Geld

83 Babylonischer Talmud; zit. nach: ebd., S. 26.

84 Ebd., S. 27.

85 Ähnliche religiöse Beschränkungen trafen auch auf die Kreditvergabe in der christlichen Welt zu: »Frühe Handelsdokumente zeigen, dass in Venedig zum einen gewöhnliche, auf Sicherheiten beruhende Darlehen üblich waren, die die Kirchenväter als Wuchergeschäfte brandmarkten, und zum anderen tatsächlich partnerschaftliche Vereinbarungen, die von Kirchenseite niemals verurteilt wurden.« (Lane: Venice and History, S. 67).

Eigentum des Investors. Das bedeutet, dass die zur Verfügung gestellte Arbeitskraft nicht (länger) als eine dem Geld gleichwertige »Investition« verstanden wird. Die Regeln der *commenda* und *qirād* sehen aber vor, dass der »Taskmaster« selbst ebenso Geld beisteuern kann. In einem solchen Fall wird der Vertrag als *bilateral* beschrieben, im Unterschied zu den *unilateralen qirād* oder *commendae*, bei denen die »Geldinvestoren« nicht direkt an den Expeditionen zu kommerziellen Zwecken beteiligt sind. Der »Taskmaster« ist befugt, das in die Unternehmung investierte Geld nach seinem Befinden bestmöglich einzusetzen, um die vom »Geldinvestor« festgelegten Ziele zu erreichen. Allerdings ist dieses Mandat nicht immer frei von Einschränkungen gewesen:

> »In Fällen eines begrenzten Mandats des ›Arbeitsinvestors‹ war dessen Handlungsfreiheit insbesondere gegenüber Dritten etwas eingeschränkt […] So durfte er das *commenda*-Kapital nicht mit anderem in seinem Besitz befindlichen Vermögen kombinieren und auch nicht in einen *commenda*-Vertrag mit einer dritten Partei investieren.«[86]

c.) Nach Abschluss der Handelsreise ist der »Arbeitgeber« verpflichtet, das gesamte Geld an den Investor zurückzuzahlen. Die Handelserlöse bzw. -verluste werden zwischen den beiden Partnern entsprechend der getroffenen Vereinbarung aufgeteilt.

> »In der Regel, im archetypischen Fall, erhielt der *commendator* [»Geldinvestor«; J.M.] bei einer unilateralen *commenda* drei Viertel des Gewinns und war haftbar für sämtliche Verluste, während der *tractator* [»Taskmaster«; J.M.] ein Viertel des Gewinns einstrich und keinerlei Haftung für Kapitalverluste trug. […] Bei einer bilateralen *commenda* wurden die Gewinne üblicherweise halbiert, während der *commendator* für zwei Drittel aller Verluste eintreten musste.«[87]

Abgesehen von diesen gewichtigen Ähnlichkeiten gab es auch einige Unterschiede zwischen den *commendae* und *qirād*. Diese betrafen die Haftung des »Geldinvestors« in besonderen Fällen des Geldverlusts und die Bestimmungen zur Gewinnaufteilung zwischen »Geldinvestor« und »Taskmaster«. Bei den *qirād* folgte man im Gegensatz zu den *commendae* keinen standardisierten konventionellen Vorschriften.[88] Die meis-

86 Pryor: Origins of the Commenda Contract; S. 34.

87 Ebd., S. 7.

88 Ebd., S. 30–32. – Im 11. und 12. Jahrhundert wurden ähnliche Finanzierungs- und Kreditabkommen wie die *commendae* im Byzantinischen Reich eingeführt. »In der spätbyzantinischen Epoche zog der Handel als Beruf immer mehr Menschen ›edler‹ Abstammung an, vermutlich deswegen, weil mit dem Verlust großer Teile des Reichs der Wohlstand vieler Grundeigentümer zur

ten Autoren und Historiker, die sich mit diesen historischen Formen der »Unternehmenspartnerschaften« und des Handels im Mittelmeerraum beschäftigt haben, betonen jedoch stärker die Gemeinsamkeiten und setzen oftmals die *commendae* mit den *qirād* gleich. Manchmal wird ihnen sogar ein kapitalistischer Charakter attestiert. Jairus Banaji etwa folgt der Einschätzung von Abraham Udovitch und schreibt über diese Kredit- und Vertragsformen:

> »Im islamischen Handelsrecht sowie in der Geschäftspraxis kannte man sowohl *commenda*-Vereinbarungen (*muḍāraba, qirād*) als auch Investmentpartnerschaften (*mufāwaḍa*). Udovitch schrieb dazu: ›Nahezu alle Merkmale des *commenda*-Rechts fanden sich bereits vollständig entwickelt im ersten hanafitischen Rechtskompendium Shaybānī's *Kitāb al-Aṣl*, das Ende des 8. Jahrhunderts zusammengestellt wurde.‹ So waren die wichtigsten Institutionen und Regeln des Fernhandels auf jeden Fall schon vor Ende des 8. Jahrhunderts fest verankert. Aber noch spannender ist die daraus zu ziehende Schlussfolgerung, wonach der Kapitalismus im Mittelmeerraum auf eine *frühere Tradition kapitalistischer Aktivitäten* folgte (und auf ihnen aufbauen konnte), etwas, was bislang kaum beachtet wurde.«[89]

7.6.2 Übergangsformen geldvermehrender Produktionsweisen

Beide Vertragsformen, *qirād* und *commenda*, sind Indikatoren *für* den Beginn eines Prozesses, an dessen Ende die Trennung zwischen mobilem Vermögen (Geld oder »Kapital«, das sich ausschließlich in den Händen von »vor Ort ansässigen« Investoren konzentriert) und Arbeit steht. Arbeit wird nicht länger als eine mit Geld vergleichbare oder gar gleichwertige »Investition« betrachtet. Im Gegenteil, es wird immer häufiger Geld eingesetzt, um Arbeitskraft anzuheuern und damit eine kommerzielle Unternehmung in Gang zu bringen.[90] Aus Sicht des ansässigen (nicht reisenden) Investors oder »statischen Partners« erscheinen die Handelserlöse als *gerechte* Rendite des von ihm vorgestreckten Geldes.[91]

Neige ging. Außerdem hatte der wachsende Einfluss von Kaufleuten aus Venedig und Genua auf das Wirtschaftsleben in Konstantinopel dort zur Nachahmung der partnerschaftlichen Handelsformen geführt, die im Westen praktiziert wurden. Beispiele für diese Partnerschaften waren die *societates* (*syntrophiai*), die für den Landhandel eingegangen wurden, und die im maritimen Handel üblichen unilateralen und bilateralen *commendae*. Immer mehr Adlige beteiligten sich an diesen Partnerschaften. Sie waren sich durchaus bewusst, dass sie einer im Niedergang befindlichen Gesellschaftsordnung angehörten und dass Geld Macht verleihen kann.« (Eleutheria Papagianni: Byzantine Legislation on Economic Activity Relative to Social Class, in: Angeliki E. Laiou (Hrsg.): The Economic History of Byzantium: From the Seventh through the Fifteenth Century, Washington DC 2002, S. 1083–1093, hier S. 1093)

89 Banaji: Theory as History, S. 262, Hervorh. J.M.

90 »Die *qirād* verwandelten sich in dem Moment in Leiharbeitsverträge, als man dem ›Arbeitskraft-Investor‹ eine feste Rendite anstatt einer Gewinnbeteiligung anbot.« (Pryor: Origins of the Commenda Contract, S. 32)

91 Abulafia: The Two Italies, S. 14.

Dieser Prozess der Trennung zwischen »Geldinvestitionen« und »Investitionen in Form von Arbeitskraft« ist offensichtlicher bei der Vertragsform der unilateralen *commenda*, bei der das ganze benötigte Geld im Vorfeld der Unternehmung von einem ortsansässigen Kaufmann aufgebracht wird oder von anderen Geldbesitzern, die nichts mit der anstehenden Handelsreise zu tun hatten. Bei den bilateralen *commendae* dagegen traten ebenso die Reisepartner und in manchen Fällen sogar die Besatzungsmitglieder als »Geldinvestoren« auf.

Ab dem Ende des 12. Jahrhunderts kam es in den norditalienischen Städten zu einer raschen Verdrängung der bilateralen durch die unilateralen *commendae*. In Genua »stieg zwischen 1156/64 und dem Jahr 1200 das Verhältnis zwischen den unilateralen und den bilateralen *commendae* von 0,38 : 1 auf 5,54 : 1 an«.[92] In Venedig erließ man den vom stellvertretenden Dogen Raniero Dandolo veröffentlichen Statuten zufolge im Jahr 1242 ein Verbot der bilateralen *commendae*.[93] Dies galt neben anderen Gründen als Versuch der Behörden, Ausländer davon abzuhalten, sich am venezianischen Seehandel zu bereichern.[94] Die unilaterale *commenda* war nicht nur unter professionellen Kaufleuten und Händlern beliebt, sondern zunehmend unter allen vermögenden Menschen, darunter »Männer und Frauen aus verschiedensten Berufen und Verhältnissen«.[95] Da es im Prinzip keine Beschränkungen für die Anzahl der Personen gab, die gemeinsam eine unilaterale *commenda*-Vereinbarung finanzierten, fungierte sie gewissermaßen auch als eine Art Aktienfonds, der den Einzahlenden die Möglichkeit eines Zusatzeinkommens (zum Beispiel nach der Pensionierung) gab.

Aber auch bei der unilateralen *commenda* blieb der Aspekt der partnerschaftlichen Assoziation zwischen einem oder mehreren geldinvestierenden »statischen Partner(n)« und einem »aktiven Partner« (dem reisenden »Taskmaster«) erhalten. Dieser war umso ausgeprägter, als nicht mehr länger nur unfreie Arbeit unter der Kontrolle der auf Geldvermehrung setzenden Sklavenhalter zum Einsatz kam, sondern damit begonnen wurde, Matrosen aus dem Kreis der freien Männer zu rekrutieren. Diese »Assoziation« erstreckte sich dann auch auf das Verhältnis zwischen dem »Taskmaster« (dem reisenden Partner) und den Angehörigen der Schiffsbesatzung, die als »Partner« vergütet wurden (daher

92 Pryor: Origins of the Commenda Contract, S. 13.

93 Ebd., S. 10.

94 Die überlieferten historischen Dokumente und Zahlen ergeben kein klares Bild, was das Verhältnis von *commenda*-Verträgen zu den ausschließlich von den Reisepartnern finanzierten Handelsexpeditionen betrifft. »Die Verträge basierten auf partnerschaftlichen Beziehungen von zwei oder mehreren Personen. Es gibt keine Möglichkeit herauszufinden, wie viel Prozent des Handels in Genua und Venedig mittels Partnerschaften finanziert wurde und welcher Anteil von einzelnen Kaufleuten, die ohne Verpflichtung gegenüber einer weiteren Partei nach Übersee reisten.« (Abulafia: The Two Italies, S. 13)

95 Lane: Venice and History, S. 61.

die Bezeichnung »Gewinn-Segeln«). Sie erhielten einen Prozentsatz des endgültigen Handelserlöses der Reise, was weit über dem lag, was ihnen als Sold vom Taskmaster der Expedition oder dem Geldbesitzer gezahlt wurde. Es kam auch vor, dass die angeheuerten Seeleute *zu Partnern in ihrer Funktion als Händler* wurden. Häufig brachten sie ihr eigenes Handelsgut mit auf die Seereise. Selbst wenn sie einen Lohn empfingen, waren sie noch nicht in Proletarier verwandelt worden, da sie einen Teil des kommerziellen »Kapitals« besaßen, das in das Unternehmen investiert wurde. Frederic C. Lane, der sich hier auf Venedig vor dem 14. Jahrhundert bezieht, führt dazu aus:

> »Der (Tages-)Lohn war nur ein Teil von dem, was sich ein Seemann von einer Reise erwarten konnte. [...] Auf See waren sie nicht nur Matrosen oder Ruderer, sondern auch Handelsleute, sodass es im 12. und auch im 13. Jahrhundert schwierig gewesen sein dürfte, eine genaue Trennungslinie zwischen dem reisenden Kaufmann und dem Kaufmann-Seemann zu ziehen. [...] Eine Kluft zwischen Seeleuten und Kaufleuten öffnete sich, als die reisenden Kaufleute sich in sesshafte Kaufleute verwandelten.«[96]

Nachdem die Sklavenarbeit immer mehr durch den Einsatz freier Arbeit ersetzt worden war, war das noch lange kein Kapitalismus. Vielmehr entwickelte sich aus den *commenda* und aus mehr oder minder ähnlichen anderen Kredit- und Finanzierungsinstrumenten heraus, die auf dem Prinzip der »Assoziation« und Partnerschaft beruht hatten, nach und nach eine neue vorkapitalistische geldvermehrende Produktionsweise. Ich bezeichne diese als *kontraktuelle geldvermehrende Produktionsweise*, um damit die »Vereinbarung« zwischen dem Geldbesitzer und dem Arbeiter hervorzuheben, die dem Letzteren Zugang zu »Kapital« und »Gewinn« verschaffte.

Der Geldeigentümer traf auf einen Arbeiter, der frei war von allen Formen der persönlichen Knechtschaft und Sklaverei, aber noch nicht frei war von den Produktionsmitteln. Anders gesagt: Er war kein Proletarier, obwohl ein Teil seines Einkommens aus Lohnzahlungen bestand. Die *kontarktuelle geldvermehrende Produktionsweise* brachte eine Beziehung der wirtschaftlichen Ausbeutung des Arbeiters durch den Geldbesitzer mit sich, der sich die Surplusarbeit des Arbeiters aneignete. Der Geldbesitzer und der »Taskmaster« waren sowohl die Eigentümer als auch die Besitzer (Manager) der Produktionsmittel. Allerdings hatte der Arbeiter ebenso einen (wenn auch begrenzten) Zugang zum Eigentum von Produktionsmitteln (»Kapital«) sowohl durch das geltende Prinzip

96 Lane: Seerepublik Venedig, S. 253.

der »Gewinnteilung« als auch durch das ihm zugestandene Recht, mit Gütern Handel zu treiben. Der Zugang der Arbeiter zum Eigentum von »Kapital« war Ausdruck ihrer Fähigkeit, sich der zunehmenden Ausbeutung vonseiten einer geldvermehrenden Oligarchie in einem Staat zu widersetzen, der die Klasseninteressen just dieser Oligarchie vertrat.

Ich werde mich mit diesem Verhältnis in Teil II dieses Buchs noch näher befassen und zugleich noch einmal auf das Verlags-Aufkauf System (siehe Kapitel 3) eingehen, das sich parallel zur kontraktuellen geldvermehrenden Produktionsweise herausbildete. Des Weiteren werde ich die historischen Kontingenzen schildern, die schließlich den Arbeiter in einen Proletarier verwandelten. In Kapitel 9 und 10 erfahren wir mehr über die besonderen Merkmale der kontraktuellen geldvermehrenden Produktionsweise und darüber, warum sie irgendwann allmählich wieder verschwand, als kapitalistische Gesellschaftsverhältnisse an Boden gewannen.

An dieser Stelle will ich nur noch einmal wiederholen, dass ich es für falsch halte, die *commendae*, die *qirād* oder irgendeine andere auf der partnerschaftlichen Verbindung von Geld und Arbeit beruhende Finanzierungsformen dahingehend zu interpretieren, dass diese kapitalistisch waren.[97] Ich stimme jedoch zu, dass sowohl Handel als auch Finanzinstrumente wie die *commendae* oder *qirād* zu den entscheidenden Faktoren gehörten, die den Weg für den Kapitalismus ebneten.[98] Die *commenda* war kein kapitalistisches Kreditsystem, obwohl es die Herausbildung solcher Systeme erleichterte und unterstützte. Das Gleiche gilt für die anderen Assoziations- und Darlehensformen, die in diesem Kapitel vorgestellt wurden. Der Kapitalismus ist in erster Linie ein historisch spezifisches

97 Dies tut zum Beispiel Gene Heck, der von arabischen Wurzeln des Kapitalismus spricht und davon, dass die islamischen Kreditabkommen und -partnerschaften kapitalistisch waren: »Wenn also das ultimative Ziel des Handelskapitalismus tatsächlich ›Kapitalvermehrung‹ ist, dann können die Motivationen, die den islamischen Kreditpartnerschaften im Mittelalter zugrunde lagen, fast per Definition rückblickend als ›kapitalistisch‹ bezeichnet werden.« (Gene W. Heck: Charlemagne, Muhammad, and the Arab Roots of Capitalism, Berlin/New York 2006, S. 103) Patricia Crone beschreibt die Herausbildung einer sogenannten muslimischen Bourgeoisie: »In der marwanidischen Periode [683–743; J.M.] entwickelte sich eine Art muslimische Bourgeoisie. Die früheren Stammesangehörigen wurden zu Kaufleuten, Handwerkern und Händlern. Die von ihnen geschriebene Scharia war dementsprechend von einer hohen Wertschätzung für merkantile Aktivitäten gekennzeichnet, die der Landadel gewöhnlich verachtet.« (Crone: Die vorindustrielle Gesellschaft, S. 51) Für den herrschenden Landadel und die politischen Eliten gehörte der Handel zu den »niedersten Betätigungen« (ebd., S. 239).

98 Banaji etwa hat recht, wenn er hervorhebt, dass der »Islam *einen maßgeblichen Beitrag zur Weiterentwicklung des Kapitalismus im Mittelmeerraum* geleistet hat: zum einen weil er geldwirtschaftliche Instrumente und Praktiken aus der Spätantike übernommen und ausgebaut sowie innovative Geschäftstechniken hervorgebracht hat, die den Handel im Mittelmeerraum förderten (insbesondere Partnerschaften und *commenda*-Vereinbarungen); zum anderen weil der europäische maritime Kapitalismus die muslimischen Seehäfen plünderte und so Geldkapital aufsog, mit der er sein Wachstum größtenteils finanzierte.« (Banaji: Theorie of History, S. 267f.) Ich würde noch hinzufügen, dass der Beitrag der byzantinischen Handels- und Finanztraditionen ähnlich wirkmächtig war, nicht zu vergessen die Eroberung und Teilung des Byzantinischen Reichs, die auf den vierten Kreuzzug folgten: Sie ermöglichten den Venezianern und Genuesen die Plünderung und Usurpation wirtschaftlicher Ressourcen, die mindestens ebenso wichtig waren wie die, die man der »islamischen Welt« geraubt hatte!

Verhältnis zwischen dem Eigentümer von Produktionsmitteln und dem unmittelbaren Produzenten. Obwohl dem kapitalistischen Verhältnis das vorkapitalistische Finanzwesen vorausging (und nicht umgekehrt, wie Schumpeter behauptet hat), sind kapitalistische Finanzierungsmethoden eine Facette dieses Verhältnisses.

7.7 Abschließende Bemerkungen

Hiermit enden meine theoretischen Überlegungen zur Frage nach den Ursprüngen des Kapitalismus, weswegen ich zum Abschluss dieses Kapitels meine diesbezüglichen Schlussfolgerungen noch einmal zusammenfassen will.

a.) Historisch betrachtet, gab es vorkapitalistische geldvermehrende Produktionsweisen schon lange vor der Herausbildung des freien Proletariats (frei im Sinne von befreit von Produktionsmitteln und frei von Beziehungen persönlichen Zwangs) und damit des Kapitalismus. Die historischen Geldbesitzer kommandierten wirtschaftliche Prozesse, deren Selbstzweck Geldeinkommen war; sie waren keine Kapitalisten, sondern vorkapitalistische Taskmaster und Geldverleiher – die meist in »den Poren der Gesellschaft« existierten. Die auf Sklaverei beruhende geldvermehrende Produktionsweise ist die älteste und am längsten existierende vorkapitalistische monetäre Produktionsart. Die kontraktuelle geldvermehrende Produktionsweise kam erst viele Jahrhunderte später auf und konnte sich, wie in Teil II dieses Buchs noch ausführlich erörtert wird, ganz und gar auf die damalige Staatsmacht stützen, die im Interesse der Geldbesitzer agierte.

b.) Aufgrund ihres unternehmerischen Charakters konnten die auf Geldvermehrung setzenden Produktionsweisen relativ einfach in kapitalistische Produktionsweisen übergehen, als an die Stelle des Sklaven oder des »Partners« der Lohnarbeiter rückte, dessen Begegnung mit dem Geldeigentümer dann ihre nachhaltige Wirkung entfaltete.[99] Diese Begegnung, im Wesentlichen aleatorisch, das heißt historisch kontingent, war der Geburtshelfer des Kapitalverhältnisses und damit des Kapitalismus als einem gesellschaftlichen System.

c.) Auf Geldvermehrung setzende Produktionsweisen können mit der kapitalistischen Produktionsweise koexistieren und ihr den Weg ebnen in allen Gesellschaften und historischen Konstellationen, in denen die Lohnarbeit noch nicht als normale soziale Bedingung durchgesetzt ist.

99 Marx schreibt in Bezug auf die Sklaven: »Wenn der frühere Sklavenhalter seine früheren Sklaven als Lohnarbeiter beschäftigt usw., so sind anders gesellschaftlich bestimmte Produktionsprozesse in den Produktionsprozess des Kapitals verwandelt. [...] Der Sklave hört auf, ein seinem Anwender angehöriges Produktionsinstrument zu sein. [...] Vor dem Produktionsprozess treten sie sich alle als Warenbesitzer gegenüber und haben nur ein *Geldverhältnis* zusammen.« (Marx: Resultate, S. 99f.)

d.) Die Bedingungen von Freiheit und Gleichheit im Kapitalismus ist die Form der Ausübung der Klassenherrschaft und Ausbeutung. Sie ergeben sich aus der »Einschreibung« des direkten Zwangs in die wirtschaftlichen Beziehungen. Damit wird die Klassenherrschaft (Ausbeutung und Herrschaft) unsichtbar gemacht.[100]

Im nächsten Kapitel werde ich die historischen Ereignisse und Kontingenzen behandeln, die die aleatorische Begegnung des Geldbesitzers mit dem Proletarier ermöglicht haben – in anderen Worten: Ich befasse mich im Folgenden nun empirisch mit der Geburt des Kapitalismus. Es versteht sich fast von selbst, dass die Stadtstaaten der italienischen Halbinsel und ihre Einflusssphären im Mittelmeerraum im Zentrum der Betrachtung und Analyse stehen werden. Denn, wie wir von Marx wissen:

> »In Italien, wo die kapitalistische Produktion sich am frühsten entwickelt, findet auch die Auflösung der Leibeigenschaftsverhältnisse am frühsten statt. Der Leibeigne wird hier emanzipiert, bevor er irgendein Recht der Verjährung an Grund und Boden gesichert hat. Seine Emanzipation verwandelt ihn also sofort in einen vogelfreien Proletarier, der überdem in den meist schon aus der Römerzeit überlieferten Städten die neuen Herren fertig vorfindet.«[101]

100 »Bei der Sklavenarbeit erscheint selbst der Teil des Arbeitstags, worin der Sklave nur den Wert seiner eignen Lebensmittel ersetzt, den er in der Tat also für sich selbst arbeitet, als Arbeit für seinen Meister. [...] Bei der Lohnarbeit erscheint umgekehrt selbst die Mehrarbeit oder unbezahlte Arbeit als bezahlt. Dort verbirgt das Eigentumsverhältnis das Fürsichselbstarbeiten des Sklaven, hier das Geldverhältnis das Umsonstarbeiten des Lohnarbeiters.« (Marx: Das Kapital I, MEW, Bd. 23, S. 562)

101 Ebd., S. 744.

Teil II

Venedig und der Mittelmeerraum: eine Abhandlung über die Geburt des Kapitalismus

8 —— Vom Exarchat im Byzantinischen Reich zur Kolonialmacht im Mittelmeerraum: der Aufstieg Venedigs bis 1204

8.1 Entstehung der italienischen Seerepubliken: ein Überblick

Nach dem Zusammenbruch des Weströmischen Reichs im Zuge der Invasion der Goten und Hunnen im 5. Jahrhundert n. Chr. eroberten byzantinische Truppen im folgenden Jahrhundert einen Großteil der italienischen Halbinsel zurück. Später im 6. Jahrhundert und in den ersten Jahrzehnten des 7. Jahrhunderts gerieten jedoch viele Regionen Italiens unter die Herrschaft der Langobarden. Byzanz kontrollierte aber weiterhin Teile Nord- und Süditaliens, wobei Ravenna im Norden seine wichtigste Festung war, regiert von einem kaiserlichen Statthalter mit dem Titel »Exarch«. Exarchate waren Verwaltungseinheiten des Byzantinischen Reichs, die nicht so eng angebunden waren an das Reich wie andere Provinzen. So waren sie beispielsweise bei Angriffen im Wesentlichen auf sich gestellt und konnten nicht auf die kaiserliche Armee oder Flotte zählen.

Ravenna musste sich 751 schließlich ebenfalls den Langobarden unterwerfen, kurz nachdem der Papst sich von Byzanz losgesagt hatte, um sich mit dem König der Franken, Pippin III. (auch Pippin der Kurze genannt), zu verbünden. Gegen Ende des 8. Jahrhunderts eroberte Pippins Sohn und Thronerbe der Franken, Karl der Große, das Langobardenreich und stellte die meisten Gebiete des ehemaligen byzantinischen Exarchats von Ravenna unter seine Oberhoheit. Zu Weihnachten des Jahres 800 krönte ihn Papst Leo III. zum »Kaiser des Heiligen Römischen Reiches«.

Das Heilige Römische Reich bestand aus mehreren Königreichen, darunter das Königreich Italien. Die Könige gewährten den örtlichen Fürsten als deren Oberherren sogenannte Lehen, diese wiederum mussten als Vasallen dem König Treue schwören. In dieser neuen historischen Situation entwickelte eine Reihe italienischer Städte, die sich noch unter byzantinischer Herrschaft befanden, erste Ansätze der Selbstverwaltung, was am Ende zur Herausbildung von unabhängigen Stadtstaaten führte. Einige Städte wie Amalfi, Ancona, Gaeta, Genua, Noli, Pisa, Ragusa und Venedig wurden unter dem Einfluss der dort herrschenden Klasse zu Seerepubliken, da die lokalen Patrizier ihre Energie fast ausschließlich auf geldvermehrende maritime Aktivitäten wie den Fern- und Sklavenhandel sowie auf Raubzüge und Piraterie konzentrierten und dafür entsprechende Regierungsformen und Institutionen schufen.[1]

Es kamen damals verschiedene besondere historische Ereignisse zusammen bzw. folgten aufeinander: die arabische Eroberung des südlichen Mittelmeerraums; die sozialen und wirtschaftlichen Umbrüche im Byzantinischen Reich; die anfänglichen Allianzen der aufstrebenden italienischen Seerepubliken mit Byzanz in der Absicht, von der überlegenen byzantinischen Wirtschaftsmacht zu profitieren; die sozialen Spannungen im Byzantinischen Reich, die in einem entscheidenden Moment ihren Ausdruck im Ikonoklasmus[2] fanden; die Einnahme Süditaliens durch die Normannen; die Kreuzzüge; die Schismen zwischen der westlichen und der östlichen christlichen Kirche; der Konflikt zwischen den Kaisern des Heiligen Römischen Reichs und den Päpsten; das Auseinanderfallen und die Eroberung von Gebieten des Byzantinischen Reichs ab dem 11. und 12. Jahrhundert; die Rivalitäten und Kriege zwischen den aufkommenden italienischen Stadtstaaten. *All dies* und noch weitere Gründe erlaubten den Stadtstaaten, ihre Unabhängigkeit zu erlangen, und ermöglichten ihren späteren fast wundersamen ökonomischen Aufschwung und Erfolg. Fernand Braudel beschreibt diesen Aufstieg wie folgt:

> »Es erholt sich der Austausch im 8. und 9. Jahrhundert; der Schiffsverkehr nimmt wieder zu und kommt allen Mittelmeeranrainern, den armen wie den reichen, gleichermaßen zugute.
>
> An den Küsten Italiens und Siziliens entfaltet eine Reihe von Hafenstädten eine rege Aktivität, nicht nur das damals noch unbedeutende Venedig, sondern zehn, zwanzig kleine Venedigs. Allen voran Amalfi [...]. Sein auf Anhieb schwer begreifbarer Aufstieg erklärt sich v.a. aus seinen früh angeknüpften Beziehungen zum Islam und aus dem armen und kargen Boden, der die Bewohner der kleinen Siedlung zur Seefahrt zwingt.«[3]

Nach dem Niedergang Amalfis im frühen 12. Jahrhundert – was nicht zuletzt ein Ergebnis von Plünderungen und der Invasion erst der Normannen und kurz darauf der Pisaner war – dominierten drei italienische Hafenstädte den Mittelmeerraum: Pisa, Genua und Venedig.

In Kapitel 7 sind einige Facetten der mediterranen maritimen Unternehmungen im Mittelalter beschrieben, mit einem Fokus auf den monetären und finanziellen Aspekten. Dort wurde deutlich, dass bis zum

1 David Abulafia: The Great Sea: A Human History of the Mediterranean, London 2012.

2 Ikonoklasmus bezeichnet die Zerstörung heiliger Bilder oder Denkmäler, insbesondere im Christentum (Anm. d. Übers.).

3 Braudel: Sozialgeschichte, Bd. 3, S. 111f.

12. Jahrhundert fast alle maßgeblichen wirtschaftlichen und politischen Akteure (die Kaufleute bzw. der Staat) in dieser Region (im Byzantinischen Reich, in den islamischen und italienischen Staaten) sowie die christlichen, jüdischen und muslimischen Geschäftsleute etc. ähnliche wirtschaftliche Praktiken und Finanzinstrumente ausgebildet hatten. Diese trieben die »Monetarisierung« der ökonomischen Strukturen voran und schufen auf diese Weise ein wirtschaftliches Umfeld, das schon damals die Entstehung des Kapitalismus begünstigt hätte, wenn es denn zur Begegnung des Geldeigentümers mit dem besitzlosen Proletarier gekommen wäre. Man sollte diese Strukturen jedoch auf keinen Fall als kapitalistische missverstehen; sie blieben in jeder historischen Epoche und in jeder Gesellschaftsformation den vorherrschenden Wirtschaftsformen untergeordnet – das heißt der jeweiligen vorkapitalistischen Produktionsweise, die aus der auf Sklaverei beruhenden geldvermehrenden Produktionsweise hervorgegangen war.

Dieses Kapitel behandelt die erste Phase der Geschichte von Venedig (bis zum Jahr 1204) und skizziert die wichtigsten historischen Ereignisse und Entwicklungen, aufgrund derer sich Venedig von einer bedeutungslosen Provinz im Byzantinischen Reich in eine unabhängige Republik verwandeln konnte, obwohl die Stadt ein »Spätzünder« war und erst relativ spät ihre »Vormachtstellung«[4] als politische, wirtschaftliche und koloniale Macht erlangte. Dieser geschichtliche Abriss von Venedigs ökonomischem und politischem Aufstieg bietet die Grundlage für Kapitel 9, in dem ich die historisch einzigartigen Klassen- und Herrschaftsverhältnisse in der damaligen venezianischen Gesellschaft analysiere, die eine entscheidende Voraussetzung für ihren Erfolg bildeten. Kapitel 10 widmet sich den historischen Kontingenzen und dem gesellschaftlichen Wandel, die dann später der kapitalistischen Produktionsweise in Venedig eine Vorrangstellung bescherten.

Venedig war, was seinen Werdegang angeht, nicht einzigartig. Wie bereits erwähnt, gab es analoge historische Entwicklungen auch in anderen Stadtstaaten auf der italienischen Halbinsel. Genua ist hierfür nur das eindringlichste Beispiel. Ich habe jedoch entschieden, mich im Folgenden auf Venedig zu konzentrieren, um meiner Untersuchung den Charakter einer »konkreten Analyse« einer »konkreten Lage «zu geben und um »mechanische« Verallgemeinerungen zu vermeiden.[5] Hinzu kommt als guter Grund: Venedig war der einzige italienische Stadtstaat, der nahezu eintausend Jahre lang, bis 1797, unabhängig blieb.

4 Ebd., S. 125f.

5 »Für den Marxisten ist die konkrete Analyse der konkreten Lage kein Gegensatz zur ›reinen‹ Theorie, sondern im Gegenteil: der Gipfelpunkt der echten Theorie, der Punkt, wo die Theorie wirklich erfüllt ist, wo sie – deshalb – in Praxis umschlägt.« (Lukács: Lenin, S. 81)

8.2 Salz, Sklaven und Holz als Grundlage für die Herausbildung einer besonderen Handelstradition

Nachdem Konstantinopel zum »neuen Rom« geworden war, das heißt zur neuen Hauptstadt des Römischen Reiches aufgestiegen war, bestand die am Adriatischen Meer gelegene Provinz Venetien aus drei bedeutenden Städten: Padua, Aquileia und Oderzo. Als die Goten im Jahr 403 n. Chr. bei ihrer Invasion Aquileia zerstörten, suchten viele Bewohner Venetiens, darunter Angehörige des römischen Adels, Zuflucht auf den vorgelagerten Inseln der sumpfigen Lagunen, auf denen einmal eine Stadt namens Venedig erbaut werden sollte.

Nach dem Einfall der Hunnen in Venetien im Jahr 452 flüchteten noch mehr Menschen auf die Inseln in den Lagunen. Knapp ein Jahrhundert darauf, nach den siegreichen Kriegszügen des byzantinischen Kaisers Justinian gegen die Vandalen und Goten, wurde die Provinz wieder römisch (byzantinisch). Die vorgelagerten Laguneninseln, von denen Torcello die wohlhabendste war, sowie die Stadt Venedig, die im 5. Jahrhundert anfänglich auf Betreiben von paduanischen Behörden um eine Handelsstation an einer Anlegestelle in der Lagune herum gebaut worden war, wurden an der Wende vom 6. zum 7. Jahrhundert einmal mehr Zufluchtsorte für Vertriebene. Diesmal kamen diese aus den von den Langobarden eingenommen Städten Aquileia, Padua und Oderzo. Etwa zur gleichen Zeit begannen die Araber, Teile des Byzantinischen Reichs zu erobern. Gegen Mitte des 7. Jahrhunderts gelangten Syrien, Palästina und Ägypten unter arabische Herrschaft. Venedig gehörte weiterhin dem Byzantinischen Reich an, genauer der Provinz Ravenna.[6]

Im späten 7. Jahrhundert wurde aus Ravenna ein byzantinisches Exarchat, was dem regionalen Herrscher (dem Exarchen) die Befugnis und Verantwortung sowohl für die zivile als auch für die militärische Verwaltung übertrug und damit die Aufsichts- und Führungsrolle der zentralen kaiserlichen Administration schwächte. Während Byzanz enorme territoriale Verluste hinnehmen musste (es musste Land an die Langobarden im Westen und an die Araber im Osten und Süden abtreten), gab es im gesamten Reich religiös motivierte Aufstände und Bürgerkriege. Im Jahr 730 reagierte Kaiser Leo III. darauf mit der Einführung des Ikonoklasmus, woraufhin sich die byzantinischen Provinzen auf der italienischen Halbinsel einer Rebellion gegen das byzantinische Kaiserhaus anschlossen und den Papst unterstützten, der den Ikonoklasmus bekämpfte.

6 »Venetien blieb nach der Neuordnung eine Provinz des Byzantinischen Reichs. Regiert wurde es von einem *magister militum*, einem Militärbeamten, der dem Präfekten von Ravenna gegenüber rechenschaftspflichtig war. Damals war nicht mehr viel übrig von der einstmals großen Macht des Oströmischen Reiches in diesem weit entfernten Außenposten.« (Donald M. Nicol: Byzantium and Venice: A Study in Diplomatic and Cultural Relations, Cambridge 1988, S. 5)

»Aber Kaiser Leo ließ Milde walten und räumte Venetien, das er ›als eine von Gott beschützte Provinz‹ bezeichnete, ein gewisses Maß an lokaler Autonomie ein. Er erkannte Orso als den ersten einheimischen Gouverneur oder *dux* von Venedig an und verlieh ihm den byzantinischen Titel *hypatos* (Konsul). Dies war ein erster Schritt hin zur Emanzipation Venedigs vom Exarchat von Ravenna.«[7]

Als Ravenna im Jahr 751 unter Kontrolle des langobardischen Königreichs geriet, »stand die Provinz Venetien unter der Verwaltung ihres eigenen Dux plötzlich mehr oder minder allein da«.[8] Obwohl der Dux (Doge) von Venedig inzwischen über eine relativ weitreichende politische Unabhängigkeit verfügte, blieb er dem Byzantinischen Reich treu ergeben, insbesondere nachdem 787 der byzantinische Bilderstreit beendet und die Zerstörung heiliger Bilder und Ikonen zur Ketzerei erklärt worden war.

Die venezianische Loyalität gegenüber Byzanz, vor allem nach dem rasanten Aufstieg des Heiligen Römischen Reichs im frühen 9. Jahrhundert, hatte weniger mit der gemeinsamen Religion zu tun als mit spezifischen politischen und wirtschaftlichen Anliegen und Interessen. Venedigs herrschende Klasse der Patrizier setzte sich zu dieser Zeit primär aus feudalen Grundbesitzerfamilien zusammen. Viele von ihnen waren aus italienischen, aber inzwischen an die »Barbaren« gefallenen Gebieten geflohen und beanspruchten für sich, edler römischer Abstammung zu sein.[9] Es wuchs in Venedig unter dem herrschenden Adel jedoch bald eine immer größer werdende Fraktion von Kaufleuten heran, die ihre Interessen eng mit dem zu diesem Zeitpunkt in Byzanz weiter entwickelten Überseehandel verbunden sahen und von dem Schutz des byzantinischen Kaisers profitieren wollten. Andere kombinierten Grundbesitz mit »Investitionen« in den Handel mithilfe von Abkommen wie den *societas* und *commendae* (siehe hierzu Kapitel 7).

Die Venezianer waren ursprünglich Binnenschiffer gewesen, die mit ihren Booten den Po und andere Flüsse in der Gegend befahren hatten, sowie grenzüberschreitende Händler, die mit ihren Karawanen zwischen dem Festland Italiens und den nordeuropäischen Territorien, das heißt über die Alpen, hin und her zogen. Später, im 9. und 10. Jahrhundert, wandten sie sich der Adria zu und betrieben Seehandel entlang der istrischen Küste. Ihre wichtigsten Exportgüter waren Salz, slawische Skla-

7 Ebd., S. 10f.

8 Ebd., S. 11.

9 Die »wenigen Urkunden und sonstigen Dokumente, die aus der Zeit vor dem Jahr 1000 erhalten sind, belegen, dass es innerhalb der Lagune reiche Grundbesitzer mit abhängigen Pachtbauern gab, die ihre Pacht in Form von Eiern, Hühnern und Ähnlichem entrichteten. Einige Grundbesitzer besaßen ansehnliche Viehherden, Pferde und Schweine sowie Weinberge, Gärten und Obsthaine. Die Salzbassins und die besten Fischgründe befanden sich in privaten Händen.« (Lane: Seerepublik Venedig, S. 21)

ven[10] und später Holz. Im 9. Jahrhundert fungierten diese Kaufleute als wichtige Vermittler zwischen »dem Westen« und dem Byzantinischen Reich.

> »Sie übernahmen sehr schnell die größere Rolle der Zwischenhändler zwischen Ost und West. Byzantinische Händler brachten Luxusgüter aus dem Osten auf den Markt von Torcello, von wo aus sie venezianische Kaufleute dann in den Westen, nach Italien, Frankreich und Deutschland, weiterverkauften. Dabei handelte es sich um Tauschgeschäfte. Die Byzantiner erhielten als Bezahlung Holz für den Schiffsbau, Sklaven, Metall oder Salz und Fische, die beiden wichtigsten Schätze der venezianischen Gewässer.«[11]

Trotz einer Spaltung der Gruppe des in Venedig herrschenden Adels in eine Fraktion, die dem Kaiser des Heiligen Römischen Reichs anhing, der den Grundeigentümern auf dem italienischen Festland den Fortbestand des Lehnswesens versprach, und in eine andere, die sich an Byzanz orientierte,[12] banden die hegemonialen Interessen der auf Geldvermehrung setzenden Oligarchie Venedigs diese immer stärker an das Byzantinische Reich. Nur Byzanz konnte Venedigs bereits hohen Grad an Unabhängigkeit und seinen Zugang zum »Welthandel« gewährleisten,[13] während das Heilige Römische Reich zu diesem Zeitpunkt eine eher fragile politische Einheit war, die auf wechselhaften und instabilen Machtverhältnissen und Bündnissen zwischen verschiedenen lokalen Feudalherren beruhte.

Ein 812 zwischen Byzanz und dem Heiligen Römischen Reich abgeschlossener Vertrag stellte noch einen weiteren Schritt in Richtung mehr

10 »Menschen kommen ohne Gold aus, aber nicht ohne Salz.« (Nicol: Byzantium, S. 21) »Im sechsten Jahrhundert gelangten heidnische Angeln und Sachsen auf den italienischen Sklavenmarkt. [...] im neunten Jahrhundert [gehörten] Sklaven nahezu gleichwertig mit Salz und Fischen zu den wichtigsten venezianischen Handelswaren.« (Lane: Seerepublik Venedig, S. 27)

11 Nicol: Byzantium, S. 21.

12 »Nachdem Johannes, der Patriarch von Grado, Karl dem Großen seine Treue geschworen hatte, ließ der Doge Maurizio ihn als Verräter verfolgen und hinrichten. Die Fehden zwischen den herrschenden Familien und Inseln Venedigs wurden nun mehr als zuvor unter dem Banner der fränkischen und byzantinischen Fraktionen ausgetragen.« (Ebd., S. 15)

13 »Die Handelsrouten von Byzanz verbanden drei Kontinente durch ein Netz an Karawanenrouten, Flüssen, Seerouten und gepflasterten Straßen im römischen Stil. Das Kaiserreich kontrollierte nur einen Teil dieser Routen, und doch importierten byzantinische Kaufleute Produkte aus so weit entfernten Ländern wie Island, Äthiopien, dem nördlichen Russland, Ceylon und China. Selbst in Friedenszeiten gingen die Güter auf ihrem Weg durch viele Hände. [...] Das Zentrum von fast all diesem Handel war Konstantinopel, das durch die Einfuhr, Veredelung und Wiederausfuhr vieler Waren, die auf seinen Märkten landeten, immer reicher wurde. Zahlreiche Lebensadern wurden jedoch irgendwann durch Invasionen der Osmanen unterbrochen.« (Philip Sherrard: Byzantium, New York 1966, S. 32) Der Handel war in die vorherrschende asiatische Produktionsweise (siehe Kapitel 7) und die byzantinische Gesellschaftsformation eingebettet. Die staatlich organisierte herrschende Klasse betrachtete den Handel als eine zusätzliche Möglichkeit, um Tributzahlungen und Steuern einzutreiben. Siehe hierzu auch weiter unten in diesem Kapitel.

Autonomie für Venedig dar: Einerseits wurde damit die byzantinische Oberhoheit über Venedig anerkannt, andererseits verpflichtete er Venedig zu Tributzahlungen an den Kaiser des Heiligen Römischen Reichs, mit denen jedoch alle weiteren Forderungen an die Stadt abgegolten waren.[14] Damit begann eine lange Periode des Friedens für Venedig, während der die neue Stadt auf der Inselgruppe Rivo Alto (heute Rialto) entstand.

Als sich die venezianischen Händler in Richtung Po und Adria orientierten, gerieten sie in Konflikt mit einem bedeutsamen Rivalen, der Venedigs hegemoniale Stellung in der Region bedrohte: »Die Stadt Comacchio lag Ravenna näher als Venedig und ebenso nahe bei der sich verschiebenden Mündung des Po.«[15] Da sie sich dazu noch auf die Unterstützung von lokalen Vasallen des Heiligen Römischen Reichs verlassen konnte, forderte Comacchio die wirtschaftliche Vormachtstellung Venedigs heraus. Venedig überfiel, plünderte und unterjochte Comacchio zweimal: erst 854[16] und dann 886.[17] Frederic C. Lane verweist auf die historischen Kontingenzen, denen Venedig nicht zuletzt seinen politischen und wirtschaftlichen Aufstieg verdankte. Er kommt zu der folgenden treffenden Schlussfolgerung:

> »Hätte Comacchio die Venezianer besiegt und sich die Aufsichtsgewalt über die Mündungen von Po und Etsch verschafft, so wäre es möglicherweise statt Venedig zur Königin der Adria aufgestiegen, und Venedig wäre heute ein unbedeutendes Dorf in einer stillen Lagune so tot wie die Lagune von Comacchio.«[18]

Die Zerstörung von Comacchio war ein weiterer großer Schritt auf dem Weg zur politischen Unabhängigkeit von Venedig und sicherte der Stadt ihre ökonomische Vormachtstellung im adriatischen Seehandel. Die Venezianer unternahmen eine weitere ähnliche Initiative im Jahr 871, als sich ihre Militärflotte christlichen Truppen unter fränkischer Führung anschloss, um die Stadt Bari von den Arabern zurückzuerobern. Gegen Ende des 9. Jahrhunderts war die Vorherrschaft des Byzantinischen Reichs über Venedig brüchig geworden. Venedig war immer weniger eine bloße Provinz oder ein Protektorat von Byzanz, sondern vielmehr

14 »Der Vertrag von 812 garantierte ihnen Schutz vor Feinden vom Festland, legte die Grenzen mit dem Königreich Italien fest und erkannte, was am allerwichtigsten war, das Recht von Venedigs Kaufleuten an, mit ihren Schiffen überall hinzusegeln und ungestört ihren Geschäften nachzugehen. Diese Privilegien gingen nicht auf die Bemühungen der Venezianer selbst zurück, sondern auf die Diplomatie der kaiserlichen Instanzen [...] Venedigs offizielle Unterordnung unter das Byzantinische Reich verschaffte ihm Immunität gegenüber Italien.« (Nicol: Byzantium, S. 19)

15 Lane: Seerepublik Venedig, S. 24.

16 Hugh Chisholm: »Comacchio«, in: Encyclopædia Britannica, 11. Aufl., Cambridge 1911, Bd. 6, S. 749.

17 Lane: Seerepublik Venedig, S. 24.

18 Ebd.

ein Verbündeter. Donald M. Nicol beschreibt diese historisch relevante Verschiebung folgendermaßen:

> Die Venezianer hatten weder rebelliert noch hatten sie eine formale Unabhängigkeitserklärung abgegeben. [...] Der byzantinische Kaiser Basileios I. [...] hätte ein klareres Herr-Knecht-Verhältnis zwischen Byzanz und Venedig sicherlich bevorzugt. [...] Mit der Einrichtung des byzantinisches Themas[19] Dalmatien und nach dem gescheiterten Plan, sich mit den Franken zu verbünden, war Basileios jedoch auf eine freundschaftliche Beziehung zu Venedig angewiesen. Im Jahr 879 [...] verlieh er dem Dogen den höfischen Ehrentitel *prōtospatharios*. Diese Auszeichnung blieb nicht ohne Reaktionen. [...] Orso war damit in die Reihen der byzantinischen Kaiserfamilie aufgenommen worden. Er erwiderte die Ehrung damit, dass er zwölf Glocken nach Konstantinopel sandte.«[20]

Im Jahr 828, so die Legende, hatten zwei Kaufleute die sterblichen Überreste des Heiligen Markus, dem Apostel und Evangelisten, von Alexandria nach Venedig geschafft. Die besondere Rolle, die Venedig seitdem in der christlichen Welt einnimmt, ist eng mit der Anbetung dieser »heiligen Reliquien« verbunden. Angeblich hatte ein Engel einst dem Heiligen Markus selbst prophezeit, dass die venezianischen Lagunen einmal seine letzte Ruhestätte sein würden. Deswegen prangt der geflügelte Löwe von San Marco seit dem 12. Jahrhundert auf dem Staatswappen der Republik Venedig.

Gegen Ende des 10. Jahrhunderts hatte Venedig mit seinen Kriegsschiffen die dalmatinische Küste und große Teile des Adriaraums erobert, Comacchio zum dritten Mal gebrandschatzt, während venezianische Kaufleute zusammen mit slawischen Piraten vom Mündungsgebiet der Narenta aus den Sklavenhandel kontrollierten.

> »Die Ausfuhr von Sklaven aus dem Inneren des Landes war damals auf ihrem Höhepunkt, und die Narenter waren sowohl Sklavenhändler als auch Seeräuber. Die Venezianer waren ihre besten Kunden, wenn sie sich nicht gerade selber mit kriegerischen Raubüberfällen Sklaven verschaffen konnten.«[21]

Die Venedig beherrschenden Parizierfamilien blieben trotzdem weiterhin gespalten in eine Fraktion, die hauptsächlich Interesse an territorialem

19 Thema (altgriech.): Bezeichnung für Verwaltungseinheiten im Byzantinischen Reich (Anm. d. Übers.).

20 Nicol: Byzantium, S. 33.

21 Lane: Seerepublik Venedig; S. 45f.

Besitz und der Aufrechterhaltung des Systems der Feudalrenten hatte, und denjenigen, die sich vor allem dem Seehandel und anderen maritimen Unternehmungen und Gewinnmöglichkeiten verschrieben hatten. Dieser Konflikt spiegelte in gewisser Weise die Zweiteilung der lokalen Aristokratie in eine prowestliche und eine probyzantinische Partei wider bzw. überschnitt sich mit dieser. Die Auseinandersetzung eskalierte im Jahr 976, als ein Aufstand zur gewaltsamen Absetzung des Dogen Pietro IV. Candiano führte, dem Schwiegersohn des deutschen Kaisers Otto I., dessen »Interessen, [...] Verbündete und [...] Besitz eng mit Italien und dem Westen verknüpft waren«.[22] Eine aufgebrachte Menschenmenge belagerte den Palast des Dogen, setzte ihn in Brand und tötete den Dogen und seinen kleinen Sohn.[23] Diese Konflikte zwischen rivalisierenden Fraktionen des venezianischen Adels hielten bis zum Jahr 991 an, als der 30-jährige Pietro II. Orseolo zu Venedigs neuem Dogen gewählt wurde. Dieser »war zu Recht davon überzeugt, dass die Lebensader Venedigs der Handel war« und sich die »lukrativsten Märkte im Osten befanden«.[24] Trotzdem bemühte er sich, die Beziehungen zum Byzantinischen und zum Heiligen Römischen Reich auszubalancieren.

8.3 Machtzuwachs durch das Bündnis mit Byzanz

Gegen Ende des 10. Jahrhunderts hatte sich Venedig als unabhängiger Stadtstaat etabliert und seine Seestreitmacht beträchtlich ausgebaut. Die Stadt und ihre Kaufleute profitierten von ihrem Status als Verbündete des Byzantinischen Reichs und von dessen Flottenstärke. Sie nutzten dies, um ihre Geschäfte auf den ganzen Mittelmeerraum auszudehnen.

Ein Jahr nach der Wahl von Pietro II. Orseolo zum neuen Dogen Venedigs, also 992, verfasste der byzantinische Kaiser eine Chrysobulle, eine mit einer Goldbulle versehene kaiserliche Urkunde, mit der er Venedig in Konstantinopel und in ganz »Romania« (damit war das gesamte Byzantinische Reich gemeint) Handelsprivilegien verlieh. Das war das erste Mal, dass eine kaiserliche Chrysobulle zugunsten eines Handelspartners ausgestellt wurde, noch dazu eines italienischen Stadtstaats. »Pisa wurden vonseiten Byzanz das erste Mal im Jahr 1111 Vergünstigungen zugestanden und Genua noch später, nämlich im Jahr 1169.«[25] Bis zum Jahr 1204 ergingen zehn Chrysobullen zugunsten von Venedig, fünf zugunsten von Genua und drei zugunsten von Pisa.

22 Nicol: Byzantium, S. 37.

23 Dem Feuer, das den Dogenpalast zerstörte, fielen auch die Kirche San Marco und die dort aufbewahrten Reliquien des Beschützers Venedigs zum Opfer. Die Reliquien tauchten aber im Jahr 1094 bei der Einweihung des neu errichteten Doms auf wundersame Weise wieder auf.

24 Ebd., S. 39.

25 Daphne Penna: The Byzantine Imperial Acts to Venice, Pisa and Genoa, 10th–12th Centuries: A Comparative Legal Study, Groningen 2012, S. 12.

Der wesentliche Vorteil, der sich aus der kaiserlichen Urkunde von 992 für die venezianischen Kaufleute ergab, war die nahezu Halbierung der in den Häfen von Konstantinopel zu entrichtenden Zollabgaben (Einfuhr-Ausfuhr-Zölle) von 30 auf 17 Solidi. Darüber hinaus bot die Chrysobulle den Venezianern zusätzlichen juristischen Schutz, da sie festlegte, dass fortan nicht mehr gewöhnliche Richter, sondern nur die *logothetes tou dromou* – auf die Außenbeziehungen des Kaiserreichs spezialisierte hohe byzantinische Beamte – für alle Zivil- und Strafsachen zuständig sein würden, die venezianische Staatsbürger betrafen. Das galt auch für Angelegenheiten, in die sowohl venezianische Staatsbürger als auch Angehörige des Byzantinischen Reichs (oder anderer Reiche/Staaten) involviert waren. Im Gegenzug verpflichteten sich die Venezianer, das Byzantinische Reich im Süden Italiens militärisch zu unterstützen.

Obwohl diese erste Chrysobulle eher einer Bekanntmachung über Leistungen und Zugeständnisse des Kaiserreiches glich, dokumentierte sie zugleich erstmals die offizielle Anerkennung von Venedigs Unabhängigkeit gegenüber dem byzantinischen Kaiser. Was die Wirtschaftsbeziehungen zum Reich anging, verlieh es Venedig weitreichende Vorrechte gegenüber seinen größten ökonomischen Konkurrenten, namentlich Pisa und Genua. Das galt insbesondere in Konstantinopel, das damals eindeutig das Zentrum des Überseehandels war. In den folgenden Jahrzehnten und Jahrhunderten sollten sich deswegen die Spannungen zwischen den italienischen Stadtstaaten verschärfen.

Das 11. Jahrhundert markierte – darauf haben viele Historiker hingewiesen – einen Wendepunkt in der europäischen Geschichte. In dieser Zeit fand eine signifikante Machtverschiebung von Ost nach West statt. Es kam nach und nach zu einer Schwächung der militärischen Schlagkraft des Kaiserreichs sowie des politischen Zusammenhalts der byzantinischen Territorien. Das war teilweise Folge militärischer Rückschläge, war teils aber auch einer sich allmählich in den Gesellschaften entwickelnden »feudalen Tendenz« geschuldet, die ihren politischen und wirtschaftlichen Zusammenhalt erodieren ließ, der bis dahin auf staatlichem Zentralismus und den für die Gesellschaften mit asiatischer Produktionsweise typischen Formen der Klassenausbeutung und -herrschaft beruht hatte (siehe Kapitel 7). Dieser Prozess hatte bereits im 10. Jahrhundert eingesetzt, als die landwirtschaftlich geprägten Gemeinden (*chorion* = Dorfgemeinschaften, die verschiedene Formen der Tributzahlungen an übergeordnete Verwaltungseinheiten leisteten) zunehmend von sozialer Polarisierung erfasst wurden. Abgesehen von einer stärkeren Stratifizierung der Dorfgesellschaften und der Herausbildung einer Schicht von wohlhabenden Bauern, die Sklaven und Lohnarbeiter für sich arbeiten ließen, fand auf großen Flächen jenseits des Gemeindelandes eine Konzentration von Grund und Boden in den Händen von »quasi feudalen«

Gutsherren (*chorooikodespotai*) statt.[26] Ich verwende die Bezeichnungen »feudale Tendenz« und »quasi feudale« Gutsherren deswegen, weil vor dem Jahr 1204 Landeigentümer im Byzantinischen Reich nicht über die rechtlichen Befugnisse sowie die wirtschaftliche und politische Macht (relative Autonomie gegenüber dem Staat) verfügten, die für feudalistische Gesellschaften kennzeichnend waren. Sie blieben weiterhin in das asiatische System von zentralisierter staatlicher Autorität und Tributpflichten eingebunden. Donald M. Nicol beschreibt den im 11. Jahrhundert erfolgten historischen Wandel wie folgt:

> »Betrachtet man die allgemeinen historischen Entwicklungen Europas, war das 11. Jahrhundert die Epoche, in der sich das Mächtegleichgewicht nachhaltig vom Osten zum Westen verschob. [...] Der Niedergang des Byzantinischen Reiches nach dem Tod von Kaiser Basileios II. war zum Teil Ergebnis der radikalen Veränderungen der sozialen und ökonomischen Strukturen im Reich, die auf dessen gewachsenen Wohlstand zurückgingen. Die Reichen waren im Laufe der Eroberungen und der Ausdehnung des Herrschaftsgebiets noch reicher geworden. [...] Es brach nicht nur das wohlüberlegte System der Aufteilung der Provinzen in verschiedene militärische, wirtschaftliche und verwaltungstechnische Einheiten (sogenannte Themen) zusammen, auch die Zentralisierung aller Macht in einer Person und im Amt des Kaisers in Konstantinopel funktionierte nicht mehr. [...] Konstantinopel blieb trotz allem für einen langen Zeitraum die wohlhabendste und lebenswerteste Stadt in der gesamten christlichen Welt.«[27]

Ab dem frühen 11. Jahrhundert bot Venedig als verbündeter Staat Byzanz militärische Unterstützung an. Im Adriaraum stieg es zur Schutz- und Polizeimacht auf, die sich gegen Überfälle von Seeräubern sowie gegen muslimische und normannische Eindringlinge richtete. Im Jahr 1004 ver-

26 »In dem vorliegenden Steuerabkommen, einem Dokument aus dem 10. Jahrhundert, das die Grundprinzipien der Grundsteuer umreißt, sind verschiedene Formen der landwirtschaftlichen Nutzung aufgelistet. [...] Eine dichtere Besiedelung sowie die komplizierten Pacht- und Nutzungsbedingungen waren wahrscheinlich für die wohlhabenderen Bauern, die Sklaven und viel Vieh besaßen, ein Ärgernis, aber wenn ausreichend Land verfügbar war, konnten sie sich anderswo im Steuergebiet niederlassen. [...]. Das Steuerabkommen definierte auch die *proasteion* (eine besondere Form von Anwesen), die sich deutlich von anderem Grundbesitz im Steuergebiet unterschieden. Ihre Besitzer lebten nicht selbst auf dem Land, das von Sklaven, Lohnarbeitern oder (obwohl das im Abkommen nicht ausdrücklich erwähnt ist) von Pachtbauern bearbeitet wurde. Die Bandbreite der Gruppen mit unterschiedlichem gesellschaftlichem Status war groß. Es gab Sklaven, Lohnarbeiter, unabhängige Bauern und Großgrundbesitzer. [...] Das Steuerabkommen erörtert noch eine andere Kategorie bäuerlicher Kultivatoren, die sogenannten *chorooikodespotai* [...]. Dies waren Bauern in den *ktesis,* einer eigenen Verwaltungseinheit, vergleichbar mit den *chorion,* zum Zwecke der Steuereintreibung. Die *ktesis* [...] bestanden aus verstreuten Siedlungen statt aus Dörfern mit einem Dorfkern, was wohl auf eine stärkere Konzentration des Landes in den Händen der *chorooikodespotai* verweist und vermutlich auch auf einen größeren Anteil von Viehzucht.« (Alan Harvey: Economic Expansion in the Byzantine Empire, 900–1200, Cambridge 1989, S. 34ff.)

27 Nicol: Byzantium, S. 50f.

trieben die Venezianer die Araber endgültig aus Bari. Im darauffolgenden Jahrzehnt kämpften sie gegen slawische und sarazenische Piraten in der Adria und im Mittelmeer. Zu Beginn der 1080er-Jahre errangen sie mit ihrer Flotte Siege über die Normannen, die an verschiedenen Stellen ins Herrschaftsgebiet von Byzanz vorzudringen versuchten. Mit ihren siegreichen Schlachten von Dyrrhachion (Durazzo) an der östlichen Adriaküste, vor Kerkyra (Korfu) und andernorts gelang es den Venezianern, den militärischen Vorstoß der Normannen für eine beträchtliche Zeit aufzuhalten – bis sie dann doch noch eine vernichtende Niederlage hinnehmen mussten.

Mit solchen Initiativen wahrten die Venezianer ihre eigenen wirtschaftlichen und militärischen Interessen: Die herrschende Klasse des Stadtstaats setzte zu dieser Zeit bereits mehrheitlich auf Gewinne aus dem Überseehandel und auf andere Möglichkeiten der Bereicherung, die der Mittelmeerraum bot. Damals war Konstantinopel weiterhin der unangefochten wichtigste Handelsplatz und die zentrale Drehscheibe in der christlichen Welt. Die Venezianer

> »strebten nach Seemacht, nicht nach Landbesitz, der ihnen Tributzahlungen leistete. Sie führten ihre Kriege, um politische Vorkehrungen zu verwirklichen, die für rivalisierende Seemächte nachteilig sein mussten, die Venedigs bestehenden Handelsverkehr in den levantinischen Gewässern sichern sollten und die ihnen Handelsprivilegien verschafften, welche es ihnen erlaubten, ihren Handel auf neue Gebiete auszudehnen.«[28]

Der byzantinische Kaiser Alexios I. Komnenos belohnte die Stadt Venedig für ihren Einsatz mit einer weiteren Chrysobulle, die im Jahr 1082 herauskam und ihr zusätzliche Handelsprivilegien und andere Vorteile garantierte: Von nun an mussten venezianische Händler keinerlei Steuern mehr an das Byzantinische Reich entrichten;[29] Venedig erhielt im Hafen von Konstantinopel drei eigene Anlegestellen für das Be- und Entladen von Schiffen; der venezianische Bezirk in Konstantinopel wurde erweitert und bestimmte Gebäude in der Hauptstadt von Byzanz und in der Stadt Dyrrhachion waren von nun an allein den Venezianern vorbehalten; alle Dogen durften fortan den Titel *protosebastos* tragen, ein Ehrentitel, der mit der Zahlung eines jährlichen Gehalts verbunden war; der Patriarch von Venedig erhielt den Titel *hypertimos*, auch das ein höchst angesehe-

28 Lane: Seerepublik Venedig, S. 58.

29 »Der Handelsverkehr in Romania beschäftigte die größere Anzahl von Schiffen und Kaufleuten. Privilegien, welche die Venezianer sich dadurch verschafft hatten, dass sie den Kaisern von Byzanz gegen die Normannen geholfen hatten, räumten ihnen bevorzugte Behandlung ein. [...] Die einheimischen Griechen hatten einen Zoll von 10 Prozent zu entrichten, während die Venezianer überhaupt nichts bezahlten.« (Ebd., S. 117)

ner Titel nach dem Kirchenrecht; die Kirche von San Marco und andere Kirchen in Venedig kamen in den Genuss von regelmäßigen Zuschüssen aus Byzanz.[30] Im Jahr 1108 schlossen sich Teile der venezianischen Kriegsflotte byzantinischen Seestreitkräften vor der östlichen Adriaküste an: Gemeinsam besiegten sie die Normannen und brachten die Stadt Dyrrhachion wieder unter byzantinische Herrschaft.

8.4 Das neue geopolitische Koordinatensystem nach dem ersten Kreuzzug

Wie aus dem Vorangegangenen ersichtlich wird: Im Zuge seiner Entwicklung zur »Seerepublik« wurde Venedig zugleich zu einer »Seemacht«. Der Stadtstaat rüstete militärisch auf und befand sich in einem Zustand ständiger Alarmbereitschaft, um jederzeit ausrücken und seine Interessen im Mittelmeerraum, einschließlich seiner Handelsrouten, verteidigen zu können. Ich werde mich damit noch ausführlicher im nächsten Kapital beschäftigen. An dieser Stelle möchte ich zunächst noch einmal betonen, dass hinter dem Einsatz von Venedigs Seestreitmacht zugunsten des Byzantinischen Reichs bis zum Ende des 11. Jahrhunderts eine Strategie der Absicherung der eigenen Wirtschaftsinteressen im östlichen Mittelmeerraum stand.[31] Von dort aus gelangten Massen von Handelsgütern nach Westeuropa, genauso wie aus der Schwarzmeerregion, die inzwischen zum neuen Zentrum des Sklavenhandels geworden war.

Diese Strategie Venedigs erwies sich jedoch nach dem Ersten Kreuzzug (1096–1099), der zur Gründung des Lateinischen Königreichs Jerusalem geführt hatte, in gewisser Hinsicht als problematisch. Die aktive Beteiligung von Kriegsschiffen aus Pisa und Genua am Kreuzzug hatte Kaufleuten und Plünderern aus beiden Städten eine vorteilhafte Position in den Häfen des neuen christlichen Königreichs beschert. Damit war die Vormachtstellung von Venedig in der Levante bedroht. Die venezianischen Patrizier sahen sich daraufhin gezwungen, noch einmal neu über ihre Loyalität gegenüber Byzanz nachzudenken. Das Ergebnis: Im Jahr 1110 schickte Venedig eine Flotte nach Palästina, um den König von Jerusalem zu unterstützen, trotz zunehmender Spannungen zwischen dem Byzantinischen Reich und den Herrschern über die Kreuzfahrergebiete.

30 Penna: The Byzantine Imperial Acts, S. 26ff.

31 »Der Bau des dritten und bis heute bestehenden Markusdoms begann unter dem Dogen Domenico Contarini und wurde fortgesetzt und schließlich vollendet unter seinen Nachfolgern Domenico Silvio (1070–1084) und Vitale Falier (1084–1096). [...] Hinter dieser Anstrengung stand der Stolz der venezianischen Staatsbürger. Das Gebäude war eine öffentliche Demonstration des neuen Reichtums und der neuen Stärke Venedigs. [...] Der Dom wurde nach dem Vorbild der Apostelkirche in Konstantinopel [...] errichtet, und es besteht kein Zweifel daran, dass der Baumeister des Markusdoms im 11. Jahrhundert ein Grieche aus Konstantinopel war. *Nichts hätte der ganzen christlichen Welt besser die besondere Beziehung zwischen Venedig und Byzanz verdeutlichen können.*« (Nicol: Byzantium, S. 51f., Hervorh. J.M.)

Im folgenden Jahr, 1111, brachte der byzantinische Kaiser Alexios I. eine weitere Chrysobulle heraus, die auch Pisa Handelsprivilegien einräumte. Obwohl die Pisa garantierten Privilegien weniger bedeutsam ausfielen als die, die man Venedig gewährt hatte, legte die Pisaner Regierung für ihre gesamte Bevölkerung einen Treueeid gegenüber dem byzantinischen Kaiser ab. Sie versprach darüber hinaus, ihn bei seinem Vorhaben, die Kontrolle über Antiochien und andere Territorien der Kreuzfahrerstaaten zurückzugewinnen, aktiv zu unterstützen.[32] Der Preis für Pisas Zugang zu den Märkten von Byzanz war das »freiwillige Vasallentum« des Stadtstaats.

Der Angriff der byzantinischen Streitkräfte auf Antiochien war für das Jahr 1113 vorgesehen, aber der Plan wurde durch die Invasion der Seldschukentürken in den östlichen Teilen des Reichs zunichtegemacht.[33] Der neue byzantinische Kaiser Johannes II. Komnenos, der 1118 den Thron bestieg, weigerte sich, die Chrysobulle von 1082 zu ratifizieren, mit der das Versprechen besonderer Vorrechte für Venedigs Händler verbunden war. Im Jahr 1122 griffen venezianische Kriegsschiffe, die Teil der Flotte der Kreuzfahrer waren und die Antiochien vor muslimischer Bedrohung schützen sollten, zum ersten Mal Inseln in der Ägäis und im Ionischen Meer an, die zum Byzantinischen Reich gehörten, sowie byzantinische Hafenstädte an den Küsten des Festlands. Solche Angriffe und Plünderungen sollten sich in den darauffolgenden vier Jahren mehrfach wiederholen. Venedigs Politik hatte sich ganz offensichtlich gewandelt: Hatte sich Venedigs Flotte noch kurz zuvor als Polizist des Mittelmeerraums aufgespielt, waren die Venezianer nun zur Seeräuberei übergegangen.

Das Hauptziel dieses Vorgehens war es jedoch, über Friedensverhandlungen mit Byzanz die früheren vorteilhaften Handelsbedingungen im Reich für Venedig wiederherzustellen. Zu diesem Zeitpunkt eskalierte die Rivalität zwischen Pisa und Venedig, da der wirtschaftliche Wettbewerb zwischen den beiden Stadtstaaten in der Levante nun religiöse und politische Formen annahm. Venedig unterstützte den Papst (das sogenannte Welfen-Lager), während Pisa sich mit dem Papst überworfen und sich mit dem deutschen Kaiser (dem sogenannten ghibellinischen Lager) verbündet hatte.

Der byzantinische Kaiser gab schließlich dem Druck Venedigs nach und ratifizierte 1126 die Chrysobulle seines Vorgängers von 1082. Mit einer Verordnung aus demselben Jahr erlaubte

32 »Die Pisaner standen in allen Kriegen zwischen Byzanz und den Kreuzritterstaaten auf der Seite des byzantinischen Kaisers. Am Ende kam es zu einem militärischen Bündnis, um die Frankenstaaten zu schlagen.« (Ralph-Johannes Lilie: Byzantium and the Crusader States 1096–1204, Cambridge 1994, S. 90).

33 Ebd., S. 87–94.

»der Kaiser den Venezianern darüber hinaus freien Handel auf Kreta und Zypern. Dadurch erhielten die Venezianer einen besseren Zugang zu den Märkten in Syrien und Palästina.«[34]

Damit begann eine neue Periode der friedlichen Zusammenarbeit zwischen Byzanz und Venedig, die mehr als 40 Jahre andauern sollte, trotz ständiger Querelen zwischen ihren Staatsangehörigen. In den Jahren 1148 und 1149 half Venedigs Kriegsflotte dem Byzantinischen Reich bei der Rückeroberung Kerkyras von den Normannen, die die Insel 1147 während des Zweiten Kreuzzugs überfallen und geplündert hatten und seitdem besetzt hielten. Mit zwei neuen Chrysobullen aus den Jahren 1147 und 1148 bestätigte der byzantinische Kaiser die früheren Handelsprivilegien Venedigs in seinem Reich und gab die Erlaubnis, das venezianische Viertel in Konstantinopel weiter auszubauen. Als aber 1167 byzantinische Streitkräfte Kroatien und Dalmatien, die damals zum Königreich Ungarn gehörten, eroberten, gab es erneut größere Spannungen zwischen Byzanz und Venedig. Die italienische Seerepublik meldete Anspruch auf dieselben Gebiete an. In den darauffolgenden Jahren gehörten Piraterie und entsprechende Überfälle und Angriffe von venezianischen Schiffen auf byzantinisches Gebiet wieder zum Alltag.

In den Jahren 1169 und 1170 gab der byzantinische Kaiser Manuel I. Komnenos drei Chrysobullen heraus, die diesmal Genua Handels- und Steuerprivilegien sowie bestimmte Teile von Konstantinopel zusagten (darunter Anlegestellen für das Ent- und Umladen von Handelswaren).[35] Im Gegenzug schworen die Genueser Byzanz ewige Loyalität und Bündnistreue.[36] Nachdem in Konstantinopel lebende Venezianer den Stadtteil der Genueser überfallen und dort erhebliche Schäden angerichtet hatten, befahl der byzantinische Kaiser 1171, alle im Reich ansässigen Venezianer zu verhaften und ihr Vermögen zu konfiszieren – nach einem im Vorfeld detailliert ausgearbeiteten Plan.[37] Als Konsequenz brach zwischen Byzanz und Venedig Krieg aus. Eine vom Dogen selbst angeführte Flotte verzeichnete anfänglich Erfolge, als sie byzantinische Städte an der dalmatischen

34 Penna: The Byzantine Imperial Acts, S. 35.

35 Ebd., S. 133–156.

36 Der genuesische Gesandte Amico gab im Namen Genuas das Versprechen ab, »dass die Stadt niemals einer Nation beistehen wird, die ein Feind der Byzantiner ist. Außerdem werden die im Reich lebenden Genuesen den Byzantinern bei der Verteidigung des Reiches helfen, sollte es zu weiteren Angriffen kommen. [...] Für ihre Treue erhalten die Genuesen Liegenschaften in Konstantinopel, dazu Geld. Enthalten sind ebenso Vereinbarungen zur Steuer *kommerkion.*« (Ebd., S. 134) Eine ähnlich lautende Chrysobulle aus dem Jahr 1170 machte den Pisanern vergleichbare Zugeständnisse (ebd., S 115ff.).

37 »An dem verabredeten Tag, am 12. März 1171, kam es zur Umsetzung dieses Plans, und zwar an allen Orten des Reichs. Alle Venezianer wurden zum exakt selben Zeitpunkt in Konstantinopel und anderswo verhaftet. In den Gefängnissen gab es nicht genug Platz für sie. Allein in der Hauptstadt kam es zu 10 000 Festnahmen. Einige der Gefangenen mussten in Klöstern eingesperrt werden. Aber das Problem der Überbelegung war so akut, dass einige schon nach wenigen Tagen wieder auf Bewährung freigelassen werden mussten.« (Nicol: Byzantium, S. 97)

Küste und in der Ägäis angriff, musste sich aber bald wieder nach Venedig zurückziehen. Da die Kosten eines Kriegs und des Ausschlusses von Märkten im Byzantinischen Reich, insbesondere von den Märkten Konstantinopels, für die Venezianer gewaltig zu werden drohten, entschied sich der neue Doge für den diplomatischen Weg: 1175 unterzeichnete er einen Friedensvertrag mit den Normannen, der im Wesentlichen als Katalysator für eine Annäherung zwischen Venedig und Byzanz diente. Die Verhandlungen zwischen beiden Mächten begannen in der zweiten Hälfte der 1170er-Jahre. Schließlich erzielte man 1179 ein Friedensabkommen, das für die Entlassung aller im Byzantinischen Reich eingesperrten Venezianer sorgte, die Wiederherstellung aller vor 1171 zugesagten Leistungen und Privilegien an Venedig vorsah sowie eine finanzielle Kompensation für die seit 1171 erlittenen Schäden. Im Jahr 1184 stimmte der byzantinische Kaiser Andronikos zu, 1500 Pfund Gold als Entschädigung an Venedig zu zahlen.

1187 veröffentlichte der neue byzantinische Kaiser Isaak II. Angelos drei Chrysobullen zugunsten von Venedig, auf die im Jahr 1189 zwei weitere folgten, mit denen Venedigs Sonderstatus mit allen Privilegien im Reich praktisch wiederhergestellt wurde. Die beiden Letzteren bestätigten erneut, dass es Ausgleichzahlungen für die mit den Ereignissen im Jahr 1171 verbundenen Verluste geben sollte (denen Andronikos im Jahr 1184 bereits zugestimmt hatte) und garantierten den Zugang venezianischer Kaufleute zu den französischen und deutschen Vierteln in Konstantinopel. Zum damaligen Zeitpunkt war Byzanz auf Gedeih und Verderb auf ein Bündnis mit Venedig angewiesen: Nach dem Tod von Kaiser Manuel I. Komnenos im Jahr 1180 hatte die Allianz mit Pisa und Genua Risse bekommen. Ein aufgebrachter Mob hatte in Konstantinopel Pisaner und Genuesen getötet, was auf eine wachsende antilateinische Stimmung in der byzantinischen Bevölkerung zurückzuführen war. Dazu hatten nicht zuletzt wiederholte seeräuberische Attacken von italienischen Schiffen auf byzantinische Schiffe und Küstensiedlungen beigetragen.[38]

Davon abgesehen entfalteten die »feudalen Tendenzen«, die sich seit Anfang des 11. Jahrhunderts überall im Reich ausgebreitet hatten, nun eine ausgeprägt lähmende Wirkung. Trotz einiger militärischer Siege der byzantinischen Armee auf dem Balkan waren zudem die Bedrohungen aus dem Westen wieder spürbar geworden.

38 »Die in regelmäßigen Abständen wiederkehrenden Straßenkämpfe in Konstantinopel spiegelten die Situation zur See wider. Am Ende des zwölften Jahrhunderts war das Seeräuberwesen allgemein geworden [...] Anders als regelrechte Piraten setzten sie in ihren Beutezügen, je nach ihren politischen Hassgefühlen und Treuebindungen, gewisse Grenzen. [...] Keine der Regierungen ergriff irgendwelche strengen Maßnahmen gegen Piraten, die ihre eigenen Staatsbürger waren.« (Lane: Seerepublik Venedig, S. 68f.)

»Im Jahr 1184 eroberte Isaak Komnenos, ein Neffe des späteren Kaisers Manuel, der dessen kaiserlichen Titel angenommen hatte, die Insel Zypern. In Kleinasien verkündeten einige Städte wie Philadelphia ihre Unabhängigkeit und ernannten ihre eigenen lokalen Regenten. Die Probleme des Kaisers wurden noch größer durch die Ankündigung eines weiteren Kreuzzugs aus dem Westen.«[39]

Daphne Penna zufolge hatten die genannten Chrysobullen (insbesondere die zweite aus dem Jahr 1187) nicht mehr den Charakter einer kaiserlichen Erteilung von Privilegien, sondern eher den eines Vertrags zwischen zwei Staaten.[40] Sie enthielten eine ausführliche Beschreibung dessen, was die eine Seite der anderen schuldete bzw. versprochen hatte.[41] Im Laufe des 12. Jahrhunderts eskalierte der Konflikt zwischen Venedig und Pisa, die zunehmend über Seewege im Mittelmeer und Handelsvorteile im Byzantinischen Reich stritten. Die erste Seeschlacht zwischen den Kriegsflotten der beiden Stadtstaaten fand Berichten zufolge im Jahr 1099 vor der Insel Rhodos statt.[42] Gegen Mitte des 13. Jahrhunderts hatte sich dann der Stadtstaat Genua zu Venedigs Hauptkonkurrenten im Handel und auf dem Meer entwickelt.

Wie wir bereits gesehen haben, versuchten die byzantinischen Kaiser – obwohl sie in der Regel alle Venedig den Vorzug gaben und aktiv dessen Vormachtstellung im Mittemeerraum stützten (vor allem weil dies ihren eigenen strategischen Interessen entsprach) – hin und wieder, die Rivalitäten zwischen den italienischen Seerepubliken für sich auszunutzen – manchmal um Vorteile aus einer besonderen historischen Konstellation zu ziehen, manchmal als Ausdruck einer Politik des »Teile und Herrsche«. Am Ende des 12. Jahrhunderts sollte der Versuch von zwei unmittelbar aufeinanderfolgenden byzantinischen Kaisern, wieder einmal die Rivalitäten zwischen den italienischen Stadtstaaten für ihre Zwecke zu instrumentalisieren, für das gesamte Reich in einer Katastrophe enden.

39 Nicol: Byzantium, S. 114f.

40 Penna: The Byzantine Imperial Acts, S. 12 u. 47ff.

41 »Es ist vorgesehen, dass Venedig im Falle eines Angriffs auf Romania durch eine Flotte von 40 oder mehr Schiffen innerhalb von sechs Monaten selbst 40 oder mehr Schiffe (bis zu 100) nach Romania entsendet; diese Schiffe werden in Venedig auf Kosten von Romania gebaut werden. [...] Es gibt auch Vorkehrungen für die Eidablegung sowohl der Venezianer, die den Bau der Schiffe übernehmen sollen, als auch der Kapitäne, die sie segeln werden. Es wird erwähnt, dass sich der Kaiser das Recht vorbehält, drei Viertel der in Romania lebenden Venezianer zum Einsatz auf diesen Schiffen zu verpflichten und ihnen ein entsprechendes Gehalt zu zahlen. [...] Es ist zudem festgelegt, dass die Besatzungen gegenüber dem Kaiser loyal zu sein haben und alle Feinde des Reichs, unabhängig davon, ob es sich dabei um Christen handelt, zum Ruhme Romanias bekämpfen müssen.« (Ebd., S. 47f.) Donald M. Nicol zufolge sind allerdings »die sorgsam formulierten Klauseln und Bedingungen der vier Abkommen von Kaiser Isaak mit Venedig vor allem von akademischem Interesse, da sie nie zur praktischen Anwendung kamen. Niemals wurde eine venezianische Flotte von 40 bis 100 Schiffen zur Verteidigung byzantinischer Interessen angefordert. Die Venezianer, die im byzantinischen Reich lebten, unterlagen auch nie einer entsprechenden Wehrpflicht.« (Nicol: Byzantium, S. 117)

42 Lane: Seerepublik Venedig, S. 32.

Kaiser Isaak II. Angelos brachte 1192 zwei Chrysobullen heraus, wobei die eine Pisa und die andere Genua privilegierte. Im darauffolgenden Jahr, 1193, gab es eine weitere Chrysobulle zugunsten von Genua. Alle drei Chrysobullen bestätigten die zuvor den beiden Stadtstaaten gewährten Privilegien und erlaubten eine Erweiterung ihrer Viertel in Konstantinopel. Zugleich sagte Byzanz ihnen eine bestimmte Summe Geldes unter der Bedingung zu, dass die italienischen Stadtstaaten die von ihren jeweiligen Bürgern ausgehende Seeräuberei auf dem Gebiet des Byzantinischen Reichs stärker überwachten und Anstrengungen unternahmen, diese zu unterbinden.

Im Jahr 1195 jedoch wurde Kaiser Isaak II. Angelos von seinem Bruder Alexios III. Angelos gestürzt, geblendet und eingesperrt. Der neue Kaiser schien nicht gewillt, die Entschädigungszahlungen an Venedig zu leisten, die Kaiser Andronikos (im Jahr 1184) und Kaiser Isaak II. Angelos in den Jahren 1187 bis 1189 zugesagt hatten.[43] Die von ihm 1198 herausgegebenen drei neuen Chrysobullen ratifizierten die früheren Handelsvorrechte der italienischen Stadtstaaten Venedig, Pisa und Genua und regelten einige damit verknüpfte juristische Fragen. Mit dieser Initiative, so der Eindruck, habe Kaiser Alexios III. versucht, keinen den drei Rivalen im Mittelmeerraum zu benachteiligen bzw. zu bevorzugen. In der Chrysobulle zugunsten Venedigs »fanden die Vereinbarungen [...] über die Schulden zwischen Venedig und Byzanz, die Gegenstand der Verordnung von Isaak II. Angelos gewesen waren, keinerlei Erwähnung«,[44] während die byzantinischen Behörden von »den Venezianern trotz dieses Vertrags weiterhin Steuern verlangten«.[45]

Just in dieser Zeit wurde die innere Lage im Byzantinischen Reich zunehmend instabil. Ein Teil der byzantinischen Eliten betrachtete den neuen Kaiser als Thronräuber und illegitimen Machthaber.[46] Als nach dem erfolglosen Abschluss des Dritten Kreuzzugs im Jahr 1199 Papst Innozenz III. zu einem weiteren Kreuzzug aufrief, unterstützte Alexios III. Angelos dessen Initiative, weil er sich davon und von dem Eingehen neuer Bündnisse eine Konsolidierung seiner Herrschaft versprach. Eine Reihe von historischen Zwischenfällen führte jedoch dazu, dass sich die

43 »Was die übergeordnete Frage der von Kaiser Andronikos versprochenen Entschädigung anging, stimmte Isaak zu, dass noch 1400 Pfund Gold ausstanden. Andronikos hatte zunächst 100 Pfund angezahlt. Isaak [...] verpflichtete sich, die Rechnung über die gesamte Summe von 1500 Pfund zu begleichen, und überwies den Botschaftern des Dogen eine erste Rate von 250 Pfund. Die restlichen 1250 Pfund sollten in den kommenden sechs Jahren in jährlichen Raten gezahlt werden, bis die Schuld vollständig beglichen war. [...] In venezianischen Urkunden sind der Erhalt der ersten 250 Pfund und weitere Zahlungen aus der kaiserlichen Schatzkammer in den Jahren 1191 und 1193 erwähnt. Das Geld wurde anteilig an die Kaufleute verteilt, die Entschädigungsforderungen gestellt hatten. Aber als Isaak im Jahr 1195 den Thron verlor, war die Sechsjahresfrist vorbei und die Schuld noch lange nicht beglichen.« (Nicol: Byzantium, S. 116f.)

44 Penna: The Byzantine Imperial Acts, S. 63.

45 Lane: Seerepublik Venedig, S. 38.

46 »Dezentralisierung und Separatismus, die die Struktur des Byzantinischen Reichs bereits unterminiert hatten, gerieten schließlich außer Kontrolle.« (Nicol: Byzantium, S. 117)

Zielsetzung des Vierten Kreuzzugs änderte, den der greise venezianische Doge Enrico Dandolo im Jahr 1204 leitete. Ging es ursprünglich angeblich noch um die »Befreiung des Heiligen Lands Jerusalem von den Ungläubigen«, war das offizielle Ziel nun die Eroberung Konstantinopels.

Nicol betont bei seiner Beurteilung des Ausgangs des Vierten Kreuzzugs die Bedeutung von historischen Kontingenzen (inklusive des plötzlich eingetretenen Tods von Theobald III., Herzog der Champagne, der mit Zustimmung aller Teilnehmenden eigentlich als Anführer des Kreuzzugs vorgesehen war).

> »Bei der Beurteilung, was schief lief und warum der Kreuzzug in Konstantinopel endete und nicht an seinem eigentlichen Bestimmungsort, könnte man als moderner Historiker [....] zu dem Schluss gelangen: Das, was sich 1204 ereignete, war einfach das Ergebnis einer Verkettung unerwarteter Umstände, einer Reihe von Missgeschicken und menschlichen Fehlern, etwas, das weder der Papst noch eine andere Macht hätte verhindern können.«[47]

Eine Verkettung historischer Zufälle oder das Zusammenkommen bzw. Verschmelzen bestimmter historischer Widersprüche hätten jedoch wohl kein derartiges militärisches und politisches Ergebnis gezeitigt, wenn aufseiten der Venezianer nicht bereits eine langfristige konkrete Strategie vorhanden gewesen wäre, die darauf abzielte, als Wirtschaftsmacht die Einflusssphäre des Byzantinischen Reichs und den ganzen Mittelmeerraum zu beherrschen. Eine solche Strategie hatte Venedig seit Jahrhunderten unter Einsatz aller verfügbaren Mittel verfolgt: Handel, Verträge und Abkommen, aber auch Piraterie und Krieg.

Die Venezianer hatten ursprünglich gezögert, als es darum ging, sich am Vierten Kreuzzug zu beteiligen. Sie hatten zunächst nur zugestimmt, Schiffe zur Verfügung zu stellen, um die Kreuzfahrer nach Ägypten zu bringen, nachdem ihnen der Abgesandte Gottfried von Villehardouin ein Entgelt von 85 000 Silbermark für den Transport und die Verpflegung von 33 500 Kreuzfahrern in Aussicht gestellt hatte, die sich 1202 in Venedig hätten einfinden sollen.[48] In diesem Jahr versammelten sich tatsächlich aber nicht einmal 10 000 Mann auf dem Lido Venedigs zur Einschiffung und der von den Kreuzfahrern zusammengetragene Betrag für die Finanzierung des gesamten Vorhabens belief sich lediglich auf 51 000 Silbermark.

Der venezianische Doge schlug daraufhin vor, mit der Kreuzritterflotte einen Abstecher an die dalmatinische Küste zu unternehmen, um

47 Ebd., S. 125.

48 Ebd., S. 125ff.; Lane: Seerepublik Venedig, S. 70ff.; Brentano: Die Anfänge des modernen Kapitalismus, S. 65ff.

die venezianische Herrschaft über die Stadt Zara (Zadar) wiederherzustellen, die damals unter der Oberhoheit des Königs von Ungarn stand. Venedig sollte sich an dieser Kriegsexpedition mit 50 Galeeren beteiligen, zudem war ausgemacht, dass der von den Kreuzfahrern noch an Venedig zu zahlende Betrag mit der Beute abgegolten werden sollte, die bei der Eroberung Zaras anfallen würde. Obwohl der Papst Bedenken hinsichtlich eines Überfalls auf christliches Gebiet äußerte, wurde Zara – wie vom Dogen gewünscht – im November 1202 eingenommen und wieder unter die Kontrolle Venedigs gebracht.

Ein Jahr zuvor war dem byzantinischen Prinz Alexios Angelos, dem Sohn des gestürzten, geblendeten und inhaftierten Kaisers Isaak II. Angelos, auf einem Pisaner Schiff die Flucht aus Konstantinopel gelungen. Als der Papst sich weigerte, ihm dabei zu helfen, seinen Vater zurück auf den Thron zu bringen, nutzte Alexios Angelos seine Verwandtschaft mit Philipp von Schwaben (er war sein Schwager) aus, um mit den Kreuzfahrern zu verhandeln, die mit ihrer Flotte noch im Hafen von Zara lagen.

> »Er versprach den Kreuzfahrern eine großzügige Belohnung, wenn sie mit ihm nach Konstantinopel fahren und dafür sorgen würden, dass er, Alexios, und sein Vater Isaak ihr rechtmäßiges Erbe würden antreten können. Alexios stellte ihnen 200 000 Mark in Aussicht, die Finanzierung ihrer Weiterreise nach Ägypten, die Begleitung durch zusätzlich 10 000 byzantinische Soldaten und die Entsendung einer ständigen Truppe von 500 Mann ins Heilige Land. Des Weiteren versprach er, dass sein Reich die Vormachtstellung des Römischen Stuhls anerkennen würde, von dem es so lange getrennt war.«[49]

Der Doge ergriff die Gelegenheit beim Schopf und überzeugte die anderen Anführer der Kreuzfahrer davon, die vorgeschlagene Operation durchzuführen. Prinz Alexios schloss sich den Kreuzfahrern an. Als ihre Flotte die byzantinische Stadt Dyrrhachion erreichte, bejubelte die lokale Bevölkerung Alexios als ihren rechtmäßigen Kaiser. Anders in Konstantinopel. Als sie in das Goldene Horn von Konstantinopel einfuhren, empfing sie an den Stadtmauern nur eine feindselig gestimmte Menschenmenge. Nachdem der byzantinische Kaiser, dem der Anblick solch einer riesigen Kriegsflotte Angst eingejagt hatte, heimlich aus der Stadt geflohen war, bestieg der blinde Isaak II. Angelos erneut den Kaiserthron. Am 1. August 1203 wurde Prinz Alexios zu seinem Mitkaiser gekrönt.

Die Flotte der Kreuzfahrer sollte so lange vor Konstantinopels Küste verbleiben, bis die Zusagen von Alexios Angelos, dem neuen Mitkaiser von Byzanz, eingelöst waren. Die antilateinische Stimmung in Konstanti-

49 Nicol: Byzantium, S. 133.

nopel und entsprechende Unruhen nahmen jedoch immer mehr zu. Aufgebrachte Menschenmengen gingen dazu über, das venezianische und andere lateinische Viertel in der Stadt anzugreifen. Schließlich stürzte im Januar 1204 ein byzantinischer Adliger namens Alexios Mourtzouflos den Kaiser und seinen Vater und erklärte sich unter dem Namen Alexios V. Doukas zu deren Nachfolger.

Als deutlich wurde, dass der neue Kaiser unwillig war, die den Kreuzfahrern von Alexios Angelos gegebenen Versprechen einzuhalten (Alexios Angelos war mittlerweile im Gefängnis erdrosselt worden), begannen die Kreuzfahrer mit dem Angriff auf Konstantinopel. Im April 1204 war die Stadt eingenommen und geplündert[50] und das gesamte Byzantinische Reich wurde unter seinen neuen Herrschern aufgeteilt. Im Mai 1204 ließ sich Balduin, Graf von Hennegau und Flandern, zum Kaiser des »Lateinischen Reichs Konstantinopel« (Imperium Romaniae) krönen. Drei Achtel von Konstantinopel kamen unter die Herrschaft Venedigs, darunter das städtische Arsenal (Werft und Waffenlager) und die Schiffsanlegestellen, außerdem drei Achtel des gesamten byzantinischen Herrschaftsgebiets, darunter die Inseln Kreta, Euböa (Negroponte) und Kerkyra (Korfu) sowie die Festungsstädte im Süden der Peloponnes Methoni (Modon) und Koroni (Koron).

Der Erfolg Venedigs war beispiellos. Innerhalb von nur zwei Jahrhunderten hatte Venedig sich von einer provinziellen Handelsstadt an der Adria in eine einflussreiche Kolonialmacht im Mittelmeerraum verwandelt. War seine Integrität und Existenz anfangs noch auf die Schirmherrschaft und das Bündnis mit dem Byzantinischen Reich angewiesen, entwickelte es sich immer mehr zu einem unabhängigen Stadtstaat und zu einem der bedeutendsten Handelszentren Europas. Im Jahr 1204, als Venedig »drei Achtel« des gesamten Byzantinischen Reichs und der weltweit reichsten und größten Stadt, nämlich Konstantinopel, unter seine Kontrolle brachte, zählte es gerade einmal rund 100 000 Einwohner. Konstantinopels Bevölkerung war damals in etwa vier- oder fünfmal so groß. Eine Erklärung für diesen wundersamen Aufstieg lässt sich zumindest ansatzweise in dem spezifischen Charakter bzw. in den inneren Strukturen und dem besonderen Zusammenhalt der venezianischen Gesellschaft finden. Darauf beruhte die außerordentliche Stärke des venezianischen Staats.

50 Auf den Fall Konstantinopels »folgten drei Tage Mord, Plünderungen, Vergewaltigungen und Kirchenschändungen. Kirchen und Wohnhäuser wurden gleicherweise aufs gründlichste ausgeraubt. Als Bonifaz von Montferrat befahl, dass alles Beutegut zusammengetragen werde, um verteilt zu werden, belief sich sein Wert – abgesehen von dem, was insgeheim zurückbehalten wurde – auf 400 000 Silbermark und 10 000 Rüstungen. Die Kreuzritter hatten keine Mühe, den Venezianern neben der Hälfte des Beuteguts auch ihre überfällige Schuld zu zahlen.« (Lane: Seerepublik Venedig, S. 79f.)

9 —— Die venezianische Gesellschaftsformation bis Ende des 13. Jahrhunderts: ein unvollendeter Prozess der ursprünglichen Akkumulation

9.1 Die Herrschaft einer staatlich organisierten geldvermehrenden Oligarchie

9.1.1 Der Mythos von der »Privatinitiative«

In seiner Darstellung der Geschichte Venedigs geht Frederic C. Lane auf die verschiedenen Mythen ein, die den spektakulären Aufstieg der Lagunenstadt begleitet haben bzw. die vielfach bemüht wurden, um diesen zu erklären: die angebliche völlige Selbstständigkeit Venedigs seit seiner Gründung (was schlichtweg ignoriert, dass Venedig lange Zeit dem byzantinischen Kaiserreich unterstand) und das vermeintliche Fehlen von Fehden, Parteienzwist und Spaltungen in der venezianischen Gesellschaft etc.[1] Ich habe mich mit einigen dieser Themen im vorangegangenen Kapitel 8 befasst, in dem Venedigs historische Entwicklung von seiner Gründung bis zu seiner Beteiligung am Vierten Kreuzzug geschildert wird.

Im Folgenden geht es um einen weiteren Mythos, der sich hartnäckiger hält als alle anderen. Er betrifft nicht nur Venedig, sondern findet sich auch in Bezug auf viele andere Stadtstaaten oder europäische Regionen, insofern sie schon früh Mittelpunkt von Handel und Manufaktur waren und daher zu Epizentren der kapitalistischen Entwicklung wurden. Ich meine den Mythos von der entscheidenden Bedeutung von »Privatinitiative« und »Einzelunternehmern« als Trägern einer spezifischen ökonomischen und sozialen »Vernunft«, die nur in einem »freiheitlichen Umfeld« gedeihen und zum »rationalen Antrieb« einer ganzen Gesellschaft werden kann. Luciano Pellicani ist – obwohl durchaus vertraut mit Marx' Werk sowie mit der Kontroverse unter Marxisten zum »Übergang vom Feudalismus zum Kapitalismus« – ein typischer Vertreter dieser Sichtweise. Er schreibt:

> »Die Vorstellung, Kapital zu investieren, um das eigene Vermögen zu vergrößern, [...] war der herrschenden Klasse fremd. Das galt jedoch nicht für den Newcomer, den *mercator*. Auf diesen typischen Self-

1 Ebd., S. 141ff.

mademan [...] gehen Entstehung und Verbreitung des unternehmerischen Geistes zurück. Sein Hauptmotiv, und in gewisser Weise sein einziges Motiv, war, sich selbst zu bereichern. [...] Ein Wunder war geschehen. Mancherorts in Europa, in den von Handel und Produktion geprägten Städten, hatte man die Methode der täglichen Vermehrung von Brotlaiben und Fischen perfektioniert. Dabei handelte es sich um *eine friedliche Methode, die im scharfen Gegensatz zu den traditionellen kriegerischen Vorgehensweisen* der Piraterie und Plünderung stand.[2]

Venedig ist allerdings, genauso wie seine Rivalen Pisa und Genua, mitnichten mit dem Einsatz vor allem friedlicher Mittel an die Spitze der wirtschaftlichen und politischen Macht in Europa gelangt. Ganz im Gegenteil: Schon bei seinen ersten Versuchen, Sprossen auf der Leiter des ökonomischen Erfolgs zu erklimmen und im Adriaraum eine führende Rolle zu spielen, verließ sich Venedig auf den Sklavenhandel mit all den »traditionellen kriegerischen Vorgehensweisen«, die es für diesen Handel bedarf. Venedigs Aufstieg verdankte sich darüber hinaus nicht zuletzt Brandschatzungen und Plünderungen, wie die wiederholten Überfälle auf die benachbarte Stadt Comacchio und deren Zerstörung zeigen (siehe Kapitel 8).[3]

Außerdem waren zentraler Antrieb und Motor des wirtschaftlichen Aufschwungs Venedigs bestimmt nicht »Privatinitiativen« einzelner raffinierter »Mercators« oder anderer genialer »Selfmademen« und »besonders risikobereiter« Einzelner. Grundlage des wirtschaftlichen Erfolgs Venedigs war vielmehr das kollektive Handeln einer Patrizierklasse, die seit Beginn des 11. Jahrhunderts einen zunehmend hochgerüsteten maritimen Staat aufgebaut hatte. Sie fungierte als zentrale Koordinatorin und Trägerin einer Vielzahl von »Unternehmungen«, die vor allem der Geldvermehrung dienten: Handel, Piraterie,[4] Plünderungen, Sklavenhandel und Krieg.

2 Pellicani: Genesis of Capitalism, S. 150 u. 152, Hervorh. J.M.

3 Selbst Adam Smith, der »Erfinder« des Konzepts des wirtschaftlichen Individualismus, distanziert sich von der Vorstellung, wonach der ökonomische Erfolg der Stadtstaaten auf der italienischen Halbinsel das Resultat von Anstrengungen einiger weniger »typischer Selfmademen« war, die »den Unternehmergeist verkörpert und verbreitet haben«. Smith schreibt: »In Europa scheinen die italienischen Städte die ersten gewesen zu sein, die sich durch den Handel zu einem hohen Grad von Wohlstand aufschwangen. Italien lag in der Mitte desjenigen Teils der Welt, der damals der gebildete und zivilisierte war. Auch die Kreuzzüge, die doch durch die große Verschwendung von Kapitalien und die Vertilgung der Landeseinwohner, die sie in ihrem Gefolge hatten, die Fortschritte der meisten europäischen Länder notwendig aufhalten mussten, waren dem Aufschwung der italienischen Städte äußerst günstig. Die großen Heere, welche von allen Seiten her zur Eroberung des Heiligen Landes auszogen, gaben der Schifffahrt Venedigs, Genuas und Pisas teils durch den Transport der Heere, immer aber durch Zufuhr der Lebensmittel außerordentliche Aufmunterung. Jene waren gleichsam die Kommissare der Heere, und so wurde die verzehrendste Raserei, die jemals die europäischen Völker befallen hat, eine Quelle des Reichtums für jene Republiken.« (Smith: Wohlstand der Nationen, S. 404)

4 Diese Form der Seeräuberei, die eng mit anderen staatlich gestützten geldvermehrenden Praktiken verbunden war, unterschied sich völlig von dem Piratenwesen, das sich im 17. und 18. Jahrhundert im atlantischen Raum herausbildete. Hierzu schreiben Peter Linebaugh und Marcus

Die staatlichen Strukturen Venedigs orientierten sich am Vorbild des zentralistischen Staatsmodells, das der lokale Patrizier vom byzantinischen Exarchat Ravenna übernahm, zu dem Venedig lange Zeit gehört hatte.[5] Einen erheblichen Einfluss hatte auch das spezifische venezianische Rechtswesen, in der das Übergewicht des römischen Rechts zum Ausdruck kam – ein weiteres Erbe aus der byzantinischen Vergangenheit des Stadtstaats.[6]

Die venezianischen Aristokraten handelten als Einzelne und (meist auch) als Kollektiv als Angehörige einer Klasse von Geldbesitzer; zugleich repräsentierten und kontrollierten sie in kollektiver Form den Staat. Im ersten Teil dieses Kapitels werde ich auf diese beiden Facetten der Klassenherrschaft der Patrizier in der venezianischen Gesellschaftsformation eingehen. Ganz zu Beginn steht eine Darstellung der wichtigsten Merkmale der venezianischen Staatsmacht und ihrer wesentlichen Institutionen.

9.1.2 Staatsapparate, organisiert in Form von »Ausschüssen«, besetzt mit Angehörigen der herrschenden Klasse

Bis Mitte des 13. Jahrhunderts lenkte einer Gruppe von etwa 500 Männern die Geschicke des venezianischen Staats, die alle aus den rund 100 in der Stadt ansässigen Adelsfamilien stammten. Ein beträchtlicher Teil zählte dem »alten Adel« der Großgrundbesitzer an, die restlichen galten als »Zugezogene« und waren mehrheitlich reiche Kaufleute. 20 bis 50 dieser Familien gehörten zu den prominentesten und besaßen ein beeindruckendes Vermögen, bestehend aus Liegenschaften und Geld, auf das sie ihren Status als »Edle« gründeten. Andere behaupteten sogar, von römischen Tribunen abzustammen. Bei einer Bevölkerung von fast 100 000 Menschen war dies ein personell eher schwach besetzter Zentralstaat. Allerdings existierte eine Reihe von wichtigen lokalen Behörden und Einrichtungen, die den zentralen Staatsapparat unterstützten.

Rediker: »In einer dritten Phase, in den Jahren 1650 bis 1760, kam es zur Konsolidierung und Stabilisierung des atlantischen Kapitalismus durch den maritimen Staat und sein spezifisches Finanz- und Schifffahrtssystem, mit dem er Märkte im Atlantikraum eroberte und bediente. Das Segelschiff – das als charakteristische Maschine für diese Phase der Globalisierung steht – vereinte Eigenschaften der Fabrik und des Gefängnisses. Im Gegensatz dazu bauten Piraten eine autonome, demokratische und multiethnische Gesellschaftsordnung auf dem Meer auf. Da diese alternative Lebensweise den Sklavenhandel gefährdete, wurde sie jedoch ausgelöscht.« (Peter Linebaugh/Marcus Rediker: The Many-Headed Hydra. Sailors, Slaves, Commoners, and the Hidden History of the Revolutionary Atlantic, Boston 2001, S. 328)

5 Venedig hatte »von Byzanz eine Tradition des geeinten Treueverhältnisses gegenüber dem Staat geerbt« (Lane: Seerepublik Venedig, S. 174).

6 Daphne Penna schreibt hierzu: »Ein erster deutlicher Unterschied zwischen Ost und West war die Kontinuität des römischen Rechts in Byzanz. [...] Ab dem 8. Jahrhundert bildeten sich im Westen feudalistische Rechtssysteme heraus, die auf der persönlichen Bindung zwischen Fürsten und Vasallen beruhten und die daher für das Grundstücksrecht von Bedeutung waren.« (Penna: The Byzantine Imperial Acts, S. 3) Das entsprechende venezianische Gesetz von 1195 bestand aus Bestimmungen zu den Bereichen »Verfahrensrecht, Familienrecht, Erbrecht und Vermögensrecht sowie Schuld- und Handelsrecht. Auf all diesen Rechtsgebieten ist eine Mischung aus römischem, byzantinischem, germanischem und Kirchenrecht zu erkennen; den stärksten Einfluss hatte jedoch das römische Recht.« (Ebd., S. 6)

An der Spitze des venezianischen Staates stand der Doge. Bis Anfang des 11. Jahrhunderts waren in der Tradition des byzantinischen Exarchen sämtliche exekutiven, juridischen und militärischen Befugnisse in seiner Hand konzentriert. Dieses Herrschafts- und Regierungsmodell hatten die Venezianer also nachgeahmt. Die Exarchen, denen der Kaiser von Byzanz eine bedeutende politische, militärische und kirchliche Autonomie und Autorität eingeräumt hatte, weil das Reich bestrebt war, seine Außenposten und abgelegenen Herrschaftsgebiete besser vor ausländischen Invasoren zu schützen, hatten eine monarchistische Regierungsform ausgebildet.[7]

Im Jahr 1032 wurde die Autorität und Souveränität des venezianischen Dogen dann durch ihm zur Seite gestellte Räte und Richter eingeschränkt. Ab Mitte des 12. Jahrhunderts erhielten diese zuerst nur beratenden Beamten klar definierte Zuständigkeiten und Befugnisse, was ihnen faktisch Macht verlieh, sodass der Doge seine Regierungsautorität von nun an mit ihnen teilen musste. Ab 1143 durfte sich Venedig »Commune Veneciarum« nennen.

Die Wahl des Dogen erfolgte, wenigstens offiziell, durch die Allgemeine Volksversammlung (auch Generalversammlung genannt). In der Praxis war es lange Zeit allerdings so, dass nach dem Tod eines Dogen die herrschenden Adelsfamilien über seinen Nachfolger entschieden. Einige wenige proklamierten laut seinen Namen, bevor eine große Menge an Venezianern im Markusdom zusammenkam. Diese Menge – nur dem Namen nach eine »Volksversammlung« – empfing dann den neuen Dogen mit Applaus.[8]

Vieles änderte sich jedoch nach dem Jahr 1172. Damals kehrte die venezianische Kriegsflotte nach einem gegen Byzanz verlorenen Krieg (siehe Kapitel 8) in den heimischen Hafen zurück. Da der amtierende Doge diesen Krieg gegen das Votum seiner Räte begonnen hatte, erwartete ihn bei seiner Rückkehr in Venedig eine aufgebrachte Menschenmenge. Der Doge versuchte noch, in ein Kloster zu fliehen, fiel jedoch Meuchelmördern zum Opfer. Bei der Wahl seines Nachfolgers wurde festgelegt, dass in Zukunft kein Doge eine vergleichbar folgenreiche Maßnahme ohne das Einverständnis seiner Räte ergreifen konnte. Außerdem schuf man einen offiziellen Nominierungsausschuss, der sich aus Angehörigen der venezianischen Aristokratie zusammensetzte und der fortan nach einem recht komplizierten Verfahren – eine Mischung aus Abstimmung und Losentscheid – den neuen Dogen bestimmen sollte.

7 »Die Exarchen oder Statthalter, in der Regel Militäroffiziere, kontrollierten nach und nach fast alle administrativen und juristischen Aufgaben und Institutionen und hatten im Exarchat auch das letzte Wort in den kirchlichen Angelegenheiten.« (Alexander A. Vasiliev: History of the Byzantine Empire 324–1453, Madison 1952, S. 575)

8 »[...] während das Volk laut seine Zustimmung ausrief, [sangen] die Geistlichen *Te Deum Laudamus* und [läuteten] die Glocken des Campanile im Triumph (Lane: Seerepublik Venedig, S. 147).

Neben dem Dogen und der »Generalversammlung« gab es nun in Venedig einige neue Staatsinstitutionen: (a) der *Große Rat,* der mehrere Hundert Mitglieder (mehrheitlich »Edelmänner«) umfasste, aus dem nach und nach weitere Ausschüsse hervorgingen; (b) der *Rat der Vierzig* und der *Senat,* zwei Gremien mit erheblichen Befugnissen in Angelegenheiten, die mit dem Handel, der Schifffahrt, der Kriegsflotte und der Außenpolitik zu tun hatten; und (c) der *Rat des Dogen* (dem sechs herzogliche Ratsherren angehörten). Zehn Männer – der Doge zusammen mit seinen engsten Beratern und drei Oberhäuptern des Rats der Vierzig und des Senats – bildeten die *Signoria* (den Kleinen Rat), die höchste Exekutive des venezianischen Staats. Die Autorität des Dogen, der bloß den Vorsitz der Signoria führte, aber kein Despot war, war zudem noch dadurch eingeschränkt, dass er einen Eid auf die Republik Venedig ablegen musste, dessen Einhaltung von einem Sonderausschuss überwacht wurde.

Mit Ausnahme des Dogen, der auf Lebenszeit gewählt wurde, war die Amtszeit für alle anderen staatlichen Institutionen und Ausschüsse begrenzt: Sie reichte von mehreren Monaten bis zu drei Jahren. Ausgewählt wurden die Amtsträger aus den männlichen Mitgliedern der rund 100 venezianischen Adelsfamilien.[9] Dabei »konnte der Doge die Mitglieder dieser Verwaltungsausschüsse nicht absetzen oder direkt bestrafen«;[10] für die Ermittlung und Verfolgung von Amtsmissbrauch durch Beamte und Ausschussangehörige waren spezielle Staatsanwälte zuständig, die die entsprechende Gerichtsfälle im Rat der Vierzig verhandelten.[11]

Über die Mitgliedschaft in den verschiedenen Ausschüssen entschied in der Regel das Los, die Mitarbeit war obligatorisch[12] und wurde in allen Fällen mit einem von der Kommune gezahlten Gehalt entgolten. Der für Polizeiaufgaben zuständige Ausschuss, »die Herren der Nachtwache«, war befugt, mehr als 100 weitere Staatsdiener anzustellen, die in keiner direkten Verbindung zur venezianischen Aristokratie standen. Andere Ausschüsse waren für die Verwaltung der Staatsfinanzen, die Überwachung von bestimmten Märkten, die Schiffsinspektion oder die Organisation von Konvois zum Schutz von Handelsexpeditionen verantwortlich oder entschieden über das Kommando von Venedigs Kriegsflotte, um nur einige Beispiele zu nennen.

9 Die einzige Ausnahme waren die Küster im Markusdom, die ihrem Dienst ihr ganzes Leben nachgingen und sich um die Verwaltung der Spenden und Schenkungen sowie um die Instandhaltung des Gebäudes kümmerten.

10 Ebd., S. 159.

11 Ebd., S. 162f.

12 Man »war verpflichtet, die Posten anzunehmen, für die man ausgesucht worden war. Dieses Erfordernis war ein Ausdruck des Anspruchs der Kommune auf uneingeschränkte Treuebindung und gewöhnte die Angehörigen der herrschenden Klasse daran, ihre individuellen Interessen denen des Staates unterzuordnen.« (Ebd., S. 175)

> »Die Leitung des Arsenals, der Münze, des Getreidespeichers, der Steuereintreibung und der Schiffsinspektion [...] wurden eine nach der anderen gewählten Ausschüssen überwiesen, die aus drei bis sechs Adligen bestanden und ihr Amt höchstens einige Jahre innehatten und nicht wiedergewählt werden konnten.«[13]

Auf der lokalen Ebene war Venedig in 60 bis 70 Verwaltungseinheiten (Gemeinden) aufgeteilt, wobei jedem ein spezieller Beamte *(capo)* vorstand, der in den meisten Fällen aus einer der Familien der herrschenden Klasse kam. Die *capos* hatten unter anderem die Aufgabe, den Wert des Eigentums der Bewohner zu schätzen für den Fall, dass die Gemeinde diese zur finanziellen Unterstützung des Staatshaushalts heranziehen wollte. Darüber hinaus oblag ihnen die Registrierung aller wehrtauglichen Männer für die Streitkräfte und insbesondere für die Marine sowie die Aufrechterhaltung von Ordnung und Sicherheit, beispielsweise durch die polizeiliche Kontrolle von Tavernen und Ausländern.

Angehörige der herrschenden Klasse, darunter wohlhabende Kaufleute, Reeder, *commenda*-Händler, Geldverleiher und Immobilieneigentümer, die die höheren Ämter bekleideten, taten dies in der Regel nur für einen kurzen Zeitraum und kehrten anschließend zu ihren auf Geldvermehrung setzenden Tätigkeiten zurück. Die Älteren unter ihnen, die das Geschäftliche den jüngeren Mitgliedern ihrer Familie überlassen hatten, entschieden sich oft dafür, von einem staatlichen Ausschuss in den nächsten zu wechseln, da die jeweilige Amtszeit begrenzt war. Durch ihre Präsenz in den Staatsapparaten sicherten die venezianischen Edelmänner für sich und ihre Familien private Vorteile und zusätzliche Einkünfte.

9.2 Die wirtschaftlichen Funktionen des venezianischen Staats

Der (Über-)Seehandel, Venedigs wichtigstes kommerzielles Betätigungsfeld, war, wie beschrieben, eng verbunden mit militärischen Aktivitäten. Das konnten Operationen zur Verteidigung des byzantinischen Herrschaftsgebiets sein, zur Aufstockung von Handelserlösen durch Beutezüge und Überfälle auf andere Küstenstädte, zum Schutz von eigenen Handelsrouten und -schiffen oder am Ende der Angriff auf die Hauptstadt von Byzanz, Konstantinopel. Der Seehandel hatte also die Herausbildung einer schlagkräftigen Kriegsflotte und eine entsprechende staatliche Politik zur Bedingung, die vor allen anderen Dingen Venedigs Vormachtstellung im Mittelmeerraum zugunsten des Handels und des Wohlstands des Stadtstaats sichern sollte. Im Fall von Venedig beschränkte sich der Staat allerdings nicht auf die Rolle eines Schirmherrs, Aufsehers und Organisators geldvermehrender Unternehmungen des lokalen Adels, sondern

13 Ebd., S. 159.

war selbst ein bedeutsamer wirtschaftlicher Akteur. Er agierte als »Kollektivunternehmer«.

Im Jahr 1104 ließ er das Arsenal errichten, eine Werft und Waffenfabrik in staatlichem Besitz, in Ergänzung zu den bereits bestehenden privaten Werften. Gelegentlich übernahm der Staat die Kontrolle über sämtliche Schiffbautätigkeiten in der Stadt, indem er Arbeiter von privaten Werften für bestimmte Aufträge abzog.[14] In der Nähe des Arsenals entstand mit der Tana ein weiteres staatliches Unternehmen, das Seile bzw. Taue herstellte und Gebäude zur Lagerung von Hanf unterhielt. Es gab weitere staatliche Betriebe und Institutionen, die für die Kommune Einnahmen erwirtschafteten, wie die Münzanstalt Zecca, die venezianische Münzen prägte, und das Salzamt, das die gesamte private Salzproduktion überwachte, die Preise regulierte und die Exportmengen festlegte sowie alle Zölle und Abgaben, die mit der Ein- und Ausfuhr von Salz zusammenhingen. Erwähnenswert ist ferner das Getreideamt, das für die Getreidelagerung und Vorratshaltung zuständig war. Es hatte mithilfe von Preisregulierungen und anderen Mitteln für ausreichende Reserven für die Stadt zu sorgen – wenn nötig auch mithilfe der Kriegsflotte Venedigs. Manchmal schickte es diese in die Adria, nur um ausländische Schiffe davon zu »überzeugen«, ihre Getreideladungen, die eigentlich für andere Orte bestimmt waren, nach Venedig »umzuleiten«. Das Getreideamt kontrollierte außerdem die Bäckereien der Stadt, verteilte an sie Getreide und bestimmte ihre Verkaufspreise. Bei Engpässen bot es ausländischen Getreidehändlern einen besonders guten Preis an, um Getreideimporte aus dem gesamten Mittelmeerraum und vom italienischen Festland nach Venedig zu locken. »Die Venezianer selbst wurden dringend aufgefordert, ja sie erhielten sogar Befehl, Getreide heranzuschaffen.«[15] Das Amt konnte mit seiner Lagerhaltung in solchen Zeiten zudem das Angebot von Getreide auf dem Markt erhöhen, um (falls notwendig) stark gestiegene Preise nach unten zu korrigieren.

In dem Maße, wie die venezianische Seemacht wuchs, wurden immer mehr Schiffe – die eindeutig wichtigsten Produktionsmittel in der venezianischen Gesellschaftsformation – gebaut und für die Schifffahrt zugelassen, wobei hierfür strikte Vorschriften galten.[16] Auch die Handelsreisen unterlagen einer umfangreichen staatlichen Regulierung.

14 »Der Doge konnte allen Werftarbeitern der Lagunen Befehl erteilen, auf bestimmten Werften zu arbeiten, auf denen die Regierung gerade Schiffe baute. Die solcherart zwangsverpflichteten Schiffszimmerleute und Kalfaterer wurden bezahlt.« (Ebd., S. 88)

15 Ebd., S. 102.

16 »Die Besatzungen der Handelsmarine und der Kriegsflotte waren dieselben Leute, aber auf einem für den Kampf gerüsteten Schiff war die Besatzung wesentlich größer. [...] Die venezianischen Bestimmungen unterschieden in der Tat die ›bewaffneten‹ von den ›unbewaffneten‹ Schiffen nach der Größe ihrer Besatzung. Sogar ein nach Art der Galeere gebautes Schiff galt nicht als ›bewaffnet‹, wenn seine Mannschaft nicht mindestens 60 Leute ausmachte.« (Ebd., S. 88)

> »Der Doge und sein Rat erließen häufig Befehl, dass bis zum Erhalt weiterer Anordnungen keine Schiffe den Hafen verlassen durften. [...] Zuweilen erhielten sämtliche große Schiffe Befehl, sich an einer militärischen Expedition wie dem Kreuzzug des Enrico Dandolo zu beteiligen. [...] Bestimmte Häfen konnten während bestimmter Zeiten gesperrt oder verboten werden. Und sehr häufig erhielten die Schiffe auf den meistbefahrenen Routen Anweisung, unter einem vom Dogen ernannten Admiral in einem Geleitzug zu segeln. [...] Jahrhundertelang [wurden] alle Überseereisen als Gemeinschaftsunternehmungen behandelt, welche der Billigung durch die Regierung unterlagen.«[17]

Die venezianische Handelsflotte befand sich zum Teil in staatlichem Besitz. Hin und wieder wurden einige der staatseigenen Schiffe an einzelne Händler versteigert, die sie dann für ihre privaten Unternehmungen nutzten. Der Rest blieb unter staatlicher Kontrolle. Wie im folgenden Kapitel noch genauer ausgeführt wird, war es im späten 13. und im 14. Jahrhundert in Venedig üblich, dass die Handelsschiffe dem Staat gehörten. Aber schon früher – etwa bis Ende des 12. Jahrhunderts – fuhren die meisten der privaten Handelsschiffe, insbesondere diejenigen, die auf den zentralen Mittelmeerrouten verkehrten (nach Konstantinopel, zur Levante oder in Richtung Schwarzes Meer oder Arabischer Halbinsel), nicht einfach allein über das Meer, sondern waren Teil von entweder *regulierten* oder *lizenzierten* Expeditionen bzw. Handelsreisen.

Bei den kollektiv geplanten Reisen legte die Regierung in der Regel nicht nur den Zeitplan fest, sondern oft auch die entsprechenden Frachtraten. Lizenzierte Schiffe segelten im Flottenverband unter dem Kommando eines Admirals und anderer Staatsbeamter. Deren Besitzer hatten sich nach den Vorgaben eines für alle Beteiligten geltenden Geschäfts- und Finanzplans zu richten. Die staatliche Kontrolle über die Handelsschiffe diente zwei strategische Zielen der in Venedig herrschenden Klasse: Einerseits stärkte sie den Zusammenhalt von Staat und Klasse, da sie darauf abzielte, die Staatseinkünfte zu erhöhen und die Antagonismen innerhalb der Aristokratie abzubauen;[18] andererseits kam sie direkt den Interessen der herrschenden Klassen zugute, da sie den venezianischen Kaufleuten Schutz und Steuerprivilegien in den Häfen von Byzanz

17 Ebd., S. 90.

18 »Es lässt sich schwerlich beurteilen, was in dieser Zeit wirtschaftlich sinnvoller war: dass die Galeeren den Organisatoren der Handelsreisen gehörten und an die Regierung verpachtet wurden, wenn diese sie für militärische Zwecke brauchte, wie das in Genua der Fall war; oder dass die Galeeren wie in Venedig dem Staat gehörten, der sie für militärische Zwecke nutzte, während sie in Friedenszeiten für kommerzielle Zwecke an Private verpachtet oder verkauft wurden. Aber es gab bei diesen Alternativen neben dem wirtschaftlichen Aspekt auch einen politischen. Genua war ein Beispiel dafür, wie Privateigentum und privates Management im militärischen Establishment es den Fraktionen erleichterte, den Staat auseinanderzureißen. [...] Dagegen kam im gemeinschaftlichen Eigentum an Galeeren die gegenseitige Solidarität des venezianischen Adels zum Ausdruck und stärkte diese noch.« (Lane: Venice and History, S. 226)

bot und ihnen damit einen Wettbewerbsvorteil gegenüber ihren Konkurrenten aus anderen Städten verschaffte.

Die Handelsbilanz zwischen Westeuropa und Byzanz fiel zugunsten des Letzteren aus. Das Byzantinische Reich verzeichnete riesige Überschüsse, sodass Unmengen von »Geld« (Münzen und Edelmetalle) dauerhaft dorthin abflossen.[19] Byzanz importierte Metalle, Holz, Sklaven und Lebensmittel und exportierte teure Luxusgüter wie Gewürze, Färbemittel, Zucker, Seide, Perlen, wertvolle Steine sowie Pottasche, Getreide, Pelze, Leder und Pech.[20] Viele venezianische und andere lateinische Zwischenhändler und Warentransporteure profitierten vom Ost-West-Handel trotz der westlichen Handelsdefizite und des großen Abflusses wertvoller Metalle. Das heißt jedoch nicht, dass sie keinerlei Rivalen hatten.

Michael F. Hendy behauptet, dass sich ab der zweiten Hälfte des 11. Jahrhunderts in der »herrschenden Klasse« im Byzantinischen Reich »allmählich eine klare politische Spaltung zeigte [...], mit der Militär- und Regionalverwaltung auf der einen und zivilen Magnaten und Teilen der Bürokratie in Konstantinopel auf der anderen Seite«.[21] Die Letzteren standen auf der Seite der byzantinischen Kaufleute und unterstützten Handelsabkommen zwischen dem Reich und den Stadtstaaten im Norden von Italien. Es entstand in Konstantinopel so etwas wie eine »metropolitane Händler- und Handwerkerklasse«. Sie versuchte, »aus den Zwängen auszubrechen, die ihnen bisher durch die geltende Ideologie der herrschenden Klasse und durch die Mechanismen des Staates auferlegt worden waren«, es war eine Klasse, die »nicht durch die lateinische Konkurrenz niedergedrückt oder zerstört worden war«.[22]

Kaufleute aus Venedig waren daher nicht nur mit einer wachsenden Konkurrenz in Form von Händlern aus Pisa und Genua konfrontiert, sondern konkurrierten auch mit christlich-orthodoxen und jüdischen Händlern aus dem Byzantinischen Reich. Der Schutz, der mit staatlicher Regulierung und staatlichem Interventionismus, lizenzierten Handelsflotten und dem Umstand einherging, dass dem venezianische Staat ein Gutteil der lokalen Handelsflotte gehörte, war ein weiteres Instrument, um die Gewinne der venezianischen herrschenden Klasse und ihrer Staatsein-

19 »Im ersten Handelsabkommen zwischen Venedig und Byzanz, der Chrysobulle von 992, war festgelegt, dass venezianische Schiffe beim Verlassen des Bosporus eine Steuer entrichten mussten, die sieben Mal höher war als die Einfuhrsteuer. Darin drückte sich höchstwahrscheinlich grob das Verhältnis von Exporten und Importen [...] Mitte des 12. Jahrhunderts aus. Nach Angaben des genuesischen Notars Giovanni Scriba, der an der Aufsetzung von Wirtschaftsverträgen beteiligt war, bestanden die Ausfuhren in die Levante fast ausschließlich aus Gold und Silber in verschiedenen Formen (islamische Goldstücke, Silberbarren, Goldfäden, Silberwaren etc.).« (John Day: The Levant Trade in the Middle Ages, in: Angeliki E. Laiou [Hrsg.]: The Economic History of Byzantium: From the Seventh through the Fifteenth Century, Washington D.C. 2002, S. 807–814, hier S. 808f.)

20 Ebd., S. 808.

21 Michael F. Hendy: Studies in the Byzantine Monetary Economy c. 300–1450, Cambridge 1985, S. 570.

22 Ebd., S. 590.

nahmen zu erhöhen[23] – ganz zu schweigen von den Vorteilen, die sich für die Venezianer aus der in den kaiserlichen Chrysobullen gewährten Steuerbefreiungen ergaben.

Es scheint so, als hätten die venezianischen Handelsflotten immer wieder höhere Frachtraten aushandeln können als ihre byzantinischen oder lateinischen Rivalen, allein aus dem Grund, weil ihre Schiffe unter besserem Schutz standen. Von diesen Vorteilen profitierten sowohl Venedigs Händler als auch der Staat, da die Mittel, die die Kommune für die Protektion ihrer Flotte aufbringen musste, unter dem lagen, was sie im Gegenzug dafür an Gewinnen erzielte. Auch Frederic C. Lane hebt im Zusammenhang mit Venedigs wirtschaftlichem Aufstieg im 12. und 13. Jahrhundert die wichtige Rolle der staatlich organisierten Sicherheit hervor:

> »Wenn man erklären will, warum Venedig wohlhabender als seine Rivalen war oder zu manchen Zeiten wohlhabender als zu anderen, muss man berücksichtigen, inwieweit es den Venezianern gelang, über den besseren Schutz ihrer Einkäufe, Ladungen und lukrativen Handelsplätze Kosten einzusparen.«[24]

Venedigs Staatshaushalt finanzierte sich aus Verbrauchssteuern (auf Salz, Wein, Öl, Fleisch usw.) in Höhe von etwa einem Prozent des Werts einer jeden größeren Handelstransaktion, was dem Staat angesichts des überaus regen Warenstroms durch Venedig[25] sehr hohe Einnahmen einbrachte. Hinzu kamen staatliche Einkünfte aus der Verhängung von Bußgeldern und Strafen gegen diejenigen, die gegen die Seerechtsvorschriften und andere Schifffahrts- und Handelsgesetze sowie gegen die Regeln der Zünfte usw. verstießen. Da keine Einkommenssteuer oder andere direkte Steuern erhoben wurden, hatten die unteren Klassen die Hauptsteuerlast zu tragen, da deren Einkommen lediglich ihren Konsumbedarf deckten.

23 »Der Handel, der auf diese Weise durch die Stadt Venedig floss, erhöhte höchst erfreulicherweise die Steuereinkünfte der Kommune.« (Lane: Seerepublik Venedig, S. 196)

24 Frederic C. Lane: Profits from Power: Readings in Protection Rent and Violence-Controlling Enterprises, Albany 1979, S, 58.

25 Vgl. Lane: Seerepublik Venedig, S. 104f.

9.3 Komplexe Formen der Klassenausbeutung und -unterdrückung in einer kommerzialisierten vorkapitalistischen Gesellschaft

9.3.1 Venedigs Ökonomie: ein kurzer Überblick über die Produktionsverhältnisse

Wirtschaft und Gesellschaft Venedigs waren ab dem 11. Jahrhundert oder sogar noch früher von Produktionsverhältnissen bestimmt, die auf Geldvermehrung ausgerichtet waren, ohne dass sie sich jedoch bereits damals in eine kapitalistische Wirtschaft und Gesellschaft verwandelt hätten.

Auf den ersten Blick war Venedigs Wirtschaft und Gesellschaft hauptsächlich maritim, da Seehandel und Schifffahrt neben dem Schiffsbau die wichtigsten Wirtschaftsaktivitäten der herrschenden Klasse darstellten[26] und ein Großteil der gesellschaftlichen Arbeitskraft in diesen Sektoren tätig war. Gleichwohl reproduzierten sich unter der Oberfläche der »maritimen Wirtschaft« verschiedene Muster von Ausbeutung und verschiedene Produktionsweisen und -formen. Im Vorgriff auf die Ausführungen in den folgenden Abschnitten dieses Kapitels sollen an dieser Stelle die damaligen Produktions- und Ausbeutungsformen kurz zusammenfassend dargestellt werden.

Ein Großteil der Wirtschaftstätigkeit in Venedig bestand aus Formen der einfachen Warenproduktion und einem ursprünglichen Modell der hybriden Produktionsweise durch Kleinstunternehmen (siehe Kapitel 7). Es gab darüber hinaus selbstverständlich auch die auf Sklaverei beruhende geldvermehrende Produktionsweise (siehe ebd.), die aber eine untergeordnete Rolle spielte. Feudale Beziehungen hatten weiterhin Bestand, da wohlhabende venezianische Grundbesitzer große Ländereien auf dem Festland besaßen und immer noch Leibeigene ausbeuteten, aber auch das war von marginaler Bedeutung im Vergleich zu den nicht-agrarischen, maritimen und handwerklichen Sektoren. Außerdem waren die Grundbesitzer, die zur herrschenden Klasse in Venedig zählten, im Allgemeinen auch im Seehandel tätig und beteiligten sich an der kollektiven Verwaltung des Staats und an seinen wirtschaftlichen Unternehmungen. Eine feudale Tendenz innerhalb Venedigs, die von seinem Kolonialsystem hervorgebracht worden war, wurde als Folge des Vierten Kreuzzugs wiederbelebt. Mit dem Letzteren werde ich mich noch näher in Kapitel 10 befassen.

26 Obwohl die meisten Seefahrer waren, reisten venezianische Kaufleute auch auf dem Landweg in den Norden Europas, hauptsächlich über den Brennerpass in den Alpen: »Dass zur Zeit der Begegnung zwischen Friedrich Barbarossa und Papst Alexander III. (1177) in Venedig bereits Handelsbeziehungen zwischen der Republik von San Marco und Deutschland bestanden und dass Silber aus den deutschen Bergwerken in Venedig neben dem byzantinischen Gold eine überragende Rolle spielte, ist mehr als wahrscheinlich.« (Braudel: Sozialgeschichte, Bd. 3, S. 114) Den Seeweg über Gibraltar nach Brügge und dann durch den Ärmelkanal nahmen 1277 zum ersten Mal die Genuesen.

Vor allem aber gewannen – abgesehen von der Konzentration individuellen und kommunalen Vermögens – vertraglich organisierte Lohnarbeit und das Verlags-Aufkauf-System in den wirtschaftlichen Beziehungen zwischen Geldbesitzern und dem Staat auf der einen und Seeleuten, Handwerksmeistern und Hilfsarbeitern auf der anderen Seite stetig an Bedeutung. Bis zum 14. Jahrhundert blieben diese Lohnformen jedoch immer mit Elementen von »Assoziation« und »Beteiligung« der Lohnempfänger vermischt, insofern Arbeiter dazu aufgerufen wurden, selbst Kapital in maritime Handelsexpeditionen zu investierten, um die Umsetzung der auf Geldvermehrung ausgerichteten Unterfangen zu ermöglichen (siehe zum »Gewinn-Segeln« Kapitel 7). Oder anders ausgedrückt: Die Lohnempfänger hielten an gewissen »institutionalisierten« Erwartungen fest, wonach sie mit ihren finanziellen Investitionen ein Anrecht auf einen Teil der Gewinne aus kommerziellen, seeräuberischen oder kriegerischen Handlungen erworben hatten. Und, was vielleicht am wichtigsten war: Sie selbst nahmen an den maritimen Expeditionen als »Händler« teil, die ihre eigenen Waren transportierten und zum Verkauf anboten.

Grundlage dieser »institutionalisierten« Erwartungen war der Umstand, dass die Lohnempfänger – genau wie die dem Verlags-Aufkauf-System unterworfenen Arbeiter – *(noch) nicht vollständig vom Eigentum an den Produktionsmitteln getrennt waren*. Das Lohnempfängerdasein an und für sich begründete den Anspruch auf eine Beteiligung an wirtschaftlichen Gewinnen über dauerhafte vorkapitalistische »partnerschaftliche Verbindungen« zwischen dem Geldbesitzer und dem Arbeiter und über dessen Eigentum eines Teils des Handelskapitals. Darüber hinaus verbargen sich hinter den Lohnarbeitsverhältnissen manchmal andere Formen vorkapitalistischer Beziehungen, wie etwa in Fällen, in denen ein Lohn beziehender Seemann Seite an Seite mit seinen Sklaven auf einem Schiff anheuern und an einem Handelsunternehmen teilnehmen konnte.

Ich habe mich mit dieser Vermischung von Facetten »assoziativer« Verbindungen und geldvermehrenden Aktivitäten ausführlicher in Kapitel 7 beschäftigt. Dort habe ich die Bezeichnung *kontraktuelle geldvermehrende Produktionsweise* vorgeschlagen, um deutlich zu machen, dass diese Wirtschaftsformen zwar ausbeuterisch waren (da die Schiffseigner oder Ausrichter der Handelsexpeditionen sich den Surplus der Arbeit aneigneten), aber (noch) nicht kapitalistisch, da es sich bei den Lohnarbeitern (noch) nicht um Proletarier handelte. An dieser Stelle will ich betonen, dass diese Produktions- und Beschäftigungsformen, soweit sie nicht nur der Monetarisierung der Wirtschaft dienten, sondern darüber hinaus auch die Voraussetzungen für die Befreiung der Arbeiter von den Produktionsmitteln (für die Schaffung des eigentumslosen Proletariats) schufen, als ein *unvollendeter und unbestimmter Prozess der ursprünglichen Akkumulation* betrachtet werden können.

In diesem Sinne stellen sowohl die vertraglich organisierte (Lohn-) Arbeit und das Verlagssystem im Venedig des 12. und 13. Jahrhunderts *potenzielle Übergangsformen* hin zu kapitalistischen Gesellschaftsverhältnissen dar, obwohl ihre bloße Existenz noch nicht auf ein Übergewicht des Kapitalismus, ja nicht einmal auf eine mehr oder weniger vorhersehbare kapitalistische Zukunft, das heißt auf eine Entwicklung hin zum Kapitalismus, schließen ließ. Ihre Entwicklung in eine kapitalistische oder vorkapitalistische Richtung hing von vielen Faktoren ab, von denen ein Teil mit der venezianischen Gesellschaft zu tun hatte und ein anderer Teil externer Natur war.

9.3.2 Venedigs soziale Schichtung: eine »unechte Bourgeoisie«, Zünfte, Arbeiter und Sklaven

Venedig gehörte ab dem 10. Jahrhundert zu den größten Städten in Europa.[27] Zur Bevölkerung wurden auch diejenigen gezählt, die auf den unter venezianischer Kontrolle stehenden Laguneninseln wohnten. Der geldvermehrende Charakter der Hauptaktivitäten der Stadt wirkte wie ein Magnet und zog viele Menschen aus anderen Teilen der italienischen Halbinsel, aus Westeuropa und dem gesamten Mittelmeerraum an. Fernand Braudel schreibt hierzu:

> »Während der in den vorindustriellen Städten gewöhnlich so breit vertretene ›primäre Sektor‹ für die Bevölkerung keinerlei Rolle spielt, entfaltet die Stadt in Industrie, Handel und Dienstleistungsgewerbe, d.h. in der Sprache der heutigen Wirtschaftswissenschaft auf dem (im Vergleich zur Landwirtschaft wesentlich einträglicheren) *sekundären* und *tertiären Sektor* eine rege Aktivität.«[28]

Sieht man einmal von der Aristokratie ab – die Patrizierfamilien Venedigs brachten es auf maximal ein paar Tausend Angehörige – setzte sich die auf 80 000 bis 100 000 Menschen geschätzte Einwohnerschaft der Stadt (einschließlich der im Lagunengebiet Lebenden) zu Beginn des 13. Jahrhunderts aus fünf sozialen Kategorien zusammen:

a) die Neureichen oder »fetten Leute«: das waren Kaufleute, Gewerbetreibende und/oder Grundbesitzer, deren Vermögen vom Umfang her durchaus vergleichbar mit dem der Patrizier war, die aber nicht zur Aristokratie gehörten, obwohl einigen wenigen »fetten« Familien der Aufstieg in die Ränge der venezianischen »Nobilität« gelang;

27 Die Bevölkerung Venedigs »zählte um das Jahr 1200 etwa 80 000 [...]; hundert Jahre später waren es 160 000 [Menschen], und zwar im ganzen Lagunengebiet, davon etwa 120 000 in der Stadt. Im Mittelalter galt in Westeuropa jeder Ort mit mehr als 20 000 oder auch nur 10 000 Einwohnern als eine große Stadt, und Venedig war mithin einer der größten.« (Lane: Seerepublik Venedig, S. 38)

28 Braudel: Sozialgeschichte, Bd. 3, S. 108.

b) die »kleinen Leute«, darunter verstand man die obere Mittelschicht, die keiner »manuellen Arbeit« nachging (und deren Angehörigen man im 14. Jahrhundert das Recht auf die venezianische »Staatsbürgerschaft« einräumte; siehe Kapitel 10); dazu zählten weniger bedeutsame international tätige Händler, wohlhabende Ladenbesitzer, Anwälte, Staatsangestellte unterhalb der obersten Ebene wie Notare, Sekretäre oder Angehörige der herzoglichen Kanzlei;
c) die untere Mittelschicht, die sich aus Handwerksmeistern, Facharbeitern, Künstlern und anderen zusammensetzten, die mit »manueller Arbeit« ihren Unterhalt verdienten;
d) Arbeiter, ungelernt oder mit unterschiedlichen Qualifizierungen, die den Großteil der venezianischen Bevölkerung ausmachten und den Hauptanteil der Besatzungen auf Venedigs Handelsschiffen;
e) Domestiken und Sklaven, darunter auch Schuldknechte (siehe weiter unten).

Nach den vorliegenden historischen Erkenntnissen stellten »Handwerker, Ladenbetreiber und Arbeiter«, das heißt Personen aus den Kategorien c, d and e, »90 Prozent der städtischen Bevölkerung«.[29] Bevor ich versuche, diese sozialen Gruppen anhand klar definierter Klassenkriterien genauer zu analysieren, lohnt es sich, einen Blick auf die Rolle der Zünfte in der venezianischen Wirtschaft und Gesellschaft zu werfen, um die gegebenen Klassen-, also Ausbeutungs- und Herrschaftsverhältnisse im venezianischen Stadtstaat besser verstehen zu können.

In mittelalterlichen Städten existierten drei verschiedene Arten von Zünften: *religiöse Zünfte* oder *Bruderschaften* »zum Zweck des gemeinsamen Gottesdienstes und Gebets«,[30] die den Charakter von Vereinen annahmen, ihr Grundprinzip war gegenseitige Unterstützung;[31] *Handwerkszünfte,* die zum Schutz bestimmter handwerklicher Erzeugnisse Vorschriften und Regeln für die Herstellung erließen, in denen vor allem die Meister bestimmter Gewerke zusammengeschlossen waren (die jeweils mit einer Reihe von Gesellen und Lehrlingen zusammenarbeiteten);[32] sowie *Händlerinnungen,*

29 John Martin/Dennis Romano: Reconsidering Venice, in: dies. (Hrsg.): Venice Reconsidered: The History and Civilization of an Italian City State, 1297-1797, Baltimore 2000, S. 1–35, hier S. 16.

30 Lujo Brentano: On the History and Development of Gilds and the Origin of Trade Unions [1870], New York 1969, S. lxvi.

31 Die Aktivitäten dieser Bruderschaften »umfassten nicht nur Andachten und gemeinsames Beten, sondern verschieden Formen der christlichen Wohltätigkeit und vor allem der gegenseitigen Unterstützung [...] in allen Notlagen, insbesondere im Alter, bei Krankheit und Mittellosigkeit [...], bei unrechtmäßiger Inhaftierung, bei Brandkatastrophen, Überschwemmungen oder Schiffbruch. Sie halfen durch Darlehen, bei der Beschaffung von Arbeit und schließlich bei der Bestattung der Toten.« (Ebd., S. lxxxiv) Im Rahmen ihrer religiösen Zeremonien organisierten sie auch gemeinsame Mahlzeiten für ihre Mitglieder. In Venedig gab es mindestens 14 religiöse Bruderschaften, von denen einige (z.B. die Scuole Grandi) jeweils 500 bis 600 Mitglieder umfassten, darunter sowohl reiche als auch arme Einwohner der Stadt (vgl. Lane: Seerepublik Venedig, S. 168 u. 234).

32 »Die frühesten verzeichneten und von Amts wegen geregelten Zünfte waren die Schneider, die Jackenmacher, die Goldschmiede und Juweliere, die Färber, die Küfer, die Seiler und die Bader, zu denen auch die Ärzte gehörten.« (Ebd. S. 169)

die sich gegründet hatten, um »ihr Eigentum, ihre Freiheit und ihre Handelstätigkeit gegen die Gewalt von Adligen aus angrenzenden Gebieten zu verteidigen sowie gegen willkürliche Feindseligkeiten vonseiten der Bischöfe und Burggrafen oder gegen brutale Überfälle von Räubern«.[33]

Erwähnenswert ist vor allem, dass es in Venedig keine Händlerinnungen gab. Venedig war nicht einfach »nur eine von vielen mittelalterlichen Städten«, deren Kaufleute ihre »Freiheit« gegenüber den lokalen Feudal- und königlichen Lehnsherren behaupten mussten. Venedig war vielmehr ein Stadt*staat*, der unter der sozialen und politischen Herrschaft einer Klasse von Patriziern stand, die selbst mehrheitlich Geldbesitzer oder Kaufleute waren.

> »Venezianische Kaufleute, die internationalen Handel betrieben, sahen keine Notwendigkeit für irgendwelche besonderen Organisationen wie Zünfte, um ihre Geschäftsinteressen wahrzunehmen, denn das war ja bereits das Hauptanliegen ihrer Kommunenregierung. Auf diesem Gebiet wurde kein Rivale gebraucht oder wäre geduldet worden.«[34]

Nicht nur die herrschende Klasse der adligen Kaufleute verzichtete auf eine professionelle Organisierung, dasselbe galt für den gesamten Schiffssektor, »Venedigs größter Industrie«.[35] Es gab dort nicht eine einzige Zunftorganisation. Die Beziehungen zwischen den »Investoren«, den Arbeitgebern, den Taskmastern, den Offizieren und einfachen Seeleuten wurden auf anderer Grundlage geregelt, auf die ich später noch näher eingehen werde. Die Handwerkszünfte schließlich, zu deren Aufgaben in anderen Gesellschaften es gehörte, »die Produktion zu regulieren und alle notwendigen Maßnahmen zu ergreifen, um die Konkurrenz auszuschalten«,[36] standen in Venedig zumindest bis zur Mitte des 13. Jahrhunderts unter der Aufsicht der Justitiare, einer Mitte des 12. Jahrhunderts gegründeten Behörde zur Kontrolle der Märkte.[37]

Von ebenso großer Bedeutung war, dass viele der Handwerkszünfte, die in anderen europäischen Regionen oder Städten ihre Macht oder sogar

33 Brentano: On the History and Development of Gilds, S. xciii.

34 Lane: Seerepublik Venedig, S. 166.

35 Ebd., S. 253. »[...] auch gab es keine Innung der Seeleute, weder der Kapitäne und Schiffsoffiziere noch der gewöhnlichen Matrosen [...]« (ebd.).

36 Rubin: A History of Economic Thought, S. 20.

37 »Einige Zünfte, wie etwa die Schneider, fühlten sich stark genug, als Kartell aufzutreten, das die Preise festsetzte, und solche Verbraucher zu boykottieren, die sich ihren Bedingungen nicht fügen wollten. Die Justitiare [...] verboten der Schneider-Innung die einseitige Preisfestsetzung und den Boykott. Im Jahr 1219 [...] legten sie eine Reihe von grundsätzlichen Bestimmungen fest, die alle Angehörigen des Gewerbes unter Eid zu befolgen hatten.« (Lane: Seerepublik Venedig, S. 168) In den 1260er-Jahren erließ der Große Rat ein Gesetz: »Es verbot auf Strengste, unter Androhung der Verbannung oder des Todes, jedem Handwerk oder Gewerbe, irgendeine eingeschworene Vereinigung zu bilden, die sich gegen die Ehre des Dogen und seines Rates richtete oder gegen die Ehre der Kommune oder gegen irgendeine andere Person – unklare, aber sehr umfassende Bestimmungen.« (Ebd., S. 169f.)

Vormachtstellung in bestimmten Gewerben bis zum 16. und manchmal sogar bis ins 17. Jahrhundert hinein beibehielten und damit der Herausbildung eines wirtschaftlichen Verlagssystems entgegenwirkten,[38] in Venedig bereits ab dem späten 12. Jahrhundert in ein solches von wohlhabenden Kaufleuten aufgebautes Verlags-Aufkauf-System eingebunden waren.

> »Überdies entsprach der politischen Unterordnung der Zünfte eine wirtschaftliche Unterordnung vieler Zunftleute unter Kaufleute, die ihre Gewinne hauptsächlich aus dem Handel mit dem Ausland zogen. [...] Kurzum, die Kapitalgeber beherrschten zahlreiche Zweige von Industrie und Gewerbe, und die Hauptkapitalgeber saßen in der regierenden Kaufmanns-Aristokratie.«[39]

Ich will diesen Sachverhalt anhand der Strukturen des venezianischen Manufakturwesens kurz erläutern. Es waren im 12. und 13. Jahrhundert vor allem kleinere Unternehmen, die die Wirtschaft Venedigs dominierten. Ein Facharbeiter oder ein Handwerksmeister beschäftigte Arbeiter oder Gesellen und organisierte den gesamten Produktionsprozess. Als gleichzeitiger Eigentümer und Besitzer der Produktionsmittel war er direkt in den Produktionsprozess als solchen eingebunden oder anders ausgedrückt: verschränkt in das Nutzungsverhältnis der Produktionsmittel (siehe Kapitel 7). Diese Produktionsform, die neben der *einfachen Warenproduktion* in Privathaushalten im Manufakturwesen Venedigs vorherrschte, kann als *ursprüngliche*[40] *hybride Produktionsweise* bezeichnet werden (im Einklang mit den in Kapitel 7 vorgestellten Konzepten).

Diese vielen kleinteiligen Produktionseinheiten, die mit der ursprünglichen hybriden Produktionsweise einhergingen, unterstanden jedoch in vielen Sektoren und Fällen betuchten Geldbesitzern, mehrheitlich reichen Kaufleuten und Schiffseignern, die als Verleger und Aufkäufer auftraten.[41] In anderen Worten: Das Eigentum an Produktionsmitteln ging in die Hände dieser Geldeigentümer über, die die kleinen Meister mit Rohstoffen und anderen Produktionsmitteln belieferten und ihnen dann ihre fertigen Erzeugnisse in Gänze abkauften – und sich damit den Großteil des durch direkte Arbeit geschaffenen Surplus aneigneten.

38 »Auf die unabhängigen Handwerkszünfte, die im späten Mittelalter die Wirtschaft bestimmt hatten, folgte im 16. und 17. Jahrhundert die rapide Ausbreitung des Verlagssystems (das sogenannte Heimarbeitssystem im Frühkapitalismus). Es setzte sich besonders schnell in Bereichen wie der Textilherstellung durch, die an bestimmten Märkten ausgerichtet war oder deren Produkte für den Export in andere Länder bestimmt waren.« (Rubin: A History of Economic Thought, S. 24)

39 Lane: Seerepublik Venedig, S. 171f.

40 »Ursprünglich« in dem Sinne, dass das Verhältnis zwischen Meister und Lehrling keine vollständige Ausbildung des Lohnverhältnisses erlaubte.

41 In Venedig standen sehr viele »selbstständige« Handwerker, die keiner Zunft angehörten und daheim oder in einer dem Haus angeschlossenen Werkstätte arbeiteten, bei diesen Aufkäufern unter Vertrag.

> »Die Schiffszimmerleute beispielsweise wurden von Kaufherren-Schiffsbesitzern beschäftigt, die das Kapital für den Bau und die Ausrüstung von Schiffen lieferten. Seiler waren weitgehend von Kaufmanns-Arbeitgebern abhängig, die den Hanf importierten.«[42]

Das Ergebnis der Unterordnung der Zünfte und Handwerker unter dieses spezifische Verlags-Aufkauf-System war, dass sich bis zum 13. Jahrhundert in Venedig kein authentisches Verlagssystem herausbilden konnte. Oder anders ausgedrückt: Die unmittelbaren Produzenten waren noch nicht zu Stücklohnarbeitern geworden (siehe Kapitel 3 und 7). Einerseits zerstörte das spezifische venezianische Verlags-Aufkaufs-System die existierenden Zünfte und Kleinwerkstätten nicht, sondern band sie ein, was bedeutet, dass die Produktion weiterhin (was das Besitzverhältnis angeht) von Meistern und anderen spezialisierten Handwerkern organisiert wurde, die hierfür selbst einige wenige Arbeiter oder Gesellen anstellten.[43] Andererseits hatten die direkten Produzenten (Zünfte, Kleinbetriebe oder unabhängige Heimarbeiter) weiterhin Zugang zu den lokalen Märkten, parallel zu ihren Einkünften aus dem Verlagssystem. Das bedeutet, dass sie zumindest partiell Eigentümer ihrer Produktionsmittel blieben und diese Funktion nur zeitweise an die Aufkäufer abtraten oder mit diesen teilten. Das traf zum Beispiel auf Zimmerleute und Kalfaterer zu, die von Händlern vertraglich im Rahmen des Verlagssystems für den Bootsbau oder die Schiffsreparatur angeheuert wurden und zugleich einen Laden in Venedig betrieben, in dem sie zum Beispiel selbst hergestellte Möbel verkauften.

Damit war die dem gängigen Verlagssystem innewohnende Tendenz, dass der Auftraggeber gleichzeitig zum Besitzer und Eigentümer der Produktionsmittel wird und die unmittelbaren Produzenten zu Stücklohnarbeitern degradiert werden (siehe Kapitel 3 und 7), gehemmt. Das heißt, dass sich die als Aufkäufer auftretenden Geldbesitzer noch nicht in Kapitalisten verwandelt hatten. Man könnte sie deswegen als »unechte Bourgeoisie« bezeichnen, weil sie über das Vorschießen von Geld und Produktionsmitteln nur temporär zu Eigentümern an den Produktionsmitteln wurden oder sich diese mit den Handwerksmeistern teilten. Obwohl die Geld und andere Mittel vorschießenden Geschäftsleute manchmal auch am Besitzverhältnis partizipierten, das heißt an der Organisation und Überwachung des Produktionsprozesses, übertrugen sie diese Aufgaben in den meisten Fällen einer Art Subkontraktor (Handwerksmeister oder

42 Ebd., S. 171.

43 Marx hebt hervor, dass selbst dann, wenn die Meister Arbeiter anheuern, der Aufkäufer derjenige ist, der sich die Mehrarbeit der Arbeiter aneignet: »Der Kaufmann ist der eigentliche Kapitalist, der den größten Teil des Mehrwerts in die Tasche steckt.« (Marx: Das Kapital III, MEW, Bd. 25, S. 348) »Vielmehr könnte man es als eine besondere Art des Heimarbeits-Systems bezeichnen, weil den Handwerkern das Material, das sie verarbeiteten, nicht gehörte.« (Lane: Seerepublik Venedig, S. 248)

Facharbeiter), der selbst direkt Lohnarbeiter einstellte und befehligte und so einen Teil des Mehrprodukts abschöpfte.

Auch zu einem späteren Zeitpunkt erfolgte die Massenfertigung in Venedig, was bemerkenswert ist, zum Teil noch auf der Grundlage der ursprünglichen hybriden Produktionsweise, die dem Verlags-Aufkauf-Prinzip unterlag.

> »So wurde beispielsweise im Jahr 1304 ein Auftrag der Kommune auf Lieferung von 20 000 Stahlbolzen oder Pfeilen für Armbrüste an drei Männer vergeben, die sodann die Herstellung an Schmiedemeister weitergaben, die ihrerseits ein jeder zwischen sechs und siebzehn Arbeiter beschäftigte.«[44]

Der einzige Wirtschaftszweig in Venedig, in dem die Geldeigentümer und Händler eine erkleckliche Zahl von Lohnarbeitern direkt beschäftigten und bezahlten, war die Schifffahrt. Die Besatzungen von Handelsgaleeren und anderen Frachtschiffen bestanden aus 50 bis 180 Mann. Die Rekrutierung dieser Seeleute, die alle »für ihre eigene Art von Kampfhandlungen ausgerüstet und in ihr erfahren waren«,[45] sowie von Armbrustschützen und anderen spezialisierten Waffenträgern fand in Venedig immer jeweils vor einer geplanten Expedition statt. Die Verträge wurden entweder von einem Geschäftsmann abgeschlossen, der andere Kaufleute oder eine ganze Flotte repräsentierte, oder im Namen der Kommune Venedig. Er bezahlte den Matrosen für die Gesamtdauer der Handelsreise, die bis zu einem Jahr betragen konnte, einen Lohn, zudem erhielten sie auf der Fahrt Verpflegung in Form von täglichen Lebensmittelrationen (Zwieback, Käse, Pökelfleisch und Wein).

Und trotzdem war auch der Schifffahrtsbereich in Venedig bis zum Ende des 13. Jahrhunderts von keinem definitiven Kapital-Lohnarbeits-Verhältnis geprägt, da auch hier die gezahlten Löhne für die Besatzungsmitglieder nicht die einzige und in der Regel nicht einmal die entscheidende Form der Vergütung waren. Selbst bei vom Staat organisierten Reisen oder bei einer unilateralen *commenda* (*colleganza*), bei der die Arbeitsleistung nicht länger als Äquivalent zu »Geldinvestitionen« galt (siehe Kapitel 7), waren die Sold beziehenden Seeleute zugleich immer auch »Partner« ihrer Arbeitgeber bei der Handelsunternehmung. In anderen Worten: Jeder Matrose war neben seinem Status als Lohnempfänger gleichzeitig ein »Händler«.

> »Der Tageslohn war nur ein Teil dessen, was der Seemann an einer Fahrt zu verdienen erwartete. Bei Handelsfahrten hatten alle das

44 Ebd., S. 244.
45 Ebd., S. 89.

> Recht, eine gewisse Menge Waren gebührenfrei mitzuführen, mit denen sie Handel treiben konnten.«[46]

In der historischen Epoche, die mit dem Ersten Kreuzzug begann, waren die Matrosen außerdem nicht nur »Shareholder« in Bezug auf die potenziellen Handelsgewinne, sondern hatte zudem noch Aussicht auf einen Teil der Beute, die sich aus der Seeräuberei, das heißt aus Überfällen auf Schiffe und Küstenorte »der Feinde«, und aus dem Sklavenhandel ergab.[47] Es war durchaus üblich, dass sich die Schiffe einer im venezianischen Markusbecken ankernden Handelsflotte vor dem Auslaufen

> »einer Inspektion ihrer Bewaffnung und Besatzung unterziehen [mussten], ehe sie den Hafen verlassen durften, und sie hatten eine Kaution dafür zu hinterlegen, dass sie keine befreundeten Völker angreifen [...] würden. [...]
>
> Das Gesetz sah [aber] auch vor, dass jedem, der sich weigerte, ein feindliches Schiff anzugreifen, wenn er Befehl hierzu erhalten hatte, der Kopf abgeschlagen werde.«[48]

Allerdings waren nicht alle Matrosen an Bord »freie Männer«, die mit einem Sold und einem Anteil an den Erlösen aus Handel und Plünderungen vergütet wurden. Mindestens zwei von zehn Besatzungsmitgliedern waren damals entweder Domestiken oder Sklaven von anderen Seeleuten oder Schuldknechte. Es gab zwei Kategorien von Schuldknechten: a) verurteilte »Drückeberger«; damit sind Seeleute bzw. Matrosen gemeint, die für eine Fahrt angeheuert und bereits ihren Lohn kassiert hatten, dann aber bei der Abfahrt des Schiffes nicht aufgetaucht waren, sich versteckt gehalten oder vorgegeben hatten, krank zu sein; viele von ihnen waren zu einer Strafe verurteilt worden, die doppelt so hoch ausfiel wie der erhaltene Lohn; dementsprechend konnten sie zum Dienst auf einem Schiff als Schuldknechte zwangsverpflichtet werden;[49] b) Matrosen, die Geld von dem Organisator einer Reise oder einem Kaufmann geliehen hatten, um Handelsware für eine Expedition zu erwerben, die sie gewinnbringend

46 Ebd., S. 258.

47 Im 14. Jahrhundert konnte »ein Schiff von 400 Tonnen mit einer Besatzung von 50 Mann 200 Sklaven transportieren« (ebd., S. 209).

48 Ebd., S. 90f.

49 »Wenn sie sich beim dritten Ausrufen noch nicht gemeldet hatten, wurden sie von den Polizisten der Nachtwache aufgestöbert und entweder gewaltsam an Bord gebracht oder [...] ins Gefängnis geworfen. [...] Die Gesetze des dreizehnten Jahrhunderts hatten vorgesehen, dass jeder, der Lohnzahlungen entgegennahm und sich dann nicht meldete, den doppelten Betrag als Strafe zu zahlen hatte. Eine solche Geldstrafe mochte wirksam sein bei Leuten, die irgendwelches Vermögen oder Besitz hatten, aber nicht bei Seeleuten, denen praktisch nichts gehörte [...] Der Große Rat bestimmte daraufhin, [...] dass die Häftlinge aus den Gefängnissen zu entlassen und der Obhut der Galeerenschiffer, in deren Schuld sie standen, zu übergeben seien, damit sie ihre Schuld abarbeiten konnten.« (Ebd., S. 257ff.)

veräußern wollten, die aber aufgrund des kommerziellen Misserfolgs dieser Unternehmung ihre Außenstände nicht zurückzahlen konnten; dann wurden sie auf späteren Reisen als Schuldknechte eingesetzt, bis ihre Schuld gegenüber ihren Gläubigern getilgt war.

Selbst also in der Schifffahrtsbranche, in der »maritimen Industrie«, hatte die vollständige Trennung der Arbeiter von den Produktionsmitteln bis dato noch nicht stattgefunden. Die Geldeigentümer – entweder einzelne Geschäftsmänner oder die Kommune Venedig als kollektiver Akteur – zeigten erneut alle Wesenszüge einer »unechten Bourgeoisie«: Als auf Geldvermehrung setzende Wirtschaftsakteure (»Unternehmer«) beuteten sie Arbeitskräfte aus, die zwar Lohn bezogen, aber noch nicht völlig von den Produktionsmitteln »befreit« waren (dies kann, wie in Kapitel 7 nachzulesen, als kontraktuelle geldvermehrende Produktionsweise beschrieben werden). Die entlohnten Matrosen, die mit den Geldeigentümern und ihren Arbeitgebern eine partnerschaftliche Beziehung (Assoziation) eingingen, erwarteten sich einen, wenn auch kleinen Anteil an den Gewinnen aus Handel, Plünderungen und Sklavenhandel.

An dieser Stelle sei noch erwähnt, dass Raub und Plünderungen sowie der Sklavenhandel, also kriegerische Formen der Bereicherung, die auf der Ausbeutung und Unterdrückung fremder Völker und Territorien beruhen, die unteren Klassen in der venezianischen Gesellschaft zu Komplizen der herrschenden Klasse machten und deren Bereitschaft zu gehorchen stärkten.

9.4 Abschließende Bemerkungen

Bis zum Ende des 13. Jahrhundert blieb Venedig ein Stadtstaat mit einer vorkapitalistischen Wirtschaft und Gesellschaft unter der ökonomischen, politischen und sozialen Herrschaft einer Klasse von Patriziern, die vornehmlich dem Handel oder der Reederei nachgingen oder staatlichen Unternehmungen vorstanden. Die auf Geldvermehrung setzenden ökonomischen Tätigkeiten dieser venezianischen herrschenden Klasse stellten einen unbestimmten Prozess der, um einen Begriff von Marx zu verwenden, *ursprünglichen Akkumulation* dar. Ein Part in diesem Prozess, die venezianischen Geldeigentümer und der von ihnen kontrollierte Staat, hatte bereits schon die typischen Eigenschaften einer »unechten Bourgeoisie« angenommen. Den anderen Part jedoch, den *besitzlosen* Proletarier, gab es in seiner Reinform noch nicht, warum wir hier auch von der Bourgeoisie als einer *unechten* sprechen. Die lohnbeziehenden Armen waren damals noch am Eigentum der Produktionsmittel durch Formen der »Assoziation« beteiligt, vermittelt gerade über ihr Dasein als Lohnempfänger.

Eine Reihe historischer Ereignisse und Zufälle, die ab dem 14. Jahrhundert die Entwicklungen im erweiterten Mittelmeerraum prägten und vorwiegend mit wirtschaftlichen Konflikten, Kriegen und Krisen zusammenhingen, führte schließlich zur Herausbildung eines besitzlosen Proletariats und zu dessen folgenreicher Begegnung mit der den venezianischen Staat kontrollierenden Kapitalistenklasse und schließlich zu dessen Unterordnung unter diese. Wie dies geschah, ist Gegenstand des folgenden Kapitels.

10 —— Kriegsökonomie und der Aufstieg des Kapitalismus im 14. Jahrhundert

10.1 Das Kolonialsystem Venedigs: Wie Desintegrationstendenzen nach dem Vierten Kreuzzug entgegengewirkt wurde

Nach der Eroberung von Konstantinopel durch die Kreuzritter im Jahr 1204 (siehe Kapitel 8) wurde Venedigs Doge Enrico Dandolo zum »Herrscher über ein Viertel und die Hälfte [eines Viertels] des Reiches von Romania« ernannt. Der Doge war der Einzige, der keinen Treueeid auf den Lateinischen Kaiser leisten musste.

Die damalige Situation war neu und bis dato einmalig für Venedig und seine Führung: Obwohl ein beträchtlicher Teil des Reichs unter Kontrolle der byzantinischen Aristokratie blieb, die nach dem Fall von Konstantinopel drei neue Staaten gründeten – das Kaiserreich Nikaia, das Kaiserreich Trapezunt und das Despotat Epirus –, wurden riesige dem Lateinischen Kaiserreich von Romania (Konstantinopel) zugeschlagene Territorien als Fürstentümer und Lehnsgüter an westliche Adlige und Kreuzritter vergeben, darunter auch Venezianer.

Die Zuteilung dieser Gebiete an die herrschende Patrizierklasse Venedigs, die bis dahin fast ausschließlich dem (Über-)Seehandel und anderen damit in Verbindung stehenden geldvermehrenden Tätigkeiten nachgegangen war, rief bei ihr eine Art »feudaler Begeisterung« hervor. Viele venezianischen Adlige gaben nun damit an, selbst zu Feudalherren geworden zu sein und einen Anspruch auf Tributzahlungen aus Übersee zu haben. Es ist in diesem Zusammenhang interessant, dass der Doge Enrico Dandolo nach Ende des Vierten Kreuzzugs selbst nicht nach Venedig zurückkehrte, sondern in Konstantinopel blieb, wo er im Wesentlichen die Funktionen eines mächtigen Despoten im Lateinischen Reich und des Anführers der venezianischen Bevölkerung in der Stadt ausübte.

> »So etwas hatte es in der politischen Geschichte [Venedigs] noch nie gegeben. Ihr Doge machte keine Anstalten zurückzukommen, obwohl er einen großen Teil seiner Flotte nach Hause geschickt hatte. Sein Sohn Reniero fungierte in Venedig weiterhin als sein Stellvertreter, während sich Dandolo voller Elan in seine neue Rolle als Verteidiger und Vertreter der Anliegen Venedigs in Byzanz stürzte. [...] Enrico Dan-

> dolo verhielt sich wie ein Doge aus vergangenen Zeiten […], unter dessen Führung die Venezianer ebenso schnell einen aus ihren eigenen Reihen zum Patriarchen erhoben hatten.«[1]

Als Dandolo im Mai 1205 im Alter von 98 Jahren starb, wählten die Venezianer in Konstantinopel auf der Stelle einen neuen Anführer: Marino Zeno. Dieser durfte den Titel eines *podestà* (eine Bezeichnung, die ähnliche Konnotationen wie die des Dogen hatte: Oberster Magistrat) führen und sich »Herrscher über ein Viertel und die Hälfte [eines Viertels] des Reiches von Romania« nennen. Man stellte ihm eine Reihe von gewählten Beratergremien zur Seite, die der Rätestruktur Venedigs entsprachen. Die venezianische Gemeinschaft in Konstantinopel schien als ein eigenständiger Teil des neuen Lateinischen Kaiserreichs ausreichend Selbstbewusstsein entwickelt zu haben und darauf vorbereitet zu sein, die Bindung an Venedig zu lockern.

»Venedigs Mangel an feudalen Institutionen sowie die Beständigkeit byzantinischer Traditionen«[2] ließen jedoch die Mehrheit der herrschenden Klasse zu Hause in Venedig äußerst besorgt auf solche Initiativen reagieren. Im August 1205 wählten sie einen neuen Dogen namens Pietro Ziani, der in einer seiner ersten Amtshandlungen verlangte, alle Gebiete des Kaiserreichs Romania, die an Venezianer abgetreten worden waren, unter die direkte Kontrolle der Kommune zu stellen und den *podestà* von Konstantinopel vom Großen Rat Venedigs ernennen zu lassen.[3] Aufgrund des Kräfteverhältnisses zwischen Venedig und Konstantinopel musste der Doge in Venedig allerdings den Forderungen bestimmter mächtiger Patrizier nachgeben, die meinten, ein Anrecht darauf zu haben, sich jedes beliebige Gebiet anzueignen und als Erblehen zu behandeln. Enrico Dandolos Neffe Marco Sanudo war einer der Ersten, die von den Zugeständnissen des neuen Dogen profitierten. Im Jahr 1207 gründete er nach der Eroberung von Naxos und einigen umliegenden Inseln das Herzogtum Egeo Pelago (Archipelago).

> »Solche privaten Unternehmungen zuzulassen war in gewisser Weise ein Eingeständnis von Schwäche: Der Doge von Venedig musste anerkennen, dass sich er sich keinerlei Hoffnungen darauf machen konnte, die vielen verstreuten Kolonien an sich zu binden und unter die Kontrolle der Kommune zu bringen.«[4]

1 Nicol: Byzantium, S. 148f.

2 Madden: Enrico Dandolo, S. 23.

3 1207 bestimmten die venezianischen Behörden Ottaviano Quirino zum neuen Podestà von Konstantinopel.

4 Nicol: Byzantium, S. 157.

Alle Territorien, die als feudaler Besitz in die Hände venezianischer Patrizier gelangt waren, verselbstständigten sich sehr bald gegenüber dem Stadtstaat und waren auch nicht länger Gegenstand strategischer Überlegungen. Diese »feudale Tendenz« in der venezianischen Aristokratie drohte einen Zerfallsprozess des »Reichs« anzustoßen, wie ihn Dandolo wohl befürchtet hatte. Monique O'Connell schreibt: »Venedig verlor einen großen Teil der Gebiete, die man ihm im Zuge der Auflösung [des Byzantinischen Reichs] 1204 zugesprochen hatte, fast genauso schnell, wie es sie gewonnen hatte.«[5] Die »feudale Tendenz« ließ sich nur dort bekämpfen, wo der venezianische Staat die direkte Kontrolle übernahm, etwa auf Kreta, in den südpeloponnesischen Städten Methoni und Koroni sowie in Chalkis (Negropolis), der Hauptstadt der Insel Euböa (Negroponte). Sie alle, insbesondere die Insel Kreta, lagen an militärstrategisch sehr wichtigen Punkten im Mittelmeerraum und besaßen eine beträchtliche ökonomische Bedeutung für die maritimem Handelsrouten und für die Versorgung mit bestimmten landwirtschaftlichen und Manufakturerzeugnissen.

Diese Gebiete wurden zu *Kolonien* Venedigs, das heißt, sie unterstanden der direkten Herrschaft und Aufsicht des Stadtstaates.[6] Grundsätzlich orientierte sich Venedig am Vorbild des späten »pseudo-feudalen« Byzantinischen Reichs (siehe Kapitel 8). Entsprechend sprach man verdienten Militärbeamten und Adligen Land zu, ohne dass damit – wie bei klassischen feudalen Verhältnissen – eine weitgehende juristische und politische Unabhängigkeit dieser Territorien oder eine außerordentliche wirtschaftliche Machtfülle der Fürsten einhergegangen wären. Die Gebiete standen vielmehr weiterhin unter der Oberherrschaft Venedigs und wurden von lokalen und zentralen Staatsapparaten kontrolliert, die über die Einhaltung bestimmter ökonomischer und militärischer Verpflichtungen und Verbindlichkeiten wachten.[7] Auf diese Weise, das heißt

5 Monique O'Connell: Men of Empire: Power and Negotiation in Venice's Maritime State, Baltimore 2009, S. 19.

6 Die Kolonialverwaltung von Kreta setzte sich aus Staatsbeamten verschiedener Ränge und aus diversen Behörden zusammen. Oberhaupt war der sogenannte Herzog von Kreta, den der Große Rat von Venedig für eine begrenzte Zeit ernannte: »Der Herzog und zwei Consiliarii standen an der Spitze der Hierarchie und bildeten die lokale Verwaltung. Die gesamte Militärverwaltung war dem Capitano von Candia übertragen, höhere Funktionäre, sogenannte Rektoren, überwachten das militärische und zivile Rechtswesen, während sich auf der untersten Verwaltungsebene die Castellani befanden.« (Chryssa Maltezou: The historical and social context, in: David Holton [Hrsg.]: Literature and Society in Renaissance Crete, Cambridge 2006, S. 17–48, hier S. 20) Es gelang, die früheren byzantinischen adligen Grundbesitzer in das neue Verwaltungssystem Venedigs einzubinden, nachdem diese zunächst die örtliche Bevölkerung zu einer Reihe von Aufständen angestachelt hatten: »Die lokalen Archonden, die zu Beginn der Okkupation von den Venezianern ignoriert worden waren, konnten aufgrund verschiedener Rebellionen diese zur Anerkennung ihrer Rechte und Privilegien als Grundbesitzer bewegen. Mehr noch: Am Ende integrierte man sie in das venezianische System und gestand ihnen den gleichen wirtschaftlichen Status wie den ausländischen Lehnsherren zu.« (Ebd., S. 22)

7 Allaire Stallsmith unterstreicht zu Recht die nicht-feudale Organisationsweise der Landwirtschaft in der venezianischen Kolonie Kreta: »Unabhängig davon, ob die Höfe nun *feudum* (Lehen) oder *timar* genannt wurden, die Auswirkungen des Systems auf den Bauern waren

über die strikte staatliche Kontrolle seiner Kolonien und ein System, das Ähnlichkeiten hatte mit der wirtschaftlichen und politischen Ordnung des untergegangenen Byzantinischen Reichs, blieb Venedig selbst im Großen und Ganzen von den feudalen Tendenzen verschont, die seit dem Vierten Kreuzzug einen Teil seines Patriziertums erfasst hatten. Die unter der neuen Herrschaft der Venezianer lebenden Bevölkerungen in den kolonialen Gebieten mussten sich nur auf einige wenige Veränderungen ihrer wirtschaftlichen und sozialen Lebensbedingungen einstellen. Das meiste blieb, wie es in der Vergangenheit unter der Herrschaft von Byzanz gewesen war.

> »In Kreta und im Süden von Messenien, in der Gegend von Koroni und Methoni, gab es einen fast fließenden Übergang von der Herrschaft des [Byzantinischen] Reichs zu der Venedigs, einer Stadt, die von einer nicht-feudalen Elite regiert wurde und geprägt war von einer stabilen Staatlichkeit.
>
> In den Venedig unterstellten Territorien dürfte daher das Maß an Kontinuität viel größer gewesen sein als in den feudal regierten Gebieten. Obwohl Venedig ein feudales Vokabular benutzte, bestand es auf dem Prinzip der obersten Autorität des Staats und verhinderte, dass sich die von Byzanz gewährten steuerlichen und juristischen Vorrechte von privater Seite angeeignet wurden. Venedig [...] schuf ein stark zentralisiertes bürokratisches Regierungs- und Überwachungssystem.«[8]

Dem Lateinischen Kaiserreich Romania war nur eine kurze Lebensspanne beschieden. Im Juli 1261 eroberten die Herrscher des Kaiserreichs Nikaia Konstantinopel und stellten das Byzantinische Reich wieder her. Venedig gelang es, seine kolonialen Besitztümer und Marinestützpunkte auf Kreta, Euböa, in Methoni und Koroni sowie in Kythira (Kerigo) zu behalten, aber der Stadtstaat verlor seine privilegierte Stellung in Konstantinopel.

ähnlich. Die Venezianer mögen die Grundbesitzer als *feudatarii* bezeichnet haben, aber genau genommen war ihre Herrschaftsordnung auf Kreta nicht feudal, da der venezianische Staat die Justiz- und Finanzhoheit nicht an die Lehnsherren abgetreten hatte. Es gab Ähnlichkeiten zum Osmanischen Reich. Auch wenn dort das ganze Land als Besitz des Sultans betrachtete wurde, der seinen *sipahis* Nutzungsrechte gewährte, waren diese Kavalleristen keine Feudalherren und ihre Untergebenen keine Leibeigenen.« (Allaire B. Stallsmith: One Colony, Two Mother Cities: Cretan Agriculture under Venetian and Ottoman Rule, in: Siriol Davies/Jack L. Davis [Hrsg.]: Between Venice and Istanbul: Colonial Landscapes in Early Modern Greece, Athen 2007, S. 151–171, hier S. 151f.) Lujo Brentano vertritt in dieser Sache, meiner Ansicht nach zu Unrecht, eine gegenteilige Meinung: »Die Notwendigkeit, Kreta und Korfu mit Kriegsmitteln zu halten, führte die Kapitalisten von Venedig dazu, eine feudale Wirtschafts- und Sozialordnung auf den oben genannten Inseln einzuführen.« (Brentano: Die Anfänge des modernen Kapitalismus, S. 46)

8 David Jacoby: Latins and Greeks in the Eastern Mediterranean after 1204, London/New York 1989, S. 3. Vgl. hierzu ebenso Vasiliev: »Ein weiteres Dokument aus derselben Zeit verweist darauf, dass die Eroberer aus dem Westen die ihr unterworfenen Völker genauso behandelten wie ihre Vorgänger und von ihnen nicht mehr verlangten, als diese von den griechischen Kaisern gewohnt waren.« (Vasiliev: History of the Byzantine Empire, S. 569)

10.2 Der Kampf um die Vorherrschaft über den Handel im Mittelmeerraum

10.2.1 Die ersten Kriege (1257–1311) und die Reform des politischen Systems von Venedig

Mit der Wiederherstellung des Byzantinischen Reichs 1261 war keine Rückkehr zum intensiven staatlichen Zusammenhalt verbunden, wie er vor dem Vierten Kreuzzug im Reich bestanden hatte. Die Herrscher über die Provinzen und die lokalen Fürsten waren gegenüber dem zentralen Staatsapparat nun mit sehr viel mehr Macht ausgestattet. Der ab dem 11. Jahrhundert einsetzende Prozess der Feudalisierung (siehe Kapitel 8) hatte in den Jahren der lateinischen Herrschaft einen »point of no return« erreicht.[9] Angeliki Laiou zufolge nahm mit der Schwächung des Zentralstaats insbesondere ab dem 14. Jahrhundert die Bedeutung des Fern- und Überseehandels zu, da dieser auch Kommunikation, Bindungen und Zusammengehörigkeitsgefühl zwischen den Territorien des byzantinischen Reiches stärkte.

> »Der byzantinische Staat verfügte nicht länger über wirkungsvolle Integrationsmechanismen. Als ein Integrationsfaktor erwies sich im 14. und 15. Jahrhundert allerdings der von den italienischen Stadtstaaten organisierte internationale Handel, eine Zeitlang dominiert von Pisa, dann hauptsächlich von Genua und Venedig. Die Bedürfnisse und Aktivitäten der italienischen Kaufleute erschufen im östlichen Mittelmeerraum ein zusammenhängendes Handelssystem, in das die einzelnen Regionen jeweils über ihre Beziehung zu den Italienern einbezogen waren. Als Konsequenz existierten regionale Wirtschaftsräume – Mazedonien und Thrakien, Epirus, Thessalien und Peloponnes –, die sicherlich auf die eine oder andere Weise lose miteinander in Kontakt standen. Doch der entscheidende Faktor war für sie ihr Verhältnis zu den Italienern und ihre Rolle im Handelssystem des östlichen Mittelmeers.«[10]

Diese neu im Mittelmeerraum eingeführte Wirtschafts- und Sozialordnung beförderte den Ausbau der kommerziellen Vormachtstellung von Venedig und Genua, ließ aber auch die langanhaltenden Konflikte zwi-

9 Im Lateinischen Reich von Romania »bedeutete die Einführung des westlichen Feudalismus eine deutliche Abkehr von der byzantinischen Tradition. Damit verbunden war ein Verschwinden des Staats und die Übertragung seiner Macht und Privilegien auf Private. Diese Privatisierung war eines der grundlegenden Merkmale des Prozesses der Feudalisierung und hatte nachhaltige gesellschaftliche Auswirkungen.« (Jacoby: Latins and Greeks, S. 3)

10 Angeliki E. Laiou: The Agrarian Economy, Thirteenth–Fifteenth Centuries, in: Angeliki E. Laiou (Hrsg.): The Economic History of Byzantium: From the Seventh through the Fifteenth Century, Washington DC 2002, S. 311–375, hier S. 312; vgl. auch Benjamin Arbel u.a. (Hrsg.): Latins and Greeks in the Eastern Mediterranean after 1204, London/New York 1989.

schen beiden eskalieren. Der neue byzantinische Kaiser bevorzugte nach 1261 erst eindeutig die Genuesen, die daraufhin eine blühende Kolonie in Pera, ganz in der Nähe der byzantinischen Hauptstadt Konstantinopel, errichteten. Noch vor seiner Thronbesteigung im März 1261 in Nymphäum unterzeichnete der neue Kaiser Michael VIII. Paläologos einen Vertrag mit Genua, der den genuesischen Kaufleuten im ganzen Reich steuerfreien Handel gewährte.[11]

Die Rivalität zwischen Venedig und Genua spitzte sich nach dem Vierten Kreuzzug zu, als die Genuesen die Insel Chios und die gegenüber in Kleinasien liegende Küstenstadt Phokaia besetzten und nun die Oberhoheit über die venezianische Kolonie Kreta beanspruchten. In den darauffolgenden Jahrzehnten sollte die Feindschaft zwischen den beiden italienischen Stadtstaaten ihren Höhepunkt erreichen und den venezianisch-byzantinischen Konflikt an Intensität und Härte übertreffen.[12] Das Ergebnis war eine lange Periode von immer wieder neu aufflammenden Kriegen.

Der erste genuesisch-venezianische Krieg brach 1256 in der Kreuzritterstadt Akkon aus und dauerte bis 1270. Die venezianische Flotte gewann mehrere größere Seeschlachten: 1258 vor Akkon, 1263 vor Monemvasia und 1266 vor Drepanon (Trapani).[13] Trotzdem litten die venezianischen Handelsschiffe während dieser ganzen Zeit unter wiederholten seeräuberischen Attacken vonseiten genuesischer Kriegsschiffe. Der zweite Krieg zwischen Genua und Venedig begann 1294 in Zypern und zog sich bis zum Jahr 1302 hin. Diesmal trugen die Genuesen die meisten Siege davon.[14] Sie stellten riesige Kriegsflotten mit einer Besatzung von fast 35 000 Mann zusammen und zerstörten bzw. bezwangen zweimal die venezianische Flotte: das erste Mal im Jahr 1295 vor Lajazzo (Ayas) im Golf von Alexandretta, das zweite Mal im Jahr 1298 vor Curzola (Korčula) an der Küste Dalmatiens. In all diesen Kriegsjahren waren die Kolonien beider Parteien Übergriffen durch Schiffe des Feindes ausgesetzt.[15] Einige Zeit nach Ende des zweiten Krieges gegen Genua, in den Jahren 1308 bis 1311, bemühte sich Venedig erfolglos um die Unterwerfung von Ferrara, wobei es »große materielle Verluste« erlitt.[16] Trotz all dieser Niederlagen konnte Venedig seine Vormachtstellung im Adriaraum immer aufrechterhalten.

Diese Kriege, von denen mindestens zwei zum Nachteil von Venedig ausgingen, erwiesen sich – langfristig betrachtet – aber nicht als entschei-

11 Vasiliev: History of the Byzantine Empire, S. 537.

12 1275 kam es in Konstantinopel zur Unterzeichnung eines Waffenstillstandsabkommens zwischen Venedig und dem Byzantinischen Reich (Nicol: Byzantium, S. 198).

13 Lane: Seerepublik Venedig, S. 128f.

14 1284 eroberte und plünderte Genua Pisa und etablierte damit seine Vorherrschaft über die nordwestliche Küstenregion der italienischen Halbinsel.

15 Ebd. S. 125ff.

16 Ebd., S. 112.

dend für das weitere militärische und wirtschaftliche Verhältnis zwischen den beiden rivalisierenden Stadtstaaten. Kurzfristig jedoch schufen sie, insbesondere der zweite genuesisch-venezianische Krieg und Venedigs gescheiterte Eroberung von Ferrara, eine vorteilhaftere Situation für Genua und führten zu innenpolitischen Zerwürfnissen in Venedig. Die Kriege fungierten außerdem als Katalysator und setzten eine Reihe von weitreichenden Reformen der politischen und ökonomischen Strukturen in der venezianischen Gesellschaft in Gang.

Im Jahr 1297 beschloss man eine bedeutsame Erweiterung des Großen Rats und öffnete diesen auch für Angehörige von reichen Familien, die bis dahin als »Gemeine« betrachtet worden waren. Der Rat umfasste von nun an mehr als 1100 Mitglieder, die aus ungefähr 200 Familien kamen. Darüber hinaus war die Mitgliedschaft nun eine auf Lebenszeit und konnte vererbt werden. Es bildete sich damit eine neue, vergrößerte Klasse von Adligen heraus, deren Status als »Edle« auf ihrer Ratsmitgliedschaft beruhte bzw. auf ihrer Zugehörigkeit zu einer Familie, aus der mindestens ein Mann im Rat vertreten war. Die Angehörigen des Große Rats waren nicht nur der Kreis, aus dem Beamte für höhere Verwaltungs- und Militäraufgaben rekrutiert wurden, sondern der Rat ersetzte im Wesentlichen fortan auch die Generalversammlung.[17]

Es gibt Hinweise, wonach die Erweiterung des Großen Rats – ein Verfahren, das sich theoretisch mehrmals hätte wiederholen lassen – anfänglich als ein Mittel angesehen wurde, um die »Neureichen« in die herrschende politische Elite einzubinden und um Rivalitäten und Streitigkeiten zwischen »alten« Patrizierfamilien zu neutralisieren oder ihnen ein Gegengewicht entgegenzusetzen. Ein Effekt des zweiten Kriegs gegen Genua und der gescheiterten Belagerung von Ferrara sowie der Anfang des 14. Jahrhunderts beginnenden wirtschaftlichen Rezession in Europa[18] war jedoch eine politische Schwächung des Großen Rats und von Venedigs Erbadel. Deswegen beschloss man, zukünftig auf eine weitere personelle Aufstockung des Rats zu verzichten.[19]

17 Ebd., S. 177ff.

18 »Am Ende des 13. Jahrhunderts trat Westeuropa nach einer langen Wachstumsphase in eine Periode der wirtschaftlichen Stagnation ein. Die Zeit, in der eine beträchtliche Anzahl von Menschen reich werden konnte, war vorüber. Statistische Angaben zu dieser Wirtschaftskrise liegen so gut wie nicht vor. In den Küstenstädten muss sie jedoch sofort spürbar gewesen sein. Was wir für diesen Zeitraum feststellen können, ist eine Änderung der Handelspolitik Venedigs, das ab 1315 eine zunehmend ausländerfeindliche Haltung einnahm. Obwohl Venedig schon beim zweiten Krieg gegen Genua auf ausländisches Kapital angewiesen war, um seine militärischen Operationen zu finanzieren, wehrte es sich nun gegen Einflüsse aus dem Ausland. Die *provveditori di comun*, eine neu gegründete Behörde, verlangte nun von jedem Kaufmann den Nachweis der venezianischen Staatsbürgerschaft.« (Gerhard Bösch: The Serrata of the Great Council and Venetian Society, in: John Martin/Dennis Romano [Hrsg.]: Venice reconsidered: the history and civilization of an Italian city state, 1297–1797, Baltimore 2002, S. 67–88, hier S. 82) Vgl. zur Wirtschaftskrise in Europa zu dieser Zeit auch Braudel: Afterthoughts, S. 112.

19 Eine Ausnahme von dieser »Regel« erfolgte im September 1381, kurz nach dem Ende des vierten Kriegs gegen Genua (siehe unten), als man 30 weiteren Familien eine erbliche Mitgliedschaft im Großen Rat zugestand (Lane: Seerepublik Venedig, S. 298).

Um diejenigen »Neureichen«, die man nicht in den Großen Rat aufgenommen hatte, zu besänftigen und um den Zuzug von Kaufleuten und Einwanderern zu kontrollieren, bot man Venedigs oberer Mittelschicht wenig später die Staatsbürgerschaft an (siehe Kapitel 9). Diese neuen »Staatsbürger« genossen unter den Händlern und anderen Gewerbetreibenden nun genau die gleichen Privilegien wie die Familien, die im Großen Rat vertreten waren. In Venedig ansässige ausländische Kaufleute hatten ein Anrecht auf Erwerb der venezianischen Staatsbürgerschaft mit den entsprechenden kommerziellen Vorteilen, wenn sie einen ununterbrochenen 25-jährigen Aufenthalt in der Stadt nachweisen konnten.[20]

10.2.2 Die Pest und die zweite Kriegsperiode (1348–1381)

Nach Venedigs Niederlage im zweiten Krieg gegen Genua und der gescheiterten Unterwerfung Ferraras festigte Genua seine Stellung im Fernhandel und verstärkte seine militärische Präsenz im Ägäischen und im Schwarzen Meer sowie in den Verbindungstraßen zwischen beiden. Daraufhin bemühte sich Venedig auf diplomatischem Weg um eine Wiederherstellung des ehemaligen Bündnisses mit dem Byzantinischen Reich, das damals unter Angriffen der Osmanen litt. Mit der Aussicht auf die angestrebte Militärallianz gegen das Osmanische Reich unterzeichneten beide Seiten im Jahr 1324 einen Vertrag, der den Venezianern erlaubte, Getreide aus der zum Reich gehörenden Schwarzmeerregion zollfrei zu importieren, während ihnen Getreideeinfuhren ins Reich ausdrücklich untersagt blieben.[21] Bereits zu diesem Zeitpunkt hatte Venedig Schwierigkeiten, seine Handels- und Kriegsflotten zu bemannen, weswegen die hierfür zuständigen Institutionen immer öfters zum Mittel der »Zwangsrekrutierung« durch Polizei und angeheuerte Banden griffen.[22]

1347 breitete sich in der Stadt der Schwarze Tod (in Form der Beulenpest) aus, »der allein im Jahr 1348 die Hälfte der Bevölkerung Venedigs dahinraffte und ähnliche Verwüstungen anderwärts verursachte«.[23] Venedigs Bevölkerung sank auf etwa 80 000 Menschen. Aufgrund des durch die verheerenden Auswirkungen der Pest verursachten Arbeitskräftemangels ging die Kommune Venedig dazu über, Einwanderung vom italienischen Festland und aus dem Mittelmeerraum zu fördern.

20 »Der Große Rat verkündete im Jahr 1305, dass alle, die 25 Jahre lang in der Stadt gelebt hatten, die Staatsbürgerschaft erhalten sollten, und diejenigen, die schon mindestens zehn Jahre ansässig waren, eine Aufenthaltserlaubnis. Da jedoch nur volle Staatsbürger, diejenigen mit dem Recht ›de intus et extra‹, alle Handelsprivilegien genossen, blieben damit im Grunde die Wirtschaftsinteressen des venezianischen Adels gegenüber seiner Konkurrenz gewahrt.« (Bösch: The Serrata, S. 83)

21 Nicol: Byzantium, S. 248ff.

22 »In einer Notstandssituation im Jahr 1322 wurden der Polizei [...] zwei Grossi für jeden Galeotto geboten, den sie ausfindig machen und herbeischaffen konnte.« (Lane: Seerepublik Venedig, S. 257).

23 Ebd., S. 260.

Obwohl einige der ergriffenen Maßnahmen erfolgreich waren und für die meisten Wirtschaftsbereiche Arbeiter gewonnen werden konnten, klaffte im maritimen Sektor weiterhin eine erhebliche Lücke zwischen Angebot und Nachfrage an Arbeitskräften. Neben der Anwerbung von Ausländern versuchte man, diese Lücke mithilfe von Zwangsarbeitern aus den Kolonien zu füllen. Noch schlimmer sah die Lage auf den Kriegsgaleeren aus, auf denen – wenn es um die unteren Ränge ging – kaum noch jemand freiwillig anheuern wollte. Von da an war der Stadtstaat Venedig, um überhaupt noch Kriege führen zu können, immer mehr auf Söldner angewiesen.

Kurz nachdem die Pest Venedig und den Großteil Europas heimgesucht hatte, brach im Jahr 1350 der dritte genuesisch-venezianische Krieg aus, diesmal in Tana (Tanais) am Schwarzen Meer. Da die Venezianer nicht in der Lage waren, eine ausreichend große Kriegsflotte zu bemannen, heuerten sie Schiffe und Besatzungen aus dem Königreich Aragon und dem Byzantinischen Reich an, die beide inzwischen gegen die Präsenz von Genua in Pera aufbegehrten.[24] Dieser Krieg dauerte bis 1355. Die zentrale Schlacht im Bosporus im Jahr 1352 verlief für beide Seiten äußerst verlustreich. Venedigs Kriegsallianz gelang es nicht, Pera einzunehmen. Die zweite wichtige Schlacht im Hafen von Porto Longo in der Nähe von Methoni 1354 gewannen die Genuesen. Im Jahr 1355 kam es zur Unterzeichnung eines Friedensvertrags zwischen beiden Kontrahenten. Vorausgegangen war der Beendigung des Kriegs eine scharfe Spaltung der herrschenden Patrizierklasse in Genua. Venedig hoffte, der Bedrohung von weiteren kriegerischen Auseinandersetzungen nun eine Weile aus dem Weg gehen zu können.

Im August 1363 sah sich die Stadt jedoch erneut mit einer Reihe von Problemen konfrontiert. Die Mehrheit der lateinischen Adligen auf Kreta, die aufgebracht waren, weil Venedig eine neue Steuer eingeführt hatte, schlossen sich in ihrem Unmut mit den »griechischen« Adelsfamilien der Insel zusammen und opponierten. Da sie versprachen, der orthodoxen Kirche mehr Rechte einzuräumen, stand ein großer Teil der örtlichen Bevölkerung hinter ihrem Aufstand gegen Venedig. Nach der Inhaftierung des Herzogs, seiner Ratsherren und der Gouverneure der wichtigsten Städte Kretas wurden neue Beamte gewählt und es wurde im Namen der »Kommune Kreta« die Unabhängigkeit von Venedig proklamiert. Der Heilige Titus wurde zum Schutzpatron der Insel erklärt.[25] Die neue Regie-

24 »Aber was für ein Umschwung seit dem 12. Jahrhundert, als Venedig die Mannschaften lieferte, um das byzantinische Kaiserreich gegen die Normannen zu verteidigen! […]. Jetzt war Venedig zum Zahlmeister geworden und war entscheidend auf Griechen und Katalanen angewiesen, damit sie seine Schlachten schlugen.« (Ebd., S. 269)

25 »Die Revolte vom Heiligen Titus unterschied sich von allen früheren Aufständen in einer grundlegenden Hinsicht: Zum ersten Mal waren es die lateinischen Kolonialherren, die sich mit den Griechen der Insel verbündeten und gegen Venedig aufbegehrten. Das war bis dahin in den von Venedig kontrollierten Gebieten noch nie vorgekommen.« (Sally McKee: The Revolt of St Tito

rung Kretas fragte bei Genua um militärischen Schutz nach, Genua war aber offensichtlich nicht gewillt, sich in einen weiteren Krieg mit Venedig hineinziehen zu lassen. Venedig gelang es im Mai 1364, mit einer Streitkraft von mehrheitlich Söldnern die Hauptstadt von Kreta, Heraklion (Candia), einzunehmen. Der kretische Widerstand hielt bis zum Jahr 1368 an. Erst danach war Venedig in der Lage, die Kontrolle über die gesamte Insel wiederherzustellen.

Der vierte genuesisch-venezianische Krieg, auch Chioggia-Krieg genannt, brach dann im Jahr 1377 aus, und zwar in der Nähe von Tenedos, und dauerte bis 1381. Die Genuesen siegten, nachdem sie ein Bündnis mit dem König von Ungarn und dem Herzog von Padua geschlossen hatten, 1378 in einer wichtigen Seeschlacht vor Pula in Istrien. Im Jahr darauf eroberten die vereinten Streitkräfte von Genua und Padua das am südlichen Ende der venezianischen Lagune gelegene Chioggia und begannen mit der Belagerung Venedigs. Die Situation schien aussichtslos und die Stimmung der venezianischen Bevölkerung war auf einem Tiefpunkt angelangt.[26]

Angesichts der unmittelbar drohenden Gefahr, von den feindlichen Truppen erobert und geplündert zu werden, konzentrierten sich der Doge und der Adel von Venedig auf die Wiederbelebung der Moral der venezianischen Bevölkerung. Unter anderem versprachen sie umfassende »politische Änderungen und Belohnungen«[27] und übertrugen die militärische Führung an populäre Angehörige der Aristokratie. Schließlich gelang die Wende: Mit Unterstützung von italienischen und englischen Söldnern schafften es die Venezianer im Juni 1380, Chioggia zurückzuerobern und die Belagerung von Venedig zu beenden. Mit Unterzeichnung des Friedensvertrags von Turin im darauffolgenden Jahr verzichtete Venedig zwar auf seine Ansprüche auf Tenedos, Treviso sowie auf besondere Handelsprivilegien in Zypern, konsolidierte im Weiteren jedoch seine Vorherrschaft über die Adria.

Der Chioggia-Krieg sollte für mehr als zwei Jahrhunderte – bis die Osmanen zu einer echten Gefahr wurden – die letzte konkrete Bedrohung bleiben, gegen die Venedig seine Unabhängigkeit und Integrität verteidigen musste. Kurz nach dem Chioggia-Krieg war »die genuesische Kommune von Revolutionen gelähmt«.[28] Venedig nutzte die Gelegenheit und konnte, beginnend mit der Eroberung Kerkyras im Jahr 1386, den

in Fourteenth-Century Venetian Crete: A Reassessment, in: Mediterranean Historical Review 2/1994, S. 176)

26 »Als die Eingezogenen Befehl erhielten, 16 Galeeren zu bemannen und auf den Galeeren ihrer Wahl den Dienst anzutreten, meldeten sich nur genug Leute für sechs Galeeren. Die übrigen weigerten sich rundweg, zum Flottenamt zu gehen und sich einzuschreiben.« (Lane: Seerepublik Venedig, S. 292)

27 Ebd., S. 293.

28 Ebd., S. 302.

Umfang seiner Kolonialgebiete innerhalb von nur 30 Jahren fast verdoppeln (siehe Kapitel 11). In der gleichen Zeit blühte die Stadt auf, die Bevölkerungszahl stieg wieder an, weil viele Menschen von der italienischen Halbinsel und aus dem östlichen Mittelmeerraum zuzogen.

In den langen Kriegsjahren waren etliche Institutionen in Venedig umgebaut worden. Damit ebnete der Staat den Weg für einen nachhaltigen Wandel der wirtschaftlichen und sozialen Strukturen, was am Ende zur Herausbildung und Durchsetzung kapitalistischer Verhältnisse führte.

10.3 Staatsmacht und die Konsolidierung des Kapitalverhältnisses

10.3.1 Der »point of no return«: Stabilisierung der Lohnarbeit und Einführung eines kapitalistischen Finanzsystems

Wie in Kapitel 9 bereits erörtert, zeichnete den venezianischen Staat seit dem 12. Jahrhundert die Tendenz aus, die Produktionsprozesse zu kontrollieren und sich die Ressourcen, Mittel und Bereiche anzueignen, die damals sowohl aus militärischer als auch aus wirtschaftlicher Sicht von entscheidender Bedeutung waren. Beispiele hierfür sind der Schiffbau, die Herstellung von Seilen und Tauen sowie die Handelsschifffahrt. In den stürmischen Zeiten des 14. Jahrhunderts wurde ein Teil dieser staatlichen Produktionsstätten in riesige Manufakturen verwandelt, die auf der Grundlage des Verhältnisses von Kapital und Lohnarbeit funktionierten. Das war der Ort, wo die Begegnung des eigentumslosen Proletariats mit dem Geldbesitzer zustande kam – in diesem Fall mit einem kollektiven Geldbesitzer, der Kommune Venedig, verkörpert durch einen oder mehrere höhere Staatsbeamte(n).

Gleichzeitig schränkten, was die Schifffahrt betraf, strenge staatliche Kontrollen, die rasche Ausweitung des Staatseigentums sowie der immer größere Druck auf die Stadt, die Steuereinnahmen zu erhöhen, die Möglichkeiten für Matrosen und andere Seeleute drastisch ein, ein Einkommen jenseits des Lohnarbeitsverhältnisses zu erzielen. Damit entstand aus lohnabhängigen Seeleuten ein Proletariat. Auch in diesem Fall gilt: Die Kaufleute und Händler – etwa die Geldbesitzer, die Schiffe der kommunalen Flotten charterten, oder Reeder, die ihre privaten Schiffe kommandierten – wurden in dem Moment zu Kapitalisten, als sich das »Gegenüber- und In-Kontakt-Treten« mit den Proletariern durchsetzte. Was noch hinzukam: Um die vielen Kriege zu finanzieren, hatte sich der venezianische Staat massiv verschuldet. Diese hohe Staatsverschuldung begünstigte die Herausbildung sowohl einer modernen Haushaltsführung und Steuerpolitik als auch von kapitalistischen Finanzinstrumenten.

10.3.2 Entwicklung des kapitalistischen Manufakturwesens: Arsenal, Tana und Zecca

Während der genuesisch-venezianischen Kriege war Venedigs staatseigene Schiffswerft, das Arsenal, zur größten Manufaktur der Stadt geworden. Venedig benötigte dringend eine größere Handels- und Kriegsflotte. Zu diesem Zweck ließen die venezianischen Herrscher das Arsenal nach dem zweiten venezianisch-genuesischen Krieg massiv ausbauen und stellten es mit seinen nunmehr mehreren Hundert Arbeitern unter das Kommando eines »Admirals«, der als Geschäftsführer fungierte. Das Werk hatte die Struktur einer großen Manufaktur mit einer strikten internen Arbeitsteilung. Unter der despotischen Führung und Verwaltung eines Repräsentanten der Kommune bildete sich eine strenge hierarchische Ordnung heraus, bestehend aus Direktoren, Werkmeistern, Meistern, gelernten und ungelernten Arbeitern sowie Gesellen und Lehrlingen.[29]

Im Jahr 1320 besichtigte Dante Alighieri das Arsenal in Venedig. »Wahrscheinlich bot das Arsenal das größte und geschäftigste Schauspiel industrieller Betätigung, das Dante je gesehen hatte oder gesehen haben konnte, denn es war das größte jener Zeit.«[30] In seiner »Göttliche Komödie« beschreibt Dante das Arsenal als einen überbevölkerten und äußerst bedrückenden Ort und vergleicht ihn mit der Hölle.

> »Wie in dem Arsenal der Venetianer
> Im Winter kocht der zähe Teer, mit welchem
> Die leck gewordnen Schiffe sie kalfatern.
>
> Denn nicht ist's Zeit zur Schifffahrt, und statt dessen
> Baut der sein neues Fahrzeug, jener stopfet
> Die Rippen dem, das öfters schon in See stach.
> Der hämmert vorn am Schiff und jener hinten,
> Der Schnitzer Ruder zu, der windet Tau,
> Der am Besan-, der flickt am Bugspritsegel.«[31]

29 Die Geschäftsführung des Arsenals konzentrierte sich darauf, »den Materialverbrauch zu kontrollieren und die Qualität des Endprodukts zu prüfen [...] Eine Gruppe von etwa 30 Meistern mit einem separaten Schiffsbau-Werkmeister für jeden Typ galt als nicht zu groß, als dass sie nicht von Zunft-Werkmeistern in der gleichen Weise beaufsichtigt werden konnte wie der Schiffsbau auf privaten Werften.« (Ebd., S. 250)

30 Ebd., S. 243.

31 Dante Alighieri: Göttliche Komödie, Augsburg 2000; S. 106. In Bertolt Brechts »Leben des Galilei«, sagt Galilei Galileo: »Mein Werk in dem Großen Arsenal von Venedig brachte mich täglich zusammen mit Zeichnern, Bauleuten und Instrumentenmachern. Diese Leute haben mich manchen neuen Weg gelehrt. Unbelesen verlassen sie sich auf das Zeugnis ihrer fünf Sinne, furchtlos zumeist, wohin dies Zeugnis sie führen wird.« (Bertolt Brecht: Leben des Galilei, 80. Aufl., Berlin 2019, S. 49f.)

Eine Manufaktur in dieser Größenordnung und Organisationform war in der damaligen Zeit beispiellos. Sowohl in Byzanz als auch in Genua herrschte auf den Werften noch eine handwerkliche Fertigungsweise vor.[32] Die Mehrheit der im Arsenal Arbeitenden, etwa drei Viertel, gehörten einer der drei größeren Zünfte der Schiffszimmerleute, der Kalfaterer und der Rudermacher an, die übrigen anderen kleineren Zünften.[33] All diese Zünfte gehörten zu jenen, »die für die Arbeitnehmer auftraten und insofern Gewerkschaften ähnelten«.[34] Die Löhne der im Arsenal Beschäftigten, der sogenannten *arsenalotti*, waren zwar niedrig – nicht höher als die von Matrosen unterer Ränge. Trotzdem waren die *arsenalotti* für ihren außerordentlichen »Patriotismus« bekannt, für ihre Bereitschaft, zu den Waffen zu greifen, um die Kommune Venedig gegen äußere oder innere Bedrohungen zu verteidigen. Neben ideologischen Gründen (siehe Kapitel 12) wurzelte diese Haltung in der vom Staat gewährten Sicherheit in Form eines garantierten Arbeitsplatzes und eines damit verbundenen Lohns.[35] Robert C. Davis erklärt die außergewöhnliche Loyalität der *arsenalotti* und ihre »politische Unterstützung« für die herrschende Ordnung in Venedig damit, dass sie nie Teil der Arbeiterklasse waren.

> »Sie empfanden keine Entfremdung von ihrer Arbeit, vielmehr organisierten sie dieselbe. Sie waren alles andere als marginalisiert, sondern völlig in die herrschende Ordnung der Republik integriert, was so weit ging, dass sie am Wohlstand des Patrizierregimes partizipierten. [Ich] vertrete die These, dass der besondere Charakter dieser Schiffsbauer sowohl mit ihrer gesellschaftlichen als auch mit ihrer beruflichen Rolle zusammenhing und nicht isoliert vom größeren Kontext der venezianischen Gesellschaft betrachtet werden kann.«[36]

32 »Was gegen die Existenz von Manufakturunternehmen im Schiffsbau spricht, ist, dass in den wenigen Arsenalen im spätbyzantinischen Reich nur unbeständig und nicht in gleichbleibender Qualität gearbeitet wurde. Vielmehr kamen hier auf den Schiffbau spezialisierte Handwerker nur gelegentlich zum Einsatz. Die Mittel für den Flottenbau waren bescheiden. Wenn staatliches Geld in städtische Produktionsprozesse floss, dann vermutlich nur, um diese aufrechtzuerhalten, aber nicht um sie in einem nennenswerten Umfang auszubauen.« (Klaus-Peter Matschke: The Late Byzantine Urban Economy: Thirteenth– Fifteenth Centuries, in: Laiou, Angeliki [Hrsg.]: The Economic History of Byzantium: From the Seventh through the Fifteenth Century, Washington D.C. 2002, S. 463–495, hier S. 493) In Genua »verarbeiteten verschiedene spezialisierte Handwerker Stoffe, Eisen, Holz und anderes Material zu Segeln, Ankern, Nägeln und Tauen, um damit Schiffe zu bauen und auszurüsten« (Quentin van Doosselaere: Commercial Agreements and Social Dynamics in Medieval Genoa, Cambridge 2009, S. 89). Ein Jahrhundert später, in den 1470er-Jahren, war das Arsenal in Venedig im Vergleich zu der Zeit, als sich Dante Alighieri von den geschäftigen Menschenmassen und dem Dreck so beindruckt gezeigt hatte, um das Doppelte gewachsen und beschäftigte Tausende von Arbeitern (Lane: Seerepublik Venedig, S. 362).

33 Robert C. Davis: Shipbuilders of the Venetian Arsenal: Workers and Workplace in the Preindustrial City, Baltimore 2009, S. 7.

34 Lane: Seerepublik Venedig, S. 169.

35 »Alle, die auf der Gehalts- und Lohnliste standen, [...] konnten im Arsenal bezahlte Arbeit finden, wann immer sie dies wollten. Selbst wenn sie zu alt, krank oder aus anderen Gründen unfähig waren, sich nützlich zu machen, garantierte ihnen der Staat eine tägliche Bezahlung [...], solange sie es schafften, morgens auf den Werften zu erscheinen.« (Davis: Shipbuilders, S. 8)

36 Ebd., S. 7.

Es geht hier nicht, wie bereits in Kapitel 7 erwähnt, um irgendein subjektives »Gefühl der Entfremdung«. Was die Arbeiterklasse definiert, ist die objektive Einbindung von Arbeitern in ein bestimmtes Geflecht sozialer Beziehungen.[37] Wie Marx gezeigt hat, ist die Manufaktur eine Form kapitalistischer Produktion, die einerseits mit kapitalistischer Herrschaft und Kontrolle einhergeht, andererseits den »gesellschaftlichen Gesamtarbeiter« umfasst, das heißt die Arbeiterklasse, aber auch Lohnarbeiter, die dem neuen Kleinbürgertum angehören: »industrielle Oberoffiziere (Dirigenten, managers) und Unteroffiziere (Arbeitsaufseher, foremen, overlookers, contre-maitres)«.[38]

> »Wie in der einfachen Kooperation ist in der Manufaktur der funktionierende Arbeitskörper eine Existenzform des Kapitals. Der aus vielen individuellen Teilarbeitern zusammengesetzte gesellschaftliche Produktionsmechanismus gehört dem Kapitalisten. Die aus der Kombination der Arbeiten entspringende Produktivkraft erscheint daher als Produktivkraft des Kapitals. Die eigentliche Manufaktur [...] schafft überdem eine hierarchische Gliederung unter den Arbeitern selbst.«[39]

Der »Admiral« des Arsenals, als »personifiziertes Kapital«, das »im Produktionsprozess nur als Träger des Kapitals« fungiert,[40] stand weiteren Managern vor, die sich zusammen den Mehrwert des Gesamtarbeiters aneigneten.

Das Arsenal war nicht die einzige große Manufaktur im Venedig des 14. Jahrhunderts. Direkt daneben lag die Tana, die staatseigene Werkstatt für die Herstellung von Seilen und Tauen, an die »sämtliche Hanf- und Taulieferungen, die in Venedig ankamen, zur Sortierung, Begutachtung und Besteuerung gingen«.[41] Im 14. Jahrhundert stellten die Arbeiter der Tana unter der strengen Kontrolle von Staatsbeamten drei verschiedene Taue für verschiedene Schiffstypen her.[42] Wie im Arsenal gingen dort »viele Arbeiter, die untereinander eng kooperierten, ihrer Tätigkeit unter einer zentralisierten Leitung und unter strengen disziplinarischen Auflagen nach«.[43]

Die Arbeiter erhielten einen Stücklohn. Anders als in ihren eigenen Werkstätten wurden die Handwerksmeister hier nicht von Familienmit-

37 Vgl. auch Milios: Social Classes; Milios/Economakis: Mittelklassen.

38 Marx: Das Kapital I, MEW, Bd. 23, S. 351.

39 Ebd., S. 381.

40 Marx: Das Kapital III, MEW, Bd. 25, S. 827.

41 Lane: Venice and History, S. 269.

42 In einer Erklärung des venezianischen Senats aus den 1330er-Jahren heißt es: »Die Herstellung von Tauen und Seilen in unserem Haus, der Tana, [...] bedeutet Sicherheit für unsere Galeeren und Schiffe und ebenso für unsere Seeleute und unser Kapital.« (Zit. nach: ebd., S. 270)

43 Ebd.

gliedern unterstützt. Wenn sie Lehrlinge oder Gesellen mitbrachten, standen diese nicht länger unter ihrer, sondern unter der Aufsicht der Tana-Beamten und Vorarbeiter. Eine »sozialpolitische Maßnahme« bestand darin, aus einer Liste von an Arbeit interessierten Kandidaten regelmäßig auch ungelernte Arbeiter auszuwählen, was jedoch der Zustimmung der Vorgesetzten bedurfte. Es wurde eigens ein besonderer Ausschuss eingerichtet, der besetzt mit Staatsangestellten die Aufgabe hatte, unerwünschtes Verhalten der Arbeiter zu verfolgen und zu unterbinden.[44]

Noch vor der Entwicklung und dem Ausbau des Arsenals existierte seit dem 13. Jahrhundert in Venedig ein weiterer Staatsbetrieb mit mehr als 100 Beschäftigen: die Münzanstalt, Zecca genannt. Auch die Zecca zeichnete sich durch eine ausgeprägte hierarchische Ordnung aus, wobei jede Abteilung eine andere Münze herstellte und über eigene Arbeiter, Wäger und Inspektoren verfügte. Der Leiter der Münzanstalt war als Geschäftsführer für die Qualitätssicherung der im Produktionsprozess verwendeten Materialien und für die Qualität der Münzen verantwortlich. Unterstützung erhielt er von einer Reihe von Buchhaltern und weiteren Staatsangestellten. Vor 1284 stellte die Zecca nur Silbermünzen her, weil damals in Venedig die byzantinischen Goldmünzen Hyperpyron vermutlich noch immer in Gebrauch waren.[45] Danach produzierte sie auch die goldenen venezianischen Dukaten.

Parallel zu den großen, staatlichen Manufakturen fand nach und nach der Ausbau von einigen privaten Handwerksbetrieben statt, die den Charakter kleiner oder mittlerer Manufakturwerkstätten annahmen, zum Beispiel im Druckerwesen,[46] in der Metallverarbeitung oder in der Glas- und Spiegelherstellung, für die etwa die Insel Murano bekannt ist. Ende des 14. Jahrhunderts verwandelte sich ein stetig wachsender Teil der mittleren Bourgeoisie und der unechten Bourgeoisie Venedigs in Kapitalisten.

10.3.3 Die Proletarisierung der Seeleute

Bis zum Ende des 13. Jahrhunderts konnten Sold beziehende Seeleute in Venedig noch nicht der Kategorie Lohnarbeiter zugeordnet werden, weil sie an den Handelsexpeditionen und Seereisen in der Regel immer auch als »Partner« ihrer Arbeitgeber, der Schiffseigentümer oder Kapitäne teilnahmen – sowohl als Handelspartner wie auch als Anteilseigner Teil der »seeräuberischen Beute« erhielten (siehe Kapitel 9). Diese Situation änderte sich schlagartig nach Ende des zweiten genuesisch-veneziani-

44 »Wie im angrenzenden Arsenal schuf das Zusammenkommen von so vielen Arbeitern an einem Ort ein zusätzliches Problem für die Polizei. Zu den üblichen Anreizen wie Diebstahl, Streit und vorsätzlicher Zerstörung kam noch Neid aus ökonomischen Gründen hinzu.« (Ebd., S. 279)

45 Braudel: Afterthoughts, S. 132.

46 »Wenn sie einem Betrieb vorstanden mit vielleicht zehn bis fünfzehn Personen [...], gehörten diese Druckermeister zu der Klasse, die wir Handwerker-Meister genannt haben und die schon immer eine gewisse Bedeutung in Venedig besessen hatten.« (Lane: Seerepublik Venedig, S. 491)

schen Kriegs[47] und der Pest. Wie oben beschrieben, brachte die Kommune Venedig mit dem Bau des neuen Arsenals die überwiegende Mehrheit der venezianischen Handelsschiffe nicht nur unter staatliche Kontrolle, sondern nach und nach auch in staatliches Eigentum:

> »In den 1330er-Jahren war die Regierung nicht mehr daran interessiert, Galeeren von privaten Werften bauen zu lassen.«.
>
> »In der ersten Hälfte des 15. Jahrhunderts [...] waren dann die Handelsgaleeren fast alle Eigentum der Kommune und wurden in jährlich stattfindenden Auktionen für private Zwecke verchartert.«[48]

Diese partielle »Verstaatlichung« der venezianischen Handelsflotte führte zu keinem Konflikt zwischen staatlicher Kontrolle und »Privatunternehmertum«. Wie bereits ausgeführt, »standen hinter dieser kommunalen Politik fast immer militärische Zwänge und Überlegungen«.[49] Allein die Zusammensetzung der venezianischen herrschenden Klasse sorgte für eine enge Verflechtung von geldvermehrenden privaten Tätigkeiten mit staatlicher Macht und staatlicher Kontrolle.

> »In Venedig [...] existierte keine Trennung zwischen einer Klasse der Geschäftsführer und einer Klasse der Regierungsbeamten. Dieselben Individuen betätigten sich als Einzelne oder im Verbund mit anderen [...] als Führer von Flottenverbänden – manchmal im Auftrag privatwirtschaftlicher Partnerschaften, manchmal im Auftrag der Kommune.«[50]

Da der Seehandel der bedeutendste Wirtschaftssektor Venedigs war, »oft [mit] Ladungen im Wert von 100 000 Dukaten pro Galeere«,[51] stellten Seeleute die größte Gruppe der venezianischen Arbeiterschaft, etwa ein Viertel. Mitte des 14. Jahrhunderts bestand eine durchschnittliche Galeerenbesatzung aus etwa 200 Männern, von denen 175 Ruderer waren. Ein vom Staat organisierter Handelskonvoi in die Levante oder nach Flandern benötigte nahezu 3500 Seeleute (davon um die 3000 Ruderer).[52]

Ende des 13. Jahrhunderts erfuhr das Schifffahrtswesen einige bedeutsame Innovationen. Erste Portolanen,[53] in den 1270er-Jahren vermutlich

47 »Fast alle Schritte der Kommune hingen mit [veränderten] militärischen Anforderungen oder Bedrohungen zusammen.« (Lane: Venice and History, S. 215)

48 Ebd., S. 199 u. 224.

49 Ebd., S. 215.

50 Ebd., S. 216.

51 Lane: Seerepublik Venedig, S. 519.

52 Zu jeder Schiffsbesatzung gehörten »zwanzig bis dreißig Bogenschützen, zu denen nach 1460 auch Kanoniere und Arkebusiere zählten« (ebd.).

53 Portolanen sind Karten oder Bücher mit nautischen Instruktionen wie Landmarken, Leuchttürme, Strömungen und Hafenverhältnisse (Anm. der Übers.).

von Pisanern eingeführt, und der Kompass, auch eine Erfindung des späten 13. Jahrhunderts, eröffneten neue Möglichkeiten im Seeverkehr. Zu Beginn des 14. Jahrhunderts galten venezianische Handwerker als die besten Hersteller von Portolanen. Zu den damaligen wichtigen Neuheiten gehörte auch die zu Beginn des 14. Jahrhunderts eingeführte doppelte Buchführung, die das Management von maritimen Unternehmungen erheblich erleichterte. Buchführung und Arithmetik »wurden gewöhnlich von Privatlehrern und -erziehern vermittelt«. Manche nannten sie »Meister des Abakus«.[54]

Die Strategie, das Gros der Handelsschiffe in Staatseigentum zu überführen, die bei Bedarf an Geldeigentümer für deren private Unternehmungen verchartert werden konnten, bedeutete nicht nur eine Senkung der für den Schutz anfallenden Kosten (siehe Kapitel 9), sondern darüber hinaus eine staatliche Subventionierung des venezianischen Überseehandels.[55] Sie wurde begleitet von »sozialpolitischen« Maßnahmen zugunsten verarmter Angehöriger des lokalen Adels[56] und vor allem von einer Finanzpolitik, die auf eine Steigerung der Staatseinnahmen über die Festsetzung und Erhöhung von Frachtraten[57] und Zöllen sowie auf eine Besteuerung der Landwirtschaft setzte und zugleich eine Reihe von Maßnahmen zur Ausgaben- und Kostenreduzierung ergriff.

Eingriffe, um seine Einkünfte zu erhöhen, waren für den venezianischen Staat von lebenswichtiger Bedeutung. Er hatte die enormen Haushaltsdefizite – Folge der immensen Kriegskosten – nur vorübergehend über Zwangsanleihen bei der reichen Bevölkerung Venedigs ausgleichen können (siehe unten).

Kurz nach dem zweiten venezianisch-genuesischen Krieg und in insbesondere in Reaktion auf die Verheerungen der Pest verbot die Kommune Venedig als Teil ihrer Bemühungen, die Steuereinnahmen aus allen kommerziellen Aktivitäten zu erhöhen, den Ruderern und anderen Besatzungsmitgliedern der mittleren und unteren Ränge, mit eigenen Waren zu handeln. Damit blieb ihnen der Sold bzw. der Lohn als einzige Einkommensquelle. Im frühen 15. Jahrhundert, mitten in einer neuen kriegerischen Periode (siehe Kapitel 11), führten diesbezügliche Proteste von Seeleuten zu einer Ausnahmeregelung, die aber nur Einkünfte in einer Größenordnung ermöglichte, die kaum denen einiger Monatslöhne entsprachen.

54 Lane: Seerepublik Venedig, S. 324.

55 »In den Jahren 1317 und 1318 erhielten private Flottenführer aus Flandern eine neue Form der staatlichen Unterstützung. Sie konnten staatseigene Galeeren kostenfrei nutzen.« (Lane: Venice and History, S. 209)

56 »Um […] weniger wohlhabenden Mitgliedern des Adels Verdienstmöglichkeiten zu verschaffen, führte der Senat die Einrichtung der ›Bogenschützen des Achterdecks‹ ein.« (Lane: Seerepublik Venedig, S. 528)

57 »Die vom Senat festgelegten Tarife für Reisen nach dem Osten waren hoch genug, um die Regierung durch Versteigerung der Galeeren ausreichend für Bau und Ausrüstung der Schiffe zu entschädigen.« (Ebd., S. 521)

> »Als Zollbeamte damit anfingen, Baumwollstoffe zu beschlagnahmen, die Seeleute zusammen mit ihrer Kleidung nach Venedig gebracht hatten, entschloss sich der Senat angesichts der hiergegen erhobenen Proteste im Jahr 1414 dazu, jedem Seemann die zollfreie Einfuhr von Waren im Werte von bis zu zehn Dukaten zu erlauben.«[58]

Solche Ausnahmen verhinderten nicht den Übergang vom »Gewinn-Segeln« zum »Lohn-Segeln«, oder anders ausgedrückt: die Entstehung eines maritimen Proletariats. Im 14. Jahrhundert gehörte in Venedig

> »die für Europa im frühen Mittelalter typische egalitäre und nicht auf Spezialisierung setzende Organisation des Handels bereits der Vergangenheit an. Venedig war unter den Ersten, die vom System des Gewinn-Segelns – bei dem alle an Bord an den Gewinnen einer erfolgreiche Handelsreise beteiligt werden – zum System des Lohn-Segelns, beim dem die Matrosen einen festgelegten Lohn erhalten, übergingen. Diese Professionalisierung des Handels setzte bereits im 14. Jahrhundert ein, als die *commenda* immer weniger zum Einsatz kam und damit die Rolle der Gelegenheitsinvestoren an Bedeutung verlor. Im Zuge dieser Entwicklung kam es zu einer klareren Abgrenzung zwischen professionell Handel Treibenden und Nicht-Händlern.«[59]

Die *commenda*, ein Finanzierungsmodell, das für die kontraktuelle geldvermehrende Produktionsweise angemessen gewesen war, verschwand nach und nach. Neue Finanzinstrumente kamen auf, die den Bedürfnissen des Großhandels und kapitalistischen Unternehmertums besser entsprachen (wie z.B. die *maona* oder eine Art Einlagensicherungssystem; siehe unten). Die *commendae* kamen nur noch zur Finanzierung von kleineren Unternehmungen im Binnenhandel zum Einsatz.

> »Nachdem sie aus dem internationalen Handel weitgehend verdrängt worden waren, [...] gewährte man mit der Vertragsform *colleganze* im 14. Jahrhundert vor allem Kredite an örtliche Ladenbetreiber und Handwerker oder an Banken, um sie ›im Rialto‹, wie es damals hieß, einzusetzen. [...] In der Praxis wurden die Kredite zu einem festgesetzten Zinssatz in der Regel verlängert: 8 Prozent im Jahr 1330 und 5 Prozent nach dem Jahr 1340.«[60]

58 Ebd., S. 524.

59 Molly Greene: A shared world: Christians and Muslims in the early modern Mediterranean, Princeton 2000, S. 169.

60 Lane Venice and History, S. 60.

Die soziale Lage der meisten Seeleute verschlechterte sich, sie hatten nunmehr den Status von niedrig bezahlten Lohnarbeitern. Parallel dazu kam es auf den Schiffen zu einer verstärkten Diversifizierung der Arbeitsaufgaben und zu einem zunehmenden Auseinanderklaffen der Verdienste – also zwischen dem, was Offizieren und spezialisierten Seeleuten gezahlt wurde, und dem, was die große Masse der Ruderer und andere ungelernten Arbeitskräfte erhielt.

> »Ein Ruderer, ein *galeotto*, zu sein, der nur damit seinen Lebensunterhalt verdiente, wurde zu einem Zeichen der Minderwertigkeit, aber es war gerade diese niedrige Arbeit, die am meisten nachgefragt war. Wenn der Staat Handelsgaleeren für Fahrten nach Flandern, dem Schwarzen Meer und Zypern-Armenien mietete, etwa ein halbes Dutzend für jede Fahrt, so brauchten diese Schiffe nahezu 3000 Ruderer. [...] Aber während sich die industriellen Möglichkeiten innerhalb der Stadt erweiterten, waren Lohn und Arbeitsbedingungen auf der Galeerenbank nicht so geartet, dass sie viele Venezianer anzogen.«[61]

Der Sold eines gewöhnlichen Ruderers im Venedig des 14. Jahrhunderts betrug weniger als 25 Dukaten im Jahr, vergleichbar mit dem Lohn eines ungelernten Steinmetzes, während Bogenschützen um die 30 Dukaten im Jahr verdienten. Steuermänner (*nauclerii*) erhielten zwischen 45 und 50 Dukaten und die Kapitäne der Galeeren zwischen 90 und 100 Dukaten jährlich. Auf ein Jahresgehalt von 100 Dukaten kam im Durchschnitt auch ein Schiffszimmermann, der als Werkmeister in Venedigs Arsenal beschäftigt war.[62]

Diverse politische Interventionen und andere Veränderungen im 14. Jahrhundert führten somit zur Herausbildung eines ausgedehnten Proletariats auf den Schiffen. Auf den venezianischen Handelsschiffen wurde die kapitalistische Produktionsweise zur dominanten Ausbeutungsform, aus der unechten Bourgeoisie der Schiffseigentümer und Kaufleute ein Teil der kapitalistischen Klasse. Eine wesentliche Folge der Proletarisierung von Ruderern und einfachen Seeleuten war, wie erwähnt, dass das Angebot an Arbeitskräften, die für die niedrigen Aufgaben auf den Schiffen zur Verfügung standen, deutlich zurückging. Der venezianische Staat griff, um das Problem zu lösen, zu verschiedenen Methoden der Zwangsrekrutierung: Von den venezianischen Behörden beauftragte Drückerkolonnen schafften Zwangsarbeiter aus Kreta und Dalmatien nach Venedig; zur gleichen Zeit wurden Kriegsgefangene als

61 Lane: Seerepublik Venedig, S. 257.

62 Lane: Venice and History, S. 267; Lane: Seerepublik Venedig, S. 514. – »Als Vergleich dazu mag angeführt werden, dass Schriftsteller, die den Reichtum Venedigs rühmten, einen Adeligen mit einem Einkommen von 1000 Dukaten im Jahr als wohlhabend ansahen und jemanden als wirklich reich bezeichneten, wenn er 10 000 Dukaten verdiente.« (Ebd., S. 513)

Galeerensklaven und Sklaven aus der Schwarzmeerregion als Ruderer eingesetzt. Neben der kapitalistischen Ausbeutung kam es auf den venezianischen Handelsschiffen zu einer Wiederbelebung der auf Sklaverei beruhenden geldvermehrenden Produktionsweise.

Wie in Kapitel 7 ausgeführt, fiel die Entstehung des Kapitalismus mit der Inklusion‹ des direkten persönlichen Zwangs in das ökonomische Verhältnis als solchem zusammen. Der Zwang nahm die Form »freier Arbeit« an. In fast allen Fällen, in denen es an einem Angebot »freier Arbeit« mangelte, erlebten Formen der Zwangsarbeit und vor allem die auf Sklaverei beruhenden geldvermehrende Produktionsweise eine Wiederbelebung als »notwendige« Manifestationen des »Unternehmertums«.

10.3.4 Staatsverschuldung und kapitalistische Finanzen

Die genuesisch-venezianischen Kriege verlangten Ausgaben für die venezianischen Streitkräfte in einer Höhe, die der Stadtstaat nicht mithilfe der üblichen Maßnahmen (Erhöhung der indirekten Steuern, Zölle, Gebühren etc.) schultern konnte. Deswegen griff die Kommune bereits 1262, mitten im ersten Krieg gegen Genua, auf das Mittel von Zwangsanleihen zurück, mit denen die reichsten Einwohner der Stadt einen Teil der Militärausgaben finanzieren sollten.

Das eingeführte System sah vor, alle Bewohner mit einem Vermögen von mehr als 300 Dukaten zu einer Kreditvergabe an den Staat zu verpflichten. Dem ging eine entsprechende Schätzung der Vermögen alle Einwohner durch die Behörden voraus. Personen, die das Kriterium erfüllten, sollten 24 Prozent ihres Vermögens dem Staat zur Verfügung stellen. Allerdings wurde das Vermögen »mit nur etwa einem Drittel seines wirklichen Wertes erfasst«,[63] was bedeutete, dass die Wohlhabenden nur mit acht Prozent ihres angegebenen Vermögens zur Finanzierung der Staatsverschuldung beitrugen. Das einzige erhalten gebliebene Dokument, das einen Eindruck von den damaligen Vermögensschätzungen vermittelt, stammt aus dem Jahr 1379. Unter den 2128 Personen (das waren ein Achtel aller Haushaltsvorstände von Venedig), die in diesem Jahr als reich oder wohlhabend eingeschätzt wurden, waren 1211 Adlige und 917 Bürgerliche.

> »Wirklich schwerreich waren 91 Adelige und 26 Bürgerliche mit Veranschlagungen, die erkennen lassen, dass ihr wirkliches Vermögen zwischen 10 000 und 150 000 Dukaten lag.«[64]

Der Staat führte mit diesem System ein entsprechendes Amt ein, die *camera degli imprestiti* (später umbenannt in *monte vecchio*), dem die

63 Ebd., S. 281.
64 Ebd., S. 233.

Verwaltung der Zwangsanleihen oblag. Es zahlte allen Gläubigern einen jährlichen Zins von fünf Prozent, in der Regel in zwei Raten. Zur selben Zeit entstand ein Sekundärmarkt, der es den Inhabern von Staatsanleihen ermöglichte, diese an andere »Investoren« weiterzuverkaufen. Daraus entwickelte sich ein Finanzmarkt, da die Anleihen des *monte vecchio* für viele Geldeigentümer zu einer interessanten »Investmentoption« wurden. Parallel dazu florierte die Spekulation mit Staatsanleihen, da ihr Preis mit sich ändernden wirtschaftlichen und geopolitischen Rahmenbedingungen schwankte. Nach Marx war es dieses System der Staatsschulden, das den Weg bereitete für den Aufstieg des Kapitalismus. Venedigs herrschende Klasse der »Geldvermehrer« war die erste, die ein solches System einführte:

> »Das System des öffentlichen Kredits, d.h. der Staatsschulden, dessen Ursprünge wir in Genua und Venedig schon im Mittelalter entdecken, nahm Besitz von ganz Europa während der Manufakturperiode. [...] Die öffentliche Schuld wird einer der energischsten Hebel der ursprünglichen Akkumulation. Wie mit dem Schlag der Wünschelrute begabt sie das unproduktive Geld mit Zeugungskraft und verwandelt es so in Kapital. [...] Die Staatsgläubiger geben in Wirklichkeit nichts, denn die geliehene Summe wird in öffentliche leicht übertragbare Schuldscheine verwandelt, die in ihren Händen fortfungieren, ganz als wären sie ebenso viel Bargeld. Aber auch abgesehn von der so geschaffnen Klasse hat die Staatsschuld die Aktiengesellschaften, den Handel mit negoziablen Effekten aller Art, die Agiotage emporgebracht, in einem Wort: das Börsenspiel und die moderne Bankokratie.«[65]

Das venezianische System der Finanzierung der Staatsschulden über Anleihen funktionierte mehr als ein Jahrhundert lang nahezu reibungslos. Es zog sogar Geld aus dem Ausland an. Der Stadtstaat Venedig war die ganze Zeit dazu in der Lage, den Inhabern der Staatsanleihen einen Festzins zu zahlen und das Verschuldungsniveau in überschaubaren Grenzen zu halten. Mehr als drei Jahrhunderte vor den Briten war es somit den Venezianern gelungen, ein zuverlässiges und stabiles System der »Staatsverschuldung« zu schaffen und auf dieser Grundlage auch einen privaten Finanzmarkt zu etablieren.[66]

Die Höhe der venezianischen Staatsanleihen stieg von 5770 Dukaten im Jahr 1255 (noch vor der Einführung der Zwangsanleihen) auf 154 000

65 Marx: Das Kapital I, MEW, Bd. 23, S. 782f.

66 »Ein Großteil der Innovationen in Westeuropa fand in wenigen städtischen Finanzzentren statt, darunter Venedig und Genua im Mittelalter, Antwerpen und Amsterdam im 16. und 17. Jahrhundert sowie London, Paris und Berlin im 18. und 19. Jahrhundert.« (Philip T. Hoffman/Gillel Postel-Vinay/Jean-Laurent Rosentahl: Surviving Large Losses: Financial Crises, the Middle Class, and the Development of Capital Markets, Cambridge [USA]/London 2007, S. 129.)

Dukaten im Jahr 1279 infolge des ersten Kriegs gegen Genua an und schließlich auf 1,1 Millionen Dukaten im Jahr 1313, kurz nach Ende des zweiten genuesisch-venezianischen Kriegs. 1343 betrug sie nur noch 423 000 Dukaten, nachdem die Regierung dazu übergegangen war, Anleihen zurückzukaufen, insbesondere in Phasen des Preisverfalls.[67] Während des vierten Kriegs gegen Genua erreichte die Staatsverschuldung einen vorläufigen Höhepunkt: 3,27 Millionen Dukaten im Jahr 1379 und 4,73 Millionen Dukaten im Jahr 1381.[68] Dieser Krieg und die Belagerung Venedigs durch feindliche Mächte lösten eine größere Finanzkrise aus. Der Stadtstaat führte daraufhin gegenüber seiner wohlhabenden Bevölkerung eine Abgabepflicht in Höhe von 107 Prozent ihres erfassten Vermögens ein. Bald darauf konnte er jedoch seiner Verpflichtung zur Zinszahlung nicht mehr nachkommen. Erstmals seit der Gründung des *monte vecchio* geriet er gegenüber seinen Gläubigern in Zahlungsverzug. Auf dem Sekundärmarkt brachen daraufhin die Anleihekurse zusammen und die Zinsen stiegen dramatisch an.

> »Das System der Zwangsanleihen, das in der Vergangenheit gut funktioniert hatte, wurde jetzt für die Familien mit großem Besitz an Regierungsobligationen zu einer Katastrophe. Der Monte Vecchio blähte sich binnen zweier Jahre von drei auf etwa fünf Millionen Dukaten auf. Die Zwangsabgaben betrugen 107 Prozent der Veranschlagung, was etwa ein Viertel bis ein Drittel der bekannten Vermögenswerte ausmachte. Der angesammelte Familienbesitz an Regierungsobligationen und sogar Grundbesitz wurden auf den Markt geworfen, um das nötige Bargeld für diese Abgaben flüssig zu machen. Zum ersten Mal kam es zu einem katastrophalen Sturz des Marktpreises der Obligationen. Er fiel von 92,5 im Jahr 1375 auf 18 im Jahr 1381, als die Zinszahlungen ausgesetzt wurden. Grundstückspreise fielen gleichfalls drastisch, da die Regierung den Besitz von säumigen Zahlern für verfallen erklärte und beschlagnahmte.«[69]

Inmitten der schlimmsten wirtschaftlichen und politischen Turbulenzen erreichte die Spekulation ein bis dahin unbekanntes Niveau. Personen mit Geldvermögen, darunter auch Einwohner Venedigs, die nicht als wohlhabend eingeschätzt worden waren und daher keine Staatsanleihen hatten kaufen müssen, bereicherten sich, als die Finanz- und Staatsschul-

67 »Mittels ihres Systems der Zwangsanleihen konnten sie ohne Weiteres das Geld aufbringen, um ganze Flotten zu heuern, ohne die Hilfsmittel ihrer Reichen übermäßig in Anspruch zu nehmen.« (Lane: Seerepublik Venedig, S. 269) »Anstatt Rückzahlungen alter Emissionen vorzunehmen, legte die Regierung einen Tilgungsfonds an, um Obligationen zu kaufen, wenn die Preise niedrig waren.« (Ebd., S. 281)

68 Lane: Venice and History, S. 88.

69 Lane: Seerepublik Venedig, S. 299.

denkrise nach 1382 langsam abzuflauen begann. Sie kauften große Mengen an billigen Staatsanleihen in der Aussicht auf hohe Renditen, wenn die Anleihekurse wieder steigen sollten.[70] Das gleiche Szenario wiederholte sich 50 Jahre später, als Venedig Angriffskriege gegen die Langobarden führte (siehe Kapitel 11).

Venedigs Staatshaushalt und die Finanzmärkte erholten sich langsam wieder, nachdem der vierte genuesisch-venezianische Krieg vorbei war. Im Jahr 1382 nahm der Stadtstaat die Zinszahlungen an seine Gläubiger wieder auf, diese waren ab dieser Zeit jedoch »einer Quellensteuer unterworfen, die für einige Kategorien von Steuerzahlern 4 Prozent und [für] andere 3 Prozent betrug«.[71] Hoffman u.a. kommen in »Surviving Large Losses«, ihrer vergleichenden historischen Untersuchung von bedeutsamen Finanzkrisen, zu dem Schluss, dass das Vorhandensein einer breiten Mittelschicht entscheidend ist, um »gigantische Verluste überleben« und das finanzielle Gleichgewichts wiederherstellen zu können.[72] Wichtig sind Mittelständler, die über ausreichend Sicherheiten (Immobilien oder Geschäfte/Unternehmen) verfügen, um Kredite aufnehmen und über den Kauf von Anleihen auch die Staatsverschuldung finanzieren zu können. Dies traf auf jeden Fall auf Venedig im späten 14. Jahrhundert zu. Damals gab es eine große Menge an mittleren und höheren Staatsbeamten, wohlhabenden Handwerkern und Manufakturbetreibern, kleinen und mittleren Händlern, Werkmeistern, Ladenbesitzern etc., die in den auf den vierten Krieg gegen Genua folgenden Monaten intensiv mit Staatsanleihen spekulierten und damit zur Erholung des öffentlichen Haushalts von Venedig beitrugen. Bis zum Jahr 1402 war die ausstehende Staatsverschuldung Venedigs auf 3,6 Millionen Dukaten zurückgegangen und der Preis der Staatsanleihen hatte sich auf 66 Prozent ihres Nennwerts erhöht.[73]

> »Es ist wenig überraschend, dass die frühen Finanzzentren (Venedig und Genua im Mittelalter, Antwerpen und Amsterdam im 16. und 17. Jahrhundert) Städte waren, in denen Angehörige der ›Mittel-

70 »Wenn man in einer Situation, in der der Krieg tobt, Staatsanleihen kauft, geht man damit offensichtlich ein Risiko ein, nämlich das Risiko, dass der betreffende Staat irgendwann keine Zinsen mehr zahlen kann. Andererseits setzt man vielleicht darauf, dass die Zinsen auf den *Nennwert* der Anleihe gezahlt werden, sodass man, wenn man eine fünfprozentige Anleihe zu nur zehn Prozent ihres Nennwertes kauft, eine stattliche Rendite von 50 Prozent erzielen kann. Grundsätzlich erwartet man eine Rendite, die in einem Verhältnis zu dem eingegangenen Risiko steht. [...] Es ist kein Zufall, dass Venedig im Jahr 1499, als es sowohl auf dem Festland in der Lombardei als auch auf der See in einen Krieg gegen das Osmanische Reich verwickelt war, in eine ernsthafte Finanzkrise geriet, nachdem die Anleihewerte abgestürzt und die Zinsen in die Höhe geschossen waren.« (Niall Ferguson: The Ascent of Money: A Financial History of the World, London 2008, S. 73)

71 Lane: Venice and History, S. 87.

72 Hoffman u.a.: Surviving Large Losses.

73 Lane: Venice and History, S. 87. »Aber in der Zwischenzeit hatte sich im Besitz von Regierungsobligationen und Grundbesitz eine große Verschiebung zugetragen.« (Lane: Seerepublik Venedig, S. 300)

> schicht‹ – vorwiegend Kaufleute – einen beträchtlichen politischen Einfluss hatten. Finanzvermittler wie Bankiers waren ebenfalls einflussreich, aber sie wollten vor allem den bürgerlichen Kaufleuten und Händlern dienen. Die Mittelschicht in den frühen Finanzzentren verfügte über ausreichend Macht, um die Regierung zur Unterstützung der Finanzmärkte zu bewegen.«[74]

Der Handel in Venedig kehrte zu früherer Blüte zurück,[75] und auch sein privates Finanzwesen, das von der frühen Einführung von Staatsanleihen profitiert hatte, gedieh. Es waren in erster Linie die zahlreich in der Gegend von Rialto ansässigen Händler, die an der Wende vom 13. zum 14. Jahrhundert mit ausländischem Geld den Aufbau von Privatbanken vorantrieben, die Einlagen entgegennahmen und Kredite gewährten.[76] Im 14. Jahrhundert führten diese venezianischen Privatbanken das Giro-Banking ein, »eine geniale Art und Weise, die Kosten für Münzen einzusparen«.[77] Es ermöglichte Zahlungen und bot Kredite über die Überweisung von Einlagen von einem Konto (dem eines Kunden oder der Bank) auf ein anderes Konto an.[78] Auch der Verbraucherkredit kam im gleichen Zeitraum auf: »Kredite an Verbraucher waren festverzinst und abgesichert.«[79]

Zu den Kreditformen, die ab dem frühen 14. Jahrhundert rasch Einzug in das wirtschaftliche Leben Venedigs hielten, gehörten zudem Wechsel[80]

74 Hoffman u.a.: Surviving Large Losses, S. 183.

75 »Die Hauptsorge war, die Handelsströme [...] wieder in Fluss zu bringen. Wie stets widmete man besondere Aufmerksamkeit dem Transport wertvoller Güter, die hohe Gewinne und Zollgebühren abwarfen, und zu diesem Zweck wurden wieder Handelsgaleeren nach Romania, Beirut, Alexandria und Flandern ausgeschickt.« (Lane: Seerepublik Venedig, S. 300)

76 »Es ist hinreichend geklärt, dass das private Bankwesen in Venedig als Zusatz zum *campsores* [venezianischer Ausdruck für Geldwechsler; J.M.] und zum Handel mit ausländischem Geld begann. In einer Stadt mit einem so umfangreichen und vielfältigen Handel mit so vielen Ländern nahmen diese Händler automatisch eine wichtige Stellung ein. Sie befanden sich immer in der Nähe des ständig in Bewegung befindlichen Zahlungsstroms. [...] In einem Gesetz vom 24. September 1318 wurde jedoch [...] der Erhalt von Einlagen der Lagerstätten als bestehende Praxis anerkannt und eine bessere Sicherheit zugunsten der Einleger versprochen. [...] Irgendwann in den Jahren zwischen 1270 und 1318 wurden aus den Geldwechslern Bankiers, und zwar mithilfe einer ganz ähnlichen Methode, mit der die gleiche Klasse von Männern in Amsterdam ein paar Jahrhunderte später und noch später die Londoner Goldschmiede zu Bankiers werden sollten.« (Charles F. Dunbar: The Bank of Venice, in: The Quarterly Journal of Economics 3/1892, S. 10f.) »Es entwickelt sich der Geldhandel, der Handel mit der Geldware, daher zunächst aus dem internationalen Verkehr. Sobald verschiedne Landesmünzen existieren, haben die Kaufleute [begonnen], ihre Landesmünze in die Lokalmünze umzusetzen und umgekehrt, oder auch verschiedne Münzen gegen ungemünztes reines Silber oder Gold als Weltgeld. Daher das Wechselgeschäft, das als eine der naturwüchsigen Grundlagen des modernen Geldhandels zu betrachten ist. Es entwickelten sich daraus Wechselbanken, wo Silber (oder Gold) als Weltgeld – jetzt als Bankgeld oder Handelsgeld – im Unterschied zur Kurantmünze fungieren. [...]. In England fungierten noch während des größten Teils des 17. Jahrhunderts die Goldschmiede als Bankiers.« (Marx: Das Kapital III, MEW, Bd. 25, S. 329f.)

77 Hoffman u.a.: Surviving Large Losses, S. 143.

78 »Die Hauptfunktion [...] war die Durchführung von Zahlungen namens [der] Kunden« einer Bank (Lane: Seerepublik Venedig, S. 227).

79 Lane: Venice and History, S. 67.

80 Lane: Seerepublik Venedig, S. 226ff.

und *maonas*, erste Aktiengesellschaften, die ursprünglich von genuesischen Abenteurern[81] im 14. Jahrhundert erfunden worden waren und bald darauf von den Venezianern nachgeahmt wurden, um im Seehandel für bestimmte Güter oder für den Handel auf bestimmten Routen ein Monopol durchzusetzen.[82] Es soll im 14. Jahrhundert auch schon Termingeschäfte gegeben haben, während aus den 1350er-Jahren »der Abschluss von Versicherungen mit Prämien zwischen 15 und 20 Prozent der Versicherungssumme« bekannt ist.[83] Ende des 14. Jahrhunderts nahm Venedigs Finanzwesen zweifelsohne selbst im Vergleich zu anderen wirtschaftlich überaus erfolgreichen italienischen Stadtstaaten eine Spitzenposition ein.

> »Damalige Wirtschaftszentren in Italien wie Pisa oder das nahegelegene Florenz erwiesen sich als fruchtbare Böden für [...] finanzielle Unternehmungen und Experimente. Venedig war jedoch stärker als die anderen Städte orientalischen Einflüssen ausgesetzt. Vermutlich hat es sich deswegen zu Europas wichtigstem Kreditlabor entwickelt. Es ist kein Zufall, dass der [in der westlichen Literatur] berühmteste Geldverleiher und Kaufmann in Venedig tätig war.«[84]

Der venezianische Staat hat sich wiederholt um die Regulierung des privaten Bank- und Finanzwesens bemüht, indem er zum Beispiel Zinsobergrenzen verhängte und durchzusetzen versuchte[85] oder in manchen Fällen bestimmte Finanzaktivitäten einschränkte. Hin und wieder hat die Kommune Venedig sogar so getan, als würde sie sich an die päpstlichen Dekrete gegen »Wucher« halten.[86] All diese Bemühungen waren jedoch

81 Die Insel Chios befand sich ab 1346 unter Kontrolle »eines kommerziellen Handelsunternehmens aus Genua, den Maona der Justinianer. [...] Es ist das erste Beispiel einer Handelsaktiengesellschaft, das wir in der Geschichte [...] finden, die alle Aufgaben eines souveränen Staates wahrnahm.« (George Finlay: A History of Greece, Bd. 5: Greece Under Ottoman and Venetian Domination, Oxford 2013, S. 70f.) Die Maona der Justinianer (oder Giustiniani) auf Chios verfügten zusammen über ein Kapital von 2300 Aktien, von denen jede einen Wert von 100 *genuini* oder genuesischen Lira hatte (Georgios I. Zolotas: Istoria tis Chiou [Geschichte von Chios], Bd. B, Athen 1924, S. 329).

82 Lane: Venice and History, S. 50ff.

83 Ferguson: The Ascent of Money, S. 185.

84 Ebd., S. 33.

85 »In den 1380er- und 1390er-Jahren hieß es, jüdische Bankiers hätten falsche Angaben gemacht, indem sie sie behaupteten, sich von doppelt so viel Geld getrennt zu haben, wie sie sich zuvor tatsächlich geliehen hatten. Die Zinsraten waren in Wirklichkeit doppelt so hoch, wie sie erschienen.« (Brian Pullan: Jewish Bankers and Monti di Pietà, in: Robert C. Davis/Benjamin Ravid [Hrsg.]: The Jews of Early Modern Venice, Baltimore/London 2001, S. 53–72, hier S. 68)

86 »Eine Rechtsgrundlage für diese verzinsten Einlagen wurde im Jahr 1301 geschaffen, als eine Kommission Vorschriften zur Verhinderung von vier Arten illegaler Geldgeschäfte erließ: Dies betraf den Verkauf von Devisen, den Kauf oder Verkauf von Waren auf Kredit, den Handel mit Termingeschäften und die Verzinsung von Geld (*ad presam*). In allen vier Fällen waren die gewährten Ausnahmen wichtig [...]. Geld konnte nur bei einer Bank oder einem anderen Unternehmen verzinst werden, von dem allgemein bekannt war, dass es Geld gegen Zinsen verlieh. [...] Zweifelsohne haben diese Regeln nur Praktiken gebilligt oder vielleicht auch eingeschränkt, die bereits im 13. Jahrhundert gang und gäbe waren. Viele Verträge und Gerichtsakten doku-

nur zum Teil von Erfolg gekrönt. Dem Expansionsdrang des privaten Finanzsektors in Venedig wurde nur durch Finanzkrisen temporär Einhalt geboten, meist verursacht durch politische Ereignisse wie etwa den vierten venezianisch-genuesischen Krieg, der den Markt für Staatsanleihen zwischen 1379 und 1381 zusammenbrechen ließ.

* * *

Gegen Ende des 14. Jahrhunderts hatte sich ein entscheidender gesellschaftlicher Wandel in Venedig vollzogen. Kapitalistische soziale Beziehungen wie die Unterordnung der Lohnarbeiter unter die Herrschaft des Kapitals bestimmten nun die entscheidenden Wirtschaftsbereiche: Zunächst galt dies für den Bereich der Güterherstellung. Parallel zur Gründung von (für diese historische Epoche) gigantischen, staatlich organisierten kapitalistischen Manufakturen fand in diesem Bereich zugleich die Überführung von kleinen, von Handwerksmeistern geleiteten Werkstätten in mittelständische kapitalistische Unternehmen statt. Im Bereich der Schifffahrt kam es darüber hinaus zu einer Proletarisierung, von der die Mehrzahl der Seeleute betroffen waren. Die Herausbildung eines kapitalistischen Finanzwesens, begünstigt durch ein System von Staatsanleihen zur Finanzierung öffentlicher Verschuldung, vervollständigt das Bild einer Gesellschaft, in dem sich das Kapitalverhältnis durchgesetzt hatte.

Hierbei handelte es sich nicht um den »Übergang vom Feudalismus zum Kapitalismus«, sondern eher um das Wirksamwerden einer aleatorischen Begegnung zwischen einer staatlich organisierten vorkapitalistischen herrschenden Klasse von Geldeigentümern und einem Proletariat, das sich unter den städtischen Armen schnell ausbreitete.

mentieren, dass solche Praktiken im darauffolgenden Jahrhundert weiterhin Bestand hatten.« (Lane: Venice and History, S. 65)

Teil III

Nach der aleatorischen Begegnung: die Reproduktion des Kapitalismus in erweiterter Form

11 —— Venedig an der Seite der neuen kapitalistischen Mächte

11.1 Venedig und der Kapitalismus in der Geschichtswissenschaft und in der marxistischen Literatur

Bei der Frage nach der Herausbildung eines Gesellschaftssystems geht es, wie in der Einleitung dieses Buches dargelegt, immer auch um die Entstehung und Konsolidierung einer bestimmten Gesellschaftsstruktur und darum, wie sich dessen konstitutive Elemente in einer historisch einzigartigen Konfiguration von Klassenherrschaft und Ausbeutung durchsetzen konnten. In Teil II dieses Buches (insbesondere in Kapitel 9 und 10) habe ich dargestellt, wie sich der Kapitalismus als soziales System gegen Ende des 14. Jahrhunderts in der venezianischen Gesellschaft auszubreiten und diese zu dominieren begann. Dieser Prozess verdankte sich einer Reihe von historischen Kontingenzen. Diese machten aus einer bereits stark monetarisierten vorkapitalistischen Gesellschaft eine Gesellschaftsformation, in der die kapitalistische Produktionsweise zur *vorherrschenden* wurde, indem sie einerseits die Masse der Arbeiter in lohnabhängige Proletarier verwandelten und andererseits ihre auf Geldvermehrung setzenden vermögenden Taskmaster und Arbeitgeber in kapitalistische Gewerbetreibende, Händler und Reeder. Nach meinem Wissen und Verständnis fand diese Transformation von Arbeitern in Proletarier und von Geldvermehrern in Kapitalisten zuallererst in Venedig statt, und zwar inmitten einer kriegsbedingten Krise.[1]

In demselben Transformationsprozess nahmen alle anderen grundlegenden Elemente des Kapitalismus als Sozialsystem Gestalt an (siehe auch Kapitel 1): die fortschreitende Monetarisierung von Wirtschaft und Gesellschaft; die Herausbildung von Großunternehmen in allen wesentlichen Sektoren der Ökonomie aufgrund der Kapitalkonzentration, was die anschließende Ablösung des Kapitalisten vom Arbeitsprozess als

1 »Obgleich die ersten Anfänge kapitalistischer Produktion uns schon im 14. und 15. Jahrhundert in einigen Städten am Mittelmeer sporadisch entgegentreten, datiert die kapitalistische Ära erst vom 16. Jahrhundert.« (Marx: Das Kapital I, MEW, Bd. 23, S. 743) Marcus Rediker schreibt dazu treffend in Reaktion auf Sean T. Cadigan: »Ja, der Kapitalismus ›setzte sich in bestimmten Teilen des Produktionsprozesses viel früher als in anderen durch‹, und ich sehe nicht, wie Cadigan von etwas anderem ausgehen kann, es sei denn, er meint, Produktionsweisen erschienen wie Minerva ganz plötzlich und in ihrer endgültigen voll ausgebildeten Form auf der historischen Bühne.« (Rediker: Common Seamen, S. 341)

solchen mit sich brachte; kapitalistischer Wettbewerb im Innern der Gesellschaftsformation, der periodisch immer wieder für eine Umverteilung von Kapital und Reichtum unter den großen Wirtschaftsakteuren sorgte, trotz monopolfördernder und protektionistischer Maßnahmen zum Schutz vor rivalisierenden Staaten; die Entwicklung eines kapitalistischen Finanzsektors auf der Grundlage sich erweiternder Staatsverschuldung und damit einhergehend eines sekundären Anleihemarkts; sowie die Errichtung eines Staats, der die Interessen des gesellschaftlichen Gesamtkapitals von Venedig zu repräsentieren wusste und einen »laizistischen« (»republikanischen«) ideologischen Rahmen schuf, der die Zustimmung der Bevölkerung zum Herrschaftssystem und damit den gesellschaftlichen Zusammenhalt beförderte (siehe Kapitel 12).

Trotz vielfältiger Bedrohungen und Anfeindungen gelang es Venedig, bis 1797 ein unabhängiger Staat zu bleiben, der sich erst Napoleons Armeen beugen musste. Bis zu seinem Ende blieb Venedig, wie ich in diesem Kapitel nachzeichnen werde, eine kapitalistische Gesellschaftsformation, obwohl es ab dem 16. Jahrhundert seine Vormachtstellung in Europa in politischer und wirtschaftlicher Hinsicht zusehends einbüßte. Damals setzten sich in ganz Westeuropa kapitalistische Gesellschaftsverhältnisse durch und entstanden neue Wirtschafts- und Militärmächte. Es versteht sich von selbst, dass sich das kapitalistische Venedig vom Ende des 18. Jahrhunderts in vielerlei Aspekten vom kapitalistischen System Venedigs am Ende des 14. Jahrhunderts unterschied und auch vom Kapitalismus, wie wir ihn heute kennen. Und doch handelt(e) es sich damals und heute um ein *kapitalistisches Gesellschaftssystem,* um ein System mit bestimmten strukturellen Merkmalen, die sich vom Verhältnis Kapital und Lohnarbeit ableiten.

Das, was meine Analyse gegenüber den Arbeiten anderer Autoren auszeichnet, die wie ich in Venedig die Wiege des Kapitalismus sehen, ist meine Unterscheidung zwischen kapitalistischen und nicht-kapitalistischen Formen des geldvermehrenden »Unternehmertums«. Zu den Letzteren gehören aus meiner Sicht die auf Sklaverei beruhende geldvermehrende Produktionsweise (siehe Kapitel 7) und die kontraktuelle geldvermehrende Produktionsweise als Ausdruck der Bestrebungen der venezianischen unechten Bourgeoisie (siehe Kapitel 10), wie es sie auch in anderen italienischen Stadtstaaten gab. Das wichtigste Kennzeichen von kapitalistischen in Abgrenzung zu nicht-kapitalistischen geldvermehrenden Aktivitäten ist die Durchsetzung des Lohnverhältnisses als Hauptform der Vergütung von Arbeitern, die der Herrschaft der Geldbesitzer unterworfen sind – oder in anderen Worten: die Einschreibung »persönlichen Zwangs in das ökonomische Verhältnis an sich«.[2]

2 Vgl. ebd.

Die von mir zitierten Autoren differenzieren nicht zwischen verschiedenen Formen des »Unternehmertums«, sondern begreifen sie allesamt als kapitalistisch. Dementsprechend behaupten sie, der Kapitalismus habe seinen Durchbruch in fast allen norditalienischen Stadtstaaten, die schwerpunktmäßig dem Gewerbe und Handel nachgingen, bereits im 12. und 13. Jahrhundert (oder noch früher) erlebt. Ein Beispiel ist Fernand Braudel. Er spricht von der Existenz kapitalistischer Verhältnisse im 13. Jahrhundert, obwohl er doch derjenige war, der zu Recht festgestellt hat, dass es Unternehmungen geben kann, die sich »auf dem Weg zum Kapitalismus befinden«, »aber noch nicht kapitalistisch« sind.[3] In seinem berühmten Hauptwerk »Sozialgeschichte des 15.–18. Jahrhunderts« schreibt er:

> »In meinen Augen kann kein Zweifel daran bestehn, dass in diesem Fall Sombart recht hat. Florenz ist bereits im 13. und erst recht im 15. Jahrhundert eine kapitalistische Stadt, welchen Sinn man diesem Wort auch immer beilegen mag. [...] Nicht ganz so selbstverständlich erscheint, dass er seine ganze Untersuchung auf diese eine Stadt aufbaut (Oliver C. Cox[4] plädiert [...] ebenso überzeugend für Venedig im 11. Jahrhundert).«[5]

Frederic C. Lane, der mehrere Werke über die Geschichte Venedigs verfasst hat, hebt an einer Stelle hervor, Venedig sei der erste Stadtstaat auf dem Weg zum Kapitalismus gewesen,[6] vertritt an anderer Stelle die These, der Kapitalismus habe sich »ab dem 12. und 13. Jahrhundert« in allen Staaten der italienischen Halbinsel durchgesetzt. Dies kommt daher, dass Lane ein recht weit gefasstes Kapitalismusverständnis hat und Kapitalismus mit allen Wirtschaftsformen identifiziert, die sich der Geldvermehrung auf Grundlage vorheriger Investitionen verschrieben haben.

3 Braudel: Sozialgeschichte, Bd. 2, S. 270; siehe auch Kapitel 7.

4 So, wie ich es verstanden habe, zieht Cox in dem von Braudel erwähnten Buch (Oliver Cromwell Cox: The Foundations of Capitalism, London 1959) so wie in anderen seiner Schriften Venedig eher als historisches Beispiel heran und sieht es nicht als Sonderfall. Cox an anderer Stelle: »Wir wissen natürlich nicht, wenn genau der Kapitalismus entstanden ist.« (Oliver Cromwell Cox: Caste, Class and Race: A Study in Social Dynamics, New York 1959, S. 144)

5 Braudel: Sozialgeschichte, Bd. 2, S. 641. – Im dritten Band seines Hauptwerks deutet Braudel die Errichtung eines venezianischen und genuesischen Kolonialsystems nach dem Vierten Kreuzzug (1204) als Beweis für einen bereits »fortgeschrittenen« Kapitalismus in beiden Gesellschaftsformationen. Er schreibt, Genua und Venedig hätten »als Kolonialmächte bereits ein fortgeschrittenes Stadium des Kapitalismus erreicht« (Braudel: Sozialgeschichte, Bd. 3, S. 125). Ähnlich sieht es Luciano Pellicani, der eine Verbindung zieht zwischen Venedigs »voll ausgebildetem Kolonialreich« und »dem venezianischen kapitalistischen Bürgertum, das nicht nur die herrschenden Klasse war, sondern auch die politische Macht innehatte. [...] Venedig war kein vereinzeltes Phänomen. Alle Handelsstädte des frühen Mittelalters wurden vom Bürgertum beherrscht.« (Pellicani: Genesis of Capitalism, S. 156)

6 »Unter allen mittelalterlichen Städten Europas war Venedig die erste, die kapitalistisch wurde, womit gemeint ist, dass seine herrschende Klasse ihren Reichtum in Form von kommerziellem Kapital – Bargeld, Schiffe und Waren – für ihren Lebensunterhalt einsetzte und ihre Regierungsmacht zur Erhöhung ihrer Gewinne nutzte.« (Lane: Venice and History, S. 57)

> »Im 12. und 13. Jahrhundert kam es zu einem kräftigeren allgemeinen Wachstum der Bevölkerung und zu einer Ausweitung des Handels [...]. Für die italienischen Stadtstaaten war dieses sogenannte Zeitalter des Glaubens aber auch ein Zeitalter des Kapitalismus, wenn wir unter Kapitalismus eine Gesellschaft verstehen, die so organisiert ist, dass man mit der Investition von Kapital Geld verdienen kann.«[7]

Jairus Banaji wiederum, dessen Untersuchung marxistische Konzepte und Überlegungen (siehe Kapitel 7) zugrunde liegen, scheint zu Schlussfolgerungen zu gelangen, die meinen recht ähnlich sind:

> »Im 14. Jahrhundert wurde Venedigs Wirtschaft vom Kapital *bestimmt*, wobei dieselben Familien den Handel, die Schifffahrt, das Finanzwesen und die Industrie kontrollierten. Dasselbe traf mehr oder minder auf Genua im 15. Jahrhundert zu.«[8]

Bei anderen Punkten vertritt er jedoch einen weniger eindeutigen Ansatz, vergleichbar mit dem von anderer in diesem Kapitel erwähnten Autoren. Es erscheint so, als würde auch Banaji Kapitalismus auf geldvermehrende Wirtschaftsaktivitäten reduzieren wollen, die bereits seit dem 12. Jahrhundert existierten.

> »Als grobe Periodisierung würde ich vorschlagen, dass wir das 12. bis 15. Jahrhundert als Phase des Wachstums des Kapitalismus in Europa (»mediterraner Kapitalismus«) begreifen und das 16. bis 18. Jahrhundert als Phase des von Unternehmen dominierten Kapitalismus, die durch brutalere Methoden der Akkumulation und des Wettbewerbs gekennzeichnet war.«[9]

Ein Verdienst von Banaji besteht allerdings darin, dass er sich von einer alten marxistischen Tradition absetzt, die dazu tendiert, Handelskapitalismus mit »Feudalismus« gleichzusetzen.

> »Es fällt mir aus logischen Gründen schwer sich vorzustellen, wie man die Geschichte des Kapitalismus mit einem Verständnis des Handelskapitals schreiben kann, das Marx explizit für die kapitalistischen Wirtschaftssysteme des 19. Jahrhunderts entwickelt hat. Wenn man

7 Ebd., S. 521.

8 Banaji: Theory as History, S. 260.

9 Ebd., S. 257f. – Banaji stellt genauso wie Braudel, Pellicani und andere einen Zusammenhang zwischen dem venezianischen (und genuesischen) Kolonialismus nach 1204 und der Herausbildung des Kapitalismus her: »Der Vierte Kreuzzug (1204) sicherte die venezianische Vorherrschaft über das östliche Mittelmeer und festigte *den Einfluss des rein kapitalistischen Elements in der herrschenden Oligarchie.*« (Ebd., S. 268, Hervorh. J.M.)

> sich die Praxis anschaut, dann ist dies leider weitgehend der Fall. Das prägnanteste Beispiel hierfür ist Maurice Dobb, der [...] versucht hat, die Ursprünge des Kapitalismus mithilfe von Faktoren nachzuvollziehen, die typisch für die Evolution in England waren. Wir haben es hier mit einer methodischen Sackgasse zu tun, mit einer schwindelerregenden Konfusion von Geschichte und Logik. Dies erklärt die einzigartige Unfähigkeit der von Dobb beeinflussten Marxisten, sich mit der Vergangenheit des Kapitalismus jenseits von offensichtlich so unhaltbaren Behauptungen wie der folgenden zu beschäftigen: ›Die Wiege des kapitalistischen Systems ist England. Nur in England entstand der Kapitalismus in der frühen Neuzeit als eine einheimische Volkswirtschaft‹ [Wood, Ellen Meiksins: The Pristine Culture of Capitalism, London 1991, S. 1].«[10]

Ich habe mich mit dieser zu Recht von Banaji und anderenkritisierten marxistischen Tradition explizit in Kapitel 5 dieses Buches auseinandergesetzt. An dieser Stelle will ich die Argumentation nicht wiederholen, sondern mich nur in Kürze kritisch mit einigen Schlussfolgern aus dieser Denkströmung befassen, die sich direkt auf Venedig und andere norditalienische Seerepubliken beziehen.

Perry Anderson hat in seiner Untersuchung der Rolle des absolutistischen Staates im Prozess des »Übergangs vom Feudalismus zum Kapitalismus« über das Scheitern der italienischen Stadtstaaten geschrieben und behauptet, sie seien nicht Teil dieses Prozesses gewesen. Obwohl sie durchaus absolutistische staatliche Strukturen und Politiken vorweisen konnten, hätten sie aufgrund ihrer frühreifen Entwicklung des »Handelskapitals« keinen »feudalen Nationalstaat« ausgebildet, der Voraussetzung für diesen Übergang gewesen sei.

> »Der absolutistische Staat entstand im Zeitalter der Renaissance. Ein Großteil seiner wesentlichen Techniken, administrativer und diplomatischer Art, wurde in Italien erprobt. Weshalb also entwickelt sich gerade dort niemals ein nationaler Absolutismus? [...] Der bestimmende Faktor für das Fehlen eines nationalen Absolutismus lag jedoch woanders: nämlich in der frühzeitigen Entwicklung des *Handelskapitals* in den

10 Ebd., S. 256. – Marcus Rediker, der sich ausführlich mit der Entstehung des maritimen Proletariats befasst hat, schreibt: »Nach meiner Analyse erzeugte ein Teil des Handelskapitals – traditionell als Kapital betrachtet, das nur in der Zirkulationssphäre operiert – notwendigerweise durch sich selbst Wert, indem es Lohnarbeit mobilisierte und ausbeutete, mehrheitlich die von handeltreibenden Seeleuten. Da ich unter ›Produktion‹ den Prozess verstehe, mit dem Wert geschaffen wird (das schließt also auch den Gütertransport ein), waren für mich die Seeleute im Zeitalter der handwerklichen (nicht der maschinellen) Produktion wertproduzierende Proletarier und somit Teil einer Arbeiterklasse, von der man lange Zeit annahm, sie hätte im ›Handelskapitalismus‹ überhaupt nicht existiert.« (Rediker: Common Seamen, S. 341) Und Rediker schlussfolgert: »Seeleute gehörten zur Gruppe der Arbeiter, die als Erste allein von ihrem Lohn leben mussten.« (Ebd., S. 338)

> norditalienischen Städten. Es verhinderte das Entstehen eines mächtigen *Feudal*staates auf nationaler Ebene. Der Reichtum und die Vitalität der lombardischen und toskanischen Städte standen jedem Bemühen um eine einheitliche feudale Monarchie im Weg, die die Grundlage für einen späteren Absolutismus hätte sein können.«[11]

In Kapitel 5 habe ich die Vorstellung von den »feudalen« Grundlagen des absolutistischen Staates infrage gestellt. Im Folgenden werde ich mich kritisch mit dem von Anderson behaupteten Zusammenhang zwischen »nationalem Feudalismus« und einem »frühzeitig ausgebildeten Handelskapital« befassen. Zunächst will ich jedoch der sich beharrlich haltenden These nachgehen, wonach der Kapitalismus auf der italienischen Halbinsel »gescheitert« sei, eine Schlussfolgerung, die auch häufig in jüngeren marxistischen Analysen zu finden ist.

Louis Althusser etwa formuliert die These vom »Scheitern des Kapitalismus« in Italien auf der Grundlage von Marx' theoretischem Konzept der Begegnung (dem »Gegenüber und In-Kontakt-Treten«) des Geldbesitzers mit dem Proletarier. Er behauptet, dass diese Begegnung hier nie wirklich gegriffen habe.

> »Wir können sogar noch weitergehen und unterstellen, dass *die Begegnung oftmals in der Geschichte stattgefunden hat, bevor sie im Abendland gegriffen hat*, aber mangels eines Elements oder mangels der Disposition der Elemente hat sie vorher nie ›gegriffen‹. Zeugen dafür sind etwa diese italienischen Staaten des 13. und 14. Jahrhunderts in der Poebene, wo es sehr wohl den Geldbesitzer gab, ebenso die Technologie und die Energie (Maschinen, die durch die hydraulische Kraft der Flüsse bewegt wurden) und die Arbeitskraft (arbeitslose Handwerker) und wo das Phänomen dennoch nicht ›gegriffen‹ hat. Zweifellos mangelte es dort (vielleicht ist dies eine Hypothese) an dem, was Machiavelli mit seinen Appellen an einen Nationalstaat verzweifelt gesucht hat, das heißt an einem inländischen Markt zur Absorption der möglichen Produktion.«[12]

Althusser vertritt hier im Grunde genommen eine extrem zugespitzte Position in der alten Binnenmarkt-Unterkonsumptions-Debatte, die von den sozialrevolutionären Narodniki im späten 19. Jahrhundert geführt wurde und unter anderem auf massive Kritik von Lenin gestoßen war (siehe Kapitel 3). Auch Robert Brenner hängt einem solchen Unterkonsumptionsansatz an, wenn er schreibt:

11 Anderson: Entstehung des absolutistischen Staates, S. 177.
12 Althusser: Philosophy of the Encounter, S. 198.

> »Entsprechend scheint die rückständige, weitgehend bäuerliche Landwirtschaft die Möglichkeit der Herausbildung eines bedeutenden Binnenmarkts in Italien selbst weitgehend ausgeschlossen zu haben.«[13]

Henry Heller wiederum scheint genauso wie Anderson von einem »politischen Versagen« der »Handelskapitalisten« auszugehen, das er dann auch noch mit Bezug auf ein angeblich bereits existierendes »Italien« begründet.

> »Mir scheint Andersons Argument, wonach das Scheitern des italienischen Kapitalismus politische Gründe hatte, letztendlich schlüssig zu sein. *Das Unvermögen Italiens*, sich zu einem frühen modernen Territorialstaat *zusammenzuschließen*, setzte der Entwicklung des Kapitalismus dort Grenzen. Zweifelsohne ging dieses Scheitern auf die stark lokal gebundene Macht der Handelskapitalisten zurück. Alle Kaiser oder Despoten, die während des späten Mittelalters versuchten, von oben eine auf Einheit abzielende Revolution anzustoßen, erlitten damit Niederlagen. Dieses Scheitern blockierte die Entstehung eines nationalen Binnenmarktes und einer nationalen politischen Einheit, *die Italien militärisch* und wirtschaftlich gegen ausländische Invasionen *hätte schützen* können.«[14]

Die eifrigste Verfechterin der These vom unproduktiven und nicht-kapitalistischen Charakter der venezianischen Wirtschaft und der Wirtschaft anderer italienischer Stadtstaaten ist Ellen Meiksins Wood.

> »In einem nicht-kapitalistischen Markt, wo der Handel nicht durch Preiskonkurrenz und kompetitive Produktion angetrieben wurde, sondern von unmittelbarer außerökonomischer Marktbeherrschung und vom Erfolg in außerökonomischer – insbesondere militärischer – Rivalität abhing, war der Handel mehr ein Nullsummenspiel, wo der Gewinn der einen Stadt der Verlust der anderen war.«[15]

Die von mir hier zitierten Autoren übersehen völlig die Zehntausenden von Seeleuten auf den Handelsschiffen Venedigs (Genuas, Pisas etc.) und fragen daher auch nicht nach den Herrschafts- und Ausbeutungsverhältnissen, denen diese unterworfen waren. Genauso wenig haben sie die

13 Brenner: Agrarian Structure, S. 67. – Auf das Argument der Narodniki, dass die Armut der Bauern die Herausbildung eines bedeutsamen Binnenmarkts und damit des Kapitalismus in Russland verhindert habe, antwortete Lenin: »›Eine Frage des inneren Marktes *als gesonderte selbstständige Frage, die unabhängig von der Entwicklungsstufe des Kapitalismus gestellt werden könnte*‹, gibt es überhaupt nicht.« (Lenin: Entwicklung des Kapitalismus, S. 634; siehe auch Kapitel 3)

14 Heller: Birth of Capitalism, S. 60, Hervorh. J.M.

15 Wood: Das Imperium des Kapitals, S. 75f.; vgl. auch dies.: Origins of Capitalism, S. 48; dies.: Das Imperium des Kapitals, S. 54, 56f. u. 65f.

Tausenden von Lohnarbeitern des Arsenals, der Münze und in den großen privaten Druckwerkstätten, Webereien oder Glasmanufakturen in Venedig, Florenz oder woanders in Nord- und Mittelitalien im Blick. Nur deswegen können sie behaupten, der Kapitalismus habe seinen Anfang im »ländlichen England« genommen. Was dabei völlig vernachlässigt wird, ist, dass die Wirtschaft Venedigs ab Ende des 16. Jahrhunderts vom Manufakturwesen beherrscht wurde und nicht mehr länger vom Seehandel wie in den vorangegangenen Jahrhunderten. Was jedoch noch abwegiger erscheint, ist der Versuch eines Marxisten, die alte merkantilistische Lehre wiederzubeleben, wonach der »Handel mehr ein Nullsummenspiel [war], wo der Gewinn der einen Stadt der Verlust der anderen« darstellte.[16] Die Geschichte zeigt jedoch, dass die größeren italienischen Stadtstaaten im Hochmittelalter und in der Renaissance alle reicher wurden.

11.2 Venedigs Vorherrschaft im 15. Jahrhundert

Im späten 14. Jahrhundert und während der ersten drei Jahrzehnte des 15. Jahrhunderts nutzte Venedig die internen Querelen in Genuas herrschender Klasse aus, um sein koloniales Imperium im östlichen Mittelmeerraum und in der Ägäis sowie in Dalmatien und Istrien (Stato da Màr) und auf dem italienischen Festland (Domini di Terraferma) mit allen Mitteln auszubauen.[17] Sowohl die Stato da Màr als auch die Domini di Terraferma unterstanden als Kolonialterritorien venezianischen Regierungsbeamten, deren Ziel es war, Venedigs militärische und ökonomische Vormachtstellung sicherzustellen (siehe auch Kapitel 10).[18] »Nur

16 Die Lehre vom Handel als einem »Nullsummenspiel« begreift Gewinn als »Gewinn durch Veräußerung«. Demnach findet ein »ungleicher Tausch« statt, bei dem die eine Partei *einen Gewinn* »durch Veräußerung« einer eigenen Ware erzielt, während die andere Partei einen *Verlust* in gleicher Höhe erleidet wie der Gewinn der ersten Partei. »Die Vorstellung, dass im Zirkulationsprozess Gewinn entsteht, findet sich in fast allen merkantilistischen Schriften [...]. Aus theoretischer Sicht bedeutete die Lehre vom ›Gewinn durch Veräußerung‹ daher eine vollständige Ablehnung jeder Lösung des allgemeinen Problems von Gewinn und Mehrwert.« (Rubin: A History of Economic Thought, S. 368) Wie in Kapitel 5.6 erläutert, stellt der kapitalistische Handel einen produktiven Prozess dar, der Wert und Mehrwert für den Eigentümer der Produktionsmittel (z.B. den kapitalistischen Schiffseigentümer) schafft. Trotz seiner Ambivalenzen (siehe Kapitel 5) schreibt Marx hierzu: »Transportindustrie, Aufbewahrung und Verteilung der Waren in einer distributablen Form« sind »als Produktionsprozesse zu betrachten [...], die innerhalb des Zirkulationsprozesses fortdauern.« (Marx: Das Kapital III, MEW, Bd. 25, S. 278f.)

17 »Venedigs Territorialreich und seine Bevölkerung wuchsen um mehr als das Doppelte in den 40 Jahren zwischen 1380 und 1420. Venedig weitete im Jahr 1386 seine Herrschaft auf Korfu und die auf dem Festland gelegenen Stadt Butrinto aus, 1388 kamen Argos, Nauplion und Andros hinzu, 1390 Tinos, Mykonos und Negroponte, 1392 Durazzo, 1393 Alessio, 1396 Scutari und Drivasto, 1407 Lepanto und Patras, 1409 Zara, Ossero, Arbe, Cherso und Nona, 1412 Sebenico, 1417 Zonchio und 1420 Spalato, Traù, Curzola, Brazza, Lesina, Pago und Cattaro. [...] Im gleichen Zeitraum erfolgte eine drastische Zunahme seiner Kolonialterritorien auf dem Festland: Im Jahr 1404 kamen Vicenza, Feltre und Belluno hinzu, 1405 Rovigo, Verona und Padua, 1420 Udine, 1426 Brescia und 1428 Bergamo. Gegen Ende des 15. Jahrhunderts reichte das venezianische Imperium von Mittelitalien bis zur Peloponnes und darüber hinaus, bis zu den Inseln Kreta und Zypern, und umfasste 29 694 Quadratmeilen.« (O'Connell: Men of Empire, S. 22) Venedigs Eroberungsdrang kulminierte in der Besetzung von Zypern im Jahr 1489 und der Einnahme der Ionischen Inseln im Jahr 1500.

18 »Im Jahr 1441 verkündete der Senat, dass die Aufgabe der maritimen Gebiete darin bestehe, ›unseren Staat sowie unsere Stadt mit ihrer Wirtschaft und ihrem Handel zu erhalten‹. Das legt

gelegentlich sah Venedig in seinen Terraferma-Untertanen mehr als nur Ausländer«.[19] Mit der Zeit jedoch nahm Venedigs Herrschaft in beiden Regionen einen eher »konföderalen« als einen »kolonialen« Charakter an.[20] Es ist kein Zufall, dass in dem 1602 vom venezianischen Senat verabschiedeten Seeschifffahrtsgesetz (in England wurde erst 59 Jahre später ein erstes Seeschifffahrtsgesetz erlassen) Griechisch sprechende Matrosen aus dem Stato da Màr als Venezianer galten. Damit war es einfacher, die Anforderung zu erfüllen, dass mindestens zwei Drittel der Besatzung jedes Handelsschiffes venezianischer Herkunft sein mussten.

Bis Mitte des 15. Jahrhunderts »war Venedig das Zentrum der Weltwirtschaft«.[21] Der gesamte Staatshaushalt Venedigs entsprach in den 1420er-Jahren (wenn man die Gebiete des Stato da Màr und der Terraferma hinzurechnet) dem von aufstrebenden Territorialstaaten wie England, Spanien oder Frankreich (oder lag sogar noch darüber), obwohl die Bevölkerung dieser neuen Staaten zum Teil zehnmal größer war als die des venezianischen Reichs. Fernand Braudel hat folgenden Vergleich zwischen den damaligen Etats Venedigs und Frankreichs angestellt:

> »Da zu den Einkünften der Signoria (750 000 Dukaten) aber außerdem noch die der Terra ferma (464 000) und die des Kolonialreiches des ›Meeres‹ (376 000) kommen, ergibt sich eine Gesamtsumme von 1 615 000 [1 590 000; J.M.] Dukaten, mit der Venedigs Etat an der Spitze aller europäischen Staatshaushalte steht. Und zwar mit noch größerem Abstand, als es zunächst den Anschein hat. Denn wenn man (in einer groben Überschlagsrechnung) für Venedig samt Terraferma und Kolonialreich eine Bevölkerung von maximal eineinhalb Millionen und für Frankreich unter Karl VI. das Zehnfache, also 15 Millionen Einwohner, ansetzt, müsste Frankreich bei gleichem Reichtum einen zehnmal höheren Staatshaushalt als die Signoria haben, mit anderen Worten einen Etat von 16 Millionen Dukaten. Das faktische französische Budget von nur einer Million unterstreicht also die ungeheure Überlegenheit der Stadtstaaten über die Volkswirtschaften der ›Territorialstaaten‹ und vermittelt eine Vorstellung, welchen Gewinn eine

nahe, dass gegen Mitte des 15. Jahrhunderts die Verteidigung der venezianischen Sicherheit und des Wohlstands eng mit der Aufrechterhaltung ihrer Überseekolonien verbunden war. [...] Die Venezianer führten dort Standardgewichte und -maße ein, kontrollierten die Währung und regulierten die lokalen Märkte zugunsten der venezianischen Händler. Im Falle von zentralen Gütern wie Getreide oder Salz verlangte Venedig von den lokalen Erzeugern, diese zu Festpreisen nur an die Stadt zu verkaufen. Der Stadtstaat Venedig stützte sich auch auf die menschlichen Ressourcen der von ihm unterworfenen Städte und Inseln und befahl diesen, Arbeitskräfte für seine Flotte oder für Befestigungsarbeiten zur Verfügung zu stellen.« (Ebd., S. 22f.)

19 John E. Law: The Venetian Mainland State in the Fifteenth Century, in: Transactions of the Royal Historical Society 2/1992, S. 153–174, hier S. 166.

20 O'Connell: Men of Empire; siehe auch Kapitel 12 und zu Kreta David Holton (Hrsg.): Literature and Society in Renaissance Crete, Cambridge 2006.

21 Braudel: Sozialgeschichte, Bd. 3, S. 124.

> Stadt, d.h. letztlich eine Handvoll Leute, aus der frühen Konzentration des Kapitals zog.«[22]

Das Gesamtbild begann sich irgendwann Mitte des 15. Jahrhunderts zu wandeln. Die Eroberung Konstantinopels durch die Osmanen im Jahr 1453, das Ende des Hundertjährigen Kriegs im selben Jahr und die daraus resultierende politische und militärische Stärkung von Frankreich und England als Territorialstaaten, der Beginn der Tudor-Periode in England im Jahr 1485, der Aufstieg von Portugal und Spanien und die Kolonisierung von Amerika – all dies ließ eine neue militärische, politische und ökonomische Lage in Europa entstehen. Das politisch-militärische Kräfteverhältnis verlagerte sich zugunsten der neuen absolutistischen Atlantikstaaten (Portugal, Spanien, Frankreich und England), während das Zentrum der kapitalistischen Produktion sich Richtung Norden verschob (nach Brügge, Antwerpen, Amsterdam, London etc.). Spätestens ab dem späten 16. Jahrhunderts wurde die kommerzielle Vormachtstellung von Venedig durch neue Rivalen herausgefordert. Es fand daraufhin eine Umstrukturierung der venezianischen Wirtschaft statt, beruhend auf dem raschen Wachstum des Manufaktur- und Finanzwesens. Die eigentliche Bedrohung von Venedig und seinem Imperium ging damals jedoch von den Osmanen aus.

11.3 Die osmanische Bedrohung

Das Osmanische Reich war kein absolutistischer Staat, wie häufig angenommen wird, sondern ein vorkapitalistischer, in dem die asiatische Produktionsweise vorherrschte.[23] Er förderte jedoch auf seinem Gebiet selbstverständlich auch Handel und andere geldvermehrenden Aktivitäten und verlangte hierfür Tributzahlungen. Anders formuliert: »Die Eingliederung in das osmanische Reich führte nicht zu Elend und Trostlosigkeit, wie viele christliche Schriftsteller aus dem Westen behaupteten.«[24] Die Hauptstrategie der Osmanen bis zum Niedergang ihres Reiches im 18. Jahrhundert und danach bestand in der Ausweitung ihres Herrschaftsgebiets. Sie eroberten einen Großteil von Süd- und Zentraleuropa und belagerten zweimal Wien (in den Jahren 1529 und 1683). Mit der erfolgreichen Besetzung von Euböa im Jahr 1470 begannen die Osmanen, sich venezianische Kolonien einzuverleiben. Dies hielt bis zum frühen 18. Jahrhundert an. Im Jahr 1479 nahmen sie Montenegro ein, 1500 Koroni

22 Ebd., S. 126f.

23 Milios: Kapitalistische Entwicklung; siehe auch Kapitel 7.

24 Lane: Seerepublik Venedig, S. 467. – Der in Serbien geborene US-amerikanische Historiker Traian Stoianovich beurteilt die wirtschaftliche Protektion, die die osmanischen Behörden ihren Untertanen gewährten, folgendermaßen: »Der Sieg des osmanischen Reichs symbolisierte im wirtschaftlichen Bereich einen Sieg der Griechen, Türken, abtrünnigen Christen, Armenier, Ragusaner und Juden über die 200-jährige Handelshegemonie von Venedig und Genua.« (Zit. nach: ebd., S. 467)

und Methoni, 1501 Dyrrachion, 1566 Naxos und umliegende Inseln in der Ägäis, 1571 Zypern, 1572 Kephallenia (Kefalonia) und 1669 Kreta. Die Venezianer konnten allerdings 1688 noch einmal ihre Herrschaft über Morea (die Peloponnes) wiederherstellen, bis sie diese Kolonie im Jahr 1712 erneut an das Osmanische Reich verloren.

Bis zum Jahr 1797, als Venedig sich unterwerfen und all seine Territorien an Frankreich abtreten musste, gelang es dem Stadtstaat, die Domini di Terraferma – ihre Kolonien auf der italienischen Halbinsel – sowie ihre Besitztümer in Istrien, Dalmatien und Albanien, dazu Kerkyra und alle anderen ionischen Inseln mit Ausnahme von Kephallenia unter seiner Kontrolle zu halten. Entscheidend für das Überleben von Venedig und einige seiner kolonialen Dominions war die siegreiche Seeschlacht von Lepanto (Naupaktos) 1571, die zwischen der Christlichen Heiligen Liga, bestehend aus Spanien, Malta, Venedig, Genua und den Päpstlichen Staaten auf der einen Seite, und dem Osmanischen Reich auf der anderen ausgetragen wurde. Venedig stellte 110 der insgesamt 208 Kriegsschiffe der Liga und seine Admirale befehligten sämtliche Manöver der christlichen Flotte. Gegen Ende des 16. Jahrhunderts war Venedig also weiterhin eine der führenden Seestreitmächte im Mittelmeerraum. Der Stadtstaat verfügte dazu auch noch über erheblichen ökonomischen und politischen Einfluss, wie ich im folgenden Abschnitt zeigen werde.

11.4 Ausbreitung des Kapitalismus in Europa und Venedigs wirtschaftlicher Umbau

Wie beschrieben, führten geldvermehrende Wirtschaftsformen zur Herausbildung des Kapitalismus in Teilen Italiens, in Antwerpen und Flandern, Amsterdam und Portugal, Spanien, Frankreich, England etc. Eine Auseinandersetzung mit dem Prozess der Durchsetzung und der Reproduktion des Kapitalismus in ganz Europa ist im Rahmen dieses Buches nicht möglich. Methodisch betrachtet würde die Untersuchung der Anfänge oder der Geburt des Kapitalismus und der darauf folgenden erweiterten Reproduktion der kapitalistischen Ausbeutungs- und Herrschaftsverhältnisse in verschiedenen europäischen Regionen eine konkrete und fokussierte Analyse jedes einzelnen konkreten historischen Prozesses erfordern und nicht nur allgemeine Ausführungen zum »Übergang vom Feudalismus zum Kapitalismus«. Mir erscheinen jedoch zwei Schlussfolgerungen von Fernand Braudel an dieser Stelle erwähnenswert:

1) Der internationale Handel schuf einen »Dominoeffekt« oder anders ausgedrückt, er übernahm eine Katalysatorfunktion bei der Herausbildung von neuen Polen des Kapitalismus in verschiedenen Teilen Europas. Er verpflanzte geldvermehrende Aktivitäten, Handelswaren, neue Produktions- und Finanztechniken sowie Kapitalisten und Proletarier in diese florierenden Zentren:

»1277 landen erstmals genuesische Schiffe in Brügge und stellen die reguläre Seeverbindung zwischen Mittelmeer und Nordsee her. Dieser entscheidende Vorstoß der Südländer, bei dem die Genuesen lediglich die Vorhut bilden [...], bringt der Stadt Brügge Vor- und Nachteile: Nachteile insofern, als die Südländer eine Entwicklung vorantreiben, die Brügge streng genommen auch allein hätte bewältigen können; zugleich aber auch Vorteile, da die von den Matrosen, Schiffen und Kaufleuten des Mittelmeers eingeführten Güter, Kapitalien, Handels- und Finanztechniken eine vielfältige Bereicherung darstellen und Brügges Aufstieg fördern. Wohlhabende italienische Kaufleute lassen sich in der Stadt nieder [...]. Damit rückt Brügge zum Mittelpunkt eines ausgeglichenen Handelsnetzes auf, das den Mittelmeerraum, Portugal, Frankreich, England, das deutsche Rheinland und die Hansestädte umfasst. Seine Einwohnerzahl steigt auf 35 000 im Jahr 1340 und auf ca. 100 000 im Jahr 1500.«[25]

2) Trotz der Herausbildung dominanter absolutistischer Staaten, die die politischen und militärischen Kräfteverhältnisse auf dem Kontinent neu ordneten und die Voraussetzung für die Konsolidierung und die erweiterte Reproduktion des Kapitalismus schufen, stand weiterhin eine Reihe von wichtigen Städten über Jahrhunderte im Zentrum der kapitalistischen Wirtschaftsbeziehungen.

»Es sei darauf hingewiesen, dass bis etwa 1750 die bestimmenden Zentren immer Städte bzw. Stadtstaaten waren. Amsterdam, das die Wirtschaftswelt noch bis Mitte des 18. Jahrhunderts dominierte, kann mit gutem Grund als der letzte Stadtstaat, die letzte Polis in der Geschichte bezeichnet werden. Gemessen an ihr waren die Vereinten Provinzen nur eine Schattenregierung. [...] Bis zum Jahr 1750 drehte sich in Europa also alles um eine Reihe wichtiger Städte, die aufgrund ihrer führenden Rolle Ruhm erlangten: Venedig, Antwerpen, Genua und Amsterdam.«[26]

Mit der neuen wirtschaftlichen, militärischen und politischen Konstellation, die sich Ende des 15. Jahrhunderts in Europa abzuzeichnen begann,

25 Braudel: Sozialgeschichte, Bd. 3, S. 104. – Die britische East India Company und später die holländische Vereeinigde Oostindische Compagnie (VOC) entwickelten beide ein Finanzinstrument, das der Struktur und der Funktion nach der genuesischen *maona* (siehe Kapitel 10) ähnelte: »Erst im 17. Jahrhundert wurden die Nordeuropäer zu bedeutenden Imperialisten. Ihre bevorzugte Organisationsform war die Ostindien-Gesellschaften, die Imperialismus mit privatem Unternehmertum verbanden. Diese Firmen waren typischerweise hochkapitalisierte Aktiengesellschaften, die in Asien und auf dem amerikanischen Doppelkontinent Handel trieben, Land- und Seestreitkräfte unterhielten und befestigte Handelsstützpunkte errichteten. Alle nordeuropäischen Großmächte hatten solche Gesellschaften. Die englische Ostindien-Gesellschaft wurde im Jahr 1600 gegründet, ihr holländisches Gegenstück zwei Jahre später.« (Robert C. Allen: Geschichte der Weltwirtschaft, Stuttgart 2015, S. 27)

26 Braudel: Afterthoughts, S. 95f.

verloren Venedig und die anderen Städte der italienischen Halbinsel zweifelsohne an Boden gegenüber dem Norden Europas.[27] Dennoch hörte Venedig nie auf, ein bedeutsames Zentrum des europäischen Kapitalismus zu sein. Frederic C. Lane fasst Venedigs Lage im 16. Jahrhundert folgendermaßen zusammen:

> »Das Aufblühen solcher Städte wie Lissabon, Sevilla, Antwerpen und London schmälerte zwar die wirtschaftliche Vorrangstellung Venedigs, aber sie eröffnete den venezianischen Kaufleuten und Handwerkern gleichzeitig neue Märkte, sodass Venedig im 16. Jahrhundert sicherlich bevölkerungsstärker – mit fast 190 000 Einwohnern – und wahrscheinlich reicher war als im 15. Jahrhundert [...] In der ersten Erwähnung der Venezianer als eigenständiges Volk wurden sie als Menschen charakterisiert, die in einem damals fast ausschließlich von der Landwirtschaft lebenden Europa seltsam erschienen, weil sie nicht säten und ernteten. Sie erhielten ihre Lebensmittel im Tausch gegen Transportdienste und Salz.«[28]

Dass Venedig irgendwann seine Vormachtstellung im internationalen Handel verlor, bedeutet nicht das »Scheitern« des venezianischen Kapitalismus, sondern zeigt eher eine Verschiebung an: weg vom Handel hin zu Manufaktur- und Finanzwesen. Im Zeitraum von 1560 bis 1660 schrumpfte Venedigs Handelsflotte um die Hälfte,[29] während in dieser Zeit das Manufakturwesen die Führung übernahm. Am Ende des 16. Jahrhunderts hatte »das Wachstum in einigen Segmenten bei gleichzeitigem Rückgang in anderen zu strukturellen Umbrüchen geführt [...]. Die maritimen Industrien haben gegenüber früheren Zeiten an Bedeutung eingebüßt«.[30] Die Seidenproduktion florierte,[31] auch andere Sektoren wie das Druckereiwesen,[32] die Herstellung von Glas, Textilien,[33] Spitzen, Möbeln und Schmuck sowie Lederarbeiten. In all diesen Bereichen stan-

27 »Diese endgültige Verschiebung vom Mittelmeer zur Nordsee am Ende des 16. Jahrhunderts bedeutete den Sieg einer neuen Region über eine alte. Sie bedeutete auch eine gewaltige Veränderung des Maßstabs. Aufgrund des Aufschwungs der Atlantikregion expandierte die allgemeine Wirtschaft, der Handel und selbst das Kreditwesen. Und wieder einmal unterstützte das rasche Wachstum der Marktwirtschaft [...] auf ihrem breiten Rücken die erweiterten Konstruktionen des Kapitalismus.« (Ebd., S. 67)

28 Lane: Seerepublik Venedig, S. 475.

29 Vgl. Maria Fusaro: Political Economies of Empire in the Early Modern Mediterranean: The Decline of Venice and the Rise of England 1450–1700, Cambridge 2015, S. 135.

30 Lane: Seerepublik Venedig, S. 334.

31 »Am Ende des Jahrhunderts gab es mehr Seidenweber als Schiffsbauer oder Kalfaterer in Venedig.« (Ebd., S. 482)

32 »Insgesamt weiß man von 1821 Publikationen, die in den Jahren 1495 bis 1497 von den damals bestehenden Druckereien herausgebracht wurden; davon waren 447 in Venedig gedruckt, während Paris, das ihm folgte, nur 181 druckte.« (Ebd., S. 483).

33 Wurden im Jahr 1516 in der venezianischen Textilindustrie noch 2000 Teile hergestellt, waren es 1565 bereits 20 000 (vgl. ebd., S. 309).

den die kapitalistisch organisierten Betriebe, die eine beträchtliche Zahl von Lohnarbeitern beschäftigten, an der Spitze. Die Kapitalkonzentration schritt rasch voran, da einige staatseigene und private Unternehmen immer mehr an Größe gewannen.

In der zweiten Hälfte des 16. Jahrhunderts waren im Arsenal von Venedig, abhängig von den jeweiligen Umständen, zwischen 2000 und 3000 Arbeiter beschäftigt. Dort wurden das erste Mal in der Geschichte Montagelinien eingerichtet, basierend auf der Herstellung von standardisierten austauschbaren Schiffsteilen.[34] Die Tana und die Zecca (die staatliche Münzanstalt), diese für damalige Zeit gigantischen staatseigenen Manufakturen, hatten weiterhin Bestand, während zahlreiche neue große private Unternehmen gegründet wurden. Selbst als Krisen das Arsenal und andere staatliche Unternehmungen temporär lähmten, konnten bis zum Zusammenbruch der Republik im Jahr 1797 private venezianische Unternehmen in allen wichtigen Fertigungssektoren, selbst im Schiffsbau, ihre Führungsrolle behalten.

> »Dafür erhielt 1763 ein gewisser Isaaco Gentile Privilegien, einen neuen Stoff ›holländischer Art‹ herzustellen. Er verfügte über Spinnmaschinen, 32 Webstühle und 1000 Arbeiter, die in 15 Räumen untergebracht waren [...]. Die industriellen und landwirtschaftlichen Produkte der Terra Ferma trugen entscheidend dazu bei, dass der venezianische Handel von 1797 ebenso so groß war wie 300 Jahre früher.«[35]

Auch das Verlags-Aufkauf-System nahm ab dem 16. Jahrhundert nach und nach deutlich kapitalistischere Züge an, und zwar in dem Maße, wie die Arbeiter immer abhängiger von den kapitalistischen Aufkäufern wurden (siehe Kapitel 3 und 10). Über dieses System gerieten auch immer mehr Frauen auf den Arbeitsmarkt.[36]

Des Weiteren wuchs die Bedeutung des Finanzsektors. Nach 1526 kam es in Venedig zur Gründung von fünf neuen Banken. Im Jahr 1587 wurde nach einem dramatischen Zusammenbruch einer Privatbank die staatseigene Banco della Piazza di Rialto eröffnet, gefolgt im Jahr 1619 von einer zweiten öffentlichen Bank, der Banco del Giro. Viele Kriege finanzierten die Venezianer über die Umschichtung von Bankguthaben, »Giral- und Buchgeld der Bank wurde eine spezielle Art von Geld«.[37] Trotz zunehmender Staatsverschuldung, vor allem in Kriegszeiten, gelang es dem venezianischen Staat immer wieder, die regelmäßig auftretenden

34 Ebd., S. 363.

35 Ebd., S. 643.

36 »Die Spinnfrauen blieben ohne Organisation, und es gab so viele von ihnen in den umliegenden Dörfern, dass eigene Bestimmungen erlassen wurden, die es ihnen ermöglichten, den Stadtzoll zu passieren, um Wolle abzuholen und ihr Garn abzuliefern.« (Ebd., S. 486f.).

37 Ebd. S. 506.

Finanzkrisen zu überwinden, da er sowohl über die Transaktions- und Verbrauchssteuern als auch über die im 15. Jahrhundert eingeführten direkten Steuern genügend Einkünfte generieren konnte. Im Durchschnitt bekamen Halter von venezianischen Staatsanleihen jedoch mehr Geld aus Zinseinnahmen, als dass sie an direkten Steuern zahlten. Nach dem Krieg in Zypern (1570–1573) begann man mit dem Abschluss von freiwilligen Renten- und Lebensversicherungen, die den Wohlhabenden im Alter ein stabiles Einkommen garantieren sollten.

Venedig hatte sich darüber hinaus im 15. Jahrhundert zum europäischen Zentrum des maritimen Versicherungswesens entwickelt. Zum Zeitpunkt, als »die totale Tonnage der venezianischen Handelsmarine ihren Höhepunkt erreichte«,[38] hatten sich zahlreiche ausländische Broker in der Stadt niedergelassen. Die Straße, in der ihre Büros lagen, erhielt den Namen Calle della Sicurtà (Versicherungsgasse). Je mehr sich der Schwerpunkt der Wirtschaft Venedigs vom Seehandel hin zum Manufakturwesen verschob, desto mehr spielten Fragen der Bestands- und Vorratshaltung eine prominente Rolle. So wurde etwa das Problem der Getreideversorgung der Stadt auf eine alternative Weise gelöst: Ein gegen Ende des 16. Jahrhunderts begonnenes staatliches Projekt zur Landgewinnung in der Terraferma ermöglichte es, den Bedarf an Getreideimporten zu senken, und »machte die venezianischen Güter im 17. Jahrhundert fast autark und verringerte die Abhängigkeit des Wohlstandes der Serenissima vom Meer«.[39] Der venezianische »Binnenmarkt« expandierte.

Als ein maßgebliches Wirtschaftszentrum Europas zog Venedig die ganze Zeit über unzählige Immigranten aus dem Mittelmeerraum, vom italienischen Festland und aus anderen Regionen an. Joanne Ferraro beschreibt den Glanz Venedigs am Ende des 16. Jahrhunderts folgendermaßen:

> »Die gedeihende Industriestruktur lockte Scharen von Ausländern nach Venedig, die dort nach Arbeit auf den Handelsschiffen oder in der Kriegsmarine, [...] im Hafen oder im Handwerksbereich suchten. Die Herstellung von Luxusgütern wie Bleikristall, Flachglas, Seife, Seide und Schmuck war auf einen globalen Markt ausgerichtet. Fast 10 000 Personen waren in der Wolle- und Seidenherstellung und -verarbeitung beschäftigt; andere arbeiteten als Steinmetz, Glasbläser, in Zuckerraffinerien, als Lederarbeiter, Grob-, Kupfer- und Goldschmieds oder als Drucker. Die Wollindustrie florierte und spezialisierte sich auf Wolle mittlerer Qualität aus Spanien und Neapel. [...] Der städtische Finanzsektor ergänzte den Handel und den Manufakturbereich.«[40]

38 Ebd., S. 381.

39 Ebd., S. 479.

40 Joanne M. Ferraro: Venice: History of the Floating City, Cambridge 2012, S. 106f.

Mit dem Reifeprozess des venezianischen Kapitalismus ging aber auch eine wachsende Polarisierung zwischen Reich und Arm einher, wie es beim »fortgeschrittenen« Kapitalismus häufig der Fall ist. So fielen die Löhne der einfachen Seeleute und Handwerker zu Beginn des 15. Jahrhunderts deutlich auf etwa 20 Dukaten pro Jahr, vermutlich aufgrund des großen Angebots an entsprechenden Arbeitskräften. Wie in Kapitel 10.3.3 ausgeführt, konnten Seeleute lange Zeit ein zusätzliches Einkommen erzielen, indem sie zollfrei eigene Handelsware auf den Seereisen mit sich führten. Im 15. Jahrhundert profitierten von dieser Regelung allerdings fast nur noch ranghohe Besatzungsmitglieder, weil man die einfachen Seeleute auf den Status von lohnbeziehenden Proletariern reduziert hatte. Einfachen Seeleuten war nur noch ein begrenzter Handel auf den Expeditionen erlaubt (der Wert der mitgeführten Ware durfte nicht die Höhe eines halben Jahressolds übersteigen), sodass ihre zusätzlichen Verdienstmöglichkeiten schrumpften.[41]

Nur in einigen wenigen Manufakturbereichen kam es zu Beginn des 16. Jahrhunderts zu Lohnerhöhungen. Im Schifffahrtssektor schrieben amtliche Verordnungen fixe Grundgehälter für Matrosen vor, wodurch sich an deren Verdienst mehr als ein Jahrhundert lang kaum etwas änderte. Erhöhungen des Nominallohns hielten nie den steigenden Preisen stand.[42] Es gab aber auch Ausnahmen. Als sich ab Ende des 16. Jahrhunderts an Mangel an einfachen Seeleuten abzuzeichnen begann, gingen einige Schiffskapitäne, die ein persönliches Interesse an gut funktionierenden Besatzungen hatten, dazu über, Matrosen Zulagen anzubieten, die sie aus der eigenen Tasche bezahlten. Parallel dazu wuchs ab den 1540er-Jahren der staatliche Druck auf die wehrpflichtigen Angehörigen von Bruderschaften und Zünften, ihre Arbeitskraft der venezianischen Flotte zur Verfügung zu stellen. Daraufhin begannen auch diese, Zulagen in Höhe der Hälfte des festgelegten Grundgehalts an Freiwillige zu zahlen, die an ihrer Stelle als Ruderer oder einfacher Seemänner den Dienst antraten. Daher stiegen in Zeiten, in denen die Kommune oder private Reeder Schwierigkeiten bei der Rekrutierung von Matrosen hatten, deren Löhne in nennenswertem Umfang an, obwohl ihr Grundlohn staatlich

41 Eine ähnliche Regelung, die zusätzliche Einnahmen aus dem Warenhandel ermöglichte, war auch in der englischen Handelsflotte im 17. Jahrhundert bekannt. »Im Jahr 1621 erließ das Trinity House von Deptford eine Verordnung, wonach ›der folgende zollfreie Transport, Ausfuhr und Einfuhr, angemessen ist‹: auf einer Reise in den östlichen Mittelmeerraum £100 in Waren für die Kapitäne, £10 für Offiziere und £5 für Matrosen.« (Richard J. Blakemore: Pieces of Eight, Pieces of Eight: Seamen's Earnings and the Venture Economy of Early Modern Seafaring, in: Economic History Review 4/2017, S. 1153–1184, hier S. 1174) Der Jahreslohn eines einfachen englischen Seemanns betrug damals etwa £12.

42 »Im Jahr 1519 setzte der Senat den Grundlohn für seine Ruderer von zwölf Lire [23,2 Dukaten pro Jahr] auf acht Lire [15,5 Dukaten pro Jahr] herab. [...] 1524 wurde der Satz auf zehn Lire [19,5 Dukaten pro Jahr] erhöht. Dabei blieb es bis zum Ende des Jahrhunderts, während Preise und sonstige Löhne anstiegen.« (Lane: Seerepublik Venedig, S. 588) Karl Marx veranschaulicht diese »Lohndrückerei« durch parlamentarische Gesetzesinitiativen im England des 16. Jahrhunderts 24. Kapitel von Band I des »Kapital« (vgl. MEW, Bd. 23, S. 761–770).

reguliert war. Am Ende des 16. Jahrhunderts folgte auf eine Preisinflation ein Anstieg der nominalen Löhne, wenn auch in weitaus geringerem Umfang.[43]

Mitte des 16. Jahrhunderts verdienten gewöhnliche Arbeiter in Venedig einen Jahreslohn von etwa 20 Dukaten, was dem Sold eines Ruderers oder einfachen Seemanns entsprach. Ausgebildete Handwerker oder Matrosen mittleren Dienstgrades verdienten mehr als das Doppelte, das heißt etwa 50 Dukaten im Jahr. Die Steuermänner erhielten etwa 100 Dukaten im Jahr, während das Führungspersonal im Arsenal und Staatsbedienstete wie Buchhalter, Juristen etc. zwischen 180 und 200 Dukaten im Jahr bekamen. Zum Vergleich: Die Jahresgehälter der Schiffskapitäne und anderer hochrangiger Beamter, die aus den Adelsfamilien stammten, betrugen zwischen 750 und 1500 Dukaten, was ihnen in Zeiten des Arbeitskräftemangels die Zahlung von Zulagen an Teile der Schiffsbesatzungen erlaubte.

An der Spitze der sozialen Hierarchie standen natürlich die Großkapitalisten, deren satten Profite ihnen ein Leben in Saus und Braus ermöglichten, ganz unten neben den Bettlern und Almosenempfängern die Sklaven und Diener. Einer Volkszählung zufolge machten Diener und Sklaven im Jahr 1563 ungefähr 7 bis 8 Prozent der Bevölkerung von Venedig aus. Generell lässt sich festhalten: Während das durchschnittliche Einkommen bzw. die Kaufkraft der unteren proletarischen Klassen trotz gewisser nachfragebedingter Schwankungen über lange Zeiträume eher stagnierten, genossen hochrangige Staatsangestellte und Personen in Führungspositionen und im Prinzip alle bereits Wohlhabenden ständige Gehalts- und Einkommenszuwächse. In einem noch deutlich schnelleren Tempo schritt die Vermögensanhäufung der Kapitalistenklasse voran.

Ab Ende des 16. Jahrhunderts bestand ein immer größerer Teil der Ruderer der venezianischen Flotte aus Sträflingen und Sklaven. Venedig büßte nach und nach seine Vormachtstellung im internationalen Seehandel zugunsten von Spanien, Holland und England ein und stellte seine Wirtschaft immer mehr auf das Manufakturwesen um. Im 17. Jahrhundert war es nicht mehr ungewöhnlich, dass 40 Prozent der bis zu 500 Männern umfassenden Besatzungen der riesigen Galeeren, aus denen sich damals die venezianischen Flotte zusammensetzte, Zwangsarbeiter waren, das heißt Sklaven, Schuldknechte und andere unfreie Männer.

Im 17. Jahrhundert zog das schnell wachsende Manufakturwesen in Venedig die Mehrheit der zur Verfügung stehenden Arbeiter an, von nun an waren zunehmend andere Fähigkeiten und Qualifizierungen als auf

43 »Diese nominell höheren Löhne konnten mit den stark überhöhten Preisen für Lebensmittel und Industriegüter allerdings immer noch nicht mithalten. Praktisch bedeutete die Erhöhung des Tageslohns eines Arbeiters keine Erhöhung des Einkommens.« (Ioanna Iordanou: Pestilence, poverty, and provision: re-evaluating the role of the »popolani« in early modern Venice, in: The Economic History Review 3/2016, S. 801–822, hier S. 806)

den Schiffen gefragt. Der Seehandel Venedigs hing nicht nur von Seeleuten aus anderen Regionen, sondern auch von ausländischen (vornehmlich englischen oder französischen) Schiffen ab. Als die venezianische Textilproduktion im 18. Jahrhundert jedoch eine Krise erlebte, kehrte sich diese Tendenz wieder um. In den 1760er-Jahren »bewirkte dies einen Rückgang der Handwerker und eine Vermehrung der Seeleute«.[44] Die Kapitalisten Venedigs – die vermögenden Kaufleute, Reeder und Financiers – setzten einmal mehr voll auf das Geschäft im Mittelmeerraum, da sie dort für sich profitable Absatzmärkte und Verdienstmöglichkeiten vorfanden. Im 18. Jahrhundert lag Venedig »im Levantehandel [...] an zweiter Stelle hinter Frankreich«.[45]

Indem sie sich an die sich verändernden Umstände – die ökonomischen Auf und Abs, Stagnationen und Krisen – anzupassen versuchten, unter anderem durch den Wechsel von einem Wirtschaftsbereich zum nächsten, folgten die Kapitalisten Venedigs den immanenten »Gesetzen des Kapitals«, die Antizipation und ständige Suche nach höherer Rentabilität verlangen. In dieser Hinsicht handelten sie exakt so, wie es für Kapitalisten üblich ist.

> »Es ist ebendas Wesen des Privateigentums am Kapital und der kapitalistischen Konkurrenz dass sie über die Vermittlung jedes nach Gewinnmaximierung strebenden kapitalistischen Unternehmens [...] die Mechanismen schaffen, mit denen sich die allgemeinen Bewegungsgesetze des Systems durchsetzen können.«[46]

11.5 Krisen und Erholungen

Während seiner jahrhundertelangen Existenz als unabhängige kapitalistische Gesellschaftsformation hatte Venedig mit einer Reihe von tief greifenden, manchmal verheerenden Krisen zu kämpfen, auf die dann wieder längere Phasen der Erholung und des Wachstums folgten. Aus Sicht der kapitalistischen Ökonomie ist dies keine überraschende »Irregularität«: Zum kapitalistischen System gehören Krisen immanent dazu, aber nach Marx »gibt es keine permanenten Krisen«.[47] Krisen sind konjunkturbedingte, zeitweilige Aufhebungen der Bedingungen, die für eine ungehinderte Reproduktion des Gesamtkapitals benötigt werden. Sie sind vorübergehender Ausdruck der inneren Widersprüche des Kapitalismus und stellen keine dauerhaft wirksamen Kausalbeziehungen dar,

44 Lane: Seerepublik Venedig, S. 643.

45 Ebd., S. 644.

46 Mandel: Introduction, S. 75.

47 Karl Marx: Theorien über den Mehrwert, in: MEW, Bd. 26.2, S. 497.

die grundsätzlich die kapitalistischen Verhältnisse bestimmen.[48] Es ist jedoch an dieser Stelle hervorzuheben, dass manchmal die schwersten Krisen von Faktoren verursacht werden, die nicht unmittelbar mit der Wirtschaft zu tun haben, so wie Seuchen oder Kriege.

In einem Zeitraum von nur 50 Jahren wurde Venedig von zwei katastrophalen Pestepidemien heimgesucht: Die erste, in den Jahren 1576/77, ließ die Bevölkerung der Stadt von 190 000 auf 125 000 sinken, die zweite, die ähnlich vernichtend war, dezimierte Venedigs Einwohnerschaft in den Jahren 1630 bis 1633 von 150 000 auf 100 000 Menschen. Am Ende des 18. Jahrhunderts lag Venedigs Bevölkerungszahl bei 140 000, weiterhin deutlich unter dem Stand der Zeiten vor der Pest. Die abnehmende wirtschaftliche und politische Bedeutung Venedigs geht nicht zuletzt auf die katastrophalen Auswirkungen dieser Seuchen zurück.

Kriege waren schon immer ein einflussreicher Faktor für die wirtschaftliche Entwicklung, weil sie etwa die Staatsverschuldung in die Höhe treiben und Finanzmärkte verwüsten können. Kurz nach Ausbruch des Kriegs zwischen Venedig und dem Osmanischen Reich, der von 1499 bis 1503 dauerte, brachen drei der vier wichtigsten venezianischen Banken zusammen (1499/1500). Der Krieg der Liga von Cambrai, in dem Venedig gegen Frankreich kämpfte, bedeutete »eine Katastrophe für die Halter venezianischer Staatsanleihen«, als im Jahr 1509 die »Zinszahlungen für beide, den Monte Nuovo und den Monte Vecchio, unterbrochen wurden, und ihre Kurse zusammenbrachen«.[49]

Krisen und Turbulenzen auf den Finanzmärkten erweisen sich häufig als Ausgangspunkt für weitreichende wirtschaftliche und soziale Reformen. So war zum Beispiel die durch Getreideknappheit ausgelöste Hungersnot in den Jahren 1527 bis 1529 – verursacht durch eine Kombination von schlechtem Wetter und den Konsequenzen des Italienischen Krieges (1521–1526), bei dem die Republik Venedig an der Seite Frankreichs gegen Spanien, England, das Heilige Römische Reich und die Päpstlichen Staaten stand – Auslöser für die Einführung von sogenannten Armenhäusern,[50] die später als Institutionen zur Überwachung und Kontrolle der Verelendeten dienten.

Der Umbau der venezianischen Wirtschaft, der im ersten Teil dieses Kapitels skizzenhaft beschrieben wurde, war ebenso eng mit dem Phänomen ökonomischer Krisen verknüpft. Hintergrund einer Krise des Schiffsbaus und des Arsenals, auf den die Kommune mit schlussendlich wirkungslosen protektionistischen Maßnahmen reagierte, war ein dras-

48 John Milios/Dimitri Dimoulis/George Economakis: Karl Marx and the Classics. An Essay on Value, Crises and the Capitalist Mode of Production, Aldershot 2002, S. 182.

49 Lane: Seerepublik Venedig, S. 499.

50 »Um die Flut von Bettlern innerhalb der Stadt zu beschwichtigen, errichtete die Regierung notdürftige Schuppen und verbot zwar die Bettelei, ließ aber in diesen ›Hospitälern‹ bis zur nächsten Ernte Lebensmittel verteilen.« (Ebd., S. 511)

tischer Rückgang der Frachtraten in den 1460er- und 1470er-Jahren. Kurz darauf führte der Osmanisch-Venezianische Krieg zu einer Wiederbelebung der wirtschaftlichen Aktivitäten im Arsenal. Eine weitere Krise, die das Arsenal in den Jahren 1617 bis 1619 erfasste, brachte die Venezianer dazu, ausländische Schiffe zu pachten. Die Produktion im Arsenal sollte sich erst mit dem Jahr 1667 wieder erholen, um nach der Unterzeichnung eines Friedensvertrages mit dem Osmanischen Reich im Jahr 1721 erneut auf ein niedrigeres Niveau zu sinken. Es waren schließlich die Jahre nach 1763, als mit dem neuen Aufschwung von maritimen und finanziellen Unternehmungen im Mittelmeerraum der Schiffsbausektor und das Arsenal in Venedig zu erneuter Blüte gelangten. Die Zahl der Schiffe der venezianischen Handelsflotte stieg von 60 bis 70 im Jahr 1763 auf 238 im Jahr 1775 und auf 309 im Jahr 1794.[51]

Maria Fusaro erklärt die Umstrukturierung der Wirtschaft Venedigs an der Wende des 16. Jahrhunderts – weg vom Seehandel hin zu Manufaktur und Finanzwesen – als das Resultat einer großen Krise und des Niedergangs des venezianischen *Imperiums*, das seine globale Führungsrolle verloren und an eine neue hegemoniale Macht, nämlich England, abgegeben hatte. Nach Einschätzung von Fusaro war zu diesem Zeitpunkt die Region, in der die Kämpfe um eine weltweite Hegemonie stattfanden, weiterhin der Mittelmeer- und nicht der atlantische Raum:

> »Die meisten Historiker nennen den Aufstieg Englands und die Krise Venedigs im selben Atemzug. Richard Rapp hat es auf den Punkt gebracht, als er schrieb, ›nicht die Ausbeutung in der atlantischen Welt, sondern die Eroberung des Mittelmeerraums führte zum Goldenen Zeitalter für Amsterdam und London‹. Zuvor hatte Venedig das Mittelmeer beherrscht und galt zu Recht als die internationale Handelsmacht, mit der alle rechnen mussten. Danach kam es zu einem drastischen Wandel der Lage im Mittelmeerraum, weswegen Venedigs Rolle und Einfluss neu bewertet werden mussten.«[52]

Bereits einige Jahrzehnte zuvor hat Oliver Cromwell Cox eine ähnliche These aufgestellt. Er meinte, dass nach jeder größeren globalen Machtverschiebung auf der wirtschaftlichen und politischen Führungsebene derjenige Hegemon, der dabei ist, seine weltweite Vorherrschaft zu verlieren, von einer vorübergehenden Stagnation erfasst wird.

> »Abgesehen von unternehmerischen Fehlentscheidungen kann man also sagen, dass der Kapitalismus seit Anbeginn bis zum Ersten Weltkrieg eine ununterbrochene Ära des Wohlstands hervorgebracht hat.

51 Ebd., S. 419.

52 Fusaro: Political Economies of Empire, S. ix.

> [...] Und doch kam es örtlich *immer dann zu einer Stagnation des Kapitalismus, wenn sich dort ein Führungswechsel ereignete.* Die abgelöste Führungsmacht erlebte dann zumindest einen relativen Rückschlag und büßte ihre leitende Rolle im Gesamtsystem ein. Das jedenfalls war das Schicksal von Venedig, Lübeck, Holland und Großbritannien.«[53]

Trotz »relativer Rückschläge«, vielfältiger Krisen und Erholungen, Umstrukturierungen und Veränderungen, was die Bedeutung einzelner Wirtschaftsbereiche angeht, blieb Venedig bis zu seinem Zusammenbruch als unabhängiger Staat im Jahr 1797 immer eine kapitalistische Gesellschaftsformation. Im nun folgenden letzten Kapitel werde ich mich mit den politischen und ideologischen Aspekten der venezianischen Gesellschaft in ihrer kapitalistischen Ära beschäftigen.

53 Cox: Caste, Class and Race, S. 207.

12 —— Politische Macht und sozialer Zusammenhalt

12.1 Der venezianische Staat als kapitalistischer Staat

In den Kapiteln 8 bis 10 habe ich die maßgebliche Rolle des Staats bei der Konsolidierung der Macht- und Klassenverhältnisse in der Gesellschaftsformation Venedigs nachgezeichnet und herausgestellt, welche Bedeutung ihm letztendlich für die endgültige Transformation von vorkapitalistischen, durch geldvermehrende Aktivitäten Beziehungen geprägten, hin zu kapitalistischen Verhältnissen der Klassenherrschaft und Ausbeutung zukam.

Von Beginn an funktionierte der venezianische Staat als ein kollektiver Apparat, der die Interessen der adligen Geldbesitzer vertrat. Diese hatten in Venedig alle wichtigen politischen Führungspositionen inne und waren die ökonomisch herrschende Klasse, die über allen anderen sozialen Klassen stand. Die unzähligen von staatlicher Seite forcierten Gesetze und Verordnungen blieben nicht auf den Seehandel beschränkt, sondern betrafen sämtliche Wirtschaftsbereiche. Der Staat regulierte die Märkte, die Produktion sowie die Menschen und sorgte dafür, dass nichts die auf Geldvermehrung ausgerichteten Aktivitäten der Adligen und anderer Besitzer großer Vermögen in die Quere kam. Der Staat fungierte ferner als kollektiver »Unternehmer«: Er errichtete für damalige Zeiten gigantische Manufakturen wie das Arsenal, die Tana oder die Zecca (die Münzanstalt) und wurde im juristischen Sinne zum Eigentümer nahezu der gesamten venezianischen Handelsflotte, deren Schiffe er dann an einzelne Händler oder Geldeigentümer verpachtete.[1]

Der im Vergleich zu anderen Staaten der damaligen Zeit extrem gut ausgestattete öffentliche Haushalt Venedigs begünstigte darüber hinaus verschiedene Formen geldvermehrender Aktivitäten, darunter den Ausbau des Bankwesens. Nach den venezianisch-genuesischen Kriegen, insbesondere nach dem Krieg von Chioggia, erfolgte eine erhebliche Auswei-

1 An dieser Stelle lohnt es sich, an den sachdienlichen Vorschlag von Louis Althusser zu erinnern: »Die Unterscheidung zwischen dem Öffentlichen und dem Privaten ist eine Unterscheidung, die dem bürgerlichen Recht innewohnt und die gültig ist für die (untergeordneten) Bereiche, in denen das bürgerliche Recht seine ›Macht‹ ausübt. [...] Der Staat, der der Staat der herrschenden Klasse ist, ist weder ›öffentlich‹ noch ›privat‹, er ist vielmehr die Bedingung jeder Unterscheidung zwischen öffentlich und privat.« (Althusser: Ideology, S. 18)

tung des Finanzsektors, bedingt durch die massive Staatsverschuldung und die Einführung von Zwangsanleihen für Reiche, was einen bemerkenswert gut organisierten Sekundärmarkt für Staatsanleihen hervorbrachte.

Schließlich war es der Staat, der gegen Ende des 14. Jahrhunderts auf die Verallgemeinerung und Stabilisierung des Lohnverhältnisses drängte, indem er bis dahin gängige Formen der »Assoziation« zwischen Geldbesitzern und Arbeitern unterband und damit letztendlich die Ersteren in Kapitalisten und die Mehrheit der Letzteren in Proletarier verwandelte. Demzufolge waren die Venezianer die ersten in der Geschichte, die die Voraussetzungen für die Durchsetzung kapitalistischer Klassen- und Ausbeutungsverhältnisse schufen. Ihrem Beispiel folgten kurz darauf weitere (Stadt-)Staaten in Norditalien, anschließend in ganz Nordeuropa und in der atlantischen Welt. Venedig nahm nach und nach die wesentlichen Merkmale eines kapitalistischen Staates an: Der venezianische Staat verkörperte die Interessen des gesamten gesellschaftlichen Kapitals des Gemeinwesens. Auch in ökonomischer Hinsicht war der Staat ein maßgeblicher Akteur, weil er die allgemeinen materiellen Bedingungen für die Reproduktion der kapitalistischen Verhältnisse sicherstellte. Dazu gehörten die politische Kontrolle und Disziplinierung der Arbeiterschaft, Interventionen zur Steigerung der Profitabilität des gesellschaftlichen Gesamtkapitals, die staatliche Überwachung des Geldverkehrs sowie die Herstellung eines institutionellen und juristischen Rahmens zur Stärkung der »Freiheit« des Markts. Auf der politischen und ideologisch-kulturellen Ebene legitimierte der Staat die Ausübung der bürgerlichen politischen Macht, indem er sie als im »Interesse des Gemeinwohls« darstellte.

Trotz unserer Meinungsverschiedenheiten hinsichtlich des Aufstiegs und des Wesens des Kapitalismus (siehe Kapitel 5) stimme ich mit den Schlussfolgerungen von Giovanni Arrighi zum Charakter des venezianischen Staates überein. Er schreibt:

> »Der mächtigste und damals führende Staat [Venedig] [...] ist der wahre Prototyp des kapitalistischen Staats, und zwar im doppelten Sinne von ›perfektes Beispiel‹ und ›Modell für künftige Staaten‹. [...] *Pace* Sombart. Sollte es irgendwann einmal eine Formation gegeben haben, dessen Exekutive die Kriterien aus dem ›Kommunistischen Manifest‹ für einen kapitalistischen Staat erfüllte (›ein Ausschuss, der die gemeinschaftlichen Geschäfte der ganzen Bourgeoisklasse verwaltet‹ [MEW, Bd. 4, S. 464], dann war es Venedig im 15. Jahrhundert. Vergleicht man damit die späteren kapitalistischen Führungsmächte (die Vereinten Provinzen, Großbritannien und die USA), so wirken diese als zunehmend ›schwacher Abklatsch‹ dieses idealty-

pischen Standards, den Venedig bereits einige Jahrhunderte zuvor erreicht hatte.«[2]

Diese These von Venedig als Prototyp des kapitalistischen Staats setzt voraus, dass zwei Fragen *positiv beantwortet* werden – Fragen, die immer wieder gestellt werden, um die angebliche Zurückgebliebenheit und damit das vorkapitalistische Wesen des venezianischen Staates hervorzuheben:

a.) Kann eine staatliche Ordnung, deren Strukturen auf der Segregation zwischen Aristokratie, Bürgertum und Gemeinen beruhten, überhaupt als ein kapitalistischer Staat betrachtet werden? Zahlreiche Historiker, die sich seit dem 19. Jahrhundert mit Venedig beschäftigt haben, beschreiben es als ein »dekadentes, oligarchisches und reformunfähiges« Staats- und Gemeinwesen, das die Mehrheit seiner Bewohner nicht angemessen repräsentierte.[3]

b.) Kann ein Staat, der keine *Nation* repräsentiert – oder anders ausgedrückt: ein Staat, der mit keinem *nationalen Territorium* verknüpft ist –, ein »moderner«, das heißt kapitalistischer Staat sein? Wie wir in Kapitel 11 gesehen haben, sind sich Anderson, Althusser, Heller und andere an diesem Punkt einig und vertreten die Auffassung, dass dies nicht der Fall ist. Sie alle behaupten, Venedig und andere Stadtstaaten der italienischen Halbinsel hätten keine wirklichen kapitalistischen Gesellschaftsformationen ausbilden können, weil ihnen dazu die »nationale politische Einheit« gefehlt habe.

Ich habe erst gar nicht versucht, in diesem Buch eine ausführliche Untersuchung der venezianischen Gesellschaft und des venezianischen Staates vorzulegen. Der Anspruch war lediglich, sich mit der Geschichte Venedigs unter einem ganz bestimmten Gesichtspunkt – Herausbildung und Konsolidierung des Kapitalismus – zu befassen. Von daher werde ich mich in den nächsten zwei Abschnitten dieses letzten Kapitels darauf beschränken, auf die Eigenschaften des venezianischen Staats einzugehen, die diesen als ersten Staat in der Geschichte zu einem kapitalistischen machten.

12.2 Staatsapparate und Repräsentationsformen

Der venezianische Staat zeichnete sich im 14. Jahrhundert, zu einem Zeitpunkt also, als sich die unechten Bourgeoisie in eine Kapitalistenklasse verwandelte, durch zwei Eigenschaften aus, die typisch für den Kapitalismus sind:

2 Giovanni Arrighi: The Three Hegemonies of Historical Materialism, in: Stephen Gill (Hrsg.): Gramsci, Historical Materialism and International Relations, Cambridge 1993, S. 148–185, hier S. 153.

3 Vgl. Martin/Romano: Reconsidering Venice, S. 3ff.

a.) Die Staatsapparate funktionierten unabhängig von konkreten Personen auf der Grundlage der Prinzipien Rechtsstaatlichkeit und Gleichheit vor dem Gesetz. Das betraf alle Bewohner des venezianischen Reiches, unabhängig von ihrem jeweiligen Status (Patrizier, Bürger durch Geburt, »Populare«, Einwanderer, Diener oder Sklaven).[4]

> »Die zentralen Regierungsorgane bildeten eine Pyramide. [...]. Misstrauen gegenüber der Macht eines einzelnen veranlasste die Venezianer, sich auf Ausschüsse und Räte zu verlassen. Sogar in ihrem Rechtsprechungssystem wurden Urteile nicht von einem einzelnen Richter, sondern von mehreren Richtern gefällt, die zusammen handelten. Ein jeder Ausschuss oder Rat wurde von einem anderen Ausschuss oder Konsilium überprüft und eingegrenzt, um die Herrschaft von Recht und Gesetz zu sichern.«[5]

b.) Das politische System war gekennzeichnet durch ein Auswahlprinzip für alle hochrangigen Beamten, die zudem regelmäßig die Ämter wechseln mussten, und durch eine ausgeprägte Regierungspyramide. Das gewährleistete die »relative Autonomie« des Staates und seiner politischen und ökonomischen Funktionen und schützte ihn vor zu großem Einfluss einzelner Fraktionen der herrschenden Klasse (z.B. besonders mächtige Patrizierfamilien[6] oder Teile des Unternehmerlagers; siehe Kapitel 9).[7]

Nach Nicos Poulantzas genießt der

> »kapitalistische Staat, obwohl er überwiegend die Interessen der hegemonialen Klasse oder Fraktion vertritt [...], eine relative Autonomie gegenüber dieser Klasse und Fraktion sowie gegenüber anderen Klassen und Fraktionen des Machtblocks.«[8]

4 Guido Ruggiero hob hervor: »Während sich der Großteil Europas weiterhin unter der Herrschaft von Erbkönigen oder lokalen Adelsfamilien befand, profitierten Leben und Handel in Venedig von der Herrschaft des geschriebenen Rechts, ausgelegt von gewählten Räten und Richtern und durchgesetzt von einer gut organisierten Verwaltung.« (Guido Ruggiero: Law and Punishment in Early Renaissance Venice, in: Journal of Criminal Law and Criminology 2/1978, S. 243–256, hier S. 243) – Selbst die Dogen waren diesem Recht unterworfen. So verurteilten im Jahr 1355 die Venezianer den Dogen Marino Falier zum Tode und ließen ihn köpfen (Lane: Seerepublik Venedig, S. 275f.).

5 Ebd., S. 155.

6 »Venedig verhinderte, dass sich eine Familie besonders hervortat, und perfektionierte ein System der gegenseitigen Kontrolle, das die herrschende Klasse im Zaum hielt.« (Lane: Venice and History, S. 530)

7 »Das venezianische Patriziertum, das zugleich Politik gestaltete, Gesetze erließ und Kriegsschiffe kommandierte, war in gewisser Weise eine Bürokratie in sich. Die Adligen in Venedig übernahmen sowohl überwachende als auch exekutive und buchhalterische Tätigkeiten, darunter viele Funktionen, die anderswo Männer ausübten, die nicht zur traditionellen Herrscherkaste gehörten.« (Michael E. Mallet/John R. Hale: The Military Organisation of a Renaissance State. Venice c. 1400 to 1617, Cambridge 1984, S. 493)

8 Poulantzas: Politische Macht, S. 97.

Beide Elemente trugen maßgeblich dazu bei, dass sich die politischen Machthaber in Venedig auf einen breiten Konsens in der Bevölkerung stützen konnten.

Obwohl Mitglieder eines geschlossenen Gremiums – im Großen Rat waren lediglich adlige Männer ab 25 Jahren aufwärts vertreten – den Dogen und die venezianische Regierung bestimmten, gehörte die venezianische Staatsform bis zur Französischen Revolution zu einer der »repräsentativsten« in ganz Europa. Im 16. Jahrhundert stellten die Angehörigen des Großen Rats in ihren jeweiligen Altersgruppen zwischen vier und fünf Prozent der männlichen Bevölkerung der Stadt. Zum Vergleich: Zweieinhalb Jahrhunderte später waren in England nur drei Prozent der Bevölkerung wahlberechtigt, in Schottland waren es weniger als 0,2 Prozent.[9]

Das ist einer der Gründe, warum viele radikale Denker und politische Philosophen vor der Französischen Revolution das politische System Venedigs in höchsten Tönen priesen. Der politische Theoretiker des Republikanismus, James Harrington, bezeichnete in seinem einflussreichen, 1656 in England erschienenen und Oliver Cromwell gewidmeten Buch »The Commonwealth of Oceana« Venedig als »Vorbild« für das britische Commonwealth. »Obwohl Venedig die Menschen nicht alle mit offenen Armen willkommen heißt, schließt es das Volk niemals aus«.[10] Er fuhr fort:

> »In Venedig, das im Vergleich zu allen anderen von der Verfassung her das Gemeinwesen mit der größten Gleichheit ist, kam es nie zu Streitigkeiten zwischen dem Senat und dem Volk [...]. Ich bin keiner eingehenderen Beschreibung dieses Abstimmungsmodells begegnet, [...] das von Venedig ist unter allen das perfekteste.«[11]

Harringtons Behauptung, wonach Venedig »niemals das Volk ausschloss«, geht zum einen auf den Umstand zurück, dass die venezianische Regierung »die Venezianer« immer als eine Einheit ansprach.[12]

9 The National Archives: Getting the vote: Voting rights before 1832, 2017, unter: www.nationalarchives.gov.uk/pathways/citizenship/struggle_democracy/getting_vote.htm. – Angaben des National Archives zufolge »verfügten in Großbritannien zu Beginn des 19. Jahrhunderts nur wenige über das Wahlrecht. Laut einer im Jahr 1780 durchgeführten Erhebung durften damals in England und Wales lediglich 214 000 Personen wählen – das waren weniger als drei Prozent der Gesamtbevölkerung, die damals acht Millionen Menschen betrug. In Schottland war der Anteil der Wahlberechtigten sogar noch kleiner: Im Jahr 1831 durften dort nur 4500 Männer (bei einer Gesamtbevölkerung von 2,6 Millionen) an den Parlamentswahlen teilnehmen.« (Ebd.)

10 James Harrington: The Commonwealth of Oceana [1656], Cambridge 1992, S. 17.

11 Ebd., S. 33f. – »Als die Engländer nach der Hinrichtung Karls I. in eine lebhafte Diskussion über erstrebenswerte Staatsformen eintraten, wiesen viele auf Venedig hin, um darzutun, dass eine Republik gute Möglichkeiten biete. Ein Jahrhundert später fanden ihre Argumente Eingang in die Rhetorik jener Revolution, die in Amerika zur Entstehung einer neuen Republik führte.« (Lane: Seerepublik Venedig, S. 616)

12 »Im Jahr 1148 teilte uns der Doge in einem Dokument mit, dass er bei seinem Beitritt zum cuncto communi Venetico populo (dem gemeinen venezianischen Volk) einen Eid geleistet hatte. Die Kommune kristallisierte sich so schnell heraus, ohne dass sich damit jedoch das

Zum anderen sind politische Regime bzw. die herrschenden Klassen in der Regel auf Konsens und Akzeptanz (oder zumindest Toleranz) der von ihnen beherrschten Bevölkerungsgruppen bzw. Klassen aus (sie verstehen dies als Ausdruck ihrer Macht). Die Herrscher über Venedig scheinen, was die Organisierung von Zustimmung anging, sehr erfolgreich gewesen zu sein.

Ähnlich äußerte sich Baruch de Spinoza zur Frage der Repräsentation der subalternen Klassen im Staat. In seinem unvollendet gebliebenen Werk »Abhandlung vom Staate« (1676/77) erklärte er, die Staatsmacht müsse im »Recht der Menge« wurzeln.[13] Spinoza verglich verschiedene Staatsformen und bezeichnete diejenige Regierung als »vollkommen«, der es gelinge, »Freiheit« und »Recht« der Menge (der Multitude) zum Ausdruck zu bringen. Er, für den die Demokratie in dieser Hinsicht die beste politische Organisationsform war,[14] hielt ein »aristokratisches« Regime wie das in Venedig gegenüber einer absoluten Monarchie insgesamt für überlegen.[15] Er schrieb:

> »Damit aber bei den Verhandlungen und den Wahlen der Staatsbeamten alle Patrizier die gleiche Macht haben und eine schnelle Erledigung gewährleistet wird, *empfiehlt sich die bei den Venezianern eingeführte Geschäftsordnung*. Sie losen nämlich bei der Ernennung von Staatsbeamten einige vom Rate aus und diese schlagen der Reihe nach die zu wählenden Beamten vor. Jeder Patrizier gibt dann durch Stimmsteine seine Meinung kund, ob er die Wahl des vorgeschlagenen Beamten gutheißt oder verwirft [...]. Der Erfolg ist, dass alle Patrizier bei den Abstimmungen die gleiche Autorität haben und dass ein rascher Geschäftsgang gewährleistet wird; dann aber hat jeder die volle Freiheit.«[16]

Frederic C. Lane verwendet den Begriff Republikanismus, um das politische Regime von Venedig zu charakterisieren.[17] Dass das Staatober-

---

Regierungssystem der Stadt änderte.« (Chris Wickman: Sleepwalking into a New World: The Emergence of Italian City Communes in the Twelfth Century, Princeton/Oxford 2015, S. 180)

13 »Dieses Recht [das allen Menschen zusteht], das durch die Macht der Menge bestimmt wird, nennt man gewöhnlich *Regierung*. Derjenige hat sie vollkommen in Händen, der nach dem übereinstimmenden Willen der Gesamtheit die Sorge um das Gemeinwesen hat.« (Baruch Spinoza: Abhandlung vom Staate, in: ders.: Sämtliche Werke in sieben Bänden, hrsg. von Carl Gebhardt, Bd. 5, 5. Aufl., Hamburg 1977, S. 53–181, hier S. 67 (2. Kap. § 17)

14 Vgl. hierzu auch Jonathan I. Israel: Radical Enlightenment: Philosophy and the Making of Modernity 1650–1750, Oxford 2001.

15 »Dass die aristokratische Regierung aus einer großen Zahl von Patriziern bestehen muss; [...] dass sie sich mehr der unumschränkten als der monarchischen Regierung nähert und deshalb tauglicher zur Erhaltung der Freiheit ist « (Spinoza: Abhandlung vom Staate, S. 130 [8. Kap., Einleitung]).

16 Ebd., S. 145 (8. Kap., § 27), Hervorh. J.M.

17 »Der Republikanismus verlieh der Zivilisation Italiens vom 13. bis ins 16. Jahrhundert hinein seine besondere Qualität.« (Lane: Venice and History, S. 520)

haupt, der Doge, nicht nach dem Abstammungsprinzip ausgewählt wurde, dass die Patrizier bei ihrer Amtsausübung strengen Befristungen und dem Rotationsprinzip sowie alle Gremien und Beamten einer ständigen Inspektion und Prüfung unterlagen, dass Konflikte über Abstimmungen in Organen mit umfassender Beteiligung beigelegt wurden, dass der Staat Maßnahmen zur Stärkung des »Gemeinwohls« oder des »gleichen Rechts für alle« ergriff (Getreidebeschaffung und -vorratshaltung, Bereitstellung von Arbeitsplätzen in staatlichen Betrieben, Einführung der Wehrpflicht bzw. die Bemannung der Kriegsflotte über Los- und Rotationsverfahren etc.; siehe Kapitel 10) – all dies schuf das Bild von einer unpersönlichen Staatsgewalt, die sich auf »unparteiische« Staatsapparate stützte und so staatlichen Politiken und Entscheidungen in den Augen der Bevölkerung Venedigs eine hohe Legitimität verlieh – und das, obwohl Venedigs »Gemeine« niemals in den Genuss der Privilegien kommen konnten, die den Adligen und Bürgerlichen qua Geburt zustanden.

Was sich an dieser Stelle also festhalten lässt, ist, dass die soziale Segregation zwischen Patriziern und Gemeinen nicht zwangsläufig mit einem nicht-kapitalistischen oder im Grunde »weniger repräsentativen« Staat einherging, im Vergleich etwa mit der konstitutionellen Monarchie Englands im 17. Jahrhundert oder danach, sondern nur mit einem klareren Ausschluss der »Gemeinen« von staatlich geförderter sozialer Aufstiegsmobilität (z.B. durch Bildung oder die Staatsbürokratie). In anderen Worten: Nichtaristokraten in Venedig gelang ein sozialer Aufstieg nicht durch eine Karriere als Staatsbeamter, sondern nur über wirtschaftlichen und finanziellen Erfolg als Kapitalisten oder Angehörige des mittelständischen Bürgertums.

Wirtschaft und Gesellschaft Venedigs waren sicherlich polarisierter als viele der heutigen kapitalistischen Gesellschaften. Trotz der starken Vermögens- und Einkommensunterschiede zwischen Kapitalisten, hochrangigen Beamten und wohlhabenden Handwerksmeistern auf der einen sowie Proletariern und kleinen Laden- und Werkstattbesitzern auf der anderen Seite vermochten die politischen und rechtlichen Strukturen des venezianischen Stadtstaates jedoch Gefühle der kollektiven Zugehörigkeit zu erzeugen. Einrichtungen wie Bruderschaften, Schulen[18] und Kirchengemeinden, aber auch institutionalisierte Praxen und Gebräuche wie die Verehrung des Heiligen Markus, des Schutzpatrons der Republik (was die Form eines exklusiven Staatskults annahm und Teil der kollektiven venezianischen Identität wurde), oder andere öffentliche Zere-

18 »Venedig stellte im Jahr 1336 finanzielle Unterstützung für einige Notare des Dogen bereit, um ihnen den Schulbesuch zu ermöglichen. Zudem waren Steuerbefreiungen für Gelehrte durchaus üblich.« (Peter Denley: Governments and Schools in Late Medieval Italy, in: Trevor Dean/Chris Wickham [Hrsg.]: City and Countryside in Late Medieval and Renaissance Italy: Essays Presented to Philip Jones, London/Ronceverte 1990, S. 93–107, hier S. 106)

monien, Festivitäten und Mahlzeiten, die regelmäßig von staatlichen Institutionen,[19] der Kirche oder Wohlfahrtseinrichtungen organisiert wurden,[20] übernahmen die Rolle der ideologischen Staatsapparate. Die wesentliche Funktion dieser Form von Staatsapparaten besteht darin, in allen sozialen Klassen und Gruppen diejenigen Ideen und Praxen einzuschreiben, die den Interessen der Kapitalisten und der herrschenden Ideologie entsprechen.

> »Um mehr Männern die Möglichkeit zu bieten, sich an dem Regelwerk zu beteiligen, das über ihre Aktivitäten als Angehörige einer Berufsgruppe oder die Wahl von Beamten oder Funktionären bestimmte, setzte man auf professionelle Arbeitsteilung. [...] Zunftsgenossen waren eigentlich nur Bürger zweiter Klasse, aber sie verfügten über eine spezielle Art des Bürgerstatus. Die Konsolidierung dieses Systems verschaffte der Republik Venedig ein hohes Ansehen. Man sagte ihr nach, bei der Lösung typischer Probleme staatlicher Ordnungen besonders erfolgreich gewesen zu sein. [...] Zu Venedigs Errungenschaften zählten die Durchsetzung öffentlichen Rechts gegen private Interessen, Privilegien und Rachemotive, das Zurückdrängen des politischen Einflusses der Kirche und die staatliche Förderung des Handels, um den allgemeinen Wohlstand zu mehren.«[21]

Vom 15. Jahrhundert an begann der venezianische Staat, gezielt Geschichtsschreibung zu betreiben und diese systematisch als Instrument einzusetzen, um damit den »Patriotismus« unter den Bewohnern der Stadt und des gesamten Reiches zu fördern, das heißt Loyalität gegenüber dem Staat und Zustimmung zu seiner Politik. Wir begegnen hier etwas, das in gewisser Weise an Nation-Building-Prozesse im Europa des 19. Jahrhunderts erinnert (siehe unten): der frühen Version einer staatlichen Strategie, bei der die »*Historizität eines Territoriums*« und die »*Territorialisierung einer Geschichte*« durchgesetzt werden und bei der »die Grenzmarkierungen des Territoriums zu Orientierungspunkten der Geschichte [werden], die in den Staat vorgezeichnet sind«.[22]

19 »Die Konsumtionsmuster der Venezianer spiegelten die ausgeprägte Klassenhierarchie und die großen Einkommensunterschiede wider, die zum Teil erheblich waren. Am deutlichsten zeigte sich dies beim Essen, einem der grundlegendsten menschlichen Bedürfnisse. Die Lebensmittelversorgung war für die venezianischen Magistrate daher ein wichtiges soziales und politisches Instrument, um sich die Loyalität der Bevölkerung zu sichern.« (Ferraro: Venice, S. 115f.)

20 Im 16. Jahrhundert galt Wohltätigkeit als eine »moralische Pflicht« der Regierung und der Reichen. »Da die venezianischen Behörden ein Interesse an der Aufrechterhaltung der sozialen Ordnung und Kontrolle in der Stadt hatten, ließen sie karitativen Organisationen systematisch Unterstützung zukommen. [...] Vom 16. Jahrhundert an war jeder öffentliche Notar dazu verpflichtet, Erblasser danach zu fragen, für welche wohltätige Institution sie spenden wollten.« (Iordanou: Pestilence, poverty, and provision, S. 813)

21 Lane: Venice and History, S. 525f.

22 Poulantzas: Staatstheorie, S. 107.

Im Jahr 1486 entschied sich der Senat gegen bereits vorliegende geschichtswissenschaftliche Werke zu Venedig, die von berühmten Gelehrten stammten, und erklärte das »Rerum Venetarum« von einem »zweitrangigen professionellen Humanisten namens Sabellico« zur »offiziellen Geschichte« der Stadt.[23]

> »Mit dem Erlass des Senats von Venedig vom 1. September 1486 erhielt Marcantonio Sabellico die Erlaubnis, die 33 Bücher seines »Rerum Venetarum« zu drucken. Bereits im Jahr darauf wurde das Werk veröffentlicht [...] 32 der 33 Bücher waren in weniger als 15 Monaten geschrieben worden, genauer im Zeitraum zwischen Januar 1485 und März 1486.«[24]

Unser Fokus lag bislang auf der Art und Weise, wie der Staat Venedig seine Bürger repräsentierte. Wir sollten darüber jedoch nicht vergessen, dass Zentrum und Kern des venezianischen Staats (wie jeden Staats) der *repressive Staatsapparat* war, der sich aus der Regierung, den Räten, der Verwaltung, der Justiz, der Kriegsflotte samt Söldnern, der Geheimpolizei und anderen repressiven Organen wie den Inquisitoren, den Gefängnissen, Spitzeln, Henkern und vielen anderen zusammensetzte.

> »Mithilfe des Systems der sozialen Absicherung und Kontrolle gelang es, das Machtmonopol zu verteidigen und ein Klima von Frieden und Stabilität als wesentliche Voraussetzung für den Handel herzustellen. Im 14. Jahrhundert erfolgte ein massiver Ausbau dieses Systems. Schließlich verstärkte man noch die Polizeistreifen, sodass ein Polizist auf etwa 250 Einwohner kam. Zugleich wurde ein Großteil des Justizsystems Reformen unterzogen, um es rationaler und effektiver zu machen.«[25]

Grundlage des venezianischen Strafrechts war der Promissione Maleficorum, ein frühes Rechtsdokument aus der Zeit des Dogen Jacopo Tiepolo (1229–1249) mit einem Anhang, der Strafen für verschiedene Rechtsverletzungen und Verbrechen vorsah. Bemerkenswert ist, dass Verstöße, die den wirtschaftlichen und politischen Status quo betrafen, indem sie sich zum Beispiel gegen die bestehende Eigentumsordnung oder die Staatsgewalt in Venedig und in seinen Kolonien richteten, mit am härtesten bestraft wurden. »Für die herrschende Klasse, die das Recht schrieb und

23 Lane: Seerepublik Venedig, S. 330.

24 Şerban V. Marin: Marcantonio Sabellico's Rerum Venetarum and »the Definitive History of Venice«. The Beginnings of the Official Historiography in Venice?, in: Revista Arhivelor, 2013, S. 134–177, hier S. 136f.

25 Ruggiero: Law and Punishment, S. 243.

auslegte, war Raub das Verbrechen, das ihr am meisten Sorge bereitete,«[26] ähnlich wie aufsässiges Verhalten gegen staatliche Obrigkeiten und Politik, also alles, was in Aufstände übergehen konnte.[27]

Die subalternen Klassen in Venedig wehrten sich wiederholt auf verschiedene Weise gegen ihre Ausbeutung und Unterdrückung. Dieser interessante Teil der Geschichte ist jedoch nicht Gegenstand dieses Buchs. Wenn ich zum Abschluss dieses Abschnitts einen Punkt aus meiner Analyse hervorheben sollte, dann diesen: Der Kapitalismus setzte sich in Venedig nach und nach als dominante Produktionsweise durch und bildete gleichzeitig einschlägige ökonomische und politische Formen aus, ohne dass diesem Prozess eine soziale Revolution vorausgegangen wäre.[28]

Diese Schlussfolgerung ist zugegebenermaßen nicht wirklich originell, da die meisten kapitalistischen Länder in Europa in ihrer Geschichte keine »bürgerliche Revolution« vorzuweisen haben. Außerdem datiert in Westeuropa, wie in Marx' »Kapital« nachzulesen ist, »die kapitalistische Ära [...] vom 16. Jahrhundert«[29] – obwohl Länder wie Frankreich noch im 17. und 18. Jahrhundert weiterhin geprägt waren von Überresten degenerierter feudaler Beziehungen, es immer noch weitverbreitete Armut gab und die Produktion im Agrarsektor (sowie der Konsum der Bauern) rückläufig war.[30] Das heißt, dass die Französische Revolution beispielsweise erst mehr als 200 Jahre nach der Durchsetzung des Kapitalismus in den nicht-agrarischen Sektoren der französischen Gesellschaft und der anderer europäischer Staaten stattfand.

Sogenannte bürgerliche Revolutionen wie die Englische Revolution im 17. oder die Französische Revolution im 18. Jahrhundert waren in

26 »Der ›Promissione‹ begann mit einem langen Abschnitt über Diebstahl und Raub. Dieser Abschnitt enthielt im Gegensatz zu den anderen, die Gewaltverbrechen behandelten, eine detaillierte Liste mit Strafen. Seine Platzierung ganz am Anfang des Strafgesetzbuchs weist neben der detaillierten Strafauflistung darauf hin, dass Raub das Verbrechen war, das die herrschenden Klasse, die das Gesetz schrieb und anwendete, am meisten beunruhigte. Darüber hinaus erfolgte die Einschätzung der Schwere des Raubs in der ›Promissione‹ nicht nach dem Grad der Gewaltanwendung, sondern nach der Menge des gestohlenen Eigentums. Die Strafzumessungen waren sorgfältig abgestuft und richteten sich im Wesentlichen nach dem Wert des entstandenen Sachschadens. [...] Überstieg der Wert des Geraubten 40 Lire, drohte die Todesstrafe durch Erhängen. Für Wiederholungstäter kannte das Gesetz keine Abstufungen: Die Strafe war Erhängen. [...] Die folgenden Abschnitte zu Körperverletzungen und Mord fielen viel knapper aus. [...] Das Strafmaß für Körperverletzungen, bei denen Blut floss, oblag der richterlichen Diskretion [...]. Die unterschiedliche Behandlung von Raub- und Körperdelikten durch das Gesetz war offensichtlich. [...] Bei Gewaltverbrechen gestand man den Richtern einen Ermessensspielraum zu, während die Strafen für Eigentumsdelikte genauestens geregelt waren.« (Ebd., S. 245) Vgl. hierzu auch Davis: Shipbuilders, S. 104.

27 »Im Jahr 1265 kam es zu einem Steueraufruhr von solcher Gewalttätigkeit, dass der Doge Ranieri Zeno, einer der Führer in den Kriegen um die Oberherrschaft des Golfs und Verkünder des Seerechts-Gesetzbuches von 1255, sich den Anschein gab, als gebe er den Aufrührern nach, wenngleich er später ihre Anführer ausfindig machte und hängen ließ.« (Lane: Seerepublik Venedig, S. 170)

28 »Die niederen Klassen wurden niemals zu Revolutionen angestiftet von rachsüchtigen Adligen, die sich zu ihren Führern machen wollten, und es bot sich ihnen dazu auch niemals die Gelegenheit.« (Ebd., S. 435).

29 Marx: Das Kapital I, MEW, Bd. 23, S. 743.

30 Rubin: A History of Economic Thought, S. 91–105.

erster Linie Massenbewegungen, die das Kräfteverhältnis zwischen den herrschenden und beherrschten Klassen erschütterten und ebenso die Machtverhältnisse zwischen den verschiedenen Fraktionen der herrschenden Klasse verschoben. Damit veränderte sich auch die Machtbalance zwischen den Staatsapparaten. Zugleich hatten diese Bewegungen auch immer antikapitalistische Züge, kam in ihnen das Verlangen nach direkter Demokratie und Kommunismus zum Ausdruck, etwas, das den Aktivitäten der proletarischen Klassen immanent ist (und von aufkommenden neuen politischen Regimen häufig zunächst genutzt und später unterdrückt wurde), wie das Eduard Bernstein für die Englische Revolution gezeigt hat.[31]

Da Klassen in erster Linie soziale Beziehungen und Praktiken konstituieren (siehe Kapitel 7), ist die sich aus verschiedenen Fraktionen zusammensetzende herrschende Klasse im Wesentlichen eine Strategie für die Ausbeutung und Unterdrückung der unteren Klassen. Diese Herrschaftsstrategie wird kontinuierlich an die aktuellen Entwicklungen und Wendepunkte im Klassenkampf angepasst, die zur Neuordnung der Machtverhältnisse zwischen den Herrschenden und den Beherrschten, aber auch zwischen den Fraktionen der herrschenden Klasse führen. Die Amerikanische oder die Französische Revolution am Ende des 18. Jahrhunderts läuteten nicht den »Übergang vom Feudalismus zum Kapitalismus« ein, sondern sie bewirkten eine einschneidende Umstrukturierung der Klassenverhältnisse innerhalb der jeweiligen kapitalistischen Gesellschaftsformationen und einen weitreichenden Umbau ihrer kapitalistischen Staatsapparate. Damit einher gingen neue Formen der Unterdrückung, der Governance und der Herstellung von Konsens. Oliver Cromwell Cox schrieb diesbezüglich über die Französischen Revolution:

> »Die Revolution beseitigte alle intermediären politischen Loyalitäten zwischen dem Einzelnen und dem Staat. Das war sicherlich der größte organisatorische Triumph des Kapitalismus: die Zerschlagung der sozialen Stände und die Ausbreitung des Individualismus.«[32]

Die mit der Französischen Revolution verbundenen Transformationen der kapitalistischen Macht schufen und stärkten überall in Europa eine neue Form des Zusammenhalts bestehender kapitalistischer Gesellschaftsformationen: den Nationalismus.

31 Vgl. Eduard Bernstein: Kommunistische und demokratisch-sozialistische Strömungen während der englischen Revolution, Stuttgart 1895. – »Der Kommunismus ist für uns nicht ein *Zustand*, der hergestellt werden soll, ein *Ideal*, wonach die Wirklichkeit sich zu richten haben [wird]. Wir nennen Kommunismus die *wirkliche* Bewegung, welche den jetzigen Zustand aufhebt. Die Bedingungen dieser Bewegung ergeben sich aus der jetzt bestehenden Voraussetzung. (Karl Marx/Friedrich Engels: Die Deutsche Ideologie, in: MEW, Bd. 3, S. 35)

32 Cox: Caste, Class and Race, S. 147.

12.3 Die »nationale Frage«, der venezianische Staat und seine Kolonialgebiete

Wir wenden uns nun dem Hauptargument derjenigen Autoren zu, die von einem »Scheitern« des Kapitalismus in Venedig sprechen (siehe Kapitel 11). Ist der kapitalistische Staat in Venedig »gescheitert«, weil es ihm nicht gelungen ist, die italienische Nation zu vereinen? Die Antwort ist ein kategorisches Nein! Erst im 19. Jahrhundert kam es zur (italienischen) Nationengründung, also mehrere Jahrhunderte nachdem sich der Kapitalismus in Venedig, Genua, Florenz und in anderen Teilen Westeuropas durchgesetzt hatte. *Die genuesisch-venezianischen Kriege waren keine Bürgerkriege!*

Eric Hobsbawm datiert den Beginn des Zeitalters der Nationen und des Nationalismus in Europa auf das 19. Jahrhundert (die ersten Ansätze der Nationenbildung hat es ihm zufolge bereits im späten 18. Jahrhundert gegeben). Zum entsprechenden Prozess in Italien schreibt er:

> »In den Tagen Mazzinis spielte es keine Rolle, dass für die große Mehrheit der Italiener das Risorgimento nicht existierte, sodass Massimo d'Azeglio in der ersten Sitzung des Parlaments eines gerade vereinten Italiens seinen berühmten Ausspruch tun konnte: ›Wir haben Italien geschaffen, jetzt müssen wir Italiener schaffen.‹«[33])
>
> »Während das Französische wenigstens einen Staat hatte, dessen ›Nationalsprache‹ es sein könnte, war die einzige Basis für die Einigung Italiens die italienische Sprache, welche die gebildete Elite der Halbinsel als Lese- und Schreibkundige vereinte, obwohl nach Berechnungen zum Zeitpunkt der Vereinigung (1860) nur 2,5 Prozent der Bevölkerung diese Sprache im Alltag verwendeten.«[34]

Sporadische Bezugnahmen auf ein »Italien« vor dem »Zeitalter des Nationalismus« sollten nicht im Rahmen der heutigen nationalen Ideologien gedeutet werden. »Italien« war für die in den Stadtstaaten der italienischen Halbinsel lebenden politischen Anführer und Intellektuellen vor dem 19. Jahrhundert lediglich eine »Vision« oder ein »kulturelles Bewusstsein«,[35] auf gewisse Weise vergleichbar mit dem, was ein »vereintes Europa« für die europäischen Staaten zu Beginn des 20. Jahrhunderts bedeutete.

> »Als Petrarca zum Frieden zwischen Venedig und Genua aufrief und beide ermahnte, dass sie Teile eines größeren Ganzen, nämlich Italien,

33 Eric J. Hobsbawm: Nationen und Nationalismus. Mythos und Realität seit 1780, Frankfurt a.M./New York 1991, S. 58.

34 Ebd., S. 75.

35 Antonio Gramsci: Prison Notebooks, Bd. III, New York 2007, S. 60.

> seien [...] waren die beiden Städte von dem Appell nicht mehr gerührt, als England und Deutschland es gewesen wären, wenn man im Jahr 1915 im Namen der europäischen Nation an sie appelliert hätte.«[36]

Zwar stimmt es, dass Niccolò Machiavelli in seinem Werk »Der Fürst« (1513) vorhersagte, Italien »seinen Retter erblicken möge«, sodass »unser Heimatland geadelt wird«,[37] aber Nationen entstehen erst dann, wie Hobsbawms Analyse deutlich gemacht hat, wenn der Nationalismus und die »nationale Idee« zu einer Massenbewegung werden oder wenn sie zumindest von einem beträchtlichen Teil der Bevölkerung als ein ideologischer,[38] emotionaler und politischer Standpunkt geteilt werden. Trotz vereinzelter Bemühungen vonseiten Intellektueller nahmen »nationalistische Bewegungen« in Italien oder Europa vor dem 18. oder 19. Jahrhundert nicht wirklich Gestalt an. Es war die Französische Revolution, die diesen Prozess forcierte.

Ich möchte an dieser Stelle auf einige bereits von mir dargelegte Punkte und Argumente zum Zusammenhang zwischen kapitalistischem Staat und Nation zurückkommen, die aus meiner Untersuchung folgen, und sie mit einigen Hinweisen aus der marxistischen Theorie ergänzen. Der kapitalistische Staat »verdichtet« die allgemeine Herrschaft des Kapitals in einer Gesellschaftsformation und stellt diese gleichzeitig so dar, als diene sie dem »Gemeinwohl« der Gesellschaft. In anderen Worten: Der kapitalistische Staat sieht sich gezwungen, alle auf seinem Gebiet lebenden Gemeinschaften zu homogenisieren und sie als Teil einer *einheimischen Bevölkerung* mit vermeintlich *gemeinsamen Interessen* zu erklären, um diese von den »Anderen« (den Bevölkerungen anderer Staatsgebiete) abzugrenzen. Das heißt, dass die strategischen, vom Staat »verdichteten« Interessen der kapitalistischen Klasse immer einen Kompromiss mit den

36 Lane: Seerepublik Venedig, S. 274. – Etwa um das Jahr 1350 herum schrieb Petrarca an Venedigs Dogen Andrea Dandolo: »Ich beschwöre Euch, die blühende Republik, die sich Eurer Fürsorge verschrieben hat, und diesen ganzen reichen und schönen Teil Italiens, der sich zwischen den Alpen und dem Apennin erstreckt, nicht zur Beute hungriger ausländischer Wölfe werden zu lassen, von denen wir dank der weisen Natur, worauf ich stets hinweise, durch die hohen Bergkämme der Alpen getrennt sind.« (Zit. nach: John Humphreys Whitfield: Petrarch and the Renaissance , New York 1966, S. 31) Zum Vergleich hier ein Zitat von Antonio Gramsci von Anfang der 1930er-Jahre aus seinen »Gefängnisheften«: »Es gibt heute ein europäisches Kulturbewusstsein, und es gibt eine lange Liste von öffentlichen Erklärungen von Intellektuellen und Politikern, die behaupten, dass eine Europäische Union notwendig ist. Man kann mit Fug und Recht sagen, dass der Lauf der Geschichte auf diese Union zusteuert und dass es viele materielle Kräfte gibt, die sich nur innerhalb dieser Union entwickeln können. Wenn diese Union in x Jahren entstehen sollte, wird das Wort ›Nationalismus‹ den gleichen archäologischen Wert haben wie der ›Munizipalimus‹ heute.« (Gramsci: Prison Notebooks, Bd. III, S. 60f.) Noch nicht einmal ein Jahrzehnt, nachdem diese Zeilen geschrieben worden waren, im Jahr 1939, begann mit dem Zweiten Weltkrieg das schlimmste Massaker zwischen den Nationen Europas in der Geschichte.

37 Niccolò Machiavelli: The Prince, London 1981, S. 138.

38 Antonio Gramsci hat zum Thema Ideologie folgende treffende Bemerkung gemacht: »Man darf die ›Ideologie‹, die Lehre nicht als etwas Künstliches und mechanisch Aufgesetztes auffassen (als ein Kleidungsstück auf der Haut im Unterschied zur Haut, die vom gesamten biologisch-tierischen Körper organisch produziert wird), sondern geschichtlich, als einen unablässigen Kampf.« (Antonio Gramsci: Gefängnishefte, Bd. 2, Hamburg, 1991, S. 377)

einheimischen subalternen Klassen bedingen. Prozesse des modernen Nation-Building und des Nationalismus haben einen wichtigen Beitrag zur Homogenisierung der Bevölkerungen kapitalistischer Staaten geleistet: Die Nation erzeugt die historisch geformte und spezifisch kapitalistische Einheit (den Zusammenhalt) der antagonistischen Klassen einer Gesellschaftsformation und tendiert dazu, das »Innere« zu vereinheitlichen und es vom »Äußeren«, etwa dem »Nicht-Nationalen«, abzugrenzen und zu unterscheiden. In Europa kam der Prozess der Nationengründung erst Jahrhunderte nach der Etablierung der Herrschaft des Kapitalismus in zahlreichen Gesellschaften und Teilen des Kontinents in Gang. Nationalismus und nationale Identitäten bildeten sich erst im späten 18. und im 19. Jahrhundert heraus, sie entstanden erst im Gefolge der Französischen Revolution.

Doch zurück zu Venedig: Der venezianische Staat war seit dem 14. Jahrhundert ein kapitalistischer Staat, also schon lange vor dem »Zeitalter des Nationalismus«. Mittels seiner starken Staatsapparate gelang es den dort Herrschenden, die strategischen Interessen der venezianischen Bourgeoisie als die »gemeinsamen Interessen« der Republik und all seiner Bewohner erscheinen zu lassen. Oder anders formuliert: Grundlage der Loyalität der subalternen Klassen gegenüber dem venezianischen Staat war nicht eine spezifische nationale oder ethnische Identität, sondern vielmehr ein Gefühl der kollektiven Zugehörigkeit zu einem Gemein- und Staatswesen, ein Gefühl, das fast schon religiöse Züge trug.[39] Dieses politische Element, dem selbstverständlich auch wirtschaftliche Interessen und Motive zugrunde lagen, war entscheidend für die Herausbildung eines Konsenses zur Stützung der politischen Macht unter den subalternen Klassen Venedigs, aber auch unter den Bewohnern seines Kolonialreiches im Mittelmeerraum und auf der italienischen Halbinsel. Es traf auch auf die vielen Einwanderer aus diesen Gebieten zu.

> »Angezogen durch den Ruf der Stadt, dass es in ihr reichlich Lebensmittel und gleiches Recht für alle gebe, und wegen ihrer Fertigkeiten willkommen geheißen, füllten die Einwanderer nach jeder Heimsuchung durch Krieg und Pest die Bevölkerung wieder auf.«[40]

39 Die Bedeutung des Heiligen Markus als Venedigs Schutzpatron reichte nicht aus, um die Bevölkerung Venedigs von der des Feindes, etwa der von Genua, die unter dem Schutz des Heiligen Georg stand, zu unterscheiden. Das Zerwürfnis zwischen Venedig und Genua war politischer Natur (wenn auch selbstverständlich wurzelnd in wirtschaftlichen Interessengegensätzen). Die politischen Rivalitäten zwischen beiden Stadtstaaten hatten nur am Rande etwas mit Religion zu tun. Es ist zudem daran zu erinnern, dass sowohl Venedig als auch Genua immer wieder Allianzen mit »den schismatischen Griechen« eingingen, um die eigene Position gegenüber dem anderen zu stärken. Als im Jahr 1261 die Genuesen Kaiser Michael VIII. Palaiologos bei der Eroberung Konstantinopels unterstützten, exkommunizierte Papst Innozenz III. »die Genuesen, weil sie sich auf die Seite der schismatischen Griechen gestellt hatten« (Nicol: Byzantinum, S. 179).

40 Lane: Seerepublik Venedig, S. 307.

Die »Anderen« oder gar der »Feind« waren nicht die »ethnisch Fremden« oder die Einwanderer, die sich zahlreich in Venedig niedergelassen hatten, sondern ausländische Staaten und deren Untertanen. Da das Verhältnis Venedigs zu ausländischen Staaten (abgesehen von dem ewigen »Erzfeind« Genua[41]) äußerst wechselhaft war – es changierte zwischen Bündnissen und offener Feindseligkeit –, mussten die Besatzungen der venezianischen Handels- und Kriegsschiffe vor dem Verlassen des Hafens von Venedig einen Eid ablegen. Sie mussten schwören, »keine befreundeten Völker anzugreifen«,[42] das heißt »fremde« oder »andere« Völker, die der venezianische Staat zu jedem beliebigen Zeitpunkt zu »Verbündeten« erklären konnte.

Wir sollten auch nicht vergessen, dass Venedig mehr als ein Stadtstaat war. Es war ein Imperium und dieses Imperium erstreckte sich nicht nur oder nicht vorwiegend auf die italienische Halbinsel, die Terraferma, sondern über den ganzen Mittelmeerraum, den Stato da Màr, wobei Kreta bis 1669 eines der wichtigsten venezianischen Kolonialgebiete blieb. Venedig baute in allen seinen Kolonien die gleichen Verwaltungsstrukturen und Institutionen auf, die das venezianische Staatswesen widerspiegelten. Den lokalen Eliten gestand man weitreichende Befugnisse zu, solange sie sich Venedigs strategischen Interessen und Prioritäten unterordneten und in das rechtliche, ökonomische und institutionelle Rahmenwerk der Seerepublik einfügten.

> »Da Venedig seine Herrschaft in den Kolonien sorgfältig an die jeweiligen lokalen Gegebenheiten anpasste, entstand dadurch eine ›zusammengesetzte‹ oder ›föderale‹ Staatsstruktur. Die Herrschaft der Venezianer auf dem italienischen Festland und in den maritimen Hoheitsgebieten ähnelte sich in wesentlichen Punkten, darunter die Komplexität des Rechtssystems, die institutionelle Struktur und die hohe Bedeutung, die im alltäglichen Regierungs- und Verwaltungshandeln den Prinzipien Aushandlung, Einspruch und Anpassung zukam. Wie auf dem Festland arbeiteten die venezianischen Magistrate in den Kolonien im Mittelmeer- und Schwarzmeerraum eng mit zivilen Räten zusammen, die sich aus den lokalen Eliten zusammensetzten. Diese Räte waren die zentralen Strukturen der regionalen Selbstverwaltung, aber auch – wie wir seit Kurzem aus der wichtigen

41 Margaret Oliphant hat versucht, sich in Marco Polo hineinzuversetzen, als dieser um 1298 als Kriegsgefangener in Genua eintraf. Sie hielt es für selbstverständlich, er sei als Venezianer »geboren, um die Genueser zu hassen«. Sie schrieb 1889: »Was für eine Offenbarung mussten für ihn die wilde Leidenschaft und die diebische Freude dieser nahen Nachbarn gewesen sein. Obwohl sie nur die Breite einer europäischen Halbinsel voneinander trennte, war da all dieser Hass, Groll und diese bittere Feindschaft! Vermutlich aber teilte Marco, der geboren worden war, um die Genueser zu hassen, keine dieser Empfindungen und Betrachtungen.« (Mrs. Oliphant: The Makers of Venice. Doges, Conquerors, Painters, and Men of Letters, London/New York 1889, S. 153)

42 Lane Seerepublik Venedig, S. 50.

> Untersuchung von Papadia-Lala über die Funktion der Räte in den griechisch-sprachigen venezianischen Kolonien wissen – Instanzen, die religiöse und ethnische Identitäten in stabile soziale Kategorien verwandelten, indem bestimmte Gruppen in das politische Leben eingebunden bzw. von diesem ausgeschlossen wurden.«[43]

Venedig integrierte – obwohl die Bevölkerungen seines Reichs unterschiedlichen Religionen anhingen – Städte und Inseln im Mittelmeer genauso in sein imperiales System wie all die Städte und Regionen auf dem italienischen Festland.[44] Jedes Territorium des Stato da Màr verfügte wie die Gebiete in der Terraferma auch über eigene Verwaltungsstrukturen und ein beträchtliches Maß an Autonomie gegenüber Venedig. Auf diese Weise brachte jede Region eigene Formen des gesellschaftlichen Zusammenhalts und der kollektiven Identität hervor.

Das venezianische Imperium war dementsprechend durch eine hybride Souveränität charakterisiert – irgendwo zwischen einem Kolonialreich und einer losen Konföderation von Herrschaftsgebieten mit spezifischen »lokalen« Identitäten.[45] Auf Kreta, wo die katholische bzw. lateinische Minderheit (zumeist venezianischer Herkunft) seit dem 14. Jahrhundert den lokalen griechisch-kretischen Dialekt sprach,[46] war unter den Inselbewohnern die Trennung zwischen den Dogmen der orthodoxen und katho-

---

43 O'Connell: Men of Empire, S. 9.

44 »Repräsentanten der Gemeinde Nauplion sprachen im Jahr 1445 im Senat vor und verlangten die Abschaffung einer Reihe von lokalen Ämtern mit der Begründung, diese seien nutzlos und belasteten nur die lokale Staatskasse. Der Senat kam diesem Anliegen nach, aber einige Monate darauf erhielt der Senat ein Schreiben, in dem die *podestà* von Nauplion diese Repräsentanten als Betrüger enttarnten. Diejenigen, die sich als Gemeindevertreter ausgegeben hätten, seien Griechen gewesen und alle Ämter, die man abgeschafft hatte, seien von Lateinern besetzt gewesen.« (Ebd., S. 112)

45 Was diese kollektiven Identitäten ausmachte, ist für all diejenigen, die der Ideologie von »nationaler Zugehörigkeit« anhängen und den Stato da Màr vorrangig als griechisch begreifen und die Terraferma in erster Linie als italienisch,nur schwer nachzuvollziehen. Ich schließe mich hier Frederic C. Lane an, der dazu schreibt: »Wir sollten nicht darauf warten, dass italienische Historiker hier vorangehen und dieses republikanische Element in ihrer Geschichte hervorheben. Wie zeitgenössische Angehörige der Historikerzunft aus anderen Ländern auch [...] beschäftigen sie sich vor allem mit dem Nationalismus ihrer eigenen Nation. Viele von ihnen sind auf das Problem der nationalen Einheit fokussiert, selbst wenn sie eine Periode beschreiben, in der diese Einheit durch ihr Fehlen auffiel.« (Lane: Seerepublik Venedig, S. 536)

46 »Die gemeinsame Sprache der Kreter war Griechisch, genauer ein kretischer Dialekt des Griechischen. Gegen Ende der hier beschriebenen Periode beschränkte sich der Gebrauch des Italienischen auf die Bereiche Verwaltung und Kultur. Die gebildeten männlichen Kreter waren natürlich zweisprachig, aber aus Dokumenten des 16. Jahrhunderts geht hervor, dass fast alle Frauen, selbst die aus adligen venezianischen Familien, lediglich Griechisch sprachen. Man schrieb das Griechische sowohl mit griechischen als auch mit lateinischen Buchstaben und es ist eine Reihe von literarischen Werken in lateinischer Schrift erhalten geblieben.« (Holton: Literature and Society in Renaissance Crete, S. 14) Es sei darauf hingewiesen, dass Vitsentzos Kornaros, der wichtigste kretische Schriftsteller der Romantik, der das »Erotokritos« im lokalen kretischen Dialekt verfasste, aus der legendären venezianischen Patrizierfamilie Cornaro bzw. Corner kam. David Holton schreibt hierzu in einer Abhandlung zu den Studien von Stylianos Alexiou, Giannis Mavromatis und Peter Warren: »Die meisten Forscher sind sich nun einig, dass der Dichter identisch war mit Vicenzo Cornaro, Sohn von Giacomo und Bruder von Andrea Cornaro, und zwischen 1553 und 1613/14 lebte.« (Ebd., S. 298)

lischen Kirche zunehmend brüchig geworden.[47] Die Eliten Kretas unterhielten enge wirtschaftliche und politische Beziehungen zu den Patriziern in Venedig,[48] in Heraklion (Candia) und in anderen wichtigen Städten Kretas blühte die Kunst der Renaissance nahezu im gleichen Maße auf wie in den Städten der italienischen Halbinsel. Das Ergebnis war eine neue kollektive Identität, ein neues Gefühl der Zugehörigkeit, wobei man sich weder als venezianisch noch als byzantinisch (oder »griechisch«) verstand, sondern als *kretisch*. In der »Multitude« Kretas entstand nach und nach ein einzigartiger Gemeinschaftssinn, da die auf Religion, Sprache, Kultur usw. basierenden Trennungslinien immer mehr an Wirkmächtigkeit verloren und zunehmend lokale Institutionen und Formen der Governance den Alltag und die Besetzung von Ämtern bestimmten. Obwohl in der offiziellen modernen Geschichtsschreibung Griechenlands die venezianische Periode Kretas als eine Zeit der nationalen Unterjochung (Venetokratia) gilt, wäre es falsch, von einem »griechischen Volk« zu sprechen, das damals den »venezianischen Besatzern« unterworfen war. Vielmehr hatte sich eine kretische »Multitude« aus Aristokraten und Gemeinen herausgebildet, die verschiedene soziale Klassen und Gruppen umfasste. Die Demarkationslinien, die die Gesellschaft Kretas durchzogen, trennten verschiedene soziale Klassen voneinander und nicht Nationen.

Über die Auswirkungen des Aufstandes der venezianischen Siedler auf Kreta (Revolte vom Heiligen Titus; siehe Kapitel 10) schreibt Sally McKee:

> »Es ist äußerst vielsagend, dass an dieser Stelle die heutig gängigen Begriffe am meisten versagen. Und doch erweist es sich als schwierig, die Bedeutung der Revolte von 1363 ohne Rückgriff auf die moderne Terminologie zu beschreiben, obwohl diese zugleich anachronistisch wirkt. [...] Sind mit dem Begriff »national« tatsächlich die Gefühle, die die lateinischen Kreter mit den Venezianern in der Metropole teilten, angemessen benannt, oder beschreibt er nicht eher das Motiv, das die lateinischen Kreter veranlasste, sich von Venedig abzuspalten und sich mit den griechischen Kretern zusammenzutun? Das Hissen der Flagge des Heiligen Titus wirft ein Schlaglicht auf den politischen Einfallsreichtun, der die Menschen dieser Kolonie weder als Griechen noch als Lateiner, sondern als Kreter neu zu definieren suchte.«[49]

47 »Religiöse und weltliche Feste zogen mit ihren großen Prozessionen ein breites Publikum von Orthodoxen und Katholiken an.« (Maltezou: The historical and social context, S. 44)

48 »Die Bewohner Kretas gehörten zu denjenigen im Reich der Seerepublik, die am meisten von Vergünstigungen profitierten. Sie erhielten weit über die Hälfte der für den Stato da Màr verzeichneten *grazie*. Da die venezianisch-kretische Elite mit dem venezianischen Adel über Heiraten und Geschäftsbeziehungen eng verbunden war, hatte sie einen besonderen Zugang zu den Räten. Es fiel ihnen leichter als anderen, Petitionen in das Labyrinth der politischen Räte Venedigs einzubringen und sicherzustellen, dass die Anhörungen zu ihren Gunsten ausfielen.« (O'Connell: Men of Empire, S. 101)

49 McKee: The Revolt of St Tito, S. 204.

Diese spezifische Identität, diese Form der kollektiven Zugehörigkeit, wurde der Aristokratie, aber auch anderen Teilen der Bevölkerung selbstredend als »venezianisches Wertesystem« verkauft. Große Teile der Bevölkerung des Stato da Màr knüpften gezielt Verbindungen zu den hochherrschaftlichen Klassen Venedigs, um Zugang zum juristischen und institutionellen System der Republik zu erhalten.[50] Nach der Kapitulation Kretas gegenüber dem Osmanischen Reich im Jahr 1669 siedelten die meisten Bewohner von Heraklion, der Inselhauptstadt, nach Venedig oder in die griechisch-sprachigen Herrschaftsgebiete des Stato da Màr über.[51]

Obwohl es bereits frühzeitig Prozesse gab, die einen gewissen venezianischen »Patriotismus« oder eine gewisse Staatstreue bestärkten (über die Eingliederung von Venedigs Bevölkerung in die jeweiligen Staatsapparate der Republik und des Imperiums, über die Vermittlung eines »venezianischen Wertesystems«, über eine »offizielle Geschichtsschreibung«, Zeremonien, wohltätige Initiativen, Bildung sowie verschiedene kulturelle und künstlerische Produktionsformen), handelte es sich hier jedoch nicht um einen Prozess der Nationenbildung, wie wir ihn aus ganz Europa im Gefolge der Französischen Revolution kennen.

Da Venedig kein Nationalstaat war,[52] sondern ein kapitalistisches Staatswesen, dessen Bevölkerung über vermeintlich »gemeinsame Interessen« miteinander verbunden war, war es stets darauf aus, von den Vorteilen zu profitieren, die mit der Aufnahme von »Fremden« im eigenen Staat oder in den eigenen kolonialen Territorien verbunden sind.[53]

> »Die Griechen waren als eigenständige Gemeinschaft sichtbar und wohnten im Stadtteil Castello; die Deutschen, mehrheitlich Kaufleute, hatten sich im Fondaco dei Tedeschi im Rialto niedergelassen; und

50 »Streitigkeiten über Eigentums- und Erbschaftsansprüche zwischen den wohlhabenden Bewohnern der Seerepublik wurden häufig vor Gerichten in Venedig entschieden.« (O'Connell: Men of Empire, S. 88)

51 »Eine große Zahl von Kretern fand Zuflucht auf den Ionischen Inseln, auf die sie ihre Kultur und Traditionen mitbrachten und wo sie einen wichtigen Beitrag zum intellektuellen Erwachen und der allgemeinen kulturellen Entwicklung der Heptaner in den folgenden Jahrhunderten leisteten.« (Maltezou: The historical and social context, S. 19)

52 Vgl. hierzu auch Stephen D. Bowd: Venice's Most Loyal City: Civic Identity in Renaissance Brescia, London 2010, S. 235.

53 Im Gegensatz dazu haftet der Entstehung von Nationen immer eine totalitäre Tendenz an, ist sie mit dem Konzept der »ethnischen Reinheit« verbunden und setzt auf »ethnische Säuberungen«: Die Eingliederung der Bevölkerung eines Staats in den Hauptkörper der Nation geht mit der Diskriminierung von »Minderheiten« und allen einher, die nicht Teil der Nation werden. Manchmal werden diese sogar gewaltsam aus dem Hauptkörper der Nation ausgeschlossen. Nicos Poulantzas hat dies folgendermaßen beschrieben: »Die in der Konstituierung der modernen Volksnation implizierten Einfriedungen sind nur deshalb so schrecklich, weil sie gleichzeitig Fragmente einer vom Staat totalisierten und kapitalisierten Geschichte sind. Die Völkermorde beseitigen das, was zu ›Fremdkörpern‹ im nationalen Territorium und in der nationalen Geschichte wird, zu Ausschließungen aus dem Raum und der Zeit. [...] Die Konzentrationslager sind auch in dem Sinne eine moderne Erfindung, dass die nach allen Seiten geschlossene Grenze sich hinter ›Anationalen‹ schließt, die außerhalb der nationalen Zeit und Historizität stehen.« (Poulantzas: Staatstheorie, S. 107)

> die Türken lebten in einer wenig festgefügten Gemeinschaft in der Gemeinde San Giacomo dall' Orio. Der Wohnsitz der jüdischen Bevölkerung, die sich aus Menschen deutscher, italienischer, iberischer und levantinischer Herkunft zusammensetzte, war ab dem Jahr 1516 auf das Ghetto beschränkt. [...] Die aus Florenz und Lucca Stammenden nahmen Quartier in den dem Rialto nächstgelegenen Gemeinden.«[54]

In der Phase, in der Venedig mit dem stetigen Ausbau seiner Seemacht beschäftigt war, kam es überall im Mittelmeerraum und darüber hinaus zur Gründung von zum Teil vielköpfigen venezianischen Gemeinden.[55] Dem venezianischen Staat und der venezianischen Gesellschaft, deren Existenz dem »Zeitalter des Nationalismus« lange vorausging, ist es ab dem 15. Jahrhundert gelungen, sowohl Formen der wirtschaftlichen und gesellschaftlichen Interaktion auszubilden[56] als auch Formen der Repräsentation ihrer Untertanen, die deren Loyalität gegenüber den staatlichen Autoritäten stärkten und die erweiterte Reproduktion der kapitalistischen Ausbeutungs- und Herrschaftsverhältnisse erleichterten. Zugleich waren dies die entscheidenden Grundlagen für eine durch und durch multikulturelle Gesellschaft und ein Imperium, das große Teile sowohl des östlichen Mittelmeerraums als auch des westlichen Festlands des heutigen Italiens umfasste. Venedig blieb bis zu seinem Niedergang eine kapitalistische Gesellschaft und eine Kolonialmacht.

Diese Schlussfolgerung ließe sich auch folgendermaßen formulieren: Venedig war über Jahrhunderte eine kapitalistische *Gesellschaft* und ein kapitalistischer *Staat* (Letzterer verstanden als materiell-politische Verdichtung kapitalistischer Herrschaft und Ausbeutung), ohne dass die Gesellschaft die Form einer *nationalen* Einheit und der kapitalistische Staat die Form eines *National*staates annahm.

> »Die der Lagunenstadt unterstehenden Griechen, Dalmatiner, Friauler und Lombarden waren alle für den venezianischen Staat lebenswichtig, sodass der Löwe von San Marco niemals mit allen vier Füßen fest auf italienischem Boden stand.«[57]

54 Martin/Romano: Reconsidering Venice, S. 21. – »Im Jahr 1478 lebten schätzungsweise 4000 Griechen in Venedig.« (Holton: Literature and Society in Renaissance Crete, S. 4)

55 Ferraro: Venice, S. 108.

56 »Die Menschen waren zu verschiedenen Zeitpunkten in ihrem Leben über ganz unterschiedliche Formen der sozialen Zugehörigkeit auf diverse Art und Weise miteinander verbunden: angefangen von der Familie über den Arbeitsplatz bis hin zur Taverne, über den Markt, die Kirchengemeinde, die Nachbarschaft, die Zünfte, die Bruderschaften, die ethnischen Gemeinschaften und die sexuellen Beziehungen. Taufen, Patenschaften, Vormundschaften, Eheschließungen, Scheidungen, Geschäftsbeziehungen, Rechtsstreitigkeiten, Beerdigungen, Feste, Wohltätigkeitsveranstaltungen, religiöse Ereignisse, Zeremonien, Spiele und Schlägereien brachten Familien, Gemeindemitglieder und Nachbarn [...] mit Ausländern, Flüchtlingen und Touristen zusammen, was wiederum zu *hybriden kulturellen Mischformen führte, die als ›venezianisch‹ bekannt wurden.*« (Ebd., S. 77f., Hervorh. J.M.)

57 Lane: Seerepublik Venedig, S. 653f.

War das Fehlen des »nationalen Elements« nun ein Anzeichen von Rückständigkeit? Ich könnte dieselbe Frage im Zusammenhang mit aktuellen Ereignissen stellen: War das Ergebnis der beiden Volksabstimmungen in den italienischen Regionen Lombardei (Hauptstadt: Mailand) und Venetien (Hauptstadt: Venedig) vom 22. Oktober 2017, in denen 90 Prozent der Beteiligten für eine Autonomie gegenüber Italien stimmten, ein Zeichen der Rückständigkeit? Angesichts der Tatsache, dass weder die Lombardei noch Venetien, betrachtet man die ethnische Zusammensetzung ihrer Bevölkerung, als eigenständige, nationale Einheiten gelten können, die sich vom Rest Italiens unterscheiden, drückten die Referenden doch eher den Wunsch nach einer neuen, *nicht-nationalen* kapitalistischen Politik aus!

Die Parallelität zwischen diesen beiden historischen Beispielen – der venezianischen Gesellschaft am Ende des 14. Jahrhunderts bis zum 18. Jahrhundert und Teilen des heutigen Norditaliens – mag auf den ersten Blick rätselhaft erscheinen. Dennoch haben beide eine Gemeinsamkeit: die Bedeutung von Formen der Gouvernementalität *jenseits nationaler Politik, jenseits nationalistischer Rhetorik, jenseits des nationalen Zusammenhalts* oder *nationaler* Territorialisierung. Mit anderen Worten: die Bedeutung von Gouvernementalitätsformen, die auf aus internationalisierten (oder »globalisierten«) Geld- und Finanzprozessen und Regulierungsnormen abgeleiteten Technologien der Macht beruhen.[58] In einem Buch, das ich vor Kurzem mit Kollegen herausgegeben habe, haben wir Folgendes hervorgehoben:

> »Der gegenwärtige Kapitalismus umfasst eine historisch spezifische Form der Organisation kapitalistischer Macht, bei der Gouvernementalität, die über die Finanzmärkte funktioniert, eine entscheidende Rolle spielt.«[59]
>
> »Es gibt drei abstrakte Kernelemente, die diesen Prozess der Regulierung kennzeichnen: 1. Er zielt auf eine heterogene Bevölkerung ab [...] 2. Er befasst sich mit kollektiven Phänomenen [...] 3. Kollektive Phänomene werden statistisch erfasst.«[60]

Von der Finanzierung der Staatsschulden durch Zwangsanleihen bei den wohlhabenden Einwohnern Venedigs bis hin zur Bemannung der Kriegsflotte über Los- und Rotationsverfahren (wobei jeder Wehrpflichtige sich vom Einsatz freikaufen konnte): Immer waren die von uns identifizierten

58 Marios Emmanouilidis: Urban Panics and Black Holes. Ambiguities and Deceleration in the Time of Financialization, in: Geheimagentur/Martin Jörg Schäfer/Vassilis S. Tsianos (Hrsg.): The Art of Being Many. Towards a New Theory and Practice of Gathering, Bielefeld 2016, S. 233–250.

59 Sotiropoulos u.a.: Political Economy, S. 4.

60 Ebd., S. 164f.

drei abstrakten Kernelemente in Venedig und seinem Reich vorhanden. Der Umgang mit einer heterogenen Bevölkerung erfolgte in kollektiver und statistischer – das heißt unpersönlicher – Art und Weise.

Gilles Deleuze und Felix Guattari verbinden den Aufstieg der Territorialstaaten und später die Gründung von Nationalstaaten nicht mit dem Aufkommen des Kapitalismus, sondern mit der Notwendigkeit zur Territorialisierung als einem Mittel, mit dem die erweiterte Reproduktion des Kapitalismus sichergestellt werden kann. Sie schreiben:

> »Der Kapitalismus [ging] aus von den Stadtstaaten, doch trieben diese die Deterritorialisierung so weit voran, dass die immanenten modernen Staaten deren Wahnsinn abmildern, sie wieder einfangen und sie einschließen mussten, um auf diese Weise die notwendigen Reterritorialisierungen als neue interne Grenzen zu vollziehen.«[61]

Die Bedeutung der Territorialisierung scheint im Zeitalter der neoliberalen Finanzialisierung wieder abzunehmen: Nicht-nationale Formen der Gouvernementalität, die auf Marktregeln basieren, spielen wieder eine maßgebliche Rolle. In diesem Sinne erscheint das kapitalistische System Venedigs alles andere als veraltet oder überholt. Es könnte im Gegenteil als Rückkehr in die Zukunft gedeutet werden.

61 Gilles Deleuze/Felix Guattari: Was ist Philosophie?, Frankfurt a.M. 1996, S. 113.

Literatur

Abulafia, David: The Two Italies: Economic Relations Between the Norman Kingdom of Sicily and the Northern Communes, Cambridge 1977.

Abulafia, David: The Great Sea: A Human History of the Mediterranean, London 2012.

Allen, Robert C.: Geschichte der Weltwirtschaft, Stuttgart 2015.

Althusser, Louis: Essays in Self-Criticism, London 1976.

Althusser, Louis: Ideology and Ideological State Apparatuses (Notes towards an Investigation), London 1984.

Althusser, Louis: Reply to John Lewis, in: Louis Althusser: Essays on Ideology, London 1984, S. 61–139.

Althusser, Louis: Philosophy of the Encounter: Later Writings 1978–87, London 2006.

Althusser, Louis: Materialismus der Begegnung. Späte Schriften, hrsg. von Franziska Schottmann, Zürich 2010.

Althusser, Louis: Für Marx, Frankfurt a.M. 2011.

Althusser, Louis/Balibar, Étienne/Establet Roger/Macherey Pierre/Rancière Jacques: Das Kapital lesen, Münster 2015.

Amin, Samir: Accumulation on a World Scale, New York 1974.

Amin, Samir: Die ungleiche Entwicklung. Essay über die Gesellschaftsformationen des peripheren Kapitalismus, Hamburg 1975.

Amin, Samir: The Ancient World-Systems Versus the Modern Capitalist World System, in: Andre Gunder Frank/Barry K. Gills (Hrsg.): The World System: Five Hundred Years or Five Thousand?, London/New York 1996, S. 247–277.

Anderson, Perry: Passages from Antiquity to Feudalism, London 1974.

Anderson, Perry: Von der Antike zum Feudalismus. Spuren der Übergangsgesellschaften, Frankfurt a.M 1981.

Anderson, Perry: Die Entstehung des absolutistischen Staates, Frankfurt a.M. 2015.

Arbel, Benjamin/Hamilton, Bernard/Jacoby, David (Hrsg.): Latins and Greeks in the Eastern Mediterranean after 1204, London/New York 1989.

Arenz, Horst/Bischoff, Joachim/Jaeggi, Urs (Hrsg.): Was ist revolutionärer Marxismus? Kontroverse über marxistische Theorie zwischen Louis Althusser und John Lewis, Hamburg 1973.

Arrighi, Giovanni: The Three Hegemonies of Historical Materialism, in: Stephen Gill (Hrsg.): Gramsci, Historical Materialism and International Relations, Cambridge 1993, S. 148–185.

Arrighi, Giovanni: The Long Twentieth Century, London/New York 1996.

Arrighi, Giovanni: Globalization, State Sovereignty, and the »Endless« Accumulation of Capital, in: David A. Smith/Dorothee J. Solinger/Steven C. Topik (Hrsg.): States and Sovereignty in the Global Economy, London/New York 1999, S. 53–72.

Aston, Trevor Henry/Philin, Charles H.E. (Hrsg.): The Brenner Debate: Agrarian Class Struggle and Economic Development in Pre-Industrial Europe, Cambridge 1985.

Bakker, Hans J. I.: The Weber-Rachfahl Debate: Calvinism and Capitalism in Holland? (Teil 1), in: Michigan Sociological Review, Jg. 17, Herbst 2003, S. 119–148.

Balibar, Étienne: Sur le concept marxiste de la ‘division du travail manuel et du travail intellectuel’ et la lutte des classes, in: Jean Belkhir (Hrsg.): L'Intellectuel: L'intelligentsia et les manuels, Paris 1983, S. 97–117.

Balibar, Étienne: Marx et l' Entreprise, in: Politique Aujourd'hui 5/1984, S. 24–32.

Balibar, Étienne: Klassen/Klassenkampf, in: Wolfgang Fritz Haug (Hrsg.): Kritisches Wörterbuch des Marxismus, Bd. 4, Berlin 1986, S. 615–636.

Balibar, Étienne: Die Grundbegriffe des historischen Materialismus, in: Althusser u.a.: Das Kapital lesen, Münster 2015, S. 441–592.

Banaji, Jairus: Modes of Production in a Materialist Conception of History, in: Capital & Class 3/1977, S. 1–43.

Banaji, Jairus: The Fictions of Free Labour: Contract, Coercion, and So-Called Unfree Labour, in: Historical Materialism 3/2003, S. 69–95.

Banaji, Jairus: Theory as History. Essays on Mode of Production and Exploitation, Leiden/Boston 2010.

Below, Georg von: Probleme der Wirtschaftsgeschichte, Berlin 1926.

Bernstein, Eduard: Kommunistische und demokratisch-sozialistische Strömungen während der englischen Revolution, Stuttgart 1895.

Bettelheim, Charles: La Transition vers l'économie socialiste, Paris 1968.

Bettelheim, Charles: China nach der Kulturrevolution: Industrielle Organisation, dezentralisierte Planung und Wertgesetz, München 1974.

Bettelheim, Charles: Ökonomischer Kalkül und Eigentumsformen. Zur Theorie der Übergangsgesellschaft, Berlin 1974.

Blakemore, Richard J.: Pieces of Eight, Pieces of Eight: Seamen's Earnings and the Venture Economy of Early Modern Seafaring, in: Economic History Review 4/2017, S. 1153–1184.

Bonefeld, Werner: The Permanence of Primitive Accumulation: Commodity Fetishism and Social Constitution, in: The Commoner, September 2001, unter: www.commoner.org.uk.

Bösch, Gerhard: The Serrata of the Great Council and Venetian Society, in: John Martin/Dennis Romano (Hrsg.): Venice Reconsidered: The History and Civilization of an Italian City State 1297–1797, Baltimore 2002, S. 67–88.

Bowd, Stephen D.: Venice's Most Loyal City: Civic Identity in Renaissance Brescia, London 2010.

Brass, Tom: Labour Regime Change in the Twenty-First Century. Unfreedom, Capitalism and Primitive Accumulation, Leiden/Boston 2011.

Braudel, Fernand: Afterthoughts on Material Civilization and Capitalism, Baltimore/London 1979.

Braudel, Fernand: Sozialgeschichte des 15.–18. Jahrhunderts, Bd 1: Alltag, München 1985.

Braudel, Fernand: Sozialgeschichte des 15.–18. Jahrhunderts, Bd. 2: Der Handel, München 1986.

Braudel, Fernand: Sozialgeschichte des 15.–18. Jahrhunderts, Bd. 3: Aufbruch zur Weltwirtschaft, München 1987.

Braudel, Fernand: Das Mittelmeer und die mediterrane Welt in der Epoche Philipps II., Frankfurt a.M. 1990.

Braudel, Fernand: Die Dynamik des Kapitalismus, Stuttgart 1991.

Braudel, Fernand: Die Welt des Mittelmeeres. Zur Geschichte und Geographie kultureller Lebensformen, Frankfurt a.M. 2006.

Brecht, Bertolt: Leben des Galilei, 80. Aufl., Berlin 2019.

Brenner, Robert: Agrarian Structure and Economic Development in Pre-Industrial Europe, in: Past and Present, Heft 70, Februar 1976, S. 30–75.

Brenner, Robert: Dobb on the Transition from Feudalism to Capitalism, Cambridge Journal of Economics 2/1978, S. 121–140.

Brenner, Robert: The Agrarian Roots of European Capitalism, in: Past and Present, Heft 97, November 1982, S. 16–113.

Brenner, Robert: The Agrarian Roots of European Capitalism, in: Trevor Henry Aston/Charles H.E. Philin (Hrsg.): The Brenner Debate. Agrarian Class Struggle and Economic Development in Pre-Industrial Europe, Cambridge 1985, S. 213–327.

Brenner, Robert: The Low Countries in the Transition to Capitalism, in: Journal of Agrarian Change 1–2/2001, S. 169–241.

Brenner, Robert: Merchants and Revolution: Commercial Change, Political Conflict and London's Overseas Traders 1550–1653, London/New York 2003.

Brenner, Robert: What is, and what is not, imperialism?, in: Historical Materialism 4/2006, S. 79–105.

Brentano, Lujo: Die Anfänge des modernen Kapitalismus, München 1916.

Brentano, Lujo: On the History and Development of Gilds and the Origin of Trade Unions [1870], New York 1969.

Bresson, Alain: The Making of the Ancient Greek Economy: Institutions, Markets and Growth in the City-States, Princeton/Oxford 2016.

Brook, Timothy (Hrsg.): The Asiatic Mode of Production in China, New York 1989.

Callinicos, Alex: Does Capitalism Need the State System?, in: Cambridge Review of International Affairs 4/2007, S. 533–549.

Callinicos, Alex: Bonfire of Illusions: The Twin Crises of the Liberal World, Cambridge 2010.

Carchedi, Guglielmo: On the Economic Identification of Social Classes, London 1977.

Chisholm, Hugh: Comacchio, in: Encyclopædia Britannica, Bd. 6, 11. Aufl., Cambridge 1911, S. 749.

Cohen, Edward E.: Athenian Economy and Society: A Banking Perspective, Princeton 1992.

Cohen, Gerald A.: History, Labour and Freedom: Themes from Marx, Cambridge 1989.

Cox, Oliver Cromwell: Caste, Class and Race: A Study in Social Dynamics, New York 1959.

Cox, Oliver Cromwell: The Foundations of Capitalism, London 1959.

Cox, Oliver Cromwell: Capitalism as a System, New York 1964.

Crone, Patricia: Die vorindustrielle Gesellschaft. Eine Strukturanalyse, Frankfurt a.M. 1992.

Dante: Göttliche Komödie, Augsburg 2000.

Davis, Robert, C.: Shipbuilders of the Venetian Arsenal: Workers and Workplace in the Preindustrial City, Baltimore 2009.

Day, John: The Levant Trade in the Middle Ages, in: Anngeliki E. Laiou/Charalampos Bouras (Hrsg.): The Economic History of Byzantium: From the Seventh through the Fifteenth Century, Washington DC 2002, S. 807–814.

Dean, Trevor/Wickham, Chris (Hrsg.): City and Countryside in Late Medieval and Renaissance Italy: Essays Presented to Philip Jones, London/Ronceverte 1990.

De Angelis, Massimo: The Beginning of History: Value Struggles and Global Capital, London 2007.

Deleuze, Gilles/Guattari, Félix: Anti-Ödipus. Kapitalismus und Schizophrenie 1, Frankfurt a.M. 1977.

Deleuze, Gilles/Guattari, Félix: A Thousand Plateaus: Capitalism and Schizophrenia, Minneapolis 1987.

Deleuze, Gilles/Guattari, Félix: Was ist Philosophie?, Frankfurt a.M. 1996.

Denley, Peter: Governments and Schools in Late Medieval Italy, in: Trevor Dean/Chris Wickham (Hrsg.): City and Countryside in Late Medieval and Renaissance Italy: Essays Presented to Philip Jones, London/Ronceverte 1990, S. 93–107.

Dobb, Maurice: Entwicklung des Kapitalismus: Vom Spätfeudalismus bis zur Gegenwart, Köln 1970.

Dobb, Maurice: A Reply, in Rodney Hilton (Hrsg.): The Transition from Feudalism to Capitalism, Delhi 2006, S. 57–67.

Dunbar, Charles F.: The Bank of Venice, in: The Quarterly Journal of Economics 3/1892, S. 308–335.

Dutschke, Rudi: Versuch, Lenin auf die Füße zu stellen, Berlin 1974.

Ebner, Alexander: Schumpeter and the »Schmollerprogramm«: Integrating Theory and History in the Analysis of Economic Development, in: Journal of Evolutionary Economics 10/2000, S. 355–372.

Economakis, George: Land reform, in: R.J. Barry Jones (Hrsg.): Encyclopaedia of International Political Economy, Bd. 2, London/New York 2001, S. 901–902.

Economakis, George: Definition of the Capitalist Mode of Production: A Re-examination (with Application to Non-capitalist Modes of Production), in: History of Economics Review 42/2005, S. 12–28.

Economakis, George/Milios, John: Historical School. German, in: R.J. Barry Jones (Hrsg.): Encyclopaedia of International Political Economy, Bd. 2, London/New York 2001, S. 686–687.

Emmanouilidis, Marios: Urban Panics and Black Holes. Ambiguities and Deceleration in the Time of Financialization, in: Geheimagentur/Martin Jörg Schäfer/Vassilis S. Tsianos (Hrsg.): The Art of Being Many. Towards a New Theory and Practice of Gathering, Bielefeld 2016, S. 233–250.

Engels, Friedrich: Letter to Werner Sombart, March 11 1895, in: Beitrage zur Geschichte der deutscher Arbeiterbewegung, Nr. 3, XY 1961, Reprint: Marx and Engels, Selected Works, Bd 3, S. 504–506, unter: www.marxists.org/archive/marx/works/1895/letters/95_03_11.htm.

Ferguson, Niall: The House of Rothschild: Money's Prophets 1798–1848, London 1999.

Ferguson, Niall: The Ascent of Money: A Financial History of the World, London 2008.

Ferraro, Joanne M.: Venice: History of the Floating City, Cambridge 2012.

Finlay, George: A History of Greece, Bd. 5: Greece Under Ottoman and Venetian Domination, Oxford 2013.

Foreign Office, Miscellaneous Series: No 217. Report on the Condition of Labour in Russia, Athen 1892.

Fourtounis, George: An Immense Aspiration to Being: The Causality and Temporality of the Aleatory, in: Katja Diefenbach u.a. (Hrsg.): Encountering Althusser. Politics and Materialism in Contemporary Radical Thought, London/New York 2013, S. 43–60.

Frank, Andre Gunter: Kapitalismus und Unterentwicklung in Lateinamerika, Frankfurt a.M. 1969.

Frank, Andre Gunter/Gills, Barry K. (Hrsg.): The World System: Five Hundred Years or Five Thousand? London/New York 1996.

Fusaro, Maria: Political Economies of Empire in the Early Modern Mediterranean: The Decline of Venice and the Rise of England 1450–1700, Cambridge 2015.

Gerstein, Ira: (Re)Structuring Structural Marxism, in: Rethinking Marxism 1–2/1989, S. 104–133.

Godelier, Maurice: Sur les sociétés précapitalistes, Paris 1978.

Gramsci, Antonio: Gefängnishefte, Bd. 2, Hamburg, 1991.

Gramsci, Antonio: Prison Notebooks, Bd. III, New York 2007.

Greene, Molly: A Shared World: Christians and Muslims in the Early Modern Mediterranean, Princeton 2000.

Haldon, John: The State and the Tributary Mode of Production, London/New York 1993.

Haldon, John (Hrsg.): A Social History of Byzantium, Oxford 2009.

Harman, Chris: The rise of capitalism, in: International Socialism, Heft 102, 2004, unter: www.isj.org.uk/?id=21.

Harman, Chris: Origins of capitalism, in: International Socialism, Heft 111, 2006, unter: www.isj.org.uk/index.php4?id=219&issue=111.

Harnecker, Marta: Conceptos Elementales del Materialismo Historico, Havanna 2000.

Harrington, James: The Commonwealth of Oceana [1656], Cambridge 1992.

Harvey, Alan: Economic Expansion in the Byzantine Empire, 900–1200, Cambridge 1989.

Heck, Gene W.: Charlemagne, Muhammad, and the Arab Roots of Capitalism, Berlin/New York 2006.

Heinrich, Michael: Kritik der politischen Ökonomie. Eine Einführung, Stuttgart 2004.

Heinsohn, Gunnar/Steiger, Otto: The Veil of Barter, in: Jan A. Kregel (Hrsg.): Inflation and Income Distribution in Capitalist Crisis, London 1989, S. 175–199.

Heller, Henry: The Birth of Capitalism: A Twenty-First-Century Perspective, London 2011.

Hendy, Michael F.: Studies in the Byzantine Monetary Economy c. 300–1450, Cambridge 1985.

Hilton, Rodney: The English peasantry in the later Middle Ages, Oxford 1975.

Hilton, Rodney: Ein Kommentar, in: Sweezy, Paul u.a.: Der Übergang vom Feudalismus zum Kapitalismus, Frankfurt a.M. 1984, S. 147–159.

Hilton, Rodney: Kapitalismus – Was soll das bedeuten?, in: Paul Sweezy: Der Übergang vom Feudalismus zum Kapitalismus, Frankfurt a.M. 1984, S. 195–213.

Hilton, Rodney (Hrsg.): The Transition from Feudalism to Capitalism, Delhi 2006.

Hilton, Rodney: Introduction, in: Rodney Hilton (Hrsg.): The Transition from Feudalism to Capitalism, Delhi 2006, S. 9–30.

Hobsbawm, Eric J.: Nationen und Nationalismus. Mythos und Realität seit 1780, Frankfurt a.M./New York 1991.

Hoffman, Philip T./Postel-Vinay, Gilles/Rosenthal, Jean-Laurent: Surviving Large Losses: Financial Crises, the Middle Class, and the Development of Capital Markets, Cambridge (USA)/London 2007.

Holton, Robert J.: The Transition from Feudalism to Capitalism, London 1985.

Holton, David (Hrsg.): Literature and Society in Renaissance Crete, Cambridge 2006.

Hopkins, Terence K./Wallerstein, Immanuel: Grundzüge der Entwicklung des modernen Weltsystems, in: Dieter Senghaas (Hrsg.): Kapitalistische Weltökonomie. Kontroversen über ihren Ursprung und ihre Entwicklungsdynamik, Frankfurt a.M. 1979, S. 151–200.

Howgego, Christopher: Ancient History from Coins, London/New York 1995.

Hung Hsueh-ping: The Essence of the 'Theory of Productive Forces' is to Oppose Proletarian Revolution, in: Peking Review No. 38, 1968, S. 5–8.

Hurtienne, Thomas: Peripherer Kapitalismus und autozentrierte Entwicklung, in: PROKLA 44, 1981, S. 105–136.

Iordanou, Ioanna: Pestilence, poverty, and provision: re-evaluating the role of the *popolani* in early modern Venice, in: The Economic History Review 3/2016, S. 801–822.

Israel, Jonathan I.: Radical Enlightenment: Philosophy and the Making of Modernity 1650–1750, Oxford 2001.

Jacoby, David: Latins and Greeks in the Eastern Mediterranean after 1204, London/New York 1989.

Jacoby, David: Byzantium, Latin Romania and the Mediterranean, Aldershot 2001.

Jessop, Bob: Nicos Poulantzas. Marxist Theory and Political Strategy, London/Basingstoke 1985.

Joyce, James: Ulysses, London 2000.

Kao Hung: From Bernstein to Liu Shao-chi, in: Peking Review No. 38, 1969, S. 8–9.

Kaplan, Michael (2009): The Producing Population, in: John Haldon (Hrsg.): A Social History of Byzantium, Oxford 2009, S. 143–167.

Katz, Claudio J.: Karl Marx on the transition from feudalism to capitalism, in: Theory and Society No. 22, 1993, S. 363–389.

Kautsky, Karl: Die Agrarfrage: Eine Übersicht über die Tendenzen der modernen Landwirtschaft und die Agrarpolitik der Sozialdemokratie, 1899 [1966].

Keynes, John Maynard: The Collected Writings of John Maynard Keynes, Bd. XXVIII: Social, Political and Literary Writings, Cambridge 2013.

Kyrtatas, Dimitris: Domination and Exploitation, in: Paul Cartledge/Edward E. Cohen/Lin Foxhall (Hrsg.): Money, Labour and Land: Approaches to the Economies of Ancient Greece, London/New York 2002, S. 140–155.

Kyrtatas, Dimitris: Slavery and Economy in the Greek World, in: Keith Bradley/Paul Cartledge (Hrsg.): The Cambridge World History of Slavery, Cambridge 2011, S. 91–111.

Lacher, Hannes: International Transformation and the Persistence of Territoriality: Toward a New Political Geography of Capitalism, in: Review of International Political Economy 1/2005, S. 26–52.

Laibman, David: Deep History: A Study of Social Evolution And Human Potential, New York 2007.

Laiou, Angeliki E. (Hrsg.): The Economic History of Byzantium: From the Seventh through the Fifteenth Century, Washington DC 2002.

Laiou, Angeliki E.: The Agrarian Economy, Thirteenth–Fifteenth Centuries, in: Angeliki E. Laiou (Hrsg.): The Economic History of Byzantium: From the Seventh through the Fifteenth Century, Washington DC 2002, S. 311–375.

Laiou, Angeliki E.: The Byzantine Economy: An Overview, in: Angeliki E. Laiou (Hrsg.): The Economic History of Byzantium: From the Seventh through the Fifteenth Century, Washington DC 2002, S. 1145–1164.

Lane, Frederic C.: Venice and History: The Collected Papers of Frederic C. Lane, Baltimore 1966.

Lane, Frederic C.: Profits from Power: Readings in Protection Rent and Violence-Controlling Enterprises, Albany 1979.

Lane, Frederic C.: Seerepublik Venedig, München 1980.

Law, John E.: The Venetian Mainland State in the Fifteenth Century, in: Transactions of the Royal Historical Society 2/1992, S. 153–174.

Le Goff, Jacques: Time, Work and Culture in the Middle Ages, Chicago/London 1980.

Lenin, Wladimir I.: Was sind die »Volksfreunde« und wie kämpfen sie gegen die Sozialdemokraten?, in: ders.: Werke, Berlin 1956, Bd. 1, S. 119–338.

Lenin, Wladimir I.: Der ökonomische Inhalt der Volkstümlerrichtung und die Kritik an ihr in dem Buch von Herrn Struwe, in: ders.: Werke, Berlin 1956, Bd. 1, S. 339–528.

Lenin, Wladimir I.: Die Kustarzählung von 1894/95 im Gouvernement Perm, in: ders.: Werke, Berlin 1956, Bd. 2, S. 357–465.

Lenin, Wladimir I.: Die Entwicklung des Kapitalismus in Russland, in: ders.: Werke, Bd. 3, Berlin 1956.

Lenin, Wladimir I.: Rezension: Karl Kautsky. Die Agrarfrage. Eine Übersicht über die Tendenzen der modernen Landwirtschaft und die Agrarpolitik, in: ders.: Werke, Bd. 4, Berlin 1955, S. 84–89.

Lenin, Wladimir I.: Der Kapitalismus in der Landwirtschaft, in: ders.: Werke, Berlin, 1956, Bd. 4, S. 95–150.

Lenin, Waldimir I.: Briefe aus der Ferne, Brief 1, 20. März 1917, in: ders.: Werke, Bd. 23, Berlin 1957, S. 311–322.

Lilie, Ralph-Johannes: Byzantium and the Crusader States 1096-1204, Cambridge 1994.

Linebaugh, Peter/Rediker, Marcus: The Many-Headed Hydra. Sailors, Slaves, Commoners, and the Hidden History of the Revolutionary Atlantic, Boston 2001.

Lukács, Georg: Lenin. Studie über den Zusammenhang seiner Gedanken [1924], 3. Aufl. Neuwied/Berlin 1967.

Luxemburg, Rosa: Die Akkumulation des Kapitals [1913], in: dies: Gesammelte Werke, Bd. 5, Berlin 1985.

Machiavelli, Niccolò: The Prince, London 1981.

Madden, Thomas F.: Enrico Dandolo and the Rise of Venice, Baltimore 2003.

Mallet, Michael E./Hale, John R.: The Military Organisation of a Renaissance State. Venice c. 1400 to 1617, Cambridge 1984.

Maltezou, Chryssa: The historical and social context, in: David Holton (Hrsg.): Literature and Society in Renaissance Crete, Cambridge 2006, S.17–48.

Mandel, Ernest: Marxist Economic Theory, 2 Bde., London 1968.

Mandel, Ernest: Entstehung und Entwicklung der ökonomischen Lehre von Karl Marx, Frankfurt a.M./Köln 1975.

Mandel, Ernest: Introduction, in: Marx, Karl: Capital. A Critique of Political Economy, Bd. 3, London 1991, S. 9–90.

Mao Tse-tung: Das machen wir anders als Moskau! Kritik an der sowjetischen Politökonomie, hrsg. v. Helmut Martin, Reinbek 1975.

Maridaki-Karatza, Olga: Legal Aspects of the Financing of Trade, in: Angelika E. Laiou (Hrsg.): The Economic History of Byzantium: From the Seventh through the Fifteenth Century, Washington DC 2002, S. 1105–1120.

Marin, Şerban V.: Marcantonio Sabellico's Rerum Venetarum and »the Definitive History of Venice«. The Beginnings of the Official Historiography in Venice?, in: Revista Arhivelor, 2013, S. 134–177.

Martin, John/Romano, Dennis (Hrsg.): Venice Reconsidered: The History and Civilization of an Italian City State, 1297–1797, Baltimore 2000.

Martin, John/Romano, Dennis: Reconsidering Venice, in: John Martin/ Dennis Romano (Hrsg.): Venice Reconsidered: The History and Civilization of an Italian City State, 1297–1797, Baltimore 2000, S. 1–35.

Marx, Karl/Engels, Friedrich: Werke [MEW], Berlin 1956ff.

Marx, Karl/Engels, Friedrich: Gesamtausgabe [MEGA^{2}], Berlin 1975ff.

Marx, Karl: Kapital 1.1. Die Zusammenfassung des ersten Bandes des »Kapitals«, verfasst von Autor. Resultate des unmittelbaren Produktionsprozesses, Berlin 2009.

Marx, Karl: Economic Manuscript of 1861-63 (Continuation), in: Marx – Engels Collected Works, Bd. 33, Chadwell Heath 2010.

Matschke, Klaus-Peter: The Late Byzantine Urban Economy: Thirteenth – Fifteenth Centuries, in: Angeliki E. Laiou (Hrsg.): The Economic History of Byzantium: From the Seventh through the Fifteenth Century, Washington DC 2002, S. 463–495.

McKee, Sally: The Revolt of St Tito in Fourteenth-Century Venetian Crete: A Reassessment, in: Mediterranean Historical Review 2/1994, S. 173–204.

McKee, Sally: Inherited Status and Slavery in Late Mediterrenean Italy and Venetian Crete, in: Past and Present 182, 2004, S. 31–53.

McKee, Sally: Domestic Slavery in Renaissance Italy, in: Slavery and Abolition 3/2008, S. 305–326.

Meikle, Scott: Aristotle's Economic Thought, Oxford 1995.

Merrington, John: Stadt und Land im Übergang zum Kapitalismus, in: Sweezy, Paul u.a.: Der Übergang vom Feudalismus zum Kapitalismus, Frankfurt a.M. 1984, S. 229–268.

Milios, Jean: Kapitalistische Entwicklung, Nationalstaat und Imperialismus. Der Fall Griechenland, Athen 1988.

Milios, John: The Problem of Capitalist Development: Theoretical Considerations in View of the Industrial Countries and the New Industrial Countries, in: Mark Gottdiener/Nicos Komninos (Hrsg.): Capitalist Development and Crisis Theory, London 1989, S. 154–173.

Milios, John: Der Marxsche Begriff der asiatischen Produktionsweise und die theoretische Unmöglichkeit einer Geschichtsphilosophie, in: Beiträge zur Marx-Engels-Forschung. Neue Folge, Berlin 1997, S. 101–133.

Milios, John: Preindustrial Capitalist Forms: Lenin's Contribution to a Marxist Theory of Economic Development, in: Rethinking Marxism 4/1999, S. 38–56.

Milios, John: Social Classes in Classical and Marxist Political Economy, in: American Journal of Economics and Sociology 2/2000, S. 283–302.

Milios, John: Theory of Value and Money. In Defence of the Endogeneity of Money, Sixth International Conference in Economics – Economic Research Center, METU, Ankara, 11.–14. September 2002.

Milios, John/Dimoulis, Dimitri/Economakis, George: Karl Marx and the Classics. An Essay on Value, Crises and the Capitalist Mode of Production, Aldershot 2002.

Milios, Jannis/Economakis, Georg: Mittelklassen, Klassenstellung und politische Klassenpositionen, PROKLA, Heft 176, 2014, S. 403–423.

Milios, John/Sotiropoulos, Dimitris P.: Rethinking Imperialism: A Study of Capitalist Rule, London 2009.

Millett, Paul: Lending and Borrowing in Ancient Athens, Cambridge 1991.

Mommsen, Wolfgang J./Osterhammel, Jürgen (Hrsg.): Max Weber and His Contemporaries, New York 1987.

Montag, Warren: Althusser, Houndmills/New York 2003.

Morfino, Vittorio: An Althusserian Lexicon, in: Borderlands e-journal, 2/2005.

Morrisson, Cécile: Byzantine Money: Its Production and Circulation, in Angeliki E. Laiou (Hrsg.): The Economic History of Byzantium: From the Seventh through the Fifteenth Century, Washington DC 2002, S. 909–966.

Müller, Wolfgang: Momente des bürgerlichen Staates in der griechischen Polis, in: Probleme des Klassenkampfs, Nr. 17/18, 1975, S. 1–25.

Nails, Debra: The People of Plato: A Prosopography of Plato and Other Socratics, Indianapolis/Cambridge 2002.

Nicol, Donald M.: Byzantium and Venice: A Study in Diplomatic and Cultural Relations, Cambridge 1988.

O'Connell, Monique: Men of Empire: Power and Negotiation in Venice's Maritime State, Baltimore 2009.

Oliphant, Mrs.: The Makers of Venice. Doges, Conquerors, Painters, and Men of Letters, London/New York 1889.

Papagianni, Eleutheria: Byzantine Legislation on Economic Activity Relative to Social Class, in: Angeliki E. Laiou (Hrsg.): The Economic History of Byzantium: From the Seventh through the Fifteenth Century, Washington DC 2002, S. 1083–1093.

Pashukanis, Evgeny B.: Allgemeine Rechtslehre und Marxismus. Wien/Berlin, 1929.

Peking Review, Heft 38, 19. September 1969, unter: www.marxists.org/subject/china/peking-review/1969/PR1969-38.pdf

Pellicani, Luciano: The Genesis of Capitalism and the Origins of Modernity, New York 1994.

Penna, Daphne: The Byzantine Imperial Acts to Venice, Pisa and Genoa, 10th – 12th centuries. A Comparative Legal Study, Groningen 2012.

Perelman, Michael: The Invention of Capitalism: Classical Political Economy and the Secret History of Primitive Accumulation, Durham 2000.

Pijl, Kees van der: Global Rivalries: From the Cold War to Iraq, London 2006.

Pirenne, Henri: Medieval Cities: Their Origins and the Revival of Trade, Princeton/Oxford 2014.

Plechanow, Georgi V.: Über die Rolle der Persönlichkeit in der Geschichte. Übermaterialistische Geschichtsauffassung, Berlin 1982.

Polanyi, Karl: Aristotle's Discourse on the Economy, in: Karl Polanyi/Conrad M. Arensberg/Harry W. Pearson (Hrsg.): Trade and Market in the Early Empires: Economies in History and Theory, Chicago 1971, S. 64–94.

Poulantzas, Nicos: Politische Macht und gesellschaftliche Klassen, Frankfurt a.M. 1975.

Poultanzas, Nicos: Klassen im Kapitalismus – heute, Studien zur Klassenanalyse 5, Berlin 1975.

Poulantzas, Nicos: The Capitalist State: A Reply to Miliband and Laclau, in: New Left Review 95, 1976, S. 63-83.

Poulantzas, Nicos: Staatstheorie. Politischer Überbau, Ideologie, Sozialistische Demokratie, Hamburg 1978.

Pryor, John H.: The Origins of the Commenda Contract, in: Speculum 1/1977, S. 5–37.

Pullan, Brian: Jewish Bankers and Monti di Pietà, in Robert C. Davis/Benjamin Ravid (Hrsg.): The Jews of Early Modern Venice, Baltimore/London 2001, S. 53–72.

Rachfahl, Felix: Wilhelm von Oranien und der niederlaendische Aufstand, Bd. I, Halle 1906.

Rachfahl, Felix: Wilhelm von Oranien und der niederlaendische Aufstand, Bd. II, Abt. I, Halle 1907.

Rachfahl, Felix: Wilhelm von Oranien und der niederlaendische Aufstand, Bd. II, Abt. II, Halle 1908.

Rafie, Kaveh: The Philosophical Role of Cephalus in the Republic, 2016, unter: www.academia.edu/3167386/The_Philosophical_Role_of_Cephalus_in_the_Republic.

Read, Jason: Primitive Accumulation: The Aleatory Foundation of Capitalism, in: Rethinking Marxism 2/2002, S. 24–49.

Rediker, Marcus: The Common Seaman in the Histories of Capitalism and the Working Class, in: International Journal of Maritime History 1/1989, S. 337–357.

Resnick, Stephen/Wolff, Richard: The Theory of Transition Conjunctures and the Transition from Feudalism to Capitalism in Western Europe, in: Review of Radical Political Economics, Oktober 1979, S. 3–22.

Rey, Pierre-Philippe: Les Alliances de Classes, Paris 1973.

Richards, Alan: Development and Modes of Production in Marxian Economics: A Critical Evaluation, London/New York 1986.

Rosdolsky, Roman: Zur Entstehungsgeschichte des Marxschen »Kapital«, Bd. II. Frankfurt a.M. 1969.

Rubin, Isaac I.: A History of Economic Thought, London 1979.

Ruggiero, Guido: Law and Punishment in Early Renaissance Venice, in: Journal of Criminal Law and Criminology 2/1978, S. 243–256.

Sayers, Sean: Forces of Production and Relations of Production in Socialist Society, in: Radical Philosophy, Spring 1980, S. 12–18.

Schaal, Hans: Vom Tauschhandel zum Welthandel. Bilder vom Handel und Verkehr der Vorgeschichte und des Altertums, Leipzig/Berlin 1931.

Schmoller, Gustav von: Werner Sombart: Der moderne Kapitalismus, in: Schmollers Jahrbuch für Gesetzgebung, Verwaltung und Volkswirtschaft im Deutschen Reich, Bd. 27, 1903, S. 291-300.

Schumpeter, Joseph A.: The Instability of Capitalism, in: The Economic Journal, Heft 151, September 1928, S. 361–386.

Semenova, Alla/Wray, Randall L.: The Rise of Money and Class Society: The Contributions of John F. Henry, Levy Economics Institute of Bard College, Working Paper No. 832, Annandale-On-Hudson 2015.

Senghaas, Dieter: Von Europa lernen. Entwicklungsgeschichtliche Betrachtungen, Frankfurt a.M. 1982.

Senior, Nassau: An Outline of the Science of Political Economy, London 1951.

Sherrard, Philip: Byzantium, New York 1966.

Sieveking, Heinrich: Grundzüge der Neueren Wirtschaftsgeschichte vom 17. Jahrhundert bis zur Gegenwart, Wiesbaden 1928.

Sieveking, Heinrich: Wirtschaftsgeschichte, Berlin 1935.

Smith, Adam: Wohlstand der Nationen. Nach der Übersetzung von Max Stirner, hrsg. von Heinrich Schmidt, Köln 2009.

Sombart, Werner: Zur Kritik des ökonomischen Systems von Karl Marx, in: Archiv für soziale Gesetzgebung und Statistik 7/1894, S. 555–594.

Sombart, Werner: Der moderne Kapitalismus. Erster Band. Die Genesis des Kapitalismus, München/Leipzig 1902.

Sombart, Werner: Sozialismus und Soziale Bewegung [1896], Jena 1908.

Sombart, Werner: Die Juden und das Wirtschaftsleben, Leipzig 1911.

Sombart, Werner: Der Bourgeois. Zur Geistesgeschichte des modernen Kapitalismus, München/Leipzig 1913.

Sombart, Werner: Luxus und Kapitalismus, Berlin 1913.

Sombart, Werner: The Quintessence of Capitalism: A Study of the History and Psychology of the Modern Business Man, London 1915.

Sombart, Werner: Der moderne Kapitalismus. Historisch-systematische Darstellung des gesamteuropäischen Wirtschaftslebens von seinen Anfängen bis zur Gegenwart. Erster Band. Einleitung – Die vorkapitalistische Wirtschaft – Die historischen Grundlagen des modernen Kapitalismus, München/Leipzig 1916.

Sombart, Werner: Der moderne Kapitalismus. Historisch-systematische Darstellung des gesamteuropäischen Wirtschaftslebens von seinen Anfängen bis zur Gegenwart. Zweiter Band. Das europäische Wirtschaftsleben im Zeitalter des Frühkapitalismus vornehmlich im 16., 17. und 18. Jahrhundert, München/Leipzig 1916.

Sophokles: Antigone, hrsg. von Mario Leis und Nancy Hönsch, Stuttgart 2017.

Sotiropoulos, Dimitris P./Milios, John/Lapatsioras, Spyros: A Political Economy of Contemporary Capitalism and its Crisis: Demystifying Finance, London/New York 2013.

Spinoza, Baruch: Abhandlung vom Staate, in: ders.: Sämtliche Werke in sieben Bänden, hrsg. von Carl Gebhardt, Bd. 5, 5. Aufl., Hamburg 1977, S. 53–181.

Stalin, Joseph: Über dialektischen und historischen Materialismus, Offenbach 1938.

Stallsmith, Allaire B.: One Colony, Two Mother Cities: Cretan Agriculture under Venetian and Ottoman Rule, in: Siriol Davies/Jack L. Davis (Hrsg.): Between Venice and Istanbul: Colonial Landscapes in Early Modern Greece, Athen 2007, S. 151–171.

Ste. Croix, G.E.M., de: The Class Struggle in the Ancient Greek World, New York 1981.

Ste. Croix, G.E.M., de: Class in Marx's Conception of History, Ancient and Modern, in: New Left Review, No. 146, 1984, S. 92–111.

Ste. Croix, G.E.M., de: Athenian Democratic Origins and other Essays, Oxford 2004.

Sternberg, Fritz: Der Imperialismus. Frankfurt a.M. 1971.

Strieder, Jakob: Zur Genesis des modernen Kapitalismus. Forschungen zur Entstehung der großen bürgerlichen Kapitalvermögen am Ausgange des Mittelalters und zu Beginn der Neuzeit, Augsburg 1968.

Suchting, Wal: »Productive Forces« and »Relations of Production« in Marx, in: Analyse und Kritik 4/1982, S. 159–181.

Sweezy, Paul: Eine Kritik, in: Sweezy, Paul u.a.: Der Übergang vom Feudalismus zum Kapitalismus, Frankfurt a.M. 1984, S. 41–73.

Takahashi, Kohachiro: A Contribution to the Discussion, in: Rodney Hilton (Hrsg.): The Transition from Feudalism to Capitalism, Delhi 2006, S. 68–97.

Tawney, Richard Henry: Religion and the Rise of Capitalism, New York 1963.

Teschke, Benno: The Myth of 1648: Class, Geopolitics and the Making of Modern International Relations, London/New York 2003.

Teschke, Benno/Lacher, Hannes: The Changing »Logics« of Capitalist Competition, in: Cambridge Review of International Affairs 4/2007, S. 565–580.

The National Archives: Getting the vote: Voting rights before 1832, 2017, unter: www.nationalarchives.gov.uk/pathways/citizenship/struggle_democracy/getting_vote.htm.

Tökei, Ferenc: Zur Frage der asiatischen Produktionsweise. Berlin/Neuwied 1969.

Udovitch, Abraham: Partnership and Profits in Medieval Islam, Princeton 1970.

Van Doosselaere, Quentin: Commercial Agreements and Social Dynamics in Medieval Genoa, Cambridge 2009.

Vasiliev, Alexander A.: History of the Byzantine Empire 324–1453, Madison 1952.

Wallerstein, Immanuel: The Modern World System, New York 1974.

Wallerstein, Immanuel: The Modern World System II, New York 1980.

Wallerstein, Immanuel: Aufstieg und künftiger Niedergang dese kapitalistischen Weltsystems. Zur Grundlage vergleichender Analyse, in: Senghaas, Dieter (Hrsg.): Kapitalistische Weltökonomie. Kontroversen über ihren Ursprung und ihre Entwicklungsdynamik, Frankfurt a.M. 1982, S. 31–67.

Wallerstein, Immanuel: World System versus World-Systems: A Critique, in: Andre Gunder Frank/Barry K. Gills (Hrsg.): The World System: Five Hundred Years or Five Thousand?, London/New York 1996, S. 292–296.

Weber, Max: Die protestantische Ethik und der Geist des Kapitalismus, in: Archiv für Sozialwissenschaften und Sozialpolitik, Heft 1, 1904, S. 1–54.

Weber, Max: Die protestantische Ethik und der Geist des Kapitalismus, in: Archiv für Sozialwissenschaften und Sozialpolitik, Heft 1, 1905, S. 1–110.

Weber, Max: Wirtschaft und Gesellschaft. Grundrisse der verstehenden Soziologie, Heidelberg 1922.

Weber, Max: The Protestant Ethic and the Spirit of Capitalism, London/New York 2001.

Whitfield, John Humphreys: Petrarch and the Renascence, New York 1966.

Wickman, Chris: Sleepwalking into a New World: The Emergence of Italian City Communes in the Twelfth Century, Princeton/Oxford 2015.

Wolf, Eric R.: Europe and the People Without History, Berkeley/Los Angeles 1982.

Wood, Ellen Meiksins: The Pristine Culture of Capitalism, London 1991.

Wood, Ellen Meiksins: The Origins of Capitalism: A Longer View, London 2002.

Wood, Ellen Meiksins: Das Imperium des Kapitals, Berlin 2016.

Wray, L. Randall: The Origins of Money and the Development of the Modem Financial System, The Jerome Levy Economics Institute of Bard College and University of Denver, Working Paper No. 86, Annandale-On-Hudson 1993.

Zolotas, Georgios I.: Istoria tis Chiou (Geschichte von Chios), Bd. B, Athen 1924.

Danksagung

Ich möchte mich bei den folgenden Personen für ihre Unterstützung bedanken: Paul Auerbach (Kingston University/London), Dimitri Dimoulis (Escola de direito de São Paulo da Fundação Getúlio Vargas/Brasilien), Vassilis Droucopoulos (Nationale und Kapodistrias-Universität Athen), George Economakis (Universität Patras), Marios Emmanouilidis (Thessaloniki), Dimitris Kyrtatas (Universität von Thessalien) und Dimitris P. Sotiropoulos (The Open University/Großbritannien). Sie alle haben erste Fassungen dieses Buches gelesen und wertvolle Hinweise beigesteuert, die mir geholfen haben, seine Qualität zu verbessern.

Mein Dank geht darüber hinaus an eine Reihe von Teilnehmern der internationalen Konferenz »150 Jahre ›Das Kapital‹: Reflexionen für das 21. Jahrhundert«, die am 14. und 15. Januar 2017 in Athen stattfand. In der Diskussion meiner dort vorgestellten Thesen zu Marx' Konzept der »ursprünglichen Akkumulation« und zu Geldbesitzern in vorkapitalistischen Gesellschaften haben sie wichtige Fragen aufgeworfen, die mir beim Schreiben dieses Buches sehr geholfen und zur Schärfung meiner Argumentation beigetragen haben. Eine besondere Erwähnung verdient Barbara Santos für ihre vielen hilfreichen Anregungen und für die sprachliche Bearbeitung des Manuskripts.